"十二五"职业教育国家规划教材
普通高等教育"十一五"国家级规划教材
21世纪高职高专会计专业主干课程教材

审　计（第四版）

胡中艾　主编

东北财经大学出版社
Dongbei University of Finance & Economics Press
大连

图书在版编目（CIP）数据

审计 / 胡中艾主编．—4 版．—大连 ：东北财经大学出版社，2014.7（2016.1 重印）
（21 世纪高职高专会计专业主干课程教材）
ISBN 978-7-5654-1535-7

Ⅰ．审…　Ⅱ．胡…　Ⅲ．审计-高等职业教育-教材　Ⅳ．F239

中国版本图书馆 CIP 数据核字（2014）第 105552 号

东北财经大学出版社出版
（大连市黑石礁尖山街 217 号　邮政编码　116025）
教学支持：（0411）84710309
营 销 部：（0411）84710711
总 编 室：（0411）84710523
网　　址：http：//www.dufep.cn
读者信箱：dufep@dufe.edu.cn

大连图腾彩色印刷有限公司印刷　　东北财经大学出版社发行

幅面尺寸：185mm×260mm　字数：418 千字　印张：19 1/2　插页：1
2014 年 7 月第 4 版　　2016 年 1 月第 17 次印刷

责任编辑：包利华　　责任校对：刘　洋　王　娟
封面设计：张智波　　版式设计：钟福建

定价：32.00 元

第四版前言

审计准则体系的全面实施，为推进党的十八大提出的政治、经济、文化、社会和生态等“五位一体”建设，促进企业转型发展和资本市场的健康运行，发挥了积极的作用。为了进一步提升我国审计工作人员的整体水平，满足审计准则体系专业教育和职业培训的需要，我们根据“十二五”职业教育国家规划教材的修订编写要求，对第三版《审计》教材进行了全面修订。

本教材的编修坚持以满足高职高专人才培养工作为目标，着力技能培养，突出案例分析。在教材构架和内容的编排上，坚持理论与实践结合、全面与通用兼顾、继承与创新并蓄，在充分吸收我国审计工作和审计教学实践经验及同类教材优点的基础上，构建本教材的结构体系，并力求更好地体现如下精神：

一是注意解决“入门”问题在总体结构保持审计教材基本特点的基础上，从审计目标、程序和基本技术入手，以掌握审计的基础知识和基本技能为根本。

二是注重体现“工学结合”理念。以真实的工作案例为载体，将行业技术标准和通用权威的职业资格标准引入课程；以实践能力培养为主线，对课程进行整体设计，初步形成职业实践导向的课程体系；在教材的体系结构、计划环节、实施环节、报告环节及审计质量控制等方面，力求确保审计教材内容与审计政策法规的一致性，使职业教育回归到其本真的状态。

三是注意规划“重点”问题。以讲授财务报表循环审计为主线，构建本教材的框架结构；在重点内容的讲解上，强化案例运用，着力技能培养。

本书由山西省财政税务专科学校胡中艾教授担任主编，并总纂全书。全书分职业认知篇、交易循环篇两篇，共 13 章，各章分工如下：第 1 章、第 3 章由胡中艾教授编写；第 4 章、第 8 章由王建发教授编写；第 7 章、第 9 章由贾俊耀教授编写；第 2 章、第 5 章、第 10 章由刘红梅副教授编写；第 6 章、第 12 章由马琳英副教授编写；第 11 章由郑红梅副教授编写；第 13 章由韩海景讲师编写。

为方便读者学习，本书配有配套辅导书《审计习题与实训》(第四版)，各章在对教材重点和难点问题归纳阐述的基础上，设置了包括选择题、实务题、编制工作底稿题等在内的多种题型，并提供了参考答案。

本教材在编写过程中参阅了大量的优秀专业文献，在此，我们对相关文献的作者表示诚挚的谢意。同时，值此出版之际，我们谨向对本书的编写和出版给予关心、支持和帮助的有关领导、同事以及审计界、出版界同仁致以诚挚的谢意。

高职高专教育教学改革如火如荼，我们渴望《审计》教材能在某种程度上体现这种成就。

读者是最终的裁判，全体编著人员期待着读者的评判，以便在修订再版时改进和完善。

编　者

2014 年 6 月

第三版前言

会计审计准则体系的发布与实施，是实现我国会计审计准则国际趋同、有效提高会计信息质量、进一步提升我国会计审计整体水平所迈出的重要步伐，是推进企业改革、促进资本市场发展、提高对外开放水平的一项基础性工程。为适应审计准则体系专业教育、职业培训的需要，我们对普通高等教育“十一五”国家级规划教材《审计》进行了全面修订。

本教材的编写以满足高职高专人才培养要求为目标，着力于技能教育，突出案例分析，强化重点内容。在教材构架和内容的编排上，坚持理论与实践结合、全面与通用兼顾、继承与创新并蓄，在充分吸收我国审计工作和审计教学实践经验及同类教材优点的基础上，构建了本教材的结构体系，并力求体现如下精神：

一是注意解决“入门”问题。在总体结构保持审计教材基本特点的基础上，从审计目标、程序和基本技术入手，以掌握审计的基础知识和基本技能为根本。

二是注意体现“工学结合”理念。各章均有职业认知，使学生明确本章教学内容与审计职业之间的内在关系，有利于将学生现在的“学”和将来的“工”有机地结合起来，亦有利于学生一边学习，一边工作，在学习中工作，在工作中学习。

三是注意规划“重点”问题。以讲授财务报表循环审计为主线，构建本教材的框架结构，在重点内容的讲解上，强化案例应用，着力于技能培养。

四是注意紧跟“变化”走向。新审计准则的核心是风险导向审计，在编写中尽最大可能充分体现风险导向审计理念；同时，详细介绍了审计思路和各阶段的注意要点，尤其补充了大量审计工作底稿，使学生能够正确运用，以达到审计准则的要求。

本书由山西省财政税务专科学校胡中艾教授担任主编，并总纂全书。各章分工如下：第 1 章、第 3 章由胡中艾教授编写；第 4 章、第 8 章、第 13 章由王建发教授编写；第 7 章、第 9 章由贾俊耀教授编写；第 2 章、第 5 章、第 10 章由刘红梅副教授编写；第 6 章、第 12 章由马琳英副教授编写；第 11 章由郑红梅副教授编写。

自 2011 年 2 月以来，我们组织全体编写人员，在认真研读 2010 年颁布的《中国注册会计师执业准则》及配套的应用指南的基础上，就教材中计划环节、实施环节、报告环节及审计质量控制等方面的内容进行了细致修订，力求审计教材内容与审计政策法规的一致性。

在编写本书的过程中参考了大量文献，在此对相关文献的作者表示深深的感谢。同时，承蒙审计界和东北财经大学出版社同仁的指教与鼎力协助，值此出版之际，我们谨向对本书的编写和出版给予关心、支持和帮助的有关领导、同事以及审计界、出版界同仁致以诚挚的谢意。

审计理论和实务一直处于变化之中，这既令人振奋，又让人纠结。我们希望《审计》这本书能在某种程度上体现这种变化，并有助于读者更好地理解审计的基本精神。读者是最终的裁判，我们期待着大家的批评和建议，以便在修订再版时改进和完善。

作　者

2011 年 6 月

目　录

上篇　职业认知篇

第 1 章　审计本质、目标和分类 …… 3
1.1　审计本质 …… 5
1.2　审计目标 …… 10
1.3　审计分类 …… 13
第 2 章　会计师事务所和注册会计师 …… 18
2.1　会计师事务所 …… 19
2.2　注册会计师职业道德规范 …… 22
2.3　注册会计师执业准则 …… 27
2.4　注册会计师法律责任 …… 33
第 3 章　初步业务活动 …… 38
3.1　初步业务活动的目的和内容 …… 39
3.2　审计的前提条件 …… 41
3.3　审计业务约定书 …… 43
第 4 章　计划审计工作 …… 49
4.1　审计重要性 …… 49
4.2　审计风险 …… 55
4.3　审计计划 …… 57
第 5 章　实施风险评估程序 …… 65
5.1　了解被审计单位及其环境 …… 66
5.2　了解被审计单位的内部控制 …… 70
第 6 章　实施进一步审计程序 …… 81
6.1　进一步审计程序 …… 82
6.2　获取审计证据的基本审计方法 …… 93
6.3　审计证据 …… 105
6.4　审计工作底稿 …… 110
6.5　审计抽样 …… 119
第 7 章　编制审计报告 …… 134
7.1　审计报告概述 …… 135
7.2　审计报告的基本内容 …… 137
7.3　非标准审计报告 …… 143

下篇 交易循环篇

第 8 章 销售与收款循环审计 …… 157
8.1 销售与收款循环控制测试 …… 158
8.2 营业收入审计 …… 163
8.3 应收账款审计 …… 168
8.4 销售与收款循环审计实例 …… 177
第 9 章 采购与付款循环审计 …… 189
9.1 采购与付款循环控制测试 …… 190
9.2 应付账款审计 …… 198
9.3 固定资产审计 …… 200
9.4 采购与付款循环审计实例 …… 206
第 10 章 生产与存货循环审计 …… 222
10.1 生产与存货循环控制测试 …… 223
10.2 存货实质性程序 …… 227
10.3 生产与存货循环审计实例 …… 236
第 11 章 人力资源与工薪循环审计 …… 249
11.1 人力资源与工薪循环控制测试 …… 249
11.2 人力资源与工薪循环的实质性程序 …… 252
11.3 人力资源与工薪循环审计实例 …… 255
第 12 章 投资与筹资循环审计 …… 261
12.1 投资循环控制测试 …… 262
12.2 长期股权投资审计 …… 265
12.3 筹资循环控制测试 …… 268
12.4 借款审计 …… 272
12.5 实收资本（股本）审计 …… 277
12.6 投资与筹资循环审计实例 …… 280
第 13 章 货币资金审计 …… 288
13.1 货币资金控制测试 …… 288
13.2 库存现金审计 …… 294
13.3 银行存款审计 …… 296
13.4 货币资金审计实例 …… 300

上篇
职业认知篇

第1章

审计本质、目标和分类

学习目标

审计职业在整个会计职业体系中处于监督的地位。审计人员通过对企业、事业等单位的会计资料和其他相关资料的审计，监督、鉴证和评价企业、事业等单位财务收支及其有关经济活动的真实性、合法性和效益性，以维护投资者、债权人、政府有关部门和社会公众的利益。

审计可分为政府审计、内部审计和民间审计。

审计的工作内容主要是根据审计法规和准则的要求，了解被审计单位的基本情况；评估重大错报风险；编制科学合理的审计计划；进行控制测试和实质性程序；确定审计意见的类型；出具审计报告。

本章的学习目标是：

1. 了解审计的含义，明确审计的本质。
2. 了解被审计单位的认定，确定审计目标。
3. 了解审计的分类，掌握各类审计的特点。

基本知识点、基本能力点及能力拓展点

1. 基本知识点：审计的含义、审计的本质。
2. 基本能力点：根据被审计单位的认定来确定审计目标。
3. 能力拓展点：财务报表各项目审计目标的确定。

导读案例

18世纪初，随着殖民主义的扩张，英国的海外贸易有了很大的发展。1710年，英国政府发行中奖债券，并用发行债券所募集到的资金创立了南海股份公司。该公司以发展南大西洋贸易为目的，获得了专卖非洲黑奴给西班牙、美洲的30年垄断权，而其最大的特权是可以自由地从事海外贸易活动。

但南海公司在创立初期的近10年内，经营惨淡，业绩平平。为扭转这种局面，1719年，英国政府作出了准许将中奖债券总额70%（约1 000万英镑）的资金与南海公司股票进行转换的决定，并于该年底扫除了殖民地贸易的障碍。与此同时，南海公司的董事们开始散布各种所谓的“好消息”，宣称该公司在年底将有大量利润实现，并煞有介事地预计，在1720年的圣诞节，公司可能要按面值的60%支付股利。这一消息的宣布，加之公众对股价上扬的预期，促进了债券转换，进而带动了股价上升。

到1720年3月，南海公司股价从上年度的每股114英镑劲升至300英镑以上。从1720年4月起，南海公司的股票更是节节攀高，至1720年7月，股票价格已高达1 050英镑。此时，南海公司老板布伦特又想出了新主意：以数倍于面额的价格，发行可分期付

款的新股。同时，南海公司将获取的现金转贷给购买股票的公众。这样，随着南海股价的扶摇直上，一场投机浪潮席卷全国。由此，170多家新成立的股份公司的股票以及原有的股份公司的股票，都成了投机对象，股价平均暴涨51倍，从事各种职业的人，包括军人和家庭妇女，都卷入了这场漩涡。

“政治家忘记了政治，律师放弃了官司，医生丢弃了病人，店主关闭了铺子，教父离开了圣坛，甚至连高贵的夫人也忘记了高傲和虚荣。”（美国经济学家加尔布雷斯《大恐慌》）

1720年6月，为了制止各类“泡沫公司”的膨胀，英国国会通过了《泡沫公司取缔法》。自此，许多公司被解散，公众开始清醒过来，对一些公司的怀疑逐渐扩展到南海公司身上。从同年7月份开始，外国投资者首先抛出南海公司股票，撤回资金。随着投机热潮的冷却，南海公司股价一落千丈，从1720年8月25日到9月28日，南海公司的股票价格从900英镑下跌到190英镑，到12月份仅为124英镑。同年年底，政府对南海公司资产进行清理，发现其实际资本已所剩无几，那些高价买进南海股票的投资者遭受了巨大损失。

“南海泡沫”事件的爆发，对正陶醉在黄金梦中的债权人和投资者而言犹如晴天霹雳。当这些“利害关系者”证实了数百万英镑的损失将由自己承担的时候，一致向英国议会发出了严惩欺诈者，并要求其赔偿损失的呼声。迫于舆论的压力，1720年9月，英国议会成立了一个由13人组成的特别委员会，对“南海泡沫”事件进行秘密查证。在调查过程中，特别委员会发现该公司的会计记录严重失实，明显存在蓄意篡改数据的舞弊行为，于是特邀了一位名叫查尔斯·斯奈尔的资深会计师，对南海公司的分公司索布里奇商社的会计账目进行检查。查尔斯通过对南海公司账目的查询和审核，于1721年提交了一份名为《伦敦市彻斯特·莱恩学校的书法大师兼会计师对索布里商社的会计账簿进行检查的意见》。在该报告中，查尔斯提出了公司存在舞弊行为、会计记录严重不实等问题。

英国议会根据查尔斯的这份查账报告，依据英国法律，将作为南海公司董事的雅各希·布伦特以及其合伙人的不动产全部予以没收，将其中一位叫乔治·卡斯韦尔的爵士关进了伦敦塔监狱。同时，按照英国政府颁布的《泡沫公司取缔法》，对股份有限公司的成立进行了严格的限制，只有取得国王的御批，才能得到公司的营业执照。直到1828年，英国政府在充分认识到股份有限公司利弊的基础上，通过建立“审计”制度，将股份公司中因所有权与经营权分离所产生的不足予以制约，并撤销了《泡沫公司取缔法》，重新恢复了股份有限公司这一现代企业制度。

从“南海泡沫”事件的发生到查处足以说明，建立在所有权与经营权相分离基础上的股份有限公司，必须要由一个了解、熟悉会计语言的第三者，站在客观公正的立场上，对表达所有者与经营者利益的财务报表进行独立检查，通过提高会计信息的可靠性，来协调、平衡所有者与经营者之间的经济责任关系。如果缺乏民间审计这一机制，就会像“南海泡沫”事件一样，使经营者为所欲为，严重损害所有者利益，从而破坏整个社会经济的稳定性。

1.1　审计本质

审计是一种具有独立性的经济监督活动；独立性是审计的本质特征；审计的对象是被审计单位的财政财务收支及其有关的经济活动；审计的职能主要有监督、评价和鉴证；审计的主要作用是防护和促进；审计的任务包括基本任务和具体任务。

1.1.1　审计的定义

在英文中，“审计”（audit）一词是指会计检查。从汉语“审计”一词的字面意义上讲，“审”有“查”之意，但比“查”字的含义更为丰富，有详细、周密、谨慎地审阅检查，分析研究，缜密推断，查证核实等意思；“计”有“算”之意，但比“算”字的含义更具体，有对会计资料核算、稽核之意。审计一词的词义，就是详细、周密、慎重地审查会计资料。古今中外“审计”一词谓之会计检查或查账，是一种对经济监督行为的狭义表述。随着社会经济的发展和经济管理要求的提高，“审计”的内涵和外延都有了扩展，无论从查账的内容、方法和目的来看，其字面意义的表述已远远不能概括现代审计的丰富内容。

审计定义是对审计本质特征或其内涵与外延作出科学的界定和高度的概括。尽管不同的审计活动各有其不同的工作重点、不同的审查对象和审计目标，审计的职能和作用也有一定的差别，但就其共性，我们可以对“审计”作出如下定义：审计是由独立的第三者客观地收集和评价被审计单位经济活动与既定标准符合程度的证据，并将审查结果用书面报告的形式传达给有关使用者的一个证实过程。1995 年 10 月，在中国审计学会等组织和单位于青岛举办的审计定义研讨会上，与会专家学者反复研讨，结合我国审计实践，对审计的定义作出了如下简明、通俗的表述：审计是独立检查会计账目，监督财政财务收支真实、合法、效益的行为。

1.1.2　审计的特征

所有的审计监督都有其最基本的共同的特征，这是衡量经济监督活动是否属于审计监督范畴的主要标志。一方面，应当肯定，审计监督作为一种经济监督，与其他专业经济监督有非常密切的联系，审计监督是专业经济监督的继续和发展，它们之间存在着相互协作的关系，最终目的是一致的。但从另一方面看，我们不能因此而把审计监督与专业经济监督混同起来，审计监督还有自己的特征，审计监督与其他专业经济监督还存在着监督与被监督的关系，它是各种专业经济监督自我强化的坚强后盾。可以说，审计监督的本质特征，就是高层次的经济监督。这种本质特征，主要表现在以下几个方面：

1）审计主体的独立性

审计主体的独立性是指审计机构和人员依法独立行使审计监督权，不受其他行政机关、社会团体和个人的干涉。

审计主体的独立性主要表现在组织上的独立性、人员上的独立性、工作上的独立性和经济上的独立性。在组织上，审计机构必须是单独设置的独立的专职机构，它既不能与被审计单位有组织上的关系，也不能附属于其他部门；在人员上，审计人员必须依法审计、公正无私、不偏不倚，其任免应受到国家法律的保护；在工作上，审计人员依法独立行使审计监督权，独立进行审查，作出审计判断，并提出审计报告；在经济上，审计机构应有自己专门的经费来源，有足够的经费，独立自主地从事审计工作。

审计主体的独立性主要是由审计人在审计关系人中所处的超脱地位所决定的。我们知道，任何一种审计活动都必须有审计人、被审计人和审计委托人三个方面。审计人（即第三关系人）在接受审计委托人的委托或授权的情况下，对被审计人进行审查，向审计委托人证实被审计人的责任、状况与问题；被审计人（即第二关系人）对审计委托人负有经济责任，并由审计人对其受托经济责任进行审查；审计委托人（即第一关系人）将其财产授予被审计人去经营管理，要求被审计人对他们承担经济责任，并从审计人那里获取有关被审计人受托经济责任履行的书面报告。审计人、被审计人和审计委托人三者的关系，如图 1-1 所示。

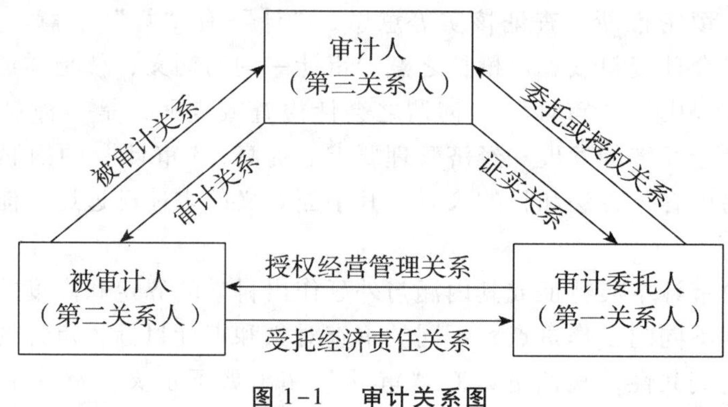

图 1-1 审计关系图

从图 1-1 可见，审计人与审计委托人和被审计人之间不存在经济利害关系，他对审计委托人和被审计人都具有主动性和自由性，处于超脱地位，这就决定了审计主体的独立性。

2）审计对象的广泛性

审计对象的广泛性是指审计实体和内容在范围上的广泛性。具体来说，凡是负有财政、财务和经营管理责任的政府机关、社会团体和企事业单位，都具有一定的经济责任关系，因而都是审计授权人授权审计的对象，即审计对象。

审计对象的广泛性是由审计在经济监督体系中所处的较高层次的地位所决定的。在我国社会主义经济监督体系中，企事业单位内部的经济监督属于单位内部的自我约束机制，它作为整个经济监督的基础，主要解决微观经济活动中出现的问题；财政、税务、金融、物价、工商行政等部门的专业经济监督，虽然是作为整个经济监督体系的中坚，但由于其受专业的局限和条块分割体制的制约，往往侧重本部门、本单位的职责，因而只能是在其专业范围内对企事业单位经济活动进行的专业监督；审计组织是专司经济监督的，它不参与被审计单位的经营管理，与审计授权人、被审计人之间均不存在经济利害关系，处于客观、超脱地位，因而它可以按照授权人的授权，不仅可以对企事业单位等经济组织的微观经济活动进行监督，还可以对专业经济监督部门的经济活动进行再监督。审计监督处于较高层次的地位并受法律的保护，决定了审计对象的广泛性。

3）审计监督的权威性

审计监督的权威性是指审计组织的工作过程具有法律保障，且审计结果具有法律效力的特征。审计监督的权威性是审计独立性的明显体现，只有审计组织独立行使监督权，不受其他行政机关、社会团体和个人的干涉，才能确立审计组织的权威性。

在我国，审计的权威性主要表现在三个方面：一是审计组织是根据宪法规定建立的，宪法对审计组织赋予了依照法律独立行使审计监督的权力；二是审计组织按照授权人的委托依法行使职权时，有权要求被审计人提供有关资料，政府审计组织还有权追究违法乱纪的原因和经济责任，有权纠正违反国家规定的收支，制止损失浪费；三是审计组织出具的审计报告具有法律效力，政府审计机关的审计决定，还可以依法定性、处理和处罚。

4）审计监督的专职性

审计监督的专职性是指审计监督专司经济监督，不兼负其他经济管理工作的特征。

审计监督的专职性是审计监督区别于其他专业经济监督的主要特征。财政、税务、金融、工商管理等专业经济监督是结合本身行政管理业务工作进行的专业监督，这些部门参与本专业的经济管理，以管理为主、监督为辅，监督只是强化管理的一种辅助手段；而审计组织则不参与具体经济管理，它不受其他专业的局限，以法规标准和业务规范标准监督被审计人行为，进而查明和评价被审计人经济责任的履行情况。

5）审计手段的科学性

审计手段的科学性是审计工作程序和方法符合审计工作客观规律的特征。

为了完成审计任务，审计人采用了各种科学严密的审计程序和方法，这些程序和方法，不仅吸收了其他学科的程序和方法的优点，也形成了审计学特有的方法体系。在审计活动中，审计人利用各种审计手段，对被审计人的经济活动进行审查，确认其是否执行了审计标准，并对其执行、不执行或违背标准的行为进行取证，形成充分有效的审计证据；在此基础上，对比审计标准与审计证据，揭示出被审计人行为的差异，然后对其差异进行评价，形成审计意见，以审计报告的形式提供给审计授权人。审计通过科学严密的审计手段，保证了审计任务的完成。

1.1.3　审计的对象

审计对象是指被审计单位的财政财务收支及其有关的经济活动。具体地说，其包括以下两方面的内容：

1）被审计单位的财政财务收支及其有关的经济活动

不论是传统审计还是现代审计，不论是政府审计、内部审计还是民间审计，都要求以被审计单位客观存在的财政财务收支及其有关的经济活动为审计对象，对其是否合法、公允、合理进行审查和评价，以便对其所负受托经济责任是否认真履行进行确定、证明和监督。政府审计的对象，根据宪法规定，为国务院各部门和地方各级政府的财政收支、国家金融机构和企业、事业组织的财务收支；内部审计的对象为本部门、本单位的财务收支以及其他有关的经济活动；民间审计的对象为委托人指定的被审计单位的财务收支及其有关的经济活动。

2）被审计单位的会计资料及其相关资料

审计对象主要包括记载和反映被审计单位财政财务收支、作为会计信息载体的会计凭证、账簿、报表等会计资料，以及相关的计划、预算、经济合同等其他资料；提供被审计单位经济活动信息的载体除上述会计、计划、统计等资料外，还有经营目标、预测、决策方案、经济活动分析资料、技术资料等其他资料，电子计算机的磁盘等会计信息载体。以上这些都是审计的具体对象。

综上所述，审计的对象是指被审计单位的财政财务收支及其有关的经济活动，以及作为这些经济活动信息载体的会计资料及其相关资料。会计资料和其他相关资料是审计对象的现象，其所反映的被审计单位的财政财务收支及其有关的经济活动是审计对象的本质。

1.1.4 审计的职能

审计的职能是审计客观上所固有的、不受人们主观意志所支配的内在功能。审计职能是审计的本质属性。审计具有经济监督、经济评价和经济鉴证三项职能。

1）经济监督

经济监督是审计的基本职能，它是指监察和督促被审计单位的经济活动，使其按照正常的经济规律和法规制度运行。审计监督是整个经济监督体系中的一个重要组成部分。通过审计监督，可以对被审计单位的财政财务收支及其有关经济活动的真实性、合法性、效益性进行审查，促使其符合国家的方针、政策、法规、制度、计划和预算的要求，借以维护财经法纪。

纵观审计产生和发展的历史，审计无不表现为经济监督的活动，履行着经济监督的职能。我国的审计实践证明，越是搞活经济，越需要对外开放，也就越需要加强审计监督。通过审计监督，可以严肃财经纪律，维护国家和人民的利益，可以加强宏观调控和管理，可以促进企事业单位经济效益的提高。可见，经济监督是社会主义审计的基本职能。

2）经济评价

经济评价是指审计人员通过对被审计单位的财政财务收支和有关经济活动进行审核检查，就其经济决策、预算、计划和方案是否先进可行，执行情况如何，经济效益高低优劣，以及内部控制是否健全、严密、有效等内容作出评价，为有关方面提供决策信息。

审核检查被审计单位的财政财务收支及其有关的经济活动，是进行经济评价的前提。只有查明了被审计单位的客观事实真相，才能按照一定的标准进行对比分析，形成各种经济评价意见。经济评价的过程，同时也是肯定成绩、发现问题的过程。经济评价职能是现代审计对传统审计在职能上的拓展。

3）经济鉴证

经济鉴证又称审计公正，是指通过审核鉴定，确认被审计单位的财务报表和经济资料是否真实、正确，是否可以信赖，并作出书面证明，以供审计委托人或其他相关各方使用。

经济鉴证职能是随着现代审计的发展而出现的一项职能，它不断受到人们的重视而日益强化，并显示其重要作用。在我国，民间审计组织鉴证业务的范围越来越广，执业越来越规范，在经济生活中发挥的作用亦越来越重要。

应该说，不同的审计组织形式在审计职能的体现上侧重点有所不同，政府审计和内部审计侧重于经济监督和经济评价，民间审计则侧重于经济鉴证。

1.1.5 审计的作用

审计的作用，是指审计职能在审计工作中产生的客观效果。审计的作用是随着审计职能的显现而逐步发挥出来的。我国现阶段审计的作用，概括起来主要有防护作用和促进作用。

1）审计的防护作用

审计的防护作用，是指运用审计监督职能所产生的防范、保护、维护、保证、保障等实际效果。这是传统审计所具有的作用。发挥审计的防护作用，可以检查经济资料及其反映的经济活动的真实性和准确性，保证经济信息的准确可靠，保护社会主义财产的安全完整，确保国家计划、预算的顺利完成；可以监督党和国家方针、政策和经济法规的贯彻情况，表彰先进，鞭策后进，揭露和查处违法乱纪行为。这样，不仅可以维护财经法纪，保障经济秩序，还可以健全法制，防止违法乱纪行为的发生，保证党和国家方针、政策和经济法规的顺利实施，确保社会主义市场经济的健康有效运行。

2）审计的促进作用

审计的促进作用，主要是审计评价职能在审计工作中产生的正面效应。审计人员在审计过程中，可以根据检查审核的情况，进行审计评价。这样，既可以对被审计单位合理的地方、有效的方面以及取得的成绩进行评价，又可以指出被审计单位存在的问题、不合理的地方，并提出改进意见，以利于被审计单位不断完善内部管理制度，提高会计信息的质量和管理水平，挖掘内部潜力，不断提高经济效益。

1.1.6 审计的任务

审计的任务，是指国家赋予审计组织及其人员的工作任务，也是审计工作应达到的数量上、质量上的标准和要求。

我国现阶段审计的基本任务是：以党和国家的方针、政策、法令、规章、制度为依据，通过对被审计单位财政财务收支及其有关经济活动的审计监督、鉴证、评价和咨询，保证会计资料等提供的经济信息的真实可靠，维护财经法纪，加强经济管理，提高经济效益，保证我国经济体制改革和经济建设顺利进行。

我国社会主义审计的具体任务主要有如下几个方面：

（1）审查财务会计等经济资料及其反映的财政财务收支及有关经济活动是否真实、正确，保证财务会计等经济信息的可靠性和有效性。

为了发展社会主义市场经济，必须拥有大量准确、可靠的经济信息。审计组织要通过审计活动，鉴证企业、事业以及其他专业经济监督部门提供的经济信息是否真实、准确，促使其提供真实准确的经济信息。同时，审计又要以其超脱的地位，客观公正地提供能够消除控制过程中的误差，以保证管理目标实现的审计信息。有了这些真实、准确的经济信息，就可以借以检查、评价各项经济决策、方案、计划的制订是否符合有关政策，是否符合经济活动实际，是否先进可行；各项经济决策、方案、计划的执行是否有效、合法；各项经济决策、方案、计划的结果是否真实、正确，是否达到预期目标和要求，从而促进我国社会主义市场经济的健康发展。

（2）监督党和国家方针政策及经济法规的贯彻执行，维护财经纪律，保护国家财产的安全与完整。

在经济监督体系中，审计监督担负的重要任务之一，就是监督党和国家的方针、政策、法令、规章、制度的贯彻执行。通过审计，可以揭发和处理违反财政、税务、物价政策法规的行为，保证财政计划的顺利完成；可以揭发和处理违反信贷、货币政策、法规的行为，促进生产的发展和市场的繁荣稳定；可以揭发和处理违反市场经济政策、法规的行为，维护社会主义经济秩序，促进物价稳定，保护消费者的利益；可以揭发和处理违反基建投资和智力投资的政策、法规的行为，保证基本建设和人才培养计划的完成，促进我国长期经济效益不断提高；可以揭发和处理违反财经政策、法规的行为，保护社会主义财产的安全与完整。同时，通过审计，还可以及时发现经济领域中带有普遍性、倾向性的问题，提出改进意见和建议，促使有关部门调整政策、健全法规、加强宏观控制。总之，通过审计活动，可以从执法与立法两个方面，严肃法纪，强化依法治理经济，保证党和国家方针、政策、法令、规章、制度的贯彻和经济体制改革的顺利进行。

(3) 审查被审计单位内部控制的健全性和有效性，促进经济管理水平的提高。

内部控制是现代经营管理的重要组成部分，它不仅能起到保护财产、确保会计资料可靠的作用，而且对于协调经济活动、维护财经纪律、提高经济效益有着特殊的作用。通过对内部控制的审查，可以发现被审计单位内部控制建立的完善性、健全性、科学性以及执行的情况，以促使其不断提高经营管理水平。另外，现代审计的一个重要特征，是在评审内部控制是否健全、有效的基础上，确定审计的内容和方法。

(4) 审查经济效益实现情况，促进经济效益不断提高。

研究、分析和评价被审计单位的经济效益，既要从微观角度考察，看是否能以最少的劳动耗费，取得最多的劳动成果，从而达到降低成本、节约支出、为国家积累资金的目的；又要从宏观角度研究是否提高了社会效益。只有进行全面分析，才能找到存在问题的真正原因，进而针对薄弱环节和问题，提出改进经营管理、提高经济效益的建议和措施。

1.2 审计目标

审计目标是在一定历史环境下，人们通过审计实践活动所期望达到的境地或最终结果。可以说，明确了审计目标，开展审计工作就会有的放矢。审计目标包括审计总体目标和审计具体目标两个层次。

1.2.1 审计总体目标

审计的目的是提高财务报表预期使用者对财务报表的信赖程度。这一目的可以通过注册会计师对财务报表是否在所有重大方面按照适用的财务报告编制基础编制发表审计意见得以实现。就大多数通用目的财务报告编制基础而言，注册会计师针对财务报表是否在所有重大方面按照财务报告编制基础编制并实现公允反映发表审计意见。注册会计师按照审计准则和相关职业道德要求执行审计工作，能够形成这样的意见。因此，执行财务报表审计工作时，注册会计师审计的总体目标是：

(1) 对财务报表整体是否不存在由于舞弊或错误导致的重大错报获取合理保证，使得注册会计师能够对财务报表是否在所有重大方面按照适用的财务报告编制基础编制发表审计意见；

(2) 按照审计准则的规定，根据审计结果对财务报表出具审计报告，并与管理层和治理层沟通。

1.2.2 审计具体目标

审计具体目标是审计总体目标的具体化，它应当根据审计总体目标和被审计单位的认定来确定。

1) 认定

认定，是指被审计单位管理层在财务报表中作出的明确或隐含的表达，注册会计师将其用于考虑可能发生的不同类型的潜在错报。认定与审计目标密切相关，注册会计师的基本职责就是确定被审计单位管理层对其财务报表的认定是否恰当。注册会计师了解了认定，就很容易确定每个项目的具体审计目标，通过考虑可能发生的潜在错报，注册会计师运用认定评估风险，并据此设计审计程序以应对评估的风险。

保证财务报表公允反映被审计单位的财务状况和经营成果等是管理层的责任。当管理层声明财务报表已按照适用的财务报告编制基础进行编制，在所有重大方面作出公允反映时，就意味着管理层对财务报表各组成要素的确认、计量、列报以及相关的披露作出了认定。被审计单位管理层在财务报表上的认定有些是明确表达的，有些则是隐含表达的。例如，管理层在资产负债表中列报存货及其金额，意味着作出了下列明确的认定：记录的存货是存在的；存货以恰当的金额包括在财务报表中；与之相关的计价或分摊调整已恰当记录。同时，管理层也作出了下列隐含的认定：所有应当记录的存货均已记录；记录的存货都由被审计单位拥有。

管理层在财务报表中的认定包括对与各类交易和事项相关的认定、与期末账户余额相关的认定及与列报和披露相关的认定。

（1）与各类交易和事项相关的认定

注册会计师对所审计期间的各类交易和事项运用的认定通常分为：

①发生。记录的交易和事项已发生，且与被审计单位有关。

②完整性。所有应当记录的交易和事项均已记录。

③准确性。与交易和事项有关的金额及其他数据已恰当记录。

④截止。交易和事项已记录于正确的会计期间。

⑤分类。交易和事项已记录于恰当的账户。

（2）与期末账户余额相关的认定

注册会计师对期末账户余额运用的认定通常分为：

①存在。记录的资产、负债和所有者权益是存在的。

②权利和义务。记录的资产由被审计单位拥有或控制，记录的负债是被审计单位应当履行的偿还义务。

③完整性。所有应当记录的资产、负债和所有者权益均已记录。

④计价和分摊。资产、负债和所有者权益以恰当的金额包括在财务报表中，与之相关的计价或分摊调整已恰当记录。

（3）与列报和披露相关的认定

注册会计师对列报和披露运用的认定通常分为：

①发生及权利和义务。披露的交易、事项和其他情况已发生，且与被审计单位有关。

②完整性。所有应当包括在财务报表中的披露均已包括。

③分类和可理解性。财务信息已被恰当地列报和描述，且披露内容表述清楚。

④准确性和计价。财务信息和其他信息已公允披露，且金额恰当。

2）具体审计目标

注册会计师了解了被审计单位的认定，就很容易确定每个项目的具体审计目标，并以此作为评估重大错报风险以及设计和实施进一步审计程序的基础。

（1）与各类交易和事项相关的审计目标

①发生。由发生认定推导的审计目标是“已记录的交易是真实的”。例如，如果没有发生销售交易，但在销售日记账中记录了一笔销售，则违反了该目标。

发生认定所要解决的问题是管理层是否把那些不曾发生的项目列入财务报表，它主要与财务报表组成要素的高估有关。

②完整性。由完整性认定推导的审计目标是“已发生的交易确实已经记录”。例如，如果发生了销售交易，但没有在销售日记账和总账中记录，则违反了该目标。

发生和完整性两者强调的是相反的关注点。发生目标针对潜在的高估，而完整性目标则针对漏记交易（低估）。

③准确性。由准确性认定推导出的审计目标是“已记录的交易是按正确金额反映的”。例如，如果在销售交易中，发出商品的数量与账单上的数量不符，或是开账单时使用了错误的销售价格，或是账单中的乘积或加总有误，或是在销售日记账中记录了错误的金额，则违反了该目标。

准确性与发生、完整性之间存在区别。例如，若已记录的销售交易是不应当记录的（如发出的商品是寄销商品），则即使发票金额计算正确，仍违反了发生目标。再如，若已入账的销售交易是对正确发出商品的记录，但金额计算错误，则违反了准确性目标，但没有违反发生目标。在完整性与准确性之间也存在同样的关系。

④截止。由截止认定推导出的审计目标是“接近资产负债表日的交易记录于恰当的期间”。例如，如果本期交易推迟到下期，或下期交易提前到本期，均违反了截止目标。

⑤分类。由分类认定推导出的审计目标是“被审计单位记录的交易经过适当分类”。例如，如果将现销记录为赊销，将出售经营性固定资产所得的收入记录为营业收入，则导致交易分类的错误，违反了分类目标。

（2）与期末账户余额相关的审计目标

①存在。由存在认定推导的审计目标是“记录的金额确实存在”。例如，如果不存在对某顾客的应收账款，但在应收账款明细账中却列入了对该顾客的应收账款，则违反了该目标。

②权利和义务。由权利和义务认定推导的审计目标是“资产归属于被审计单位，负债属于被审计单位的义务”。例如，将他人寄售商品列入被审计单位的存货中，则违反了权利目标；将不属于被审计单位的债务记入账内，则违反了义务目标。

③完整性。由完整性认定推导的审计目标是“已存在的金额均已记录”。例如，如果存在某顾客的应收账款，在应收账款明细账中却没有列入对该顾客的应收账款，则违反了完整性目标。

④计价和分摊。资产、负债和所有者权益以恰当的金额包括在财务报表中，与之相关的计价或分摊调整已恰当记录。

（3）与列报和披露相关的审计目标

各类交易和账户余额的认定正确只是为列报正确打下了必要的基础，财务报表还可能因被审计单位误解有关列报的规定或舞弊等而产生错报。另外，还可能因被审计单位没有遵守一些专门的披露要求而导致财务报表错报。因此，即使注册会计师审计了各类交易和账户余额的认定，实现了各类交易和账户余额的具体审计目标，也不意味着获取了足以对财务报表发表审计意见的充分、适当的审计证据。因此，注册会计师还应当对各类交易、账户余额及相关事项在财务报表中列报的正确性实施审计。

①发生及权利和义务。将没有发生的交易、事项，或与被审计单位无关的交易和事项

包括在财务报表中，则违反该目标。例如，复核董事会会议记录中是否记载了固定资产抵押等事项，询问管理层固定资产是否被抵押，即是对列报的权利认定的运用。如果固定资产被抵押则需要在财务报表中列报，说明其权利受到限制。

②完整性。如果应当披露的事项没有包括在财务报表中，则违反该目标。例如，检查关联方和关联交易，以验证其在财务报表中是否得到充分披露，即是对列报的完整性认定的运用。

③分类和可理解性。财务信息已被恰当地列报和描述，且披露内容表述清楚。例如，检查存货的主要类别是否已披露，是否将一年内到期的非流动负债列为流动负债，即是对列报的分类和可理解性认定的运用。

④准确性和计价。财务信息和其他信息已公允披露，且金额恰当。例如，检查财务报表附注是否分别对原材料、在产品和产成品等存货成本核算方法作了恰当说明，即是对列报的准确性和计价认定的运用。

通过上面介绍可知，认定是确定具体审计目标的基础。注册会计师通常将认定转化为能够通过审计程序予以实现的审计目标。针对财务报表每一项目所表现出的各项认定，注册会计师相应地确定一项或多项审计目标，然后通过执行一系列审计程序获取充分、适当的审计证据，以实现审计目标。

1.3　审计分类

审计的分类，是指按照不同的标志，将审计分为各种不同的类型。随着审计的发展及其内容形式的变化，审计的种类也逐步复杂化；研究审计的分类，有利于完善审计理论体系，有利于顺利地进行审计工作。审计可按其主体、对象和客观条件进行分类。

1.3.1　审计按其主体分类

审计主体是指具有并行使审计权的组织机构和专职人员。审计主体在审计活动中处于主导地位，是审计行为的执行者。

审计按其主体分类，可以按主体性质和主体目的进行分类。

1）按审计主体性质分类

审计按其主体的性质不同，可以分为政府审计、内部审计和民间审计三类。

（1）政府审计是指政府审计部门对政府部门和国有企事业单位的财政财务收支及其有关经济活动的真实性、合规性和效益性所进行的审查。政府审计是在政府首脑领导下代表政府进行的审计。例如，我国审计署对民政事业费的审计、省审计厅对本省各市财政预算收支执行的审计等，均属政府审计。

（2）内部审计是指由部门、单位内部专职审计机构专职审计人员所进行的审计。内部审计的内容是本部门、本单位财政财务收支的审计、财经法纪的审计以及经济效益的审计。内部审计的职能是在本部门、本单位相对独立地行使审计监督权，是实现经济管理的一种必要手段，其内容并不限于各部门、各单位会计核算的工作监督，而且还涉及经济活动的各个领域，是增强内部控制的一个重要环节。

（3）民间审计是指经有关部门批准注册的民间会计师事务所、审计事务所进行的审计。这种审计是审计人接受审计委托人的委托，对被审计单位的审计事项所进行的审查。

民间审计组织也可接受政府审计组织的委托，对企事业单位进行审计。其主要特点是受托审计。民间审计的内容十分广泛，不仅包括传统的财务审计、财经法纪审计，还包括经营审计、管理审计、单位经济效益审计。民间审计组织的每一项审计事项的内容取决于审计委托人具体委托事项的目的和要求。例如，审计事务所、会计师事务所所进行的审计、验资、查账、清算等，都属于民间审计。

政府审计与民间审计都是被审计单位以外的审计组织所进行的审计，统称外部审计。

2）按审计主体目的分类

审计按其主体的目的不同，可以分为财政财务收支审计、财经法纪审计和经济效益审计三类。

(1) 财政财务收支审计，也称常规审计或传统审计。它是指审计组织通过对凭证、账簿、报表以及有关经济资料的审查，查明被审计单位的财政财务收支活动是否真实、合规的一种审计。

(2) 财经法纪审计，也称法纪审计。它是对被审计单位或被审计人员是否贯彻执行和严格遵守财经政策、法令、制度的一种审计。从严格的意义上讲，财经法纪审计是财政财务收支审计的一个特殊类别，其内容包括在财政财务收支审计的内容之中，但其内容突出以下两点：一是突出对违反财经法律行为的审查，诸如乱挤成本、乱摊费用、偷税漏税、化公为私等行为；二是突出对违法犯罪案件的审查，诸如贪污盗窃、投机倒把、行贿受贿等情况。审计的目的在于通过监督、检查，促使被审计单位和有关人员遵守财经法纪，防止经济违法犯罪案件的发生。

(3) 经济效益审计，是指对被审计单位经济活动的效益性所进行的审计。其目的是加强经营管理，提高经济效益。审计重点是审查和评价被审计单位经营管理活动的经济性、效率性和效果性。其中，经济性是对投入的要求，效率性是对速度的要求，效果性是对产出的要求。对这三个方面的审计，实质是审查经济活动是否有效地进行。具体审计内容包括：①对经营方针决策、各项计划目标和投资方案的经济性、合理性和可行性的审计；②对被审计单位管理素质和管理水平的审计；③对经营活动中人力、物力、财力等资源利用的节约或浪费的专项审计；④对生产经营成果和财务成果等效益实现程度及其影响因素的审计。对被审计单位有关项目进行审查、取证、分析、评价，提出建议，借以查清被审计单位存在的问题，促使其改善经营管理，提高经济效益。

1.3.2 审计按其对象分类

审计按其对象分类，可以按审计对象的性质、接受程度和记录载体等为标志进行分类。

1）按审计对象性质分类

审计按其对象的性质不同，可以分为公共审计和企事业审计。

(1) 公共审计，是指政府审计组织对政府各机关的财政收支及其效果所进行的审计。公共审计属于宏观经济审计，其目的是监督国家财政预算资金合理有效的使用，揭露财政上的不法行为，提出改善财政管理的建议和意见。审计的内容主要包括：预算和决算的可行性和真实性的审计，财政收支的合法性和合理性的审计，国家资金利用的经济性、效率性和效果性的审计等。

(2) 企事业审计，是指由审计组织对企事业单位的财务收支及其经济效益所进行的审计。企事业审计属于微观经济审计，其目的是审查企事业单位经济活动的真实性、合法性和效益性；审计的内容包括财务收支审计、财经法纪审计和经济效益审计。企事业审计，按其行业性质不同，又可分为工业企业审计、商业企业审计、交通运输企业审计、文教事业单位审计和基建单位审计等。

2）按审计对象接受程度分类

审计按其对象的接受程度不同，可以分为强制审计和任意审计。

（1）强制审计，是指根据国家法令规定，不考虑被审计人的意愿而强制执行的审计。我国政府审计组织和部门内部审计组织对企事业单位的财务收支实行的审计监督，就属于这一审计类别。实行强制审计时，被审计单位必须依法接受审计，不得拒绝。

（2）任意审计，是指根据被审计单位的意愿而进行的审计。在任意审计中，被审计单位不仅可以自主地决定是否接受审计，还可以按照自己的意愿去选择审计范围和审计方法。企业委托民间审计组织对内部控制所进行的审计以及单位内部审计组织的经济效益审计就属于这类审计。

3）按审计对象记录载体分类

审计按其对象的记录载体不同，可以分为簿籍审计和电算化审计。

（1）簿籍审计，是指运用常规审计方法，对会计簿籍所进行的审计。这类审计属于传统审计方式，其目的在于审查会计资料的真实性和合法性。审计的内容包括会计基础工作审计、会计凭证的审计、会计账簿的审计和会计报表的审计。

（2）电算化审计，是指对被审计单位电子数据处理系统的会计资料和业务记录所进行的审计。电算化审计是一种现代审计，它通过对电算化软件程序以及信息的输入和输出的审查，查明资料的正确性和可靠性，借以查出和纠正电算化过程中出现的错误，揭露和打击不法分子利用电脑作案的违法行为。

1.3.3 审计按其客观条件分类

审计按其客观条件分类，就是按审计的实施时间、执行地点、组织方式和范围等所进行的分类。

1）按审计实施时间分类

审计按其实施时间的不同，可以分为事前审计、事中审计和事后审计。

（1）事前审计，是指审计组织在被审计单位经济业务发生前所进行的审计。该类审计的主要内容包括被审计单位经济计划、预算、决策、方案的编制是否切实可行，各项工程项目的预算是否经济有效，以及经济合同的签订是否合理合法等，其目的是为了事先纠正计划、预算、决策等方面的失误，预防错弊行为的发生，防患于未然，保证经济行为的合理性和合法性，促使被审计单位正确处理各方面的经济关系，不断提高企业经营管理水平。事前审计一般由内部审计组织进行。

（2）事中审计，是指审计组织在被审计单位某项经济业务发生期间所进行的审计。审计的主要内容是审查计划、预算、决策、方案、合同等的执行情况，审查经济责任的履行情况，审查基建工程的施工进度、施工质量、施工效益等，其目的是确保内部控制的贯彻执行，及时发现和纠正错弊行为，保证计划、预算、决策、方案、合同的顺利实施。

（3）事后审计，是指审计组织在被审计单位经济业务结束后所进行的审计。这类审计的内容较多，既包括财政财务收支审计，又包括财经法纪和经济效益审计，其目的是为了评价经济活动的真实性、合法性和效益性，确认经济责任，总结经验和教训，为今后编制计划、预算、方案等提供参考依据。

2）按审计执行地点分类

审计按其执行地点不同，可以分为就地审计和报送审计。

（1）就地审计，是指审计组织委派审计人员到被审计单位所在地所进行的审计。这种审计可以深入实际进行调查研究，易于全面了解和掌握被审计单位的实际情况，是较为广泛运用的一种审计形式。

（2）报送审计，是指被审计单位按照审计组织的要求，将审计资料送至审计组织所进行的审计。报送审计一般适用于业务量不多的行政事业单位的经费收支审计。

3）按审计组织方式分类

审计按其组织方式不同，可分为委托审计、联合审计、常驻审计、巡回审计、预告审计和突击审计。

（1）委托审计，是指由审计委托人委托民间审计组织，按委托方的要求对被审计单位所进行的审计。受委托人员在受托期间和受托审计案件的范围内对政府审计对象进行的审计，在国家审计机构的领导下进行工作，享有国家审计人员的权力。

（2）联合审计，是指两个以上的审计组织或审计组织与有关经济监督机构联合进行的审计。这种审计，既可以采用政府审计系统内部省、市、县审计部门的联合，政府审计组织与内部审计组织的联合，也可以采用审计组织与其他经济监督机构，如财政、税务、银行、司法等部门的联合。采用联合审计方式，可以借用其他审计力量，弥补审计人员及其专业知识的不足；便于沟通信息，少走弯路，提高审计效果；便于集思广益，准确衡量错弊，提高审计质量；便于充分发挥各方面的积极性，各施其能，加快善后处理工作。

（3）常驻审计，是指政府审计组织派出审计小组或人员驻在被审计单位，对其进行经常性审计。一般说来，对于管理混乱、问题较多、资金收付频繁的单位或违纪行为严重以及经济效益极差的单位，可采用这种审计方式。

（4）巡回审计，是指审计组织按规定的时间和先后次序轮流到几个被审计单位进行的审计。这种审计具有机动灵活的特点，可以较好地树立审计威信，扩大审计影响；可以查处本部门、本地区带有倾向性的弊端，维护财经法纪。

（5）预告审计，是指审计组织在进行审计之前，把将要进行审计的目的及主要内容等，预先通知被审计单位及其有关人员的情况下所进行的审计。这种审计方式主要适用于一般性财务审计和经济效益审计。其目的是为了督促被审计单位提高工作质量，纠正差错和弊端，提高审计效果。

（6）突击审计，是指审计组织在进行审计之前，不预先把审计的目的、日期及主要内容等通知给被审计单位及有关人员，而采用突然袭击的方式所进行的审计。这种审计主要适用于保密性较强的专案审计，如对于贪污挪用资财行为以及偷税漏税等行为的审计。采用该种审计方式的目的，主要是为了防止被审计单位及其有关人员事先隐匿和销毁各种留有弊端、罪证的会计记录及其他经济资料，便于及时查清问题，顺利完成审计任务。

4）按审计范围分类

审计按其范围不同，可以分为全部审计、部分审计和专项审计。

（1）全部审计，是指审计组织对被审计单位在审计期内的全部经营活动及其经济资料所进行的审计。全部审计的结果比较准确可靠，但审计业务量过于繁重。它一般适用于内部控制不健全、会计基础工作较为薄弱的单位或经济业务简单、凭证账册等经济资料较少的小型企业。

（2）部分审计，是指审计组织对被审计单位在审计期内的部分经营活动及其经济资料所进行的审计，如现金审计、销售业务审计等。部分审计所需时间短、费用少，便于帮助被审计单位及时发现问题、解决问题。但在审计过程中，可能会漏掉那些具有严重问题的事件和存在违法或非法行为的经济业务。

（3）专项审计，是指对被审计单位特定项目进行的审计，如对被审计单位应付职工薪酬的审计等。

综上所述，依据不同的标准对审计所进行的各种分类，既有其各自的特点，又相辅相成，密切相关。审计人员在执行审计任务时，应根据不同的审计目标和要求，结合被审计单位的实际情况，恰当地选用审计类型，以更好地完成审计任务；同时，也可以选用几种审计类型，结合使用，使其相互补充，扬长避短。只有这样，才能合理组织审计工作，充分发挥各类审计的作用，从而既能简化审计工作，减轻审计工作量，又能保证审计质量，提高审计工作的效率和效果。

第2章

会计师事务所和注册会计师

学习目标

会计师事务所应当按照我国有关法律法规的规定设立；注册会计师应当按照注册会计师职业道德规范和注册会计师执业准则的要求开展审计、审阅及其他各项业务，采用各种措施减少过失和防止欺诈，避免法律诉讼。

本章的学习目标是：

1. 了解会计师事务所的组织形式及设立审批程序。
2. 了解注册会计师的业务范围。
3. 了解我国会计师事务所设立的条件。
4. 掌握注册会计师职业道德规范。
5. 掌握注册会计师执业准则体系。
6. 掌握中国注册会计师鉴证业务的定义和要素。
7. 掌握注册会计师法律责任的认定及法律责任的种类。
8. 明确注册会计师避免法律诉讼的具体措施。

基本知识点、基本能力点及能力拓展点

1. 基本知识点：注册会计师职业道德规范；注册会计师鉴证业务的定义和要素；注册会计师法律责任。
2. 基本能力点：遵守注册会计师职业道德规范；遵守注册会计师执业准则。
3. 能力拓展点：审计业务、审阅业务和其他鉴证业务的区别。

导读案例

1938年初，长期贷款给罗宾斯药材公司的朱利安·汤普森公司（以下称汤普森公司），在审核罗宾斯药材公司财务报表时发现该公司存在流动资金不足、存货异常增加等问题，请求纽约证券交易委员会进行调查，并停止给罗宾斯药材公司贷款。罗宾斯药材公司在其经营的十余年中，每年都聘请了美国著名的普赖斯·沃特豪斯会计师事务所（以下称沃特豪斯会计师事务所）对该公司的财务报表进行审计，事务所每年都出具了无保留意见的审计报告。但纽约证券交易委员会调查人员对该公司1937年的财务状况与经营成果进行重新审核时发现：1937年12月31日的合并资产负债表计有总资产8 700万美元，但其中的1 907.5万美元的资产是虚构的；在1937年年度合并损益表（现称合并利润表）中，虚假的销售收入和毛利分别达1 820万美元和180万美元。

调查结果显示，罗宾斯药材公司早已“资不抵债”，应立即宣布破产。而首当其冲的受害者是其最大债权人汤普森公司。汤普森公司指控沃特豪斯会计师事务所。汤普森公司认为其之所以给罗宾斯药材公司贷款，是因为信赖了会计师事务所出具的审计报告，他们

要求沃特豪斯会计师事务所赔偿他们的全部损失。在听证会上，沃特豪斯会计师事务所拒绝了汤普森公司的赔偿要求。该会计师事务所认为，他们执行的审计，遵循了美国注册会计师协会在 1936 年颁布的《财务报表检查》中所规定的各项规则。罗宾斯药材公司的欺骗是由于经理部门共同串通合谋所致，审计人员对此不负任何责任。最后，在证券交易委员会的调解下，沃特豪斯会计师事务所以退回历年来收取的审计费用共 50 万美元，作为对汤普森公司债权损失的赔偿。

罗宾斯药材公司案件的发生，使审计人员进一步认识到，建立科学、严格的公认审计程序，使审计工作规范化，能够有效地保护尽责的审计人员，免受不必要的法律指责。罗宾斯药材公司案件暴露了当时审计程序的不足：只重视账册凭证而轻视实物的审核；只重视企业内部的证据而忽视了外部审计证据的取得。因此，证券交易委员会颁布了新的审计程序规则。在规则中要求：审计人员在审核应收账款时，如应收账款在流动资产中占有较大比例，除了在企业内部要核对有关证据外，还需进一步发函询证，以从外部取得可靠合理的证据。在评价存货时，除了验看有关账单外，还要进行实物盘查，除此之外还要求审计人员对企业的内部控制制度进行评价，并强调了审计人员对公共利益人员负责。

另外，该案件的发生，不但加速了美国公认审计准则的发展，同时，还为建立起在评价内部控制制度基础上进行抽样审计的审计模式奠定了基础。

2.1　会计师事务所

综观世界各国，会计师事务所的组织形式主要有独资、普通合伙、有限责任、有限责任合伙四种。根据我国《注册会计师法》的规定，我国允许设立有限责任会计师事务所和合伙会计师事务所两种形式。会计师事务所必须具备一定条件并经过行业主管机关或注册会计师协会的批准登记才能设立。

中国注册会计师协会是注册会计师行业的全国性组织，接受财政部、民政部的监督和指导。省、自治区、直辖市注册会计师协会是注册会计师行业的地方性组织。中国注册会计师协会的宗旨是服务、监督、管理、协调，即以诚信建设为主线，服务本会会员，监督会员执业质量、职业道德，依法实施注册会计师行业管理，协调行业内外关系，维护社会公众利益和会员合法权益，促进行业健康发展。

根据《中国注册会计师执业准则》的规定，注册会计师的业务范围包括审计业务、审阅业务、其他鉴证业务和相关服务。

2.1.1　会计师事务所的组织形式

不同国家民间审计组织的名称各不相同，除叫会计公司、会计师事务所外，德国称经济审计公司，日本称审计法人，泰国称审计会计事务所。我国民间审计组织是指会计师事务所。

会计师事务所是国家批准成立的依法独立承办注册会计师业务的单位，实行自收自支、独立核算、依法纳税，它是注册会计师的工作机构。

1）独资会计师事务所

独资会计师事务所是指由具有注册会计师执业资格的个人独立开办，承担无限责任。它的优点是对执业人员的数量需求不多，容易设立，执业灵活，能够在代理记账、代理纳税等方面很好地满足小型企业对注册会计师服务业务的需求，虽承担无限责任，但实际发生风险的程度相对较低。其缺点是无力承办大型业务，缺乏发展后劲。

2）普通合伙会计师事务所

普通合伙会计师事务所是由两位或两位以上合伙人组成的合伙组织。合伙人以各自的财产对事务所的债务承担无限连带责任。它的优点是在风险牵制和共同利益的驱动下，促使事务所提高执业质量，扩大业务规模，提高控制风险的能力。缺点是建立一个跨地区、跨国界的大型会计师事务所要经历一个漫长的过程；同时，任何一个合伙人执业中的失误或舞弊行为，都可能给整个会计师事务所带来灭顶之灾，使之一日之间土崩瓦解。

3）有限责任会计师事务所

有限责任会计师事务所由注册会计师认购会计师事务所股份，并以其所认购股份对事务所承担有限责任。会计师事务所以其全部资产对其债务承担有限责任。它的优点是可以通过公司制形式迅速聚集一批注册会计师，建立规模型大所，承办大型业务。其缺点是降低了风险责任对执业行为的高度制约，弱化了注册会计师的个人责任。

4）有限责任合伙会计师事务所

有限责任合伙会计师事务所是指事务所以全部资产对其债务承担责任，各合伙人只对个人执业行为承担无限责任。无过失的合伙人对于其他合伙人的过失或不当执业行为以自己在事务所中的财产为限承担责任，不承担无限责任，除非该合伙人参与了过失或不当执业行为。它的最大特点在于既融入了普通合伙和有限责任会计师事务所的优点，又摒弃了它们的不足。这种组织形式是为顺应经济发展对注册会计师行业的要求于20世纪90年代初期兴起的。到1995年底，原“六大”国际会计公司在美国的执业机构已完成了向有限责任合伙的转型，在其他国家和地区的执业机构的转型目前正在进行之中。同时，许多国家和地区的大中型会计师事务所也陆续开始转型。有限责任合伙会计师事务所已成为当今注册会计师职业界组织形式发展的一大趋势。

2.1.2 我国会计师事务所设立的条件

按照国际惯例，会计师事务所的执业登记都由注册会计师行业主管机构统一负责。会计师事务所必须经过行业主管机关或注册会计师协会的批准登记并由注册会计师协会予以公告。独资会计师事务所和普通合伙会计师事务所经过这个程序即可开业，申请成立有限责任会计师事务所一般还应当进行公司登记。根据我国《注册会计师法》的规定，我国注册会计师允许设立有限责任会计师事务所和合伙会计师事务所两种形式。

1）设立有限责任会计师事务所的条件

申请设立有限责任会计师事务所，应当具备以下条件：

（1）有5名以上的股东；（2）有一定数量的专职从业人员；（3）有不少于人民币30万元的注册资本；（4）有股东共同制定的章程；（5）有会计师事务所的名称；（6）有固定的办公场所。

2）成为会计师事务所合伙人或者股东的条件

会计师事务所合伙人或者股东，应当具备下列条件：

（1）持有注册会计师证书；（2）在会计师事务所执业；（3）成为合伙人或者股东前3年内没有因为执业行为受到行政处罚；（4）有取得注册会计师证书后最近连续5年在会计师事务所从事法定审计业务的经历，其中在境内会计师事务所的经历不少于3年；

(5) 成为股东或合伙人 1 年内没有因采取隐瞒或提供虚假材料、欺骗、贿赂等不正当手段申请设立会计师事务所而被省级财政部门作出不予受理、不予批准或者撤销会计师事务所的规定。

2.1.3　注册会计师的业务范围

根据我国财政部于 2006 年 2 月 15 日发布、2009 年修订的《中国注册会计师执业准则》的规定，注册会计师的业务范围包括审计业务、审阅业务、其他鉴证业务和相关服务。

1) 审计业务

(1) 审查企业财务报表，出具审计报告。

财务报表审计业务是指注册会计师依法接受委托，通过执行审计工作对财务报表发表审计意见。为了有效制止和防范利用财务报表弄虚作假，提高财务报表质量，国家依法实行企业年度财务报表审计制度。随着我国社会主义市场经济体制的确立和发展，政府逐渐将一些管理职能移交给社会中介机构，国务院于 2000 年公布自 2001 年 1 月 1 日起施行的《企业财务会计报告条例》，要求国有企业、国有控股的或占主导地位的企业应当至少每年一次向本企业的员工代表大会公布财务会计报告，并重点说明注册会计师审计的情况。《公司法》要求各类公司依法接受注册会计师的审计。注册会计师通过对企业财务报表的审计，实施了对企业的监管，提高了会计信息的质量，为维护会计秩序，保证会计信息质量作出了应有的贡献。

(2) 验证企业资本，出具验资报告。

验资是指注册会计师依法接受委托，对被审验单位注册资本的实收情况或注册资本及实收资本的变更情况进行审验，并出具验资报告。验资业务是注册会计师业务的重要组成部分。验资报告具有法定证明效力，注册会计师及其所在会计师事务所对其出具的验资报告承担相应的法律责任。

(3) 办理企业合并、分立、清算事宜中的审计业务，出具有关报告。

企业在合并、分立或终止清算时，应当分别编制合并、分立或清算财务报表。为了帮助财务报表使用人增强对这些报表的信赖程度，企业需要委托注册会计师对其编报的财务报表进行审计。注册会计师在对财务报表审计时，同样应当检查形成财务报表的所有会计资料及其反映的经济业务，并关注企业合并、分立及清算过程中出现的特定事项。办理企业合并、分立及清算事宜中的审计业务后出具的相应审计报告同样具有法定证明效力。

(4) 办理法律、行政法规规定的其他审计业务，出具相应的审计报告。

在实际工作中，注册会计师还可以根据国家法律、行政法规的规定接受委托，对特殊目的业务进行审计。特殊目的审计业务是指注册会计师接受委托，对下列财务信息进行审计并出具审计报告的业务：

①按照企业会计准则和相关会计制度以外的其他基础（简称特殊基础）编制的财务报表。特殊基础通常包括计税基础、收付实现制基础。

②财务报表的组成部分，包括财务报表特定项目、特定账户或特定账户的特定内容。

③合同的遵守情况，如对贷款合同遵守情况发表审计意见。

④简要财务报表。

2）审阅业务

审阅业务是指注册会计师执行历史财务信息审阅业务，如财务报表审阅等。

财务报表审阅是指注册会计师在实施审阅程序的基础上，说明是否注意到某些事项，使其相信财务报表没有按照适用的会计准则和相关会计制度的规定编制，未能在所有重大方面公允反映被审阅单位的财务状况、经营成果和现金流量。相对于审计而言，审阅程序简单，保证程度有限，成本也较低。

3）其他鉴证业务

其他鉴证业务是指除历史财务信息审计和审阅业务之外的鉴证业务。由于其他鉴证业务的鉴证对象不是历史财务信息，所以注册会计师实施的其他鉴证业务与历史财务信息审计和审阅业务相比是特殊的鉴证业务。其他鉴证业务通常包括内部控制鉴证、预测性财务信息审核、系统鉴证等。这些鉴证业务同样可以增强使用者对鉴证对象信息的信任程度。

4）相关服务

相关服务是指注册会计师执行除鉴证业务外的其他相关服务业务，包括对财务信息执行商定程序、代编财务信息、税务服务、管理咨询和会计服务等。

对财务信息执行商定程序是指注册会计师对特定财务数据、单一财务报表或整套财务报表等财务信息执行与特定主体商定的具有审计性质的程序，并就执行的商定程序及其结果出具报告的服务。

代编财务信息是指注册会计师运用会计而非审计的专业知识和技能，代客户编制一套完整或非完整的财务报表，或代为收集、分类和汇总其他财务信息的服务。

税务服务包括税务代理和税务筹划。税务代理是注册会计师接受企业或个人委托，为其填制纳税申报表，办理纳税事项。税务筹划是由于纳税义务发生的范围和时间不同，注册会计师从客户利益出发，代替纳税义务人设计可替代的或不同结果的纳税方案。

管理咨询是注册会计师与非注册会计师激烈竞争的一个领域。服务范围包括：对公司的治理结构、信息系统、预算管理、人力资源管理、财务会计、经营效率、效果和效益等提供诊断及专业意见与建议。

2.2 注册会计师职业道德规范

《中国注册会计师职业道德守则》中规定的注册会计师职业道德基本原则有诚信、独立性、客观和公正、专业胜任能力和应有的关注、保密、良好的职业行为。注册会计师在遵循基本原则的过程中如果受到自身利益、自我评价、过度推介等不利因素的影响，应采取各种措施消除不利影响或将不利影响降至可接受的水平。

中国注册会计师协会会员包括注册会计师和非执业会员。注册会计师，是指取得注册会计师证书并在会计师事务所执业的人员，有时也指其所在的会计师事务所。非执业会员是指不在会计师事务所执业的人员，通常在工业、商业、教育部门、监管机构或职业团体从事专业工作。

中国注册会计师职业道德守则规定了职业道德基本原则和职业道德概念框架。职业道德基本原则包括诚信、独立性、客观和公正、专业胜任能力和应有的关注、保密以及良好职业行为。职业道德概念框架是指解决职业道德问题的思路和方法，用以指导注册会计师：识别对职业道德基本原则的不利影响；评价不利影响的严重程度；必要时采取防范措施消除不利影响或将其降至可接受水平。注册会计师在执业过程中，应当遵守职业道德基本原则，并能运用职业道德概念框架解决职业道德问题，更好地为社会公众服务。

2.2.1　注册会计师职业道德的基本原则

1）诚信

诚信，是指诚实、守信。也就是说，一个人的言行与内心思想一致，不虚假；能够履行与别人的约定而取得对方的信任。诚信原则要求注册会计师应当在所有的职业关系和商业关系中保持正直和诚实，秉公处事、实事求是。

2）独立性

独立性，是指不受外来力量控制、支配，按照一定之规行事。独立性原则通常是对注册会计师而非非执业会员提出的要求。在执行鉴证业务时，注册会计师必须保持独立性。在市场经济条件下，投资者主要依赖财务报表判断投资风险，在投资机会中作出选择。如果注册会计师与客户存在经济利益、关联关系，或屈从于外界压力，就很难取信于社会公众。

注册会计师执行鉴证业务时，应当从实质上和形式上保持独立性，不得因任何利害关系影响其客观性。实质上的独立性是一种内心状态，使得注册会计师在提出结论时不受损害职业判断的因素影响，诚信行事，遵循客观和公正原则，保持职业怀疑态度。形式上的独立性是一种外在表现，使得一个理性且掌握充分信息的第三方在权衡所有相关事实和情况后，认为会计师事务所或审计项目组成员没有损害诚信原则、客观和公正原则或职业怀疑态度。

会计师事务所在承办鉴证业务时，应当从整体层面和具体业务层面采取措施，以保持会计师事务所和项目组的独立性。

3）客观和公正

客观，是指按照事物的本来面目去考察，不添加个人的偏见。公正，是指公平，正直，不偏袒。客观和公正原则要求注册会计师应当公正处事、实事求是，不得由于偏见、利益冲突或他人的不当影响而损害自己的职业判断。

如果某一情形或关系导致偏见或者对职业判断产生不当影响，注册会计师不应提供相关专业服务。

4）专业胜任能力和应有的关注

（1）专业胜任能力

专业胜任能力是指注册会计师具有专业知识、技能和经验，能够经济、有效地完成客户委托的业务。如果注册会计师在缺乏足够的知识、技能和经验的情况下提供专业服务，就构成了一种欺诈。一个合格的注册会计师，不仅要充分认识自己的能力，对自己充满信心，更重要的是，必须清醒地认识到自己在专业胜任能力方面存在的不足，如果承接了难以胜任的业务，就可能给客户乃至社会公众带来危害。

专业胜任能力可分为两个独立的阶段：专业胜任能力的获取和专业胜任能力的保持。注册会计师应当持续了解和掌握相关的专业技术和业务的发展，以保持专业胜任能力，使其能够胜任特定业务环境中的工作。

（2）应有的关注

应有的关注，要求注册会计师遵守执业准则和职业道德规范要求，勤勉尽责，按照有关工作要求，认真、全面、及时地完成工作任务。在审计过程中，注册会计师应当保持职业怀疑态度，运用专业知识、技能和经验，获取和评价审计证据。同时，注册会计师应当采取措施以确保在其授权下工作的人员得到适当的培训和督导。

5）保密

保密原则要求注册会计师应当对在职业活动中获知的信息予以保密，不得出现下列行为：

①未经客户授权或法律法规允许，向会计师事务所以外的第三方披露其所获知的涉密信息。

②利用所获知的涉密信息为自己或第三方谋取利益。

注册会计师在社会交往中应当履行保密义务。注册会计师应当警惕无意泄密的可能性，特别是警惕无意向近亲属或关系密切的人员泄密的可能性。

注册会计师在下列情况下可以披露涉密信息：

①法律法规允许披露，并且取得客户或工作单位的授权。

②根据法律法规的要求，为法律诉讼、仲裁准备文件或提供证据，以及向有关监管机构报告发现的违法行为。

③在法律法规允许的情况下，在法律诉讼、仲裁中维护自己的合法权益。

④接受注册会计师协会或监管机构的执业质量检查，答复其询问和调查。

⑤法律法规、执业准则和职业道德规范规定的其他情形。

6）良好的职业行为

良好的职业行为要求注册会计师应当遵守相关法律法规，避免发生任何损害职业声誉的行为。

在推介自己和工作时，注册会计师应当客观、真实、得体，不应存在下列行为：

①对其能够提供的服务、拥有的资质以及积累的经验进行夸大宣传。

②对其他注册会计师的工作进行贬低或无根据的比较。

2.2.2 可能对职业道德基本原则产生不利影响的因素

注册会计师对职业道德基本原则的遵循可能受到多种因素的不利影响。不利影响的性质和严重程度因注册会计师提供服务类型的不同而不同。可能对职业道德基本原则产生不利影响的因素包括：自身利益、自我评价、过度推介、密切关系和外在压力。

1）自身利益

如果经济利益或其他利益对注册会计师的职业判断或行为产生不当影响，将产生自身利益导致的不利影响。

自身利益导致不利影响的情形主要包括：

(1) 鉴证业务项目组成员在鉴证客户中拥有直接经济利益；

(2) 会计师事务所过分依赖向某一客户的收费；

(3) 鉴证业务项目组成员与鉴证客户存在重要且密切的商业关系；

(4) 会计师事务所与客户就鉴证业务达成或有收费的协议。

2）自我评价

如果注册会计师对其以前的判断或服务结果作出不恰当的评价，并且将据此形成的判断作为当前服务的组成部分，将产生自我评价导致的不利影响。

自我评价导致不利影响的情形主要包括：

（1）会计师事务所在对客户提供财务系统的设计或操作服务后，又对系统的运行有效性出具鉴证报告；

（2）会计师事务所为客户编制原始数据，这些数据构成鉴证业务的对象；

（3）鉴证业务项目组成员担任或最近曾经担任客户的董事或高级管理人员；

（4）鉴证业务项目组成员现在受雇于或最近曾受雇于客户，且所处职位能够对鉴证对象施加重大影响。

3）过度推介

如果注册会计师过度推介客户或工作单位的某种立场或意见，使其客观性受到损害，将产生过度推介导致的不利影响。

过度推介导致不利影响的情形主要包括：

（1）会计师事务所推介审计客户的股份；

（2）在审计客户与第三方发生诉讼或纠纷时，注册会计师担任该客户的辩护人。

4）密切关系

如果注册会计师与客户或雇佣单位存在长期或亲密的关系，而过于倾向他们的利益，或认可他们的工作，将产生密切关系导致的不利影响。

密切关系导致不利影响的情形主要包括：

（1）项目组成员的近亲属担任客户的董事或高级管理人员；

（2）项目组成员的近亲属是客户的员工，其所处的职位能够对业务对象施加重大影响；

（3）注册会计师接受客户的礼品或款待。

5）外在压力

如果注册会计师受到实际的压力或感受到压力而无法客观行事，将产生外在压力导致的不利影响。

外在压力导致不利影响的情形主要包括：

（1）会计师事务所受到客户解除业务关系的威胁；

（2）审计客户表示，如果会计师事务所不同意其对某项交易的会计处理，审计客户将不再委托其承办协议中的非鉴证业务；

（3）客户威胁将起诉会计师事务所；

（4）会计师事务所受到降低收费的影响而不恰当地缩小工作范围；

（5）会计师事务所合伙人告知注册会计师，除非同意审计客户不恰当的会计处理，否则将影响晋升。

2.2.3 应对不利影响的防范措施

防范措施是指可以消除不利影响或将其降至可接受水平的行动或其他措施。应对不利影响的防范措施包括法律法规和职业规范规定的防范措施和具体工作中采取的防范措施。

在具体工作中，应对不利影响的防范措施包括会计师事务所层面和具体业务层面的防范措施。

1）会计师事务所层面的防范措施

①会计师事务所领导层强调遵循职业道德基本原则的重要性；

②会计师事务所领导层强调鉴证业务项目组成员应当维护公众利益；

③制定有关政策和程序，实施项目质量控制，监督业务质量；

④制定有关政策和程序，识别会计师事务所或项目组成员与客户之间的利益或关系；

⑤制定有关政策和程序，监控对某一客户收费的依赖程度；

⑥向鉴证客户提供非鉴证服务时，指派鉴证业务项目组以外的其他合伙人和项目组，并确保鉴证业务项目组和非鉴证业务项目组分别向各自的业务主管报告工作；

⑦指定高级管理人员负责监督会计师事务所质量控制系统是否有效运行；

⑧向合伙人和专业人员提供鉴证客户及其关联实体的名单，并要求合伙人和专业人员与之保持独立；

⑨建立惩戒机制，保障相关政策和程序得到遵守。

2）具体业务层面的防范措施

①由未涉及非鉴证服务的注册会计师复核已执行的非鉴证工作，或在必要时提供建议；

②由鉴证业务项目以外的注册会计师复核已执行的鉴证工作，或在必要时提供建议；

③向客户审计委员会、监管机构或注册会计师协会咨询；

④与客户治理层讨论有关职业道德问题；

⑤向客户治理层说明提供服务的性质和收费的范围；

⑥请其他会计师事务所执行或重新执行部分业务；

⑦轮换鉴证业务项目组合伙人和高级员工。

案例窗 2-1

注册会计师职业道德规范案例

希尔有限公司是奥特会计师事务所 2013 年发展的审计客户。在承接业务、签订业务约定书等过程中，存在以下涉及职业道德的具体情况：

（1）在承接业务前，奥特会计师事务所在向希尔有限公司介绍本所专业人员情况时，顺便提供了 A 注册会计师的父亲是本市税务局分管希尔有限公司所属行业的副局长这一信息。

（2）为便于沟通和稳定项目组成员构成，奥特会计师事务所指定 B 项目负责人的任期直到业务约定期届满的 2023 年。

（3）C 注册会计师于 2013 年 11 月接受指派，按计划对希尔有限公司进行了预审，但该事务所认为该情况不构成自我评价，允许 C 注册会计师继续留在审计项目组。

（4）完成审计工作后，项目组成员 D 向希尔有限公司财务负责人表达了希望将其妹妹调入希尔有限公司的愿望，并说明无论结果如何，都将遵循注册会计师职业道德规范。

要求：逐项单独针对上述（1）～（4）项，不考虑其他情况，分别指出注册会计师是否符合相关的职业道德规范，并简要说明理由。

【解答】

（1）不符合职业道德规范。有关 A 注册会计师之父的信息与审计业务无关，容易引起客户的误解，因此有误导客户的嫌疑。

（2）不符合职业道德规范。如果注册会计师与客户存在长期关系，将产生由密切关系导致的不利影响。会计师事务所应当定期轮换项目负责人。

(3) 符合职业道德规范。预审工作属于整个审计业务的一个组成部分，它与后面实施的审计工作之间并不重复，不产生自我评价。

(4) 不符合职业道德规范。注册会计师不得利用职务之便，谋取其他不正当利益。

2.3 注册会计师执业准则

中华人民共和国财政部于 2006 年发布了新的注册会计师执业准则体系，使我国审计准则体系实现了国际趋同的历史性突破。2009 年又进行了修订，2012 年 1 月 1 日正式实施。注册会计师执业准则体系包括注册会计师业务准则和会计师事务所质量控制准则。注册会计师业务准则包括鉴证业务准则和相关服务准则。鉴证业务准则分为鉴证业务基本准则和鉴证业务具体准则。鉴证业务基本准则确定了鉴证业务的定义、分类和要素等内容。

2.3.1 注册会计师执业准则体系

注册会计师执业准则，是用来规范注册会计师执行业务，获取审计证据，形成审计结论，出具审计报告的专业标准。为了适应审计准则国际趋同的大趋势，更好地发挥注册会计师行业提高财务信息质量、维护市场稳定的作用，财政部发布并实施了《中国注册会计师执业准则》。注册会计师执业准则体系由注册会计师职业道德守则统御，包括注册会计师业务准则和会计师事务所质量控制准则，如图 2-1 所示。注册会计师业务准则包括鉴证业务准则和相关服务准则，如图 2-2 所示。相关内容在教材后面的章节中讲述。

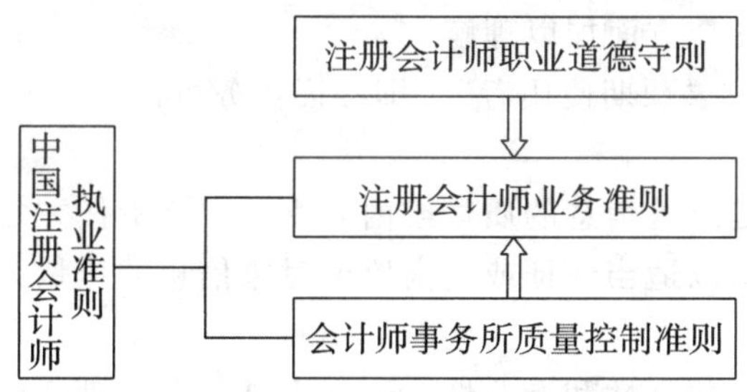

图 2-1 注册会计师执业准则体系

1) 注册会计师业务准则

鉴证业务准则由鉴证业务基本准则统领，按照鉴证业务提供的保证程度和鉴证对象的不同，分为审计准则、审阅准则和其他鉴证业务准则。其中，审计准则是整个执业准则体系的核心。

审计准则用以规范注册会计师执行历史财务信息的审计业务。在提供审计服务时，注册会计师对所审计信息是否不存在重大错报提供合理保证，并以积极方式提出结论。

审阅准则用以规范注册会计师执行历史财务信息的审阅业务。在提供审阅服务时，注册会计师对所审阅信息是否不存在重大错报提供有限保证，并以消极方式提出结论。

其他鉴证业务准则用以规范注册会计师执行历史财务信息审计或审阅以外的其他鉴证业务，根据鉴证业务的性质和业务约定的要求，提供有限保证或合理保证。

相关服务准则用以规范注册会计师代编财务信息、执行商定程序、提供管理咨询等其他服务。在提供相关服务时，注册会计师不提供任何程度的保证。

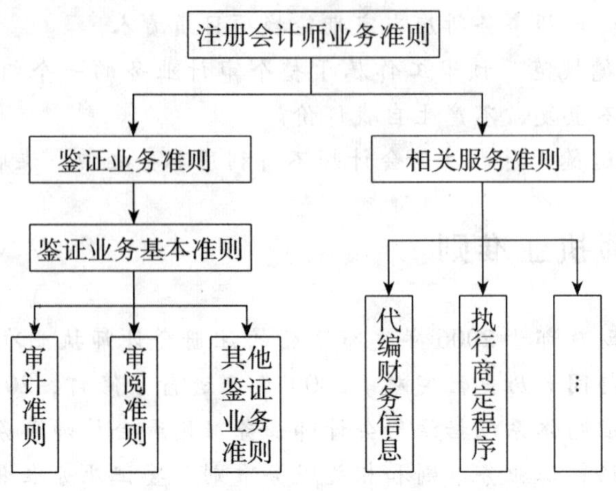

图 2-2 注册会计师业务准则体系

2）会计师事务所质量控制准则

会计师事务所质量控制准则用以规范注册会计师在执行各类业务时应当遵守的质量控制政策和程序，是对会计师事务所质量控制提出的制度要求。

2.3.2 中国注册会计师鉴证业务的定义和分类

1）鉴证业务的定义

《中国注册会计师鉴证业务基本准则》中的鉴证业务是指注册会计师对鉴证对象信息提出结论，以增强除责任方之外的预期使用者对鉴证对象信息信任程度的业务。

上述定义可从以下几个方面加以理解：

①鉴证业务的用户是“预期使用者”，即鉴证业务可以用来有效地满足预期使用者的需求。

②鉴证业务的目的是改善信息的质量或内涵，增强除责任方之外的预期使用者对鉴证对象信息的信任程度，即以适当保证或提高鉴证对象信息的质量为主要目的，而不涉及为如何利用信息提供建议。

③鉴证业务的基础是独立性和专业性，通常由具备专业胜任能力和独立性的注册会计师来执行，注册会计师应当独立于责任方和预期使用者。

④鉴证业务的“产品”是鉴证结论，注册会计师应当对鉴证对象信息提出结论，该结论应当以书面报告形式予以传达。

2）鉴证业务的分类

（1）鉴证业务按照保证程度不同，可以分为合理保证的鉴证业务与有限保证的鉴证业务

合理保证的鉴证业务是指注册会计师将鉴证业务风险降至该业务环境下可接受的低水平，以此作为以积极方式提出结论的基础。如在历史财务信息审计中，要求注册会计师将审计风险降至可接受的低水平，对审计后的历史财务信息提供高水平保证（合理保证）。

有限保证的鉴证业务是指注册会计师将鉴证业务风险降至该业务环境下可接受的水平，以此作为以消极方式提出结论的基础。如在历史财务信息审阅中，要求注册会计师将审阅风险降至该业务环境下可接受的水平（高于历史财务信息审计中可接受的低水平），对审阅后的历史财务信息提供低于高水平的保证（有限保证）。

（2）鉴证业务按照预期使用者获取鉴证对象信息的方式不同，可以分为基于责任方认定的业务和直接报告业务

基于责任方认定的业务是指责任方对鉴证对象进行评价或计量，鉴证对象信息以责任方认定的形式为预期使用者获取。如在财务报表审计中，被审计单位管理层（责任方）对财务状况、经营成果和现金流量（鉴证对象）进行确认、计量和列报（评价或计量）而形成的财务报表（鉴证对象信息）即为责任方的认定，该财务报表可为预期报表使用者获取，注册会计师针对财务报表出具审计报告。这种业务属于基于责任方认定的业务。

直接报告业务是指注册会计师直接对鉴证对象进行评价或计量，或者从责任方获取对鉴证对象评价或计量的认定，而该认定无法为预期使用者获取，预期使用者只能通过阅读鉴证报告获取鉴证对象信息。如在内部控制鉴证业务中，注册会计师可能无法从管理层（责任方）获取其对内部控制有效性的评价报告（责任方认定），或虽然注册会计师能够获取该报告，但预期使用者无法获取该报告，注册会计师直接对内部控制的有效性（鉴证对象）进行评价并出具鉴证报告，预期使用者只能通过阅读该鉴证报告获得内部控制有效性的信息（鉴证对象信息）。这种业务属于直接报告业务。

2.3.3　中国注册会计师鉴证业务要素

《中国注册会计师鉴证业务基本准则》规定，鉴证业务要素包括鉴证业务的三方关系、鉴证对象、标准、证据和鉴证报告五个方面。关于证据和鉴证报告在后面有专门的章节详细讲解，这里主要介绍三方关系、鉴证对象、标准。

1）鉴证业务的三方关系

鉴证业务涉及的三方关系人包括注册会计师、责任方和预期使用者。

三方之间的关系是，注册会计师对由责任方负责的鉴证对象或鉴证对象信息提出结论，以增强除责任方之外的预期使用者对鉴证对象信息的信任程度。

（1）注册会计师

注册会计师，是指取得注册会计师证书并在会计师事务所执业的人员，有时也指其所在的会计师事务所。

注册会计师就是执行鉴证业务的主体。如果鉴证业务涉及的特殊知识和技能超出了注册会计师的能力，注册会计师可以利用专家协助执行鉴证业务。在这种情况下，注册会计师应当确信包括专家在内的项目组整体已具备执行该项鉴证业务所需的知识和技能，并充分参与该项鉴证业务和了解专家所承担的工作。

（2）责任方

责任方的界定与所执行鉴证业务的类型有关：

①在直接报告业务中，责任方是指对鉴证对象负责的组织或人员。

②在基于责任方认定的业务中，责任方是指对鉴证对象信息负责并可能同时对鉴证对象负责的组织或人员。

（3）预期使用者

预期使用者是指预期使用鉴证报告的组织或人员。责任方可能是预期使用者，但不是唯一的预期使用者。

如果鉴证业务服务于特定的使用者或具有特殊目的，注册会计师可以很容易地识别预期使用者。例如，企业向银行贷款，银行要求企业提供一份与贷款项目相关的预测性财务

信息审核报告，这时，银行就是该鉴证报告的预期使用者。

注册会计师可能无法识别使用鉴证报告的所有组织和人员，尤其在各种可能的预期使用者对鉴证对象存在不同的利益需求时。此时，预期使用者主要是指那些与鉴证对象有重要和共同利益的主要利益相关者。例如，在上市公司财务报表审计中，预期使用者主要是指上市公司的股东。注册会计师应当根据法律法规的规定或与委托人签订的协议识别预期使用者。

2）鉴证对象

在注册会计师提供的鉴证业务中，存在着不同类型的鉴证对象，相应地，鉴证对象信息也具有多种不同的形式。

鉴证对象信息是按照标准对鉴证对象进行评价和计量的结果。如责任方按照会计准则和相关会计制度（标准）对其财务状况、经营成果和现金流量（鉴证对象）进行确认、计量和列报（包括披露，下同）而形成的财务报表（鉴证对象信息）。鉴证对象信息应当恰当反映既定标准运用于鉴证对象的情况。如果没有按照既定标准恰当反映鉴证对象的情况，鉴证对象信息可能存在错报，而且可能存在重大错报。

（1）鉴证对象与鉴证对象信息的形式

①当鉴证对象为财务业绩或状况时（如历史或预测的财务状况、经营成果和现金流量），鉴证对象信息是财务报表。

②当鉴证对象为非财务业绩或状况时（如企业的运营情况），鉴证对象信息可能是反映效率或效果的关键指标。

③当鉴证对象为某种系统和过程时（如企业的内部控制或信息技术系统），鉴证对象信息可能是关于其有效性的认定。

④当鉴证对象为一种行为时（如遵守法律法规的情况），鉴证对象信息可能是对法律法规遵守情况或执行效果的声明。

（2）鉴证对象特征

鉴证对象具有不同特征，可能表现为定性或定量、客观或主观、历史或预测、时点或期间。这些特征将对下列方面产生影响：

①按照标准对鉴证对象进行评价或计量的准确性；

②对证据的说服力。

例如，当鉴证对象为遵守法规情况时，它的特征是定性的；当鉴证对象为企业的财务业绩或状况时，它的特征就是定量的。当鉴证对象为企业未来的盈利能力时，它的特征是主观的、预测的；当鉴证对象为企业的历史财务状况时，它的特征就是客观的、历史的。当鉴证对象为企业注册资本的实收情况时，它的特征是时点的；当鉴证对象为企业内部控制过程时，它的特征就是期间的。

（3）适当的鉴证对象应当同时具备的条件

①鉴证对象可以识别。

②不同的组织或人员对鉴证对象按照既定标准进行评价或计量的结果合理一致。

③注册会计师能够收集与鉴证对象有关的信息，获取充分、适当的证据，以支持其提出适当的鉴证结论。

不适当的鉴证对象可能会误导预期使用者。如果注册会计师在承接业务后发现鉴证对象不适当，应当视其重大与广泛程度，出具保留结论或否定结论的报告。

不适当的鉴证对象还可能造成工作范围受到限制。如果注册会计师承接业务后发现鉴证业务不适当，应当视工作范围受到限制的重大与广泛程度，出具保留结论或无法提出结论的报告。

3）标准

（1）标准的定义

标准是指用于评价或计量鉴证对象的基准，当涉及列报时，还包括列报的基准。

注册会计师在运用职业判断对鉴证对象作出合理一致的评价或计量时，需要有适当的标准。如果没有适当的标准提供指引，任何个人的解释甚至误解都可能对结论的正确性产生影响。也就是说，标准是对所要发表意见的鉴证对象进行“度量”的一把“尺子”，责任方和注册会计师可以根据这把“尺子”对鉴证对象进行“度量”。

对同一鉴证对象进行评价或计量并不一定要选择同一个标准。例如，要评价消费者满意度这一鉴证对象，某些责任方或注册会计师可能会以消费者投诉的次数作为衡量标准；而另外一些责任方或注册会计师可能会选择消费者在初始购买后的三个月内重复购买的数量作为衡量的标准。

（2）标准的类型

标准可以是正式的规定，也可以是某些非正式的规定。

正式的规定通常是一些“既定的”标准，是由法律法规规定的，如宪法、会计法、公司法、证券法等；或由政府主管部门或国家认可的专业团体依照公开、适当的程序发布的。如编制遵循性报告时，标准可能是适用的法律、法规。企业编制财务报表时，其标准是权威机构发布的会计准则和相关会计制度。

非正式的规定通常是一些“专门制定的”标准，是针对具体的业务项目“量身定做”的，包括企业内部制定的行为准则、确定的绩效水平等。采用标准的类型不同，注册会计师为评价该标准对于具体鉴证业务的适用性所需执行的工作也不同。

（3）适当的标准应当具备的特征

注册会计师在运用职业判断对鉴证对象作出合理一致的评价和计量时，需要有适当的标准。标准是否适当、是否适用于具体的鉴证业务同样离不开注册会计师的执业判断。如果使用的标准不适当或不适用于具体业务，发表的鉴证结论便毫无意义。适当的标准应当与特定业务及其环境相关，因此，同一个业务对象可能存在不同的业务标准。适当的标准应当具备下列所有特征：

①相关性：注册会计师选用的标准，一定要与作出的结论和提出的意见密切相关，如违反了增值税暂行条例不能用消费税暂行条例衡量。有几种可供选择使用的标准时，要选用最能揭示被鉴证事项本质的作为标准。相关的标准有助于得出结论，便于预期使用者作出决策。

②完整性：完整的标准是不应忽略业务环境中可能影响得出结论的相关因素，当涉及列报时，还包括列报的基准。

③可靠性：可靠的标准能够使能力相近的注册会计师在相似的业务环境中，对鉴证对象作出合理一致的评价或计量。

④中立性：中立的标准有助于得出无偏向的结论。

⑤可理解性：可理解的标准有助于得出清晰、易于理解、不会产生重大歧义的结论。

注册会计师基于自身的预期、判断和个人经验对鉴证对象进行的评价和计量，不构成适当的标准。

(4) 标准的获取

标准应当能够为预期使用者获取，以使预期使用者了解鉴证对象的评价或计量过程。标准可以通过下列方式供预期使用者获取：

①公开发布；

②在陈述鉴证对象信息时以明确的方式表述；

③在鉴证报告中以明确的方式表述；

④常识理解，如计量时间的标准是小时或分钟。

4) 证据

注册会计师应当以职业怀疑态度计划和执行鉴证业务，获取有关鉴证对象信息是否不存在重大错报的充分、适当的证据。注册会计师应当及时对制订的计划、实施的程序、获取的相关证据以及得出的结论作出记录。在计划和执行鉴证业务，尤其在确定证据收集程序的性质、时间安排和范围时，应当考虑重要性、鉴证业务风险以及可获取证据的数量和质量。

5) 鉴证报告

注册会计师应当出具含有鉴证结论的书面报告，该鉴证结论应当说明注册会计师就鉴证对象信息获取的保证。

(1) 鉴证结论的两种表述形式

在基于责任方认定的业务中，注册会计师的鉴证结论可以采用下列两种表述形式：

①明确提及责任方认定，如"我们认为，责任方作出的'根据××标准，内部控制在所有重大方面是有效的'这一认定是公允的"。

②直接提及鉴证对象和标准，如"我们认为，根据××标准，内部控制在所有重大方面是有效的"。

在基于责任方认定的业务中，由于可以获取责任方认定，注册会计师是针对鉴证对象信息进行评价并出具报告的，鉴证对象信息也可以以责任方认定的形式为预期使用者获取，注册会计师在鉴证报告中显然可以明确提及责任方认定。另外，直接提及鉴证对象和标准，也不会给预期使用者带来误解。如果注册会计师在鉴证结论中提及责任方认定，注册会计师可以将该认定附于鉴证报告后，在鉴证报告中引述该认定或指明预期使用者能够从何处获取该认定。

在直接报告业务中，注册会计师应当明确提及鉴证对象和标准。在直接报告业务中，注册会计师可能无法从责任方获取其对鉴证对象评价或计量的认定；即使可以获取这种认定，该认定也无法为预期使用者获取，预期使用者只能通过阅读鉴证报告获取鉴证对象信息，因此，注册会计师应当直接对鉴证对象进行评价并出具报告，在鉴证报告中明确提及鉴证对象和标准。

(2) 注册会计师不能出具无保留结论的情况

①工作范围受到限制。

②责任方认定未在所有重大方面作出公允表达。

③鉴证对象信息存在重大错报。

④标准或鉴证对象不适当。

在审计过程中如出现上述情况，注册会计师应当根据其重大与广泛程度，出具保留意见、否定意见或无法表示意见的报告。在某些情况下，注册会计师还应当考虑解除业务约定。

2.4　注册会计师法律责任

近些年来，注册会计师被起诉的案件日益增多，注册会计师的法律责任进一步加大。如果注册会计师在执业过程中有违约、过失或欺诈等行为，给客户或依赖经审计的财务报表的第三者造成重大损失就要承担相应的法律责任。因此，注册会计师应采取严格遵循职业道德守则和执业准则的要求、建立健全会计师事务所质量控制制度、提取风险基金或购买责任保险等措施避免法律诉讼，保证职业道德和执业质量。

2.4.1　财务报表审计责任

在财务报表审计中，被审计单位管理层和治理层与注册会计师承担着不同的责任，不能互相混淆和替代。明确划分责任，不仅有助于被审计单位管理层和治理层与注册会计师认真履行各自的职责，为财务报表及其审计报告的使用者提供有用的经济决策信息，还有利于保护相关各方的正当权益。

1）被审计单位管理层和治理层的责任

现代公司治理结构要求治理层对管理层编制财务报表的过程实施有效的监督。被审计单位管理层的责任是在治理层的监督下，按照适用的会计准则和相关会计制度的规定编制财务报表。管理层对编制财务报表的具体责任包括：

（1）选择适用的会计准则和相关会计制度。管理层应当根据会计主体的性质和财务报表的编制目的，选择适用的会计准则和相关会计制度，编制和列报财务报表。例如，企业根据规模或行业性质，分别适合采用《企业会计准则》、《金融企业会计制度》和《小企业会计准则》等。

（2）选择和运用恰当的会计政策。会计政策是指企业在会计确认、计量和报告中所采用的原则、基础和会计处理方法。管理层应当根据企业的具体情况，选择和运用恰当的会计政策。

（3）根据企业的具体情况，作出合理的会计估计。会计估计是指企业对其结果不确定的交易和事项以最近可利用的信息为基础所作的判断。管理层有责任根据企业的实际情况，作出合理的会计估计，如企业固定资产的使用年限和净残值、应收账款的可收回净额等。

2）注册会计师的责任

按照中国注册会计师审计准则的规定对财务报表发表审计意见是注册会计师的责任。注册会计师应当遵守职业道德规范，按照审计准则的规定计划和实施审计工作，获取充分、适当的审计证据，并根据获取的审计证据得出合理的审计结论，发表恰当的审计意见。注册会计师通过签署审计报告确认其责任。

3）两种责任不能互相取代

财务报表编制和财务报表审计是财务信息生成过程中的不同环节，两者各司其职。法律法规要求管理层和治理层对编制财务报表承担责任，有利于从源头上保证财务信息的质量。在某些方面，注册会计师与管理层和治理层之间可能存在信息不对称，管理层和治理层作为内部人员，对企业的情况更为了解，更能作出适合企业特点的会计处理决策和判断，因此，管理层和治理层应对编制财务报表承担完全责任。尽管在审计过程中，注册会计师可能向管理层和治理层提出调整建议，甚至在不违反独立性的前提下为管理层编制财务报表提供协助，但管理层仍然对编制财务报表承担责任，并通过签署财务报表确认这一责任。

2.4.2 对注册会计师法律责任的认定

1）违约

违约，是指合同的一方或多方未能履行合同条款规定的义务。当注册会计师违约给他人造成损失时，应负违约责任。比如，在商定的期间内未能提交纳税申报表，或违反了与客户订立的保密协议等。

2）过失

过失，是指在一定条件下，没有保持应有的职业谨慎。评价注册会计师的过失，是以其他合格注册会计师在相同条件下可做到的谨慎为标准的。当注册会计师过失给他人造成损失时，应负过失责任。过失可按程度不同区分为普通过失和重大过失。

普通过失，通常是指没有保持职业上应有的职业谨慎；对注册会计师而言，则是指没有完全遵循专业准则的要求。

重大过失，是指连起码的职业谨慎都没有保持；对注册会计师而言，则是指根本没有遵循专业准则或没有按照专业准则的基本要求执行审计。

3）欺诈

欺诈又称舞弊，是以欺骗或坑害他人为目的的一种故意的错误行为。对于注册会计师而言，欺诈就是为了达到欺骗他人的目的，明知委托单位的财务报表有重大错报，却加以虚伪的陈述，出具无保留意见的审计报告。

2.4.3 注册会计师承担法律责任的种类

注册会计师因违约、过失或欺诈给被审计单位或其他利害关系人造成损失的，按照有关法律规定，可能被判承担行政责任、民事责任或刑事责任。

1）行政责任

行政处罚对注册会计师个人来说，包括警告、暂停执业、吊销注册会计师证书；对会计师事务所而言，包括警告、没收违法所得、罚款、暂停执业、撤销等。《注册会计师法》第三十九条规定："会计师事务所违反本法第二十条、第二十一条规定的，由省级以上人民政府财政部门给予警告，没收违法所得，可以并处违法所得一倍以上五倍以下的罚款；情节严重的，可以由省级以上人民政府财政部门暂停其经营业务或者予以撤销。注册会计师违反本法第二十条、第二十一条规定的，由省级以上人民政府财政部门给予警告；情节严重的，可以由省级以上人民政府财政部门暂停其执行业务或者吊销注册会计师证书。"《证券法》第二百零一条规定："为股票的发行、上市、交易出具审计报告、资产评估报告或者法律意见书等文件的证券服务机构和人员，违反本法第四十五条的规定买卖股票的，责令依法处理非法持有的股票，没收违法所得，并处以买卖股票等值以下的罚款。"

2）民事责任

民事责任主要是指赔偿受害人损失。《公司法》第二百零八条规定："承担资产评估、验资或者验证的机构因出具的评估结果、验资或者验证证明不实，给公司债权人造成损失的，除能够证明自己没有过错外，在其评估或者证明不实的金额范围内承担赔偿责任。"

3）刑事责任

刑事责任是指触犯刑法所必须承担的法律后果。《公司法》第二百一十六条规定："违反本法规定，构成犯罪的，依法追究刑事责任。"《刑法》第二百二十九条规定："承担资产评估、验资、会计、审计、法律服务等职责的中介组织的人员故意提供虚假证明文件；情节严重的，处五年以下有期徒刑或者拘役，并处罚金。"

这三种责任可单处，也可并处。一般来说，违约和过失可能使注册会计师承担行政责任和民事责任，欺诈可能使注册会计师承担民事责任和刑事责任。

2.4.4　注册会计师防止发生执业过错的措施

1）增强执业独立性

在实际工作中，绝大多数注册会计师能够始终如一地遵循独立原则，但也有少数注册会计师忽视独立性，甚至接受可能是错误的陈述，并帮助被审计单位掩饰舞弊。

2）保持应有的职业谨慎

在注册会计师的审计过失中，最主要的是由于缺乏应有的职业谨慎而引起的。在执行审计业务过程中，未严格遵守审计准则，不执行适当的审计程序，对有关被审计单位的问题未保持应有的职业谨慎，或为节省时间而缩小审计范围和简化审计程序，都会导致财务报表中的重大错报不被发现。

3）强化执业质量控制

许多审计中的差错是由于注册会计师失察或未能对助理人员或其他人员进行切实的监督而发生的。对于业务复杂且重大的委托单位来说，其审计是由多个注册会计师及助理人员共同配合来完成的。如果他们的分工存在重叠和间隙，又缺乏严密的质量控制，就会发生过失。

2.4.5　注册会计师避免法律诉讼的具体措施

1）严格遵循职业道德守则和执业准则的要求

注册会计师是否应承担法律责任，关键在于注册会计师是否有过失或欺诈行为。而判断注册会计师是否具有过失的关键在于注册会计师是否按照执业准则的要求执业。因此，保持良好的职业道德行为，严格遵循执业准则的要求执行工作、出具报告，对于避免法律诉讼或在提起诉讼中保护注册会计师具有非常重要的作用。

2）建立健全会计师事务所质量控制制度

质量控制是会计师事务所各项管理工作的核心和关键。如果一个会计师事务所质量控制不严，很有可能因某一个人或一个部门的原因导致整个会计师事务所遭受灭顶之灾。因此，会计师事务所必须建立健全一套严密的、科学的质量控制制度，并把这套制度落实到整个审计过程和各个审计环节，促使注册会计师按照执业准则的要求执业，保证审计业务质量。

3）与委托人签订业务约定书

业务约定书具有法律效力，它是确定注册会计师和委托人责任的一个重要文件。会计师事务所不论承办何种业务，都要按照业务约定书准则的要求与委托人签订约定书，这样才能在法律诉讼时将一切口舌争辩减少到最低限度。

4）审慎选择客户

中外很多注册会计师法律案件告诉我们，注册会计师要避免法律诉讼，必须慎重选择客户。一是要选择正直的客户。在接受委托前，一定要对客户的情况有所了解，评价管理层和关键股东的诚信和品质，弄清委托的真正目的，如果客户对其顾客、员工、政府部门或其他方面没有正直的品格，也必然会欺骗注册会计师，使注册会计师落入设定的圈套。如北京中诚会计师事务所就是在长城公司非法集资出现危机之时轻信长城公司而被卷入的。二是对陷入财务和法律困境的客户要尤为注意。中外绝大部分涉及注册会计师的诉讼案，都集中在宣告破产的被审计单位。那些周转不灵或面临破产的公司总想为他们的损失寻找替罪羊，因此，对那些已经陷入困境的单位要特别注意，避免被卷入其中。

5）深入了解被审计单位的业务

在很多案件中，注册会计师之所以未能发现错误，一个重要的原因是他们不了解被审计单位所在行业的情况及被审计单位的业务。由于会计是经济活动的综合反映，不熟悉被审计单位的经济业务和生产经营实务，仅局限于有关的会计资料，就可能发现不了某些错误，所以，注册会计师要深入了解被审计单位的业务，才能避免法律诉讼。

6）提取风险基金或购买责任保险

在西方国家，购买充分的责任保险是会计师事务所一项极为重要的保护措施。尽管保险不能免除可能受到的法律诉讼，但能防止或减少诉讼失败时会计师事务所发生的财务损失。我国《注册会计师法》规定会计师事务所应当按照规定建立职业风险基金，办理职业保险。

7）聘请熟悉注册会计师法律责任的律师

会计师事务所应尽可能聘请熟悉相关法规及注册会计师法律责任的律师。在执业过程中如遇重大法律问题，注册会计师应同律师详细讨论所有潜在的风险，并仔细考虑律师的建议。一旦发生法律诉讼，也应聘请有经验的律师参与诉讼。

8）按规定妥善保管审计工作底稿

根据现行法律及相关司法解释的规定，会计师事务所侵权赔偿责任的归责原则为过错推定原则。如果会计师事务所向法院提交的审计工作底稿上记录的工作程序和反映的职业判断能证明会计师事务所的执业行为遵循了职业准则和规则，不存在主观上的过错，就可以不承担赔偿责任。所以，按规定妥善保管好审计工作底稿，对于事务所有效应对法律诉讼、规避法律责任风险具有重要意义。

案例窗 2-2

吉林紫鑫药业股份有限公司审计案例

2011 年 8 月，部分媒体质疑承担吉林紫鑫药业股份有限公司（以下简称紫鑫药业）年度财务报表审计的中准会计师事务所（以下简称中准所）的审计质量。中国注册会计师协会（以下简称中注协）依据我国《注册会计师法》和《会计师事务所执业质量检查制度》的有关规定，于 2011 年 8 月至 11 月对中准所执行的紫鑫药业年报审计情况进行了专项检查。

中注协在对紫鑫药业 2010 年年报审计项目的检查中发现，签字注册会计师在项目审计过程中没有保持应有的职业怀疑态度，在审计程序的计划和实施、审计证据的获取以及审计结论的形成方面存在不当。主要在初步业务活动、风险评估程序的执行方面存在不足，对预付账款、收入、关联方及其交易未获取充分、适当的审计证据，特别是在关联方及其交易的审计方面违反了中国注册会计师审计准则和职业道德守则的规定。

要求：指出相关注册会计师和中准会计师事务所是否存在过失。

【解答】

存在过失。因为注册会计师在项目审计过程中没有保持应有的职业怀疑态度，在审计程序的计划和实施、审计证据的获取以及审计结论的形成方面存在不当。根据检查发现的问题及专家论证结果，依据《中国注册会计师协会会员执业违规行为惩戒办法》，中注协惩戒委员会决定，给予中准所紫鑫药业审计项目签字注册会计师刘昆、张忠伟通报批评。当事人刘昆、张忠伟收到惩戒决定书后，在 8 个工作日内未提出申诉意见。对刘昆、张忠伟的惩戒决定自 2012 年 1 月 16 日起生效。

针对检查中发现的问题，中注协已向中准会计师事务所发出《整改通知书》，责成中准所加强质量控制体系建设，强化总所对分所的管理，限期进行整改，中注协将对其整改情况进行跟踪检查。

第3章

初步业务活动

学习目标

在初步业务活动中，注册会计师的工作主要有：针对保持客户关系和具体审计业务实施相应的质量控制程序，如通过了解被审计单位的主要股东、关键管理人员和治理层是否诚信以确定是否需要接受审计委托或连续审计；通过了解项目组是否具备执行审计业务的专业胜任能力以及必要的时间和资源等以考虑能否接受审计委托或连续审计等。评价职业道德规范的遵守情况。签订或修改审计业务约定书。

本章的学习目标是：

1. 明确开展初步业务活动的内容和目的；
2. 理解如何评价遵守职业道德规范情况；
3. 明确审计的前提条件；
4. 明确审计业务约定书的内容；
5. 掌握审计业务约定书的编制方法。

基本知识点、基本能力点及能力拓展点

1. 基本知识点：初步业务活动的目的；审计的前提条件；审计业务约定书的内容。
2. 基本能力点：评价遵守职业道德规范情况；签订审计业务约定书。
3. 能力拓展点：修改审计业务约定书。

导读案例

2001年底，曾在世界500强中位居前十名，被《财富》杂志誉为“最具创新精神”的全球第一大能源公司——安然公司，突然申请破产，其股价顿时从最高时的每股90美元跌至不足1美元，股票总市值从最高时的700亿美元跌至不足2亿美元。这件美国有史以来最大的破产案，将使美国、欧洲的债权银行损失50多亿美元，使大批中小投资者倾家荡产。

在安然公司破产案中遭受损失的不仅仅是安然公司数以万计的投资者和员工，作为安然公司的主要审计机构和主要咨询机构、全球五大会计师事务所之一的安达信会计师事务所（以下简称安达信）也未能逃脱干系。在调查中，安达信承认他们在处理安然债务情况时“判断失误”，使安然公司得以在1997年至2000年间虚报6亿美元利润，并隐瞒了近10亿美元的债务。就在美国证券交易委员会将对安然破产案进行调查时，安达信负责安然公司审计业务的人员还“顶风”销毁了一批资料。2002年，安达信妨碍司法罪名成立，被罚款50万美元，并失去对上市公司审计的资格。在陪审团作出裁定后，安达信宣布它将于2002年8月31日停止对上市公司的审计业务。至此，正式宣告了成立于1913年、曾经享有崇高职业声誉的全球五大会计师事务所之一的安达信的终结。

我们认为，安达信对安然公司的审计失败，主要原因是缺乏独立性，具体表现为：安

达信不仅为安然公司提供审计鉴证服务，而且提供收费不菲的咨询业务，甚至为安然公司代理记账。仅2000年安达信从安然公司收取的审计和会计咨询的服务费就分别高达2 500万美元和2 700万美元。从1995年开始，安然就将其内部审计业务交给了安达信，甚至连财务长也是从安达信聘用的。安然公司的许多高层管理人员为安达信的前雇员，他们之间的密切关系在一定程度上有损安达信形式上的独立性。

对于民间审计组织而言，接受委托人的审计委托时必须审慎，因为管理混乱、账目不全、财务不清或濒临破产的客户有可能将审计人员推向被告席。审计人员应通过各种途径了解客户的品格及大致的会计基础工作和财务状况，从而决定是否接受客户的委托。

3.1 初步业务活动的目的和内容

注册会计师审计是一种受托审计，为了促使注册会计师同被审计单位双方责任的履行，需要签订或修改审计业务约定书。而要完成审计业务约定书的签订或修改，就必须开展一些工作，如在接受客户委托时应考虑被审计单位是否诚信及其对保证审计质量的影响，审计的前提条件是否存在、能否接受委托，注册会计师执行业务所需要的独立性和专业胜任能力是否具备及其对审计质量的影响，以及连续审计时前期审计发现的重大问题对保持同客户的关系有无影响等，这些工作就是在本期审计业务开始时注册会计师应进行的初步业务活动。

3.1.1 初步业务活动的目的

注册会计师开展初步业务活动，主要是为了确保审计计划工作的完成，使审计有较高的工作质量。为此，应实现以下三个目的：

（1）确保注册会计师已具备执行业务所需要的独立性和专业胜任能力；

（2）不存在因管理层诚信问题而影响注册会计师保持该项业务意愿的情况；

（3）与被审计单位不存在对业务约定条款的误解。

3.1.2 初步业务活动的内容

初步业务活动包括以下三项内容：

1）针对保持客户关系和具体审计业务实施相应的质量控制程序

针对保持客户关系和具体审计业务实施质量控制程序，并且根据实施相应程序的结果作出适当的决策是注册会计师控制审计风险的重要环节。在首次接受审计委托时，注册会计师需要执行针对建立有关客户关系和承接具体审计业务的质量控制程序；在连续审计时，注册会计师通常执行针对保持客户关系和具体审计业务的质量控制程序。总体来说，无论是首次接受审计委托还是连续审计，注册会计师都应当考虑下列主要事项，以确定保持客户关系和具体审计业务的结论是恰当的：

①被审计单位的主要股东、关键管理人员和治理层是否诚信；

②项目组是否具备执行审计业务的专业胜任能力以及必要的时间和资源；

③会计师事务所和项目组能否遵守职业道德规范。

会计师事务所执行客户接受与保持程序的目的，旨在识别和评价会计师事务所面临的风险。例如，如果注册会计师发现潜在客户正面临财务困难，或者发现现有客户在之前的业务中作出虚假陈述，那么可以认为接受或保持该客户的风险非常高，甚至是不可接受的。会计师事务所除考虑客户施加的风险外，还需要复核执行业务的能力，如当工作需要时能否获得合适的具有相应资格的员工；能否获得专业化协助；是否存在任何利益冲突；能否对客户保持独立性等。

注册会计师需要作出的最重要的决策之一就是是否接受和保持客户。一项低质量的决策会导致不能准确确定计酬的时间或未被支付的费用，增加项目合伙人和员工的额外压力，使会计师事务所声誉遭受损失，或者涉及潜在的诉讼。

由于在连续审计的情况下，注册会计师已经积累了一定的审计经验，因此在决定是否保持与某一客户的关系时，项目负责人通常重点考虑本期或前期审计中发现的重大事项，及其对保持该客户关系的影响。在实务中，会计师事务所可以区别首次接受审计委托和连续审计的情况制定不同的质量控制程序，以提高审计工作的效率及效果。

2）评价遵守职业道德规范的情况

职业道德规范要求注册会计师项目组成员恪守独立、客观、公正的原则，保持专业胜任能力和应有的关注，并对审计过程中获知的信息保密。只有确保注册会计师已具备执行业务所需要的独立性和专业胜任能力，才不会影响注册会计师对该项业务正确意愿的表达。因此，应评价注册会计师遵守职业道德规范的情况。

3）及时签订或修改审计业务约定书

在作出接受或保持客户关系及具体审计业务的决策后，注册会计师应当在审计业务开始前，与被审计单位就审计业务约定条款达成一致意见，签订或修改审计业务约定书，以避免双方对审计业务的理解产生分歧。审计业务约定书一经签订，双方就要按约定书的规定条款履行业务，否则，要负法律责任。

案例窗 3-1

承接业务应在了解情况和评估风险后进行

希尔有限公司主营百货文化用品、五金交电、油墨及印刷器材、家具、食品、针织纺织品、烟酒等，自 2007 年上市以来，业务迅速扩展，股价也不断攀升。2012 年和 2013 年的财务报表及其前任注册会计师的审计报告显示，公司 2012 年和 2013 年分别实现主营业务收入 34.82 亿元和 70.46 亿元，同比增长 152.69% 和 102.35%，同时，总资产也分别增长了 178.25% 和 60.43%，但利润率从 2012 年开始出现了明显的下降，由 2012 年的 2% 下降到 2013 年的 0.69%，远远低于商贸类上市公司的平均水平 3.77%。

2013 年公司利润总额中 40% 为投资收益，这些投资收益系希尔有限公司利用银行承兑汇票（承兑期长达 3～6 个月）进行账款结算，利用从回笼贷款到支付贷款之间三个月的时间差，把这笔巨额资金委托华南证券进行短期套利所得。自 2007 年以来，希尔有限公司已经两次更换了会计师事务所。

请问：

（1）在承接希尔有限公司业务委托前，注册会计师需要了解和评估哪些因素？

（2）在承接客户业务委托时，需要关注哪些履约风险？为什么？

【解答】

（1）注册会计师在接受希尔有限公司委托前，需要了解和评估的因素有：

①注册会计师方面的情况。事务所的员工是否具备或能够获取必要的专业知识，进行

审计的各种人员是否齐备，是否能够按照职业准则及时完成审计任务。事务所是否独立于客户，是否能够提供无偏见的结论。

②公司方面的情况。诚信：公司管理当局的诚信是否足以让事务所有理由相信管理当局不会有意进行重大欺诈或作出违法行为。声誉和形象：公司的声誉是否良好，事务所接受其作为客户是否会给事务所带来损失和麻烦。会计实务：公司是否积极遵守会计准则，其财务报表是否能全面、公允地反映公司的财务状况和经营业绩。财务状况：公司是否存在极糟的业绩或其他负面因素导致其近期面临停业的危险。盈利情况：接受并完成这项业务约定是否能够给事务所带来合理的利润。

（2）在承接客户业务委托时，需要关注的履约风险有：

①被起诉。如果事务所因为客户破产、存在舞弊或者违法行为而被起诉，那么即便它打赢了这场官司也极有可能造成损失。因为很多情况下，事务所虽然胜诉了，但它因诉讼而花费的成本会比承接该审计业务所取得的收入要多。

②职业名誉的损失。如果事务所与一家声名狼藉的客户合作，事务所可能失去一些潜在的声誉较好的客户，因为这些客户通常会认为与声名败坏的公司有联系的事务所可能有不诚信的嫌疑。

③缺乏盈利性。在审计业务完成时，事务所可能会发现它所获得的收入尚不足以弥补服务成本，而客户也不愿意再多掏钱。事实上，除非存在一个很好的继续业务合作的理由，否则，事务所是不会承接没有盈利的业务的。

3.2 审计的前提条件

审计的前提条件，是指管理层在编制财务报表时采用可接受的财务报告编制基础，以及管理层对注册会计师执行审计工作的前提的认同。可接受的财务报告编制基础是指管理层编制财务报表有恰当的基础，也就是注册会计师对财务报表进行审计有适当的标准。管理层对注册会计师执行审计工作的前提认同是指管理层认可并理解其应承担的责任。审计的前提条件对审计人员作出正确的审计结论以及分清注册会计师与管理层的责任具有重要意义。

3.2.1 财务报告编制基础

承接鉴证业务的条件之一是《中国注册会计师鉴证业务基本准则》中提及的标准适当，且能够为预期使用者获取。标准是指用于评价或计量鉴证对象的基准，当涉及列报时，还包括列报与披露的基准。适当的标准使注册会计师能够运用职业判断对鉴证对象作出合理一致的评价或计量。就审计准则而言，适用的财务报告编制基础为注册会计师提供了用以审计财务报表的标准。如果不存在可接受的财务报告编制基础，管理层就不具有编制财务报表的恰当基础，注册会计师也不具有对财务报表进行审计的适当标准。

（1）确定财务报告编制基础的可接受性。在确定编制财务报表所采用的财务报告编制基础的可接受性时，注册会计师需要考虑下列相关因素：①被审计单位的性质（例如，被审计单位是商业企业、公共部门实体，还是非营利组织）；②财务报表的目的（例如，编制财务报表是用于满足广大财务报表使用者共同的财务信息需求，还是用于满足财务报表特定使用者的财务信息需求）；③财务报表的性质（例如，财务报表是整套财务报表，还是单一财务报表)；④法律法规是否规定了适用的财务报告编制基础。

(2) 通用目的编制基础。如果财务报告准则由经授权或获得认可的准则制定机构制定和发布，供某类实体使用，只要这些机构遵循一套既定和透明的程序，则认为财务报告准则对于这类实体编制通用目的的财务报表是可接受的。

(3) 法律法规规定的财务报告编制基础。法律法规可能为某类实体规定了在编制通用目的财务报表时采用的财务报告编制基础。通常情况下，注册会计师认为这种财务报告编制基础对这类实体编制通用目的的财务报表是可接受的，除非有迹象表明不可接受。

3.2.2 就管理层的责任达成一致意见

按照审计准则的规定执行审计工作的前提是管理层已认可并理解其承担的责任。审计准则并不超越法律法规对这些责任的规定。然而，独立审计的理念要求注册会计师不对财务报表的编制或被审计单位的相关内部控制承担责任，并要求注册会计师合理预期能够获取审计所需要的信息。因此，管理层认可并理解其责任，这一前提对执行独立审计工作是至关重要的。

按照《中国注册会计师审计准则第 1341 号——书面声明》的规定，注册会计师应当要求管理层就其已履行的某些责任提供书面声明。因此，注册会计师需要获取针对管理层责任的书面声明、其他审计准则要求的书面声明，以及在必要时需要获取用于支持其他审计证据的书面声明。注册会计师需要使管理层意识到这一点。

如果管理层不认可其责任，或不同意提供书面声明，注册会计师将不能获取充分、适当的审计证据。在这种情况下，注册会计师承接此类审计业务是不恰当的，除非法律法规另有规定。如果法律法规要求承接此类审计业务，注册会计师可能需要向管理层解释这种情况的重要性及其对审计报告的影响。

管理层设计、执行和维护必要的内部控制，以使编制的财务报表不存在由于舞弊或错误导致的重大错报。由于内部控制的固有限制，无论其如何有效，也只能合理保证被审计单位实现其财务报告目标。注册会计师按照审计准则的规定执行的独立审计工作，不能替代管理层维护编制财务报表所需要的内部控制。因此，注册会计师需要就管理层认可并理解其与内部控制有关的责任与管理层达成共识。

案例窗 3-2

管理层不认可其责任，注册会计师承接该审计业务是不恰当的

希尔有限公司准备委托奥特会计师事务所对其 2013 年度财务报表进行审计。奥特会计师事务所在接受委托前，就有关事项同希尔有限公司的主管经理进行了沟通。对管理层的责任，要求管理层对其应负有的确保财务报表根据财务报告编制基础编制并使其实现公允反映的责任认可和提供书面声明。但主管经理不认可管理层的责任，不同意提供书面声明。奥特会计师事务所认为，管理层对其编制财务报表的责任不认可，不愿意提供书面声明，不会对发表审计意见有较大的影响，只要其他方面的证据是充分、适当的，审计意见的准确性就能保证，因此，接受了希尔有限公司的委托。

请问：奥特会计师事务所是否应该接受希尔有限公司的委托？请说明理由。

【解答】

奥特会计师事务所不应该接受希尔有限公司的委托。理由是：

（1）管理层对其编制财务报表的责任不认可，审计的前提条件不存在，注册会计师将不能获取充分、适当的审计证据，审计结论错误的可能性就会加大。

（2）按照《中国注册会计师审计准则第1341号——书面声明》的规定，注册会计师应当要求管理层就其已履行的某些责任提供书面声明。管理层不提供书面声明，注册会计师的责任与管理层的责任难以区分，审计意见一旦不准确，出现诉讼，将会给注册会计师带来不必要的损失。

3.3 审计业务约定书

注册会计师在接受被审计单位委托开展初步业务活动前的各项工作完成后，应签订或修改审计业务委托书。签订审计业务委托书不论对注册会计师还是对被审计单位来说都有重要的意义：一是能增进注册会计师与委托人之间的相互了解，使审计工作顺利地开展；二是能明确双方的责任，促使双方各自责任的履行；三是能通过约定业务的履行或不履行实施相应的处罚，保护双方的合法权益。

3.3.1 审计业务约定书的含义

在明确审计业务的范围和性质，初步了解被审计单位的基本情况，并评价专业胜任能力作出接受或保持客户关系的决策后，注册会计师应当在审计业务开始前，与被审计单位就审计业务约定条款达成一致意见，签订或修改审计业务约定书，以避免双方对审计业务的理解产生分歧。

审计业务约定书是指会计师事务所与被审计单位签订的，用以记录和确认审计业务的委托与受托关系、审计目标和范围、双方的责任以及报告的格式等事项的书面协议。对业务约定书可从以下几方面理解：

（1）约定书是被审计单位与审计组织共同签订的。但也存在委托人与被审计人不是同一方的情况，在这种情况下，在签订审计业务约定书前，注册会计师应当与委托人、被审计单位就审计业务约定条款进行充分沟通，并达成一致意见。

（2）确认了二者的委托与受托关系。民间审计不同于强制性的政府审计或内部审计，事务所进行的是受托审计，所以要确认委托受托关系。

（3）明确委托目的等事项。这是业务约定书的主要内容。

（4）必须采用书面形式，而不能采用口头形式。

（5）业务约定书是一份经济合同文书，具有法定约束力，双方都要遵守。任何一方违约，都需要追究其责任。

会计师事务所承接任何审计业务，都应与被审计单位签订审计业务约定书。

在实务中，审计业务约定书可以采用合同式或信函式两种形式。二者尽管形式不同，但其实质内容是相同的。本节主要说明合同式审计业务约定书的内容和格式。

3.3.2 审计业务约定书的基本内容

审计业务约定书的具体内容和格式可能因被审计单位的不同而不同，但应当包括以下主要内容：

（1）财务报表审计的目标与范围。财务报表审计的目标是注册会计师通过执行审计工作，对财务报表是否在所有重大方面按照适用的会计准则编制，是否公允反映被审计单位的财务状况、经营成果和现金流量发表审计意见。财务报表的审计范围是指为实现财务报表审计目标，注册会计师根据审计准则和职业判断实施的恰当的审计程序的总和。

(2) 注册会计师的责任。按照中国注册会计师审计准则的规定对财务报表发表审计意见是注册会计师的责任。

(3) 管理层的责任。在被审计单位治理层的监督下，按照适用的会计准则编制财务报表是被审计单位管理层的责任。管理层的责任包括：

①按照适用的财务报告编制基础编制财务报表，并使其实现公允反映。

②设计、执行和维护必要的内部控制，以使财务报表不存在由于舞弊或错误导致的重大错报。

③向注册会计师提供必要的工作条件。这些必要的工作条件包括允许注册会计师接触与编制财务报表相关的所有信息（如记录、文件和其他事项），向注册会计师提供审计所需的其他信息，允许注册会计师在获取审计证据时不受限制地接触其认为必要的内部人员。财务报表审计不能减轻被审计单位管理层和治理层的责任。

(4) 指出用于编制财务报表所适用的财务报告编制基础。

(5) 提及注册会计师拟出具的审计报告的预期形式和内容，以及在特定情况下对出具的审计报告可能不同于预期形式和内容的说明。

3.3.3 审计业务约定书的特殊考虑

1) 考虑特定需要

如果情况需要，注册会计师还应当考虑在审计业务约定书中列明下列内容：

(1) 详细说明审计工作的范围，包括提及适用的法律法规、审计准则，以及注册会计师协会发布的职业道德守则和其他公告。

(2) 对审计业务结果的其他沟通形式。

(3) 说明由于审计和内部控制的固有限制，即使审计工作按照审计准则的规定得到恰当的计划和执行，仍不可避免地存在某些重大错报未被发现的风险。

(4) 计划和执行审计工作的安排，包括审计项目组的构成。

(5) 管理层确认将提供书面声明。注册会计师应当要求管理层就其已履行某些责任提供书面声明。

(6) 管理层同意向注册会计师及时提供财务报表草稿和其他所有附带信息，以使注册会计师能够按照预定的时间表完成审计工作。

(7) 管理层同意告知注册会计师在审计报告日至财务报告报出日之间注意到的可能影响财务报表的事实。

(8) 收费的计算基础和收费安排。

(9) 管理层确认收到审计业务约定书并同意其中的条款。

(10) 在某些方面对利用其他注册会计师和专家工作的安排。

(11) 对审计涉及的内部审计人员和被审计单位其他员工工作的安排。

(12) 在首次审计的情况下，与前任注册会计师（如存在）沟通的安排。

(13) 说明对注册会计师责任可能存在的限制。

(14) 注册会计师与被审计单位之间需要达成进一步协议的事项。

(15) 向其他机构或人员提供审计工作底稿的义务。

2）组成部分的审计

如果母公司的注册会计师同时也是组成部分的注册会计师时，需要考虑下列因素，决定是否向组成部分单独致送审计业务约定书：

①组成部分注册会计师的委托人；

②是否对组成部分单独出具审计报告；

③与审计委托相关的法律法规的规定；

④母公司占组成部分的所有权份额；

⑤组成部分管理层相对于母公司的独立程度。

3）连续审计

对于连续审计，注册会计师应当根据具体情况评估是否需要对审计业务约定条款作出修改，以及是否需要提醒被审计单位注意现有的条款。

注册会计师可以决定不在每期都致送新的审计业务约定书或其他书面协议。然而，下列因素可能导致注册会计师修改审计业务约定条款或提醒审计单位注意现有的业务约定条款：

①有迹象表明被审计单位误解审计目标和范围；

②需要修改约定条款或增加特别条款；

③被审计单位高级管理人员近期发生变动；

④被审计单位所有权发生重大变动；

⑤被审计单位业务的性质或规模发生重大变化；

⑥法律法规的规定发生变化；

⑦编制财务报表采用的财务报告编制基础发生变更；

⑧其他报告要求发生变化。

4）审计业务约定条款的变更

①变更审计业务约定条款的要求。在完成审计业务前，如果被审计单位或委托人要求将审计业务变更为保证程度较低的业务，注册会计师应当确定是否存在合理理由予以变更。

②变更为审阅业务或相关服务业务的要求。在同意将审计业务变更为审阅业务或相关服务业务前，接受委托按照审计准则执行审计工作的注册会计师，除考虑变更的理由是否合理外，还需要评估变更业务对法律责任或业务约定的影响。

3.3.4　审计业务约定书的范例

合同式审计业务约定书的范例。

审计业务约定书

甲方：ABC股份有限公司

乙方：××会计师事务所

兹由甲方委托乙方对2013年度财务报表进行审计，经双方协商，达成以下约定：

一、审计的目标和范围

1. 乙方接受甲方委托，对甲方按照企业会计准则编制的2013年12月31日的资产负债表，2013年度的利润表、所有者权益（或股东权益）变动表和现金流量表以及财务报表附注（以下统称财务报表）进行审计。

2. 乙方通过执行审计工作，对财务报表的下列方面发表审计意见：(1) 财务报表是否在所有重大方面按照企业会计准则的规定编制；(2) 财务报表是否在所有重大方面公允反映了甲方 2013 年 12 月 31 日的财务状况以及 2013 年度的经营成果和现金流量。

二、甲方的责任

1. 根据《中华人民共和国会计法》及《企业财务会计报告条例》，甲方及甲方负责人有责任保证会计资料的真实性和完整性。因此，甲方管理层有责任妥善保存和提供会计记录（包括但不限于会计凭证、会计账簿及其他会计资料），这些记录必须真实、完整地反映甲方的财务状况、经营成果和现金流量。

2. 按照企业会计准则的规定编制和公允列报财务报表是甲方管理层的责任，这种责任包括：(1) 按照企业会计准则的规定编制财务报表，并使其实现公允反映；(2) 设计、执行和维护必要的内部控制，以使财务报表不存在由于舞弊或错误而导致的重大错报。

3. 及时为乙方的审计工作提供与审计有关的所有记录、文件和所需的其他信息（在 2014 年×月×日之前提供审计所需的全部资料，如果在审计过程中需要补充资料，亦应及时提供），并保证所提供资料的真实性和完整性。

4. 确保乙方不受限制地接触其认为必要的甲方内部人员和其他相关人员。

5. 甲方管理层对其作出的与审计有关的声明予以书面确认。

6. 为乙方派出的有关工作人员提供必要的工作条件及协助，乙方将于外勤工作开始前提供主要事项清单。

7. 按照本约定书的约定及时足额支付审计费用以及乙方人员在审计期间的交通、食宿和其他相关费用。

8. 乙方的审计不能减轻甲方及甲方管理层的责任。

三、乙方的责任

1. 乙方的责任是在执行审计工作的基础上对甲方财务报表发表审计意见。乙方根据中国注册会计师审计准则（以下简称审计准则）的规定执行审计工作。审计准则要求注册会计师遵守中国注册会计师职业道德守则，计划和执行审计工作以对财务报表是否不存在重大错报获取合理保证。

2. 审计工作涉及实施审计程序，以获取有关财务报表金额和披露的审计证据。选择的审计程序取决于乙方的判断，包括对由于舞弊或错误导致的财务报表重大错报风险的评估。在进行风险评估时，乙方考虑与财务报表编制和公允列报相关的内部控制，以设计恰当的审计程序，但目的并非对内部控制的有效性发表意见。审计工作还包括评价管理层选用会计政策的恰当性和作出会计估计的合理性，以及评价财务报表的总体列报。

3. 由于审计和内部控制的固有限制，即使按照审计准则的规定适当地计划和执行审计工作，仍不可避免地存在财务报表某些重大错报可能未被乙方发现的风险。

4. 在审计过程中，乙方若发现甲方存在乙方认为值得关注的内部控制缺陷，应以书面形式向甲方治理层或管理层通报。但乙方通报的各种事项，并不代表已全面说明所有可能存在的缺陷或已提出所有可行的改进建议。甲方在实施乙方提出的改进建议前应全面评估其影响。未经乙方书面许可，甲方不得向任何第三方提供乙方出具的沟通文件。

5. 按照约定时间完成审计工作，出具审计报告。乙方应于 2014 年×月×日前出具审计报告。

6. 除下列情况外，乙方应当对执行业务过程中知悉的甲方信息予以保密：(1) 法律法规允许披露，并取得甲方的授权；(2) 根据法律法规的要求，为法律诉讼、仲裁准备文件或提供证据，以及向监管机构报告发现的违法行为；(3) 在法律法规允许的情况下，在法律诉讼、仲裁中维护自己的合法权益；(4) 接受注册会计师协会或监管机构的执业质量检查，答复其询问和调查；(5) 法律法规、执业准则和职业道德规范规定的其他情形。

四、审计收费

1. 本次审计服务的收费是以乙方各级别工作人员在本次工作中所耗费的时间为基础计算的。乙方预计本次审计服务的费用总额为人民币××万元。

2. 甲方应于本约定书签署之日起××日内支付×%的审计费用，其余款项于（审计报告草稿完成日）结清。

3. 如果由于无法预见的原因，致使乙方从事本约定书所涉及的审计服务实际时间较本约定书签订时预计的时间有明显的增加或减少时，甲乙双方应通过协商，相应调整本部分第 1 段所述的审计费用。

4. 如果由于无法预见的原因，致使乙方人员抵达甲方的工作现场后，本约定书所涉及的审计服务中止，甲方不得要求退还预付的审计费用；如上述情况发生于乙方人员完成现场审计工作，并离开甲方的工作现场之后，甲方应另行向乙方支付人民币××元的补偿费，该补偿费应于甲方收到乙方的收款通知之日起××日内支付。

5. 与本次审计有关的其他费用（包括交通费、食宿费等）由甲方承担。

五、审计报告和审计报告的使用

1. 乙方按照中国注册会计师审计准则规定的格式和类型出具审计报告。

2. 乙方向甲方致送审计报告一式×份。

3. 甲方在提交或对外公布乙方出具的审计报告及其后附的已审计财务报表时，不得对其进行修改。当甲方认为有必要修改会计数据、报表附注和所作的说明时，应当事先通知乙方，乙方将考虑有关的修改对审计报告的影响，必要时，将重新出具审计报告。

六、本约定书的有效期间

本约定书自签署之日起生效，并在双方履行完毕约定书约定的所有义务后终止。但其中第三项第 6 段、第四、五、七、八、九、十项并不因本约定书终止而失效。

七、约定事项的变更

如果出现不可预见的情况，影响审计工作如期完成，或需要提前出具审计报告，甲、乙双方均可要求变更约定事项，但应及时通知对方，并由双方协商解决。

八、终止条款

1. 如果根据乙方的职业道德及其他专业职责、适用的法律法规或其他任何法定的要求，乙方认为已不适宜继续为甲方提供本约定书约定的审计服务，乙方可以采取向甲方提出合理通知的方式终止履行本约定书。

2. 在本约定书终止的情况下，乙方有权就其于终止之日前对约定的审计服务项目所做的工作收取合理的费用。

九、违约责任

甲、乙双方按照《中华人民共和国合同法》的规定承担违约责任。

十、适用法律和争议解决

本约定书的所有方面均应适用中华人民共和国法律进行解释并受其约束。本约定书履行地为乙方出具审计报告所在地，因本约定书所引起的或与本约定书有关的任何纠纷或争议（包括关于本约定书条款的存在、效力或终止，或无效之后果），双方协商确定采取以下第____种方式予以解决：

(1) 向有管辖权的人民法院提起诉讼；

(2) 提交××仲裁委员会仲裁。

十一、双方对其他事项的约定

本约定书一式两份，甲、乙双方各执一份，具有同等法律效力。

甲方：ABC股份有限公司（盖章）

授权代表（签名并盖章）

二○一三年×月×日

乙方：××会计师事务所（盖章）

授权代表（签名并盖章）

二○一三年×月×日

第4章

计划审计工作

学习目标

注册会计师应计划审计工作，对审计工作作出科学合理的安排，使审计工作以有效的方式进行。在计划审计工作的过程中，注册会计师应充分考虑审计风险，合理确定重要性水平，并在此基础上制定总体审计策略和具体审计计划。

本章的学习目标是：

1. 理解重要性的含义，掌握重要性水平的确定方法。
2. 理解审计风险的含义，掌握审计风险模型的使用方法。
3. 理解总体审计策略和具体审计计划的内容，掌握其编制的方法。

基本知识点、基本能力点及能力拓展点

1. 基本知识点：重要性的含义；审计风险的含义。
2. 基本能力点：重要性水平的确定方法；审计风险模型。
3. 能力拓展点：审计过程中对计划的更改。

导读案例

美国联区金融集团租赁公司是一家从事金融服务的企业，1981 年底，先前采用的进攻型市场战略的弊端逐渐显露出来，债务拖欠风险日渐升高，到了不得不采用多种非法手段来掩饰其财务状况的地步。其采用的非法手段之一就是没有对应收账款计提充足的坏账准备。美国证券交易委员会对担任美国联区金融集团租赁公司 1981 年度财务报表审计的会计师事务所的表现极为不满。联邦机构指责该年度的审计“没有进行充分的计划和监督”，认为会计师事务所在编制美国联区金融集团租赁公司的审计计划时，没有充分考虑存在于该公司的大量审计风险因素，发现该公司 1981 年度的审计计划“大部分是以前年度审计计划的延续”。最后，美国证券交易委员会决定对该事务所进行惩罚，要求其承担给财务报表使用人所带来的损失。

4.1 审计重要性

重要性概念的运用贯穿于整个审计过程。在计划审计工作时，注册会计师应当考虑导致财务报表发生重大错报的原因，并应当在了解被审计单位及其环境的基础上，确定一个可接受的重要性水平，即首先为财务报表层次确定重要性水平，以发现在金额上重大的错报。同时，注册会计师还应当评估各类交易、账户余额和披露认定层次的重要性，以便确定进一步审计程序的性质、时间安排和范围，将审计风险降至可接受的低水平。在确定审计意见类型时，注册会计师也需要考虑重要性水平。

4.1.1 重要性的含义

财务报告编制基础通常从编制和列报财务报表的角度阐释重要性的概念。财务报告编

制基础可能以不同的术语解释重要性，但通常而言，重要性概念可从下列方面进行理解：

（1）如果合理预期错报（包括漏报）单独或汇总起来可能影响财务报表使用者依据财务报表作出的经济决策，则通常认为错报是重大的。

（2）对重要性的判断是根据具体环境作出的，并受错报的金额或性质的影响，或受两者共同作用的影响。

（3）判断某事项对财务报表使用者是否重大，是在考虑财务报表使用者整体共同的财务信息需求的基础上作出的。由于不同的财务报表使用者对财务信息的需求可能差异很大，因此不考虑错报对个别财务报表使用者可能产生的影响。

4.1.2 重要性水平的确定

在计划审计工作时，注册会计师应当从性质和数量两个方面合理确定重要性水平。

1）从性质方面考虑重要性

在某些情况下，金额相对较小的错报可能会对财务报表产生重大影响。例如，一项不重大的违法支出或者没有遵循某项法律规定，但该支付或违法行为可能导致一项重大的或有负债、重大的资产损失或者收入损失，就应认为上述事项是重大的。下列描述了可能构成重要性的因素：

（1）对财务报表使用者需求的感知。他们对财务报表的哪一方面最感兴趣。

（2）获利能力趋势。

（3）因没有遵守贷款契约、合同约定、法规条款和法定的或常规的报告要求而产生错报的影响。

（4）计算管理层报酬的依据。

（5）由于错误或舞弊而使一些账户项目对损失的敏感性。

（6）重大或有负债。

（7）通过一个账户处理大量的、复杂的和相同性质的个别交易。

（8）关联方交易。

（9）可能的违法行为、违约和利益冲突。

（10）财务报表项目的重要性、性质、复杂性和组成。

（11）可能包含了高度主观性的估计、分配或不确定性。

（12）管理层的偏见。管理层是否有动机将收益最大化或者最小化。

（13）管理层一直不愿意纠正已报告的与财务报告相关的内部控制的缺陷。

（14）与账户相关联的核算与报告的复杂性。

（15）前一个会计期间以来账户特征发生的改变（例如，新的复杂性、主观性或交易的种类）。

（16）个别极其重大但不同的错报抵消产生的影响。

2）从数量方面考虑重要性

（1）财务报表整体的重要性。

由于财务报表审计的目标是注册会计师通过执行审计工作对财务报表发表审计意见，因此，注册会计师应当考虑财务报表整体的重要性。只有这样，才能得出财务报表是否公允反映的结论。注册会计师在制定总体审计策略时，应当确定财务报表整体的重要性。

确定重要性需要运用职业判断。注册会计师通常先选定一个基准，再乘以某一百分比作为财务报表整体的重要性。

注册会计师在选择基准时，需要考虑的因素包括：

①财务报表要素（如资产、负债、所有者权益、收入和费用）；

②是否存在特定会计主体的财务报表使用者特别关注的项目（如为了评价财务业绩，使用者可能更关注利润、收入或净资产）；

③被审计单位的性质、所处的生命周期阶段以及所处行业和经济环境；

④被审计单位的所有权结构和融资方式（例如，如果被审计单位仅通过债务方式而非权益方式进行融资，财务报表使用者可能更关注资产及资产的索偿权，而非被审计单位的收益）；

⑤基准的相对波动性。

适当的基准取决于被审计单位的具体情况，包括各类报告收益（如税前利润、营业收入、毛利和费用总额），以及所有者权益或净资产。对于以盈利为目的的实体，通常以经常性业务的税前利润作为基准，如果经常性业务的税前利润不稳定，选用其他基准更为合适，如毛利或营业收入。

就选定的基准而言，相关的财务数据通常包括前期财务成果和财务状况、本期最新的财务成果和财务状况、本期的预算和预测结果。当然，本期最新的财务成果和财务状况、本期的预算和预测结果需要根据被审计单位情况的重大变化（如重大的企业并购）和被审计单位所处行业和经济环境情况的相关变化等作出调整。例如，当按照经常性业务的税前利润的一定百分比确定被审计单位财务报表整体的重要性时，如果被审计单位本年度税前利润因情况变化出现意外增加或减少，注册会计师可能认为按照近几年经常性业务的平均税前利润确定财务报表整体的重要性更加合适。

为选定的基准确定百分比需要运用职业判断。百分比和选定的基准之间存在一定的联系，如经常性业务的税前利润对应的百分比通常比营业收入对应的百分比要高。例如，对以营利为目的的制造行业实体，注册会计师可能认为重要性水平为经常性业务的税前利润的 5% 是适当的；而对非营利组织，注册会计师可能认为重要性水平为总收入或费用总额的 1% 是适当的。百分比无论是高一些还是低一些，只要符合具体情况，都是适当的。

（2）特定类别的交易、账户余额或披露的重要性水平。

根据被审计单位的特定情况，下列因素可能表明存在一个或多个特定类别的交易、账户余额和披露，其发生的错报金额虽然低于财务报表整体的重要性，但合理预期将影响财务报表使用者依据财务报表作出的经济决策：

①法律法规或适用的财务报告编制基础是否影响财务报表使用者对特定项目（如关联方交易、管理层和治理层的薪酬）计量或披露的预期；

②与被审计单位所处行业相关的关键性披露（如制药企业的研究与开发成本）；

③财务报表使用者是否特别关注财务报表中单独披露的业务的特定方面（如新收购的业务）。

在根据被审计单位的特定情况考虑是否存在上述交易、账户余额或披露时，注册会计师可能发现了解治理层和管理层的看法和预期是有用的。

（3）实际执行的重要性。

实际执行的重要性，是指注册会计师确定的低于财务报表整体的重要性的一个或多个金额，旨在将未更正和未发现错报的汇总数超过财务报表整体的重要性的可能性降至适当的低水平。如果适用，实际执行的重要性还指注册会计师确定的低于特定类别的交易、账户余额或披露的重要性水平的一个或多个金额。

仅为发现单项重大的错报而计划审计工作将忽视这样一个事实，即单项非重大错报的汇总数可能导致财务报表出现重大错报，更不用说还没有考虑可能存在的未发现错报。确定财务报表整体的实际执行的重要性（根据定义可能是一个或多个金额），旨在将财务报表中未更正和未发现错报的汇总数超过财务报表整体的重要性的可能性降至适当的低水平。

与确定特定类别的交易、账户余额或披露的重要性水平相关的实际执行的重要性，旨在将这些交易、账户余额或披露中未更正与未发现错报的汇总数超过这些交易、账户余额或披露的重要性水平的可能性降至适当的低水平。

确定实际执行的重要性并非简单的计算，需要注册会计师运用职业判断，并考虑下列因素的影响：①对被审计单位的了解（这些了解在实施风险评估程序的过程中得到更新）；②前期审计工作中识别出的错报的性质和范围；③根据前期识别出的错报对本期错报作出的预期。

通常而言，实际执行的重要性通常为财务报表整体重要性的50% ~ 75% 。接近财务报表整体重要性50%的情况有：①非连续审计；②以前年度审计调整较多；③项目总体风险较高。例如，处于高风险行业，经常面临较大市场压力，首次承接的审计项目或者需要出具特殊目的报告等。接近财务报表整体重要性75%的情况有：①连续审计，以前年度审计调整较少；②项目总体风险较低（如处于低风险行业，市场压力较小）。

4.1.3 审计过程中修改重要性

由于存在下列原因，注册会计师可能需要修改财务报表整体的重要性和特定类别的交易、账户余额或披露的重要性水平（如适用）：

（1）审计过程中情况发生重大变化（如决定处置被审计单位的一个重要组成部分）；

（2）获取新信息；

（3）通过实施进一步审计程序，注册会计师对被审计单位及其经营的了解发生变化。

例如，注册会计师在审计过程中发现，实际财务成果与最初确定财务报表整体的重要性使用的预期本期财务成果相比存在很大差异，则需要修改重要性。

4.1.4 重要性与审计风险的关系

审计风险是指当财务报表存在重大错报时，注册会计师发表不恰当审计意见的可能性。重要性与审计风险之间存在反向关系。重要性水平越高，审计风险越低；重要性水平越低，审计风险越高。这里所说的重要性水平高低指的是金额的大小。通常，8 000元的重要性水平比4 000元的重要性水平高。在理解两者之间的关系时，必须注意，重要性水平是注册会计师从财务报表使用者的角度进行判断的结果。如果重要性水平是8 000元，则意味着低于8 000元的错报不会影响到财务报表使用者的决策，此时注册会计师需要通过执行有关审计程序合理保证能发现高于8 000元的错报。如果重要性水平是4 000元，则金额在4 000元以上的错报就会影响财务报表使用者的决策，此时注册会计师需要通过执行有关审计程序合理保证能发现金额在4 000元以上的错报。显然，重要性水平为4 000元时的审计风险（审计不出这样的重大错报的可能性），要比重要性水平为 8 000 元时的审计风险高。审计风险越高，越要求注册会计师收集更多更有效的审计证据，以将审计风险降至可接受的低水平。因此，重要性和审计证据之间也是反向变动关系。

值得注意的是，注册会计师不能通过不合理地人为调高重要性水平，降低审计风险。因为重要性是依据重要性概念中所述的判断标准确定的，而不是由主观期望的审计风险水平决定。

由于重要性和审计风险存在上述反向关系，而且这种关系对注册会计师将要执行的审计程序的性质、时间和范围有直接的影响，因此，注册会计师应当综合考虑各种因素，合理确定重要性水平。

4.1.5　评价审计过程中识别出的错报

1）错报的含义

错报，是指某一财务报表项目的金额、分类、列报或披露，与按照适用的财务报告编制基础应当列示的金额、分类、列报或披露之间存在的差异；或根据注册会计师的判断，为使财务报表在所有重大方面实现公允反映，需要对金额、分类、列报或披露作出的必要调整。错报可能是由于错误或舞弊导致的。

错报可能由下列事项导致：

（1）收集或处理用以编制财务报表的数据时出现错误；

（2）遗漏某项金额或披露；

（3）由于疏忽或明显误解有关事实导致作出不正确的会计估计；

（4）注册会计师认为管理层对会计估计作出不合理的判断或对会计政策作出不恰当的选择和运用。

2）累计识别出的错报

为了帮助注册会计师评价审计过程中累计的错报的影响以及与管理层和治理层沟通错报事项，将错报区分为事实错报、判断错报和推断错报可能是有用的。

（1）事实错报。

这类错报产生于被审计单位收集和处理数据的错误，对事实的忽略或误解，或故意舞弊行为。例如，注册会计师在实施细节测试时发现最近购入存货的实际价值为 15 000 元，但账面记录的金额却为 10 000 元。因此，存货和应付账款分别被低估了 5 000 元，这里被低估的 5 000 元就是已识别的对事实的具体错报。

（2）判断错报。

判断错报，是指由于注册会计师认为管理层对会计估计作出不合理的判断或不恰当地选择和运用会计政策而导致的差异。这类错报产生于两种情况：一是管理层和注册会计师对会计估计值的判断差异，例如，由于包含在财务报表中的管理层作出的估计值超出了注册会计师确定的一个合理范畴，导致出现判断差异；二是管理层和注册会计师对选择和运用会计政策的判断差异，由于注册会计师认为管理层选用会计政策造成错报，管理层却认为选用会计政策适当，导致出现判断差异。

（3）推断错报。

注册会计师对总体存在的错报作出的最佳估计数，涉及根据在审计样本中识别出的错报来推断总体的错报。推断错报通常包括：

①通过测试样本估计出的总体的错报减去在测试中发现的已经识别的具体错报。例如，应收账款年末余额为2 000万元，注册会计师抽查10%的样本发现金额有100万元的高估，高估部分为账面金额的20%，据此注册会计师推断总体的错报金额为400万元(2 000×20%),那么上述100万元就是已识别的具体错报，其余300万元即推断错报。

②通过实质性分析程序推断出的估计错报。例如，注册会计师根据客户的预算资料及行业趋势等要素，对客户年度销售费用独立地作出估计，并与客户账面资料比较，发现两者之间有50%的差异；考虑到估计的精确性有限，注册会计师根据经验认为10%的差异通常是可以接受的，而剩余40%的差异需要有合理解释并取得佐证性证据；假定注册会计师对其中20%的差异无法得到合理解释或不能取得佐证，则该部分差异金额即为推断错报。

3）错报的沟通和更正

及时与适当层次的管理层沟通错报事项是重要的，因为这能使管理层评价这些事项是否为错报，并采取必要行动，如有异议则告知注册会计师。

管理层更正所有错报（包括注册会计师通报的错报），能够保持会计账簿和记录的准确性，降低由于与本期相关的、非重大的且尚未更正的错报的累积影响而导致未来期间财务报表出现重大错报的风险。

《中国注册会计师审计准则第1501号——对财务报表形成审计意见和出具审计报告》要求注册会计师评价财务报表是否在所有重大方面按照适用的财务报告编制基础编制。这项评价包括考虑被审计单位会计实务的质量（包括表明管理层的判断可能出现偏差的迹象)。注册会计师对管理层不更正错报的理由的理解，可能影响其对被审计单位会计实务质量的考虑。

4）评价未更正错报的影响

未更正错报，是指注册会计师在审计教程中累积的且被审计单位未予更正的错报。注册会计师在确定重要性时，通常依据对被审计单位财务结果的估计，因为此时可能尚不知道实际的财务结果。因此，在评价未更正错报的影响之前，注册会计师可能有必要依据实际的财务结果对重要性作出修改。如果在审计过程中获知了某项信息，而该信息可能导致注册会计师确定与原来不同的财务报表整体重要性或者特定类别交易、账户余额或披露的一个或多个重要性水平（如适用），注册会计师应当予以修改。因此，在注册会计师评价未更正错报的影响之前，可能已经对重要性或重要性水平（如适用）作出重大修改。但是，如果注册会计师对重要性或重要性水平（如适用）进行的重新评价导致需要确定较低的金额，则应重新考虑实际执行的重要性和进一步审计程序的性质、时间安排和范围的适当性，以获取充分、适当的审计证据，作为发表审计意见的基础。

注册会计师需要考虑每一单项错报，以评价其对相关类别的交易、账户余额或披露的影响，包括评价该项错报是否超过特定类别的交易、账户余额或披露的重要性水平（如适用)。如果注册会计师认为某一单项错报是重大的，则该项错报不太可能被其他错报抵销。例如，如果收入存在重大高估，即使这项错报对收益的影响完全可被相同金额的费用高估所抵销，注册会计师仍认为财务报表整体存在重大错报。对于同一账户余额或同一类别的交易内部的错报，这种抵销可能是适当的。然而，在得出抵销非重大错报是适当的这一结论之前，需要考虑可能存在其他未被发现的错报的风险。

确定一项分类错报是否重大，需要进行定性评估。例如，分类错报对负债或其他合同条款的影响，对单个财务报表项目或小计数的影响，以及对关键比率的影响。即使分类错报超过了在评价其他错报时运用的重要性水平，注册会计师可能仍然认为该分类错报对财务报表整体不产生重大影响。例如，如果资产负债表项目之间的分类错报金额相对于所影响的资产负债表项目金额较小，并且对利润表或所有关键比率不产生影响，注册会计师可以认为这种分类错报对财务报表整体不产生重大影响。即使某些错报低于财务报表整体的重要性，但因与这些错报相关的某些情况，在将其单独或连同在审计过程中累积的其他错报一并考虑时，注册会计师也可能将这些错报评价为重大错报。

案例窗 4-1

希尔有限公司重要性水平的确定

奥特会计师事务所的注册会计师李军对希尔有限公司 2013 年度的财务报表进行审计，其未经审计的有关财务报表项目金额见表 4-1。

表 4-1 **财务报表项目金额** 单位：万元

财务报表项目名称	金额
资产总计	90 000
股东权益合计	44 000
主营业务收入	120 000
利润总额	18 000
净利润	12 060

要求：如果以资产总额、净资产（股东权益）、主营业务收入和净利润作为判断基础，采用固定比率法，并假定资产总额、净资产、主营业务收入和净利润的固定百分比数值分别为 0.5%、1%、0.5% 和 5%，请你代注册会计师李军计算确定希尔有限公司 2013 年度财务报表层次的重要性水平（请列示计算过程）。

【解答】

计算确定希尔有限公司 2013 年度财务报表层次的重要性水平，见表 4-2。

表 4-2 **希尔有限公司 2013 年度财务报表层次的重要性水平计算表**

判断基础	金额（万元）	固定百分比数值	乘积（万元）	财务报表层次的重要性水平（万元）
资产总额	90 000	0.5%	450	440
净资产	44 000	1%	440	
主营业务收入	120 000	0.5%	600	
净利润	12 060	5%	603	

4.2 审计风险

审计风险取决于重大错报风险和检查风险。注册会计师应当实施审计程序，评估重大错报风险，并根据评估结果设计和实施进一步审计程序，以控制检查风险。审计业务是一种保证程度高的鉴证业务，可接受的审计风险应当足够低，以使注册会计师能够合理保证所审计的财务报表不含有重大错报。

4.2.1 审计风险的含义

审计风险，是指当财务报表存在重大错报时，注册会计师发表不恰当审计意见的可能性。

审计业务提供的是合理保证，合理保证与审计风险互为补数，即合理保证与审计风险之和等于100%。如果注册会计师将审计风险降至可接受的低水平，则对财务报表不存在重大错报获取了合理保证。

4.2.2 审计风险模型

审计风险取决于重大错报风险和检查风险。审计风险、重大错报风险和检查风险之间的关系用模型表示为：

审计风险=重大错报风险×检查风险

注册会计师应当实施审计程序，评估重大错报风险，并根据评估结果设计和实施进一步审计程序，以控制检查风险。

1）重大错报风险

重大错报风险，是指财务报表在审计前存在重大错报的可能性。重大错报风险与被审计单位的风险相关，且独立存在于财务报表的审计中。在设计审计程序以确定财务报表整体是否存在重大错报时，注册会计师应当从财务报表层次和各类交易、账户余额和披露认定层次方面考虑重大错报风险。

（1）两个层次的重大错报风险。

财务报表层次重大错报风险与财务报表整体存在广泛联系，它可能影响多项认定。此类风险通常与控制环境有关，如管理层缺乏诚信、治理层形同虚设而不能对管理层进行有效监督等；但也可能与其他因素有关，如经济萧条、企业所处行业处于衰退期。此类风险难以被界定于某类交易、账户余额和披露的具体认定，相反，此类风险增大了一个或多个不同认定发生重大错报的可能性，与由舞弊引起的风险特别相关。

注册会计师评估财务报表层次重大错报风险的措施包括：考虑审计项目组承担重要责任的人员的学识、技术和能力，是否需要专家介入；考虑给予业务助理人员适当程度的监督、指导；考虑是否存在导致注册会计师怀疑被审计单位持续经营假设合理性的事项或情况。

注册会计师同时考虑各类交易、账户余额和披露认定层次的重大错报风险，考虑的结果有助于注册会计师确定认定层次上实施的进一步审计程序的性质、时间安排和范围。注册会计师在各类交易、账户余额和披露认定层次获取审计证据，以便能够在审计工作完成时，以可接受的低审计风险水平对财务报表整体发表审计意见。《中国注册会计师审计准则第1231号——针对评估的重大错报风险采取的应对措施》对注册会计师针对评估的认定层次重大错报风险如何设计和执行进一步的审计程序，提出了详细的要求。

（2）固有风险和控制风险。

认定层次的重大错报风险由固有风险和控制风险两部分组成。

固有风险，是指在考虑相关的内部控制之前，某类交易、账户余额或披露的某一认定易于发生错报（该错报单独或连同其他错报可能是重大的）的可能性。某些类别的交易、账户余额和披露及其认定的固有风险较高，例如，复杂计算比简单计算更可能出错；受重大计量不确定性影响的会计估计发生错报的可能性较大；技术进步可能导致某些产品陈旧，进而导致存货易于发生高估错报（计价认定）。

控制风险，是指某类交易、账户余额或披露的某一认定发生错报，该错报单独或连同其他错报可能是重大的，但没有被内部控制及时防止或发现并纠正的可能性。控制风险取决于与财务报表编制有关的内部控制的设计和运行的有效性。由于控制的固有局限性，某种程度的控制风险始终存在。

2）检查风险

检查风险，是指如果存在某一错报，该错报单独或连同其他错报可能是重大的，注册会计师为将审计风险降至可接受的低水平而实施审计程序后没有发现这种错报的风险。

检查风险取决于审计程序设计的合理性和执行的有效性。由于注册会计师通常并不对所有的交易、账户余额和披露进行检查，以及其他原因，检查风险不可能降为零。其他原因包括注册会计师可能选择了不恰当的审计程序、审计过程执行不当，或者错误解读了审计结论。这些其他因素可以通过适当计划、在项目组成员之间进行恰当的职责分配、保持职业怀疑态度以及监督、指导和复核助理人员所执行的审计工作得以解决。

3）检查风险与重大错报风险的反向关系

在既定的审计风险水平下，可接受的检查风险水平与认定层次重大错报风险的评估结果成反向关系。评估的重大错报风险越高，可接受的检查风险越低；评估的重大错报风险越低，可接受的检查风险越高。

案例窗 4-2

奥特会计师事务所的注册会计师张梅在评价希尔有限公司的审计风险时，分别假定了甲、乙、丙、丁四种情况，见表 4-3。

表 4-3　**希尔有限公司审计风险情况表**

风险类别	情况甲	情况乙	情况丙	情况丁
可接受的审计风险（%）	1	2	3	4
重大错报风险（%）	60	50	80	70

请计算回答：

（1）上述四种情况下，可接受的检查风险水平分别是多少？

（2）哪种情况下注册会计师需要获取最多的审计证据？

【解答】

（1）甲、乙、丙、丁四种情况的可接受检查风险水平分别是 1.67%、4%、3.75%、5.71%。

（2）甲种情况下注册会计师张梅需要获取最多的审计证据。

4.3　审计计划

审计计划包括总体审计策略和具体审计计划。

计划审计工作有利于注册会计师执行财务报表审计工作。合理的审计计划有助于注册会计师适当关注重要的审计领域，及时发现和解决潜在问题，恰当地组织和管理审计业务，以有效的方式执行审计业务。同时充分的审计计划还可以帮助注册会计师对项目组成员进行恰当分工和指导监督，并复核其工作，还有助于协调其他注册会计师和专家的工作。

4.3.1 总体审计策略

注册会计师应当为审计工作制定总体审计策略。总体审计策略用以确定审计范围、时间安排和方向，并指导制订具体审计计划。在制定总体审计策略时，应当考虑以下主要事项：

1）审计范围

在确定审计范围时，注册会计师需要考虑下列具体事项：

（1）编制拟审计的财务信息所依据的财务报告编制基础，包括是否需要将财务信息调整至按照其他财务报告编制基础编制。

（2）特定行业的报告要求，如某些行业监管机构要求提交的报告。

（3）预期审计工作涵盖的范围，包括应涵盖的组成部分的数量及所在地点。

（4）母公司和集团组成部分之间存在的控制关系的性质，以确定如何编制合并财务报表。

（5）由组成部分注册会计师审计组成部分的范围。

（6）拟审计的经营分部的性质，包括是否需要具备专门知识。

（7）外币折算，包括外币交易的会计处理、外币财务报表的折算和相关信息的披露。

（8）除为合并目的执行的审计工作之外，对个别财务报表进行法定审计的需求。

（9）内部审计工作的可获得性及注册会计师拟信赖内部审计工作的程度。

（10）被审计单位使用服务机构的情况，以及注册会计师如何取得有关服务机构内部控制设计和运行有效性的证据。

（11）对利用在以前审计工作中获取的审计证据（如获取的与风险评估程序和控制测试相关的审计证据）预期。

（12）信息技术对审计程序的影响，包括数据的可获得性和对使用计算机辅助审计技术的预期。

（13）协调审计工作与中期财务信息审阅的预期涵盖范围和时间安排，以及中期审阅所获取的信息对审计工作的影响。

（14）与被审计单位人员的时间协调和相关数据的可获取性。

2）报告目标、时间安排及所需沟通的性质

为计划报告目标、时间安排和沟通的性质，注册会计师需要考虑下列事项：

（1）被审计单位对外报告的时间表，包括中间阶段和最终阶段。

（2）与管理层和治理层举行会谈，讨论审计工作的性质、时间安排和范围。

（3）与管理层和治理层讨论注册会计师拟出具报告的类型和时间安排以及沟通的其他事项（口头或书面沟通），包括审计报告、管理建议书和向治理层沟通的其他事项。

（4）与管理层讨论预期就整个审计业务中对审计工作的进展进行的沟通。

（5）与组成部分注册会计师沟通拟出具报告的类型和时间安排，以及与组成部分审计相关的其他事项。

（6）项目组成员之间沟通的预期的性质和时间安排，包括项目组会议的性质和时间安排，以及复核已执行工作的时间安排。

（7）预期是否需要与第三方进行其他沟通，包括与审计相关的法定或约定的报告责任。

3）审计方向

在确定审计方向时，注册会计师需要考虑下列事项：

（1）重要性方面。具体包括：①为计划目的确定重要性；②为组成部分确定重要性，且与组成部分的注册会计师进行沟通；③在审计过程中重新考虑重要性；④识别重要的组成部分和账户余额。

（2）重大错报风险较高的审计领域。

（3）评估的财务报表层次的重大错报风险对指导、监督和复核的影响。

（4）项目组人员的选择（在必要时包括项目质量控制复核人员）和工作分工，包括向重大错报风险较高的审计领域分派具备适当经验的人员。

（5）项目预算，包括考虑为重大错报风险可能较高的审计领域分配适当的工作时间。

（6）向项目组成员强调在收集和评价审计证据过程中保持职业怀疑的必要性的方式。

（7）以往审计中对内部控制运行有效性评价的结果，包括所识别的控制缺陷的性质及应对措施。

（8）管理层重视设计和实施健全的内部控制的相关证据，包括这些内部控制得以适当记录的证据。

（9）业务交易量规模，以基于效率的考虑确定是否依赖内部控制。

（10）对内部控制重要性的重视程度。

（11）影响被审计单位经营的重大发展变化，包括信息技术和业务流程的变化，关键管理人员的变化，以及收购、兼并和分立。

（12）重大的行业发展情况，如行业法规变化和新的报告规定。

（13）会计准则及会计制度的变化。

（14）其他重大变化，如影响被审计单位的法律环境的变化。

4）审计资源

注册会计师应当在总体审计策略中清楚地说明审计资源的规划和调配，包括确定执行审计业务所必需的审计资源的性质、时间安排和范围。

（1）向具体审计领域调配的资源，包括向高风险领域分派有相当经验的项目组成员，就复杂的事项利用专家的工作等。

（2）向具体审计领域分配资源的多少，包括分派到重要地点进行存货监盘的项目组成员的人数，在集团审计中复核组成部分注册会计师工作的范围，向高风险领域分配的审计时间预算等。

（3）何时调配这些资源，包括是在期中审计阶段还是在关键的截止日期调配资源等。

（4）如何管理、指导和监督这些资源，包括预期何时召开项目组预备会和总结会，预期项目合伙人和经理如何进行复核（是现场复核还是非现场复核），是否需要实施项目质量控制复核等。

案例窗 4-3

总体审计策略

被审计单位：	希尔有限公司	索引号：	BE
项目：	总体审计策略	财务报表截止日/期间：	2013 年 12 月 31 日
编制：	Wang	复核：	Li
日期：	2013 年 11 月 1 日	日期：	2013 年 11 月 5 日

一、审计范围

报告要求	年度审计报告
适用的会计准则和相关会计制度	新企业会计准则
适用的审计准则	新审计准则
与财务报告相关的行业特别规定	无
需审计的集团内组成部分的数量及所在地点	无
需要阅读的含有已审计财务报表的文件中的其他信息	无
制定审计策略需考虑的其他事项	无

二、审计业务时间安排

（一）对外报告时间安排:2014 年 1 月 31 日

（二）执行审计时间安排

执行审计时间安排	时　间
1. 期中审计	
（1）执行风险评估程序	2013 年 11 月
（2）制定总体审计策略	2013 年 11 月
（3）制订具体审计计划	2013 年 11 月
（4）控制测试	2013 年 11 月
（5）实质性程序	2013 年 11 月
2. 期末审计	
（1）存货监盘	2013 年 12 月 31 日
（2）实质性程序	2014 年 1 月

（三）沟通的时间安排

所需沟通	时　间
与管理层及治理层的沟通	进场前一次，外勤结束后一次，如有必要出具报告前一次
项目组会议（包括预备会和总结会）	根据进度提前通知

三、影响审计业务的重要因素

（一）重要性

确定的重要性水平	索引号
报表层次：305 万元，按年度净利润的 5% 计算	
认定层次：210 万元，按报表层次的 70% 计算	

（二）可能存在较高重大错报风险的领域

可能存在较高重大错报风险的领域	索引号
实施新企业会计准则相关变化的内容	
销售收入及销售成本	
期间费用	
所得税费用	
存货	

（三）重要的组成部分和账户余额

重要的组成部分和账户余额	索引号
1. 重要的组成部分	
希尔有限公司是一个单体公司，没有分公司、子公司	
2. 重要的账户余额	
存货、在建工程、应付账款	
所得税费用、应交税费	
主营业务收入、主营业务成本	

四、人员安排

（一）项目组主要成员的职责

职位	姓名	主要职责
主任会计师	Wang	项目质量控制复核人
副主任会计师	Zhang	项目总负责人
高级经理	Li	复核销售与收款循环、生产与存货循环、人力资源与工薪循环
高级经理	Zhao	复核采购与付款循环、投资与筹资循环
项目经理	Hu	销售与收款循环
项目经理	Liu	生产与仓储循环
项目经理	Cheng	采购与付款循环、投资与筹资循环
项目经理	Chen	人力资源与工薪循环

（二）与项目质量控制复核人员的沟通

复核的范围：在审计过程中识别的认定层次的重大错报风险及设计和实施的进一步审计程序；审计中识别的已更正的错报的重要程度及处理情况；拟出具的审计报告类型。

沟通内容	负责沟通的项目组成员	计划沟通时间
风险评估、对审计计划的讨论	Zhang	2013 年 11 月 6 日
审计调整事项	Zhang	2014 年 1 月 28 日
审计意见类型	Zhang	2014 年 1 月 30 日

五、对专家的利用

根据我们对希尔有限公司工薪与人事循环内部控制的了解，我们将在以下两方面利用计算机专家的工作进行控制测试：

(1) 对与工资计算有关的控制活动;

(2) 对与工薪数据维护权限设置相关的控制活动。

4.3.2 具体审计计划

注册会计师应当为审计工作制订具体审计计划。具体审计计划应当包括风险评估程序、计划实施的进一步审计程序和其他审计程序。

1) 风险评估程序

具体审计计划应当包括按照《中国注册会计师审计准则第1211号——通过了解被审计单位及其环境识别并评估重大错报风险》的规定，为了足够识别和评估财务报表重大错报风险，注册会计师计划实施的风险评估程序的性质、时间安排和范围。

2) 计划实施的进一步审计程序

具体审计计划应当包括按照《中国注册会计师审计准则第1231号——针对评估的重大错报风险采取的应对措施》的规定，针对评估的认定层次的重大错报风险，注册会计师计划实施的进一步审计程序的性质、时间安排和范围。

通常，注册会计师计划的进一步审计程序可以分为进一步审计程序的总体方案和拟实施的具体审计程序两个层次。进一步审计程序的总体方案主要是指注册会计师针对各类交易、账户余额和披露决定采用的总体方案（包括实质性方案和综合性方案）。具体审计程序则是对进一步审计程序的总体方案的延伸和细化，它通常包括控制测试和实质性程序的性质、时间安排和范围。在实务中，注册会计师通常单独编制一套包括这些具体程序的“进一步审计程序表”，待具体实施审计程序时，注册会计师将基于所计划的具体审计程序，进一步记录所实施的审计程序及结果，并最终形成有关进一步审计程序的审计工作底稿。

3) 计划实施的其他审计程序

具体审计计划应当包括根据中国注册会计师审计准则的规定，注册会计师针对审计业务需要实施的其他审计程序。计划实施的其他审计程序可以包括上述进一步程序的计划中没有涵盖的、根据其他审计准则的要求注册会计师应当执行的既定程序。例如，有些企业可能涉及环境事项、电子商务，在实务中注册会计师应根据被审计单位的具体情况确定特定项目并执行相应的审计程序。

案例窗 4-4

具体审计计划

被审计单位:	希尔有限公司	索引号:	BE
项目:	具体审计计划	财务报表截止日/期间:	2013年12月31日
编制:	Jia	复核:	Liu
日期:	2013年11月5日	日期:	2013年11月7日

目 录

1. 风险评估程序

1.1 一般风险评估程序

1.2 针对特别项目的程序

2. 了解被审计单位及其环境（不包括内部控制）

2.1 行业状况、法律环境与监管环境以及其他外部因素

2.2 被审计单位的性质

2.3 会计政策的选择和运用

2.4 目标、战略及相关经营风险

2.5 财务业绩的衡量和评价

3. 了解内部控制

3.1 控制环境

3.2 被审计单位的风险评估过程

3.3 信息系统与沟通

3.4 控制活动

3.5 对控制的监督

4. 对风险评估及审计计划的讨论

5. 评估的重大错报风险

5.1 评估的财务报表层次的重大错报风险

5.2 评估的认定层次的重大错报风险

6. 计划的进一步审计程序

6.1 重要账户或列报的计划总体方案（计划矩阵）

6.2 计算机辅助审计技术的应用

7. 其他程序

4.3.3 审计过程中对计划的更改

计划审计工作并非审计业务的一个孤立阶段，而是一个持续的、不断修正的过程。注册会计师应当在审计过程中对总体审计策略和具体审计计划作出必要的更新和修改。

审计过程可以分为不同阶段，通常前一阶段的工作结果会对后一阶段的工作计划产生影响，而后一阶段的工作过程中又可能发现需要对已制订的相关计划进行相应的更新和修改。通常，这些更新和修改涉及比较重要的事项。例如，对重要性水平的修改，对某类交易、账户余额和列报的重大错报风险的评估和进一步审计程序的更新和修改等。一旦计划被更新和修改，审计工作也就应当进行相应修正。

例如，如果在制订审计计划时，注册会计师基于对材料采购交易的相关控制的设计和执行获取的审计证据，认为相关控制设计合理并得以执行，因此未将其评价为高风险领域并且计划实施控制测试。但是在实施控制测试时获取的审计证据与审计计划阶段获取的审计证据相矛盾，注册会计师认为该类交易的相关控制没有得到有效执行，此时，注册会计师可能需要修正对该类交易的风险评估，并基于修正的风险评估结果修改计划的审计方案，如采用实质性方案。

4.3.4 指导、监督与复核

注册会计师应当就对项目组成员工作的指导、监督与复核的性质、时间安排和范围制订计划。对项目组成员工作的指导、监督与复核的性质、时间安排和范围主要取决于下列因素：

（1）被审计单位的规模和复杂程度。

（2）审计领域。

（3）评估的重大错报风险。

（4）执行审计工作的项目组成员的素质和专业胜任能力。

注册会计师应当在评估重大错报风险的基础上，计划对项目组成员工作的指导、监督与复核的性质、时间安排和范围。当评估的重大错报风险增加时，注册会计师通常会扩大指导与监督的范围，增强指导与监督的及时性，执行更详细的复核工作。在计划复核的性质、时间安排和范围时，注册会计师还应考虑单个项目组成员的素质和专业胜任能力。

第5章

实施风险评估程序

学习目标

在实施风险评估程序中，注册会计师的工作主要有：了解被审计单位及其环境；了解被审计单位的内部控制；识别和评估财务报表层次的重大错报风险；识别和评估认定层次的重大错报风险；设计和实施进一步审计程序。

本章的学习目标是：

1. 了解风险评估的总体要求。
2. 了解风险评估程序。
3. 理解被审计单位及其环境的内容。
4. 掌握被审计单位内部控制的要素。
5. 掌握对重要交易流程的内部控制了解和记录的方法。
6. 掌握识别和评估重大错报风险的方法。

基本知识点、基本能力点及能力拓展点

1. 基本知识点：被审计单位及其环境的内容；被审计单位内部控制的要素。
2. 基本能力点：了解被审计单位及其环境；了解被审计单位内部控制；评估财务报表层次和认定层次的重大错报风险。
3. 能力拓展点：企业内部控制审计。

导读案例

银广夏公司全称为广夏（银川）实业股份有限公司，1994年6月上市，该公司曾因骄人的业绩和诱人的前景而被称为“中国第一蓝筹股”。2001年8月，《财经》杂志发表了题为“银广夏陷阱”的文章，文中认为：天津广夏出口到德国诚信贸易公司的业务为“不可能的产量、不可能的价格、不可能的产品”。以天津广夏萃取设备的产能，即使通宵达旦运作，也生产不出所宣称的数量；天津广夏萃取产品出口价格高到近乎荒谬；对德出口合同中的某些产品，根本不能用二氧化碳超临界萃取设备提取。由此，银广夏虚构财务报表事件被曝光。

2002年5月，中国证监会对银广夏的行政处罚决定书认定：“公司自1998年至2001年期间累计虚增利润77 156.70万元，公司伪造了从原料购进到生产、销售、出口等环节的全部单据，包括销售合同和发票、银行票据、海关出口报关单和所得税免税文件。”之后，负责对银广夏财务报表进行审计的深圳中天勤会计师事务所及相关注册会计师，因涉及银广夏利润造假案被追究法律责任。

银广夏审计失败的原因很多，其中一个重要的原因是注册会计师对该公司的经营性质、经营状况、公司治理及管理现状等情况不够了解，没有评估和控制审计风险。按照我

国现行注册会计师审计准则的要求，注册会计师应当对被审计单位财务报表重大错报风险进行识别、评估，并采取应对措施，以控制审计风险。

5.1 了解被审计单位及其环境

《企业内部控制基本规范》被称为中国的“萨班斯法案”，2008 年 6 月 28 日，由财政部、证监会、审计署、银监会、保监会联合发布。该基本规范的内容共七章 57 条，各章分别是：总则、内部环境、风险评估、控制活动、信息与沟通、内部监督和附则，其中，内部环境为重要基础，风险评估为重要环节，控制活动为重要手段，信息与沟通为重要条件，内部监督为重要保证。

注册会计师实施询问、观察等风险评估程序以了解被审计单位及其环境。被审计单位及其环境应从以下六个方面进行了解：①行业状况、法律环境与监管环境以及其他外部因素；②被审计单位的性质；③被审计单位对会计政策的选择和运用；④被审计单位的目标、战略以及相关经营风险；⑤被审计单位财务业绩的衡量和评价；⑥被审计单位的内部控制。

5.1.1 风险评估的作用

中国注册会计师审计准则规定，注册会计师应当了解被审计单位及其环境，以充分识别和评估财务报表重大错报风险，设计和实施进一步审计程序。了解被审计单位及其环境是必要程序，特别是为注册会计师在下列关键环节作出职业判断提供重要基础：

（1）确定重要性水平，并随着审计工作的进程评估对重要性水平的判断是否仍然适当。

（2）考虑会计政策的选择和运用是否恰当，以及财务报表的列报是否适当。

（3）识别需要特别考虑的领域，包括关联方交易的合理性等。

（4）确定实施分析程序时所使用的预期值。

（5）设计和实施进一步审计程序，以将审计风险降至可接受的低水平。

（6）评价所获取审计证据的充分性和适当性。

了解被审计单位及其环境是一个连续和动态的收集、更新与分析信息的过程，贯穿于整个审计过程的始终。判断对被审计单位及其环境了解的程度是否恰当，关键是看注册会计师对被审计单位及其环境的了解是否足以识别和评估财务报表的重大错报风险。如果了解被审计单位及其环境获得的信息足以识别和评估财务报表的重大错报风险，并设计和实施进一步审计程序，那么了解的程度就是恰当的。

5.1.2 风险评估程序

注册会计师了解被审计单位及其环境，目的是为了识别和评估财务报表重大错报风险。为了解被审计单位及其环境而实施的程序称为风险评估程序。注册会计师应当依据实施这些程序所获取的信息，评估重大错报风险。

注册会计师应当实施下列风险评估程序，以了解被审计单位及其环境：询问被审计单位管理层和内部其他相关人员；实施分析程序；观察和检查。

1）询问被审计单位管理层和内部其他相关人员

询问被审计单位管理层和内部其他相关人员是注册会计师了解被审计单位及其环境的一个重要信息来源。注册会计师可以考虑向管理层和财务负责人询问下列事项：

（1）管理层所关注的主要问题，如新的竞争对手、主要客户和供应商的流失、新的税收法规的实施以及经营目标或战略的变化等。

（2）被审计单位最近的财务状况、经营成果和现金流量。

（3）可能影响财务报告的交易和事项，或者目前发生的重大会计处理问题，如重大的购并事宜等。

（4）被审计单位发生的其他重要变化，如所有权结构、组织结构的变化，以及内部控制的变化等。

注册会计师通过询问获取的大部分信息来自于管理层和负责财务报告的人员。注册会计师也可以通过询问被审计单位内部的其他不同层级的人员（内部审计人员、采购人员、生产人员、销售人员等）获取信息，或为识别重大错报风险提供不同的视角。例如：

（1）直接询问治理层，可能有助于注册会计师了解财务报表编制的环境；

（2）直接询问内部审计人员，可能有助于注册会计师了解其针对被审计单位内部控制设计和运行有效性而实施的工作，以及管理层对内部审计发现的问题是否采取适当的措施；

（3）直接询问内部法律顾问，有助于注册会计师了解有关法律法规的遵循情况、产品保证和售后责任、与业务合作伙伴的安排（如合营企业）、合同条款的含义以及诉讼情况等。

2）实施分析程序

分析程序是指注册会计师通过研究不同财务数据之间以及财务数据与非财务数据之间的内在关系，对财务信息作出评价。分析程序还包括调查识别出的、与其他相关信息不一致或与预期数据严重偏离的波动和关系。

分析程序既可用作风险评估程序和实质性程序，也可用于对财务报表的总体复核。这里主要说明在了解被审计单位及其环境并评估重大错报风险时使用的分析程序，即将分析程序用作风险评估程序。

在实施分析程序时，注册会计师应当预期可能存在的合理关系，并与被审计单位记录的金额、依据记录金额计算的比率或趋势相比较；如果发现异常或未预期到的关系，注册会计师应当在识别重大错报风险时考虑这些比较结果。例如，注册会计师通过实施分析程序发现两个会计期间的毛利率相当，但是，注册会计师通过对被审计单位的了解，获知在生产成本中占较大比例的原材料成本在相关期间内上升，注册会计师预期销售成本也应相应上升，而毛利率应相应下降。上述分析可能使注册会计师得出结论：销售成本可能存在重大错报风险，应对其给予足够的重视。

3）观察和检查

观察和检查程序可以支持对管理层和其他相关人员的询问结果，并可以提供有关被审计单位及其环境的信息，注册会计师应当实施下列观察和检查程序：

（1）观察被审计单位的经营活动。例如，观察被审计单位人员正在从事的生产活动和内部控制活动，增加注册会计师对被审计单位人员如何进行生产经营活动及实施内部控制的了解。

（2）检查文件、记录和内部控制手册。例如，检查被审计单位的章程，与其他单位签订的合同、协议，各业务流程操作指引和内部控制手册等，了解被审计单位组织结构和内部控制的建立健全情况。

(3) 阅读由管理层和治理层编制的报告。例如，阅读被审计单位年度和中期财务报告，股东大会、董事会会议、高级管理层会议的会议记录或纪要，经营计划和战略，被审计单位内部管理报告以及其他特殊目的的报告（如新投资项目的可行性分析报告）等，了解自上一日审计结束日至本期审计期间被审计单位发生的重大事项。

(4) 实地察看被审计单位的生产经营场所和厂房设备。这可以帮助注册会计师了解被审计单位的性质及其经营活动。在实地察看被审计单位的厂房和办公场所的过程中，注册会计师有机会与被审计单位管理层和担任不同职责的员工进行交流，可以增强注册会计师对被审计单位的经营活动及其重大影响因素的了解。

(5) 追踪交易在财务报告信息系统中的处理过程（穿行测试）。这是注册会计师了解被审计单位业务流程及其相关控制时经常使用的审计程序。通过追踪某笔或某几笔交易在业务流程中如何生成、记录、处理和报告，以及相关控制如何执行，注册会计师可以确定被审计单位的交易流程和相关控制是否与之前通过其他程序所获得的了解一致，并确定相关控制是否得到执行。

除了采用上述程序从被审计单位内部获取信息以外，阅读外部信息也可能有助于注册会计师了解被审计单位及其环境。外部信息包括证券分析师、银行、评级机构出具的有关被审计单位及其所处行业的经济或市场环境等状况的报告，贸易与经济方面的期刊，法规或金融出版物，以及政府部门或民间组织发布的行业报告和统计数据等。

5.1.3 对被审计单位及其环境的了解

了解被审计单位及其环境是必须要实施的程序而不是可选程序，了解的目的是识别和评估财务报表重大错报风险，设计和实施进一步审计程序。

1) 了解被审计单位及其环境的主要内容

注册会计师应当从下列方面了解被审计单位及其环境：

(1) 行业状况、法律环境与监管环境以及其他外部因素；

(2) 被审计单位的性质；

(3) 被审计单位对会计政策的选择和运用；

(4) 被审计单位的目标、战略以及相关经营风险；

(5) 被审计单位财务业绩的衡量和评价；

(6) 被审计单位的内部控制。

上述第（1）项是被审计单位的外部因素，第（2）、(3)(4)、(6) 项是被审计单位的内部因素，第（5）项则既有外部因素也有内部因素。值得注意的是，被审计单位及其环境的各个方面可能会互相影响。例如，被审计单位的行业状况、法律环境与监管环境以及其他外部因素可能影响到被审计单位的目标、战略以及相关经营风险，而被审计单位的性质、目标、战略以及相关经营风险可能影响到被审计单位对会计政策的选择和运用，以及内部控制的设计和执行。因此，注册会计师在对被审计单位及其环境的各个方面进行了解和评估时，应当考虑各因素之间的相互关系。

2) 行业状况、法律环境与监管环境以及其他外部因素

注册会计师应当了解被审计单位的行业状况，主要包括：①所处行业的市场供求与竞

争；②生产经营的季节性和周期性；③产品生产技术的变化；④能源供应与成本；⑤行业的关键指标和统计数据。

注册会计师应当了解被审计单位所处的法律环境及监管环境，主要包括：①适用的会计准则、会计制度和行业特定惯例；②对经营活动产生重大影响的法律法规及监管活动；③对开展业务产生重大影响的政府政策，包括货币、财政、税收和贸易等政策；④与被审计单位所处行业和所从事经营活动相关的环保要求。

注册会计师应当了解被审计单位经营的其他外部因素，主要包括：①宏观经济的景气度；②利率和资金供求状况；③通货膨胀水平及币值变动；④国际经济环境和汇率变动。

3）被审计单位的性质

（1）所有权结构。

注册会计师应当了解被审计单位所有权结构以及所有者与其他人员或单位之间的关系，考虑关联方关系是否已经得到识别，以及关联方交易是否得到恰当核算。例如，注册会计师应当了解被审计单位是属于国有企业、外商投资企业、民营企业，还是属于其他类型的企业，还应当了解其直接控股母公司、间接控股母公司和其他股东的构成，以及所有者与其他人员或单位之间的关系。

（2）治理结构。

注册会计师应当了解被审计单位的治理结构。例如，董事会的构成情况、董事会内部是否有独立董事；治理结构中是否设有审计委员会或监事会及其运作情况。注册会计师应当考虑治理层是否能够在独立于管理层的情况下对被审计单位事务作出客观判断。

（3）组织结构。

注册会计师应当了解被审计单位的组织结构，考虑复杂的组织结构可能导致的重大错报风险，例如，对于在多个地区拥有子公司、合营企业、联营企业或其他成员机构，或者存在多个业务分部和地区分部的被审计单位，不仅编制合并财务报表的难度增加，还存在其他可能导致重大错报风险的复杂事项。

另外，注册会计师还应当了解被审计单位的经营活动、投资活动、筹资活动和财务报告，从而对被审计单位的性质进行全面的评价。

4）被审计单位对会计政策的选择和运用

（1）重大和异常交易的会计处理方法。

某些被审计单位可能存在与其所处行业相关的重大交易。如银行向客户发放贷款、证券公司对外投资等，注册会计师应当考虑对重大的和异常的交易的会计处理方法是否适当。

（2）在缺乏权威性标准或共识、有争议的或新兴领域采用重要会计政策产生的影响。

在缺乏权威性标准或共识的领域，注册会计师应当关注被审计单位选用了哪些会计政策、为什么选用这些会计政策以及选用这些会计政策产生的影响。

（3）会计政策的变更。

如果被审计单位变更了重要的会计政策，注册会计师应当考虑变更的原因及其适当性，应考虑：会计政策变更是否是法律、行政法规或者适用的会计准则和相关会计制度要求的变更；会计政策变更是否能够提供更可靠、更相关的信息；会计政策变更是否得到充分披露。

5）被审计单位的目标、战略以及相关经营风险

注册会计师应当了解被审计单位是否存在与下列方面有关的目标和战略，并考虑相应的经营风险：①行业发展；②开发新产品或提供新服务；③业务扩张；④新的会计要求；⑤监管要求；⑥本期及未来的融资条件；⑦信息技术的应用等。

6）被审计单位财务业绩的衡量和评价

注册会计师应当关注下列财务业绩信息：①关键业绩指标；②同期财务业绩比较分析；③预测、预算、差异分析，分部信息与分部、部门或其他不同层次的业绩报告；④员工业绩考核与激励性报酬政策；⑤被审计单位与竞争对手的业绩比较。

案例窗 5-1

了解被审计单位案例

奥特会计师事务所接受委托，对希尔有限公司进行审计。在审计过程中了解到希尔有限公司的以下情况：

希尔有限公司是经中国人民银行批准设立的非银行金融机构。为了积极应对国际金融危机带来的严峻挑战，该公司以全面业务调整为主线，开始了由“投资理财”业务模式向“金融服务”模式的战略调整。公司董事会增设了风险管理委员会和审计委员会，同时，授权管理层设立审贷委员会和投资委员会，负责审核财务贷款和投资领域重大事项，并定期向董事会提交有关报告，确保董事会对管理层的有效监督。公司为了适应战略调整和业务发展的需要，对内部机构进行优化调整，原有的6个部门进行重新组合，按照“135”三层次的格局进行重新设计，总经理部为经营决策层，计划财务部、研发信息部、稽核风险管理部为管理服务层，结算部、信贷部、经营部、投资部、咨询部为业务执行层。

要求：指出希尔有限公司为实现发展战略而进行的组织架构调整是否合理。

【解答】

奥特会计师事务所通过了解希尔有限公司的具体情况认为，优化调整后的组织架构体现了该公司的战略定位，完善了企业的内部控制，符合向“金融服务”模式转型的战略调整方向，为企业顺利实现经营目标提供了组织保障。因此，注册会计师认为希尔有限公司进行的组织架构调整是合理的。

5.2 了解被审计单位的内部控制

内部控制作为企业生产经营活动的自我调节和自我制约的内在机制，处于企业中枢神经系统的重要位置。内部控制包括控制环境、风险评估过程、信息系统和沟通、控制活动和对控制的监督五个要素。注册会计师应当从报表整体层面和业务流程层面了解企业内部控制，结合对被审计单位其他方面情况的了解，识别和评估财务报表层次和认定层次的重大错报风险。

5.2.1 内部控制的含义和目标

1）内部控制的含义

内部控制是指被审计单位为了合理保证财务报告的可靠性、经营的效率和效果以及对法律法规的遵守，由治理层、管理层和其他人员设计与执行的政策及程序。

2）内部控制的目标

（1）合理保证财务报告的可靠性。这一目标与管理层履行财务报告编制责任密切相关。

（2）合理保证经营的效率和效果，即经济有效地使用企业资源，以最优方式实现企业目标。

（3）合理保证在所有经营活动中遵守法律法规的要求，即在法律法规的框架下从事经营活动。

5.2.2　内部控制的局限性

1）内部控制的固有局限性

被审计单位只能设计和实施能为公司财务报表的公允表达提供合理保证的内部控制，而不能提供绝对的保证。注册会计师在对内部控制进行审计时，应当保持应有的职业谨慎，充分关注内部控制的固有局限性：

（1）在决策时人为判断可能出现错误和由于人为失误而导致的内部控制失效。

（2）控制可能由于两个或更多的人员串通或管理层不当地凌驾于内部控制之上而被规避。例如，管理层可能与客户签订“背后协议”，修改标准的销售合同条款和条件，从而导致不适当的收入确认。

此外，如果被审计单位内部行使控制职能的人员素质不适应岗位职责的要求，也会影响控制职能的正常发挥。被审计单位实施内部控制的成本效益问题也会影响其效能，当实施某项控制的控制成本大于控制效果而发生损失时，就没有必要设置控制环节或控制措施。内部控制一般都是针对经常而重复发生的业务而设置的，如果出现不经常发生或未预计到的业务，原有控制就可能不适用。

2）对小型被审计单位的考虑

小型被审计单位拥有的员工通常较少，限制了其职责分离的程度。在小型被审计单位，由于内部控制系统较为简单，业主兼经理更有可能凌驾于控制之上，注册会计师在识别由于舞弊导致的重大错报风险时需要考虑这一问题。

5.2.3　内部控制的要素

内部控制的要素包括控制环境、风险评估过程、信息系统与沟通、控制活动和对控制的监督。

1）控制环境

控制环境包括治理职能和管理职能，以及治理层和管理层对内部控制及其重要性的态度、认识和措施。控制环境设定了被审计单位的内部控制基调，影响员工对内部控制的认识和态度。良好的控制环境是实施有效内部控制的基础。

（1）对诚信和道德价值观念的沟通与落实。

诚信和道德价值观念的沟通与落实是控制环境的重要组成部分，影响到重要业务流程的设计和运行。内部控制的有效性直接依赖于负责创建、管理和监控内部控制的人员的诚信和道德价值观念。被审计单位是否存在道德行为规范，以及这些规范如何在被审计单位内部得到沟通和落实，决定了是否能产生诚信和道德的行为。注册会计师在了解和评价诚信和道德价值观念的沟通与落实时，考虑的主要因素可能包括：①被审计单位是否有书面的行为规范并向所有员工传达；②被审计单位的企业文化是否强调诚信和道德价值观念的重要性；③管理层是否身体力行，高级管理人员是否起表率作用；④对违反有关政策和行为规范的情况，管理层是否采取适当的惩罚措施。

（2）对胜任能力的重视。

胜任能力是指具备完成某一职位的工作所应有的知识和能力。管理层对胜任能力的重视包括对于特定工作所需的胜任能力水平的设定，以及达到该水平所必需的知识和能力的要求。注册会计师在就被审计单位对胜任能力的重视情况进行了解和评估时，考虑的主要因素可能包括：①财会人员以及信息管理人员是否具备与被审计单位业务性质和复杂程度相称的胜任能力和培训，在发生错误时，是否通过调整人员或系统来加以处理；②管理层是否配备足够的财会人员以适应业务发展和有关方面的需要；③财会人员是否具备理解和运用会计准则所需的技能。

（3）治理层的参与程度。

被审计单位的控制环境在很大程度上受治理层的影响。治理层的职责应在被审计单位的章程和政策中予以规定。治理层（董事会）通常通过其自身的活动，并在审计委员会或类似机构的支持下，监督被审计单位的财务报告政策和程序。注册会计师在对被审计单位治理层的参与程度进行了解和评估时，考虑的主要因素可能包括：①董事会是否建立了审计委员会或类似机构；②董事会、审计委员会或类似机构是否与内部审计人员以及注册会计师有联系和沟通，联系和沟通的性质以及频率是否与被审计单位的规模和业务复杂程度相匹配；③董事会、审计委员会或类似机构的成员是否具备适当的经验和资历；④董事会、审计委员会或类似机构是否独立于管理层；⑤审计委员会或类似机构会议的数量和时间是否与被审计单位的规模和业务复杂程度相匹配；⑥董事会、审计委员会或类似机构是否充分地参与了监督编制财务报告的过程；⑦董事会、审计委员会或类似机构是否对经营风险的监控有足够的关注，进而影响被审计单位和管理层的风险评估过程；⑧董事会成员是否保持相对的稳定性。

（4）管理层的理念和经营风格。

管理层负责企业的运作以及经营策略和程序的制定、执行和监督。控制环境的每个方面在很大程度上都受管理层采取的措施和作出决策的影响，或在某些情况下受管理层不采取某些措施或不作出某种决策的影响。在有效的控制环境中，管理层的理念和经营风格可以创造一个积极的氛围，促进业务流程和内部控制的有效运行，同时创造一个减少错报发生可能性的环境。

（5）组织结构及职权与责任的分配。

被审计单位的组织结构为计划、运作、控制及监督经营活动提供了一个整体框架。通过集权和分权决策，可在不同部门间进行适当的职责划分、建立适当层次的报告体系。被审计单位的组织结构在一定程度上取决于被审计单位的规模和经营活动的性质。

被审计单位组织结构中应采用向个人或小组分配控制职责的方法，应建立执行特定职能（包括交易授权）的授权机制，确保每个人都清楚地了解报告关系和责任。

（6）人力资源政策与实务。

政策与实务（包括内部控制）的有效性，通常取决于执行人。因此，被审计单位员工的能力与诚信是控制环境中不可缺少的因素。人力资源政策与实务涉及招聘、培训、考核、晋升和薪酬等方面。被审计单位是否有能力招聘并保留一定数量既有能力又有责任心的员工，在很大程度上取决于其人事政策与实务。例如，如果招聘录用标准要求录用最合适的员工，包括强调员工的学历、经验、诚信和道德，这表明被审计单位希望录用有能力并值得信赖的人员。

综上所述，注册会计师应当对控制环境的构成要素获取足够的了解，并考虑内部控制的实质及其综合效果，以了解管理层和治理层对内部控制及其重要性的态度、认识以及所采取的措施。

2）风险评估过程

风险评估过程包括识别与财务报告相关的经营风险，以及针对这些风险所采取的措施。任何经济组织在经营活动中都会面临各种各样的风险，风险对其生存和竞争能力产生影响。很多风险并不为经济组织所控制，但管理层应当确定可以承受的风险水平，识别这些风险并采取一定的应对措施。

可能产生风险的事项和情形包括：①监管及经营环境的变化；②新员工加入；③新信息系统的使用或对原系统进行升级；④业务快速发展；⑤新技术；⑥新生产型号、产品和业务活动；⑦企业重组；⑧发展海外经营；⑨新的会计准则。

注册会计师应当了解被审计单位风险评估过程和结果。注册会计师应当确定管理层如何识别与财务报告相关的经营风险，如何估计该风险的重要性，如何评估风险发生的可能性，以及如何采取措施管理这些风险。如果被审计单位的风险评估过程符合其具体情况，了解被审计单位的风险评估过程和结果有助于注册会计师识别财务报表的重大错报风险。

注册会计师可以通过了解被审计单位及其环境的其他方面信息，评价被审计单位风险评估过程的有效性。例如，在了解被审计单位的业务情况时，发现了某些经营风险，注册会计师应当了解管理层是否也意识到这些风险以及如何应对。在审计过程中，注册会计师如果识别出管理层未能识别的重大错报风险，应当考虑被审计单位的风险评估过程为何没有识别出这些风险，以及评估过程是否适合于具体环境。

3）信息系统与沟通

信息系统与沟通是收集与交换被审计单位执行、管理和控制业务活动所需信息的过程，包括收集和提供信息（特别是履行内部控制岗位职责所需的信息）给适当人员，使之能够履行职责。信息系统与沟通的质量直接影响到管理层对经营活动作出正确决策和编制可靠的财务报告的能力。

与财务报告相关的信息系统，包括用以生成、记录、处理和报告交易、事项和情况，对相关资产、负债和所有者权益履行经营管理责任的程序和记录。注册会计师应当了解被审计单位与财务报告相关的信息系统，并应特别关注由于管理层凌驾于控制之上，或规避控制行为而产生的重大错报风险。

与财务报告相关的沟通包括使员工了解各自在与财务报告有关的内部控制方面的角色和职责，员工之间的工作关系，以及向适当级别的管理层报告例外事项的方式。注册会计师应了解被审计单位内部如何对财务报告的岗位职责，以及与财务报告相关的重大事项进行沟通，注册会计师应当了解管理层与治理层之间的沟通，以及被审计单位与外部的沟通。

4）控制活动

控制活动是指有助于确保管理层的指令得以执行的政策和程序，包括与授权、业绩评价、信息处理、实物控制和职责分离等相关的活动。

（1）授权。授权包括一般授权和特别授权。授权的目的在于保证交易在管理层授权范围内进行。一般授权是指管理层制定的要求组织内部遵守的普遍适用于某类交易或活动的政策。特别授权是指管理层针对特定类别的交易或活动逐一设置的授权，如重大资本支出和股票发行等。特别授权也可能用于超过一般授权的常规交易，如同意因某些特别原因，对某个不符合信用条件的客户赊购商品。

（2）业绩评价。业绩评价主要包括被审计单位分析评价实际业绩与预算（或预测、前期业绩）的差异，综合分析财务数据与经营数据的内在关系，将内部数据与外部信息来源相比较，评价职能部门、分支机构或项目活动的业绩，以及对发现的异常差异或关系采取必要的调查与纠正措施。

（3）信息处理。信息处理控制分为两类，即信息技术的一般控制和应用控制。信息技术的一般控制是指与多个应用系统有关的政策和程序，有助于保证信息系统持续恰当地运行（包括信息的完整性和数据的安全性），支持应用控制作用的有效发挥，通常包括数据中心和网络运行的控制，系统软件的购置、开发及维护控制。信息技术的应用控制是指主要在业务流程层面运行的人工或自动化程序，与用于生成、记录、处理、报告交易或其他财务数据的程序相关，通常包括检查数据计算的准确性，审核账户和试算平衡表，设置对输入数据和数字序号的自动检查，以及对例外报告进行人工干预。

（4）实物控制。实物控制主要包括了解对资产和记录采取适当的安全保护措施，对访问计算机程序和数据文件设置授权，以及定期盘点并将盘点记录与会计记录相核对。如对库存现金、有价证券和存货的定期盘点控制都是为了保护财产的安全完整。

（5）职责分离。职责分离主要包括了解被审计单位如何将交易授权、交易记录以及资产保管等职责分配给不同员工，以防范同一员工在履行多项职责时可能发生的舞弊和错误。职责划分的内容既包括不相容职务在组织机构之间的分离，如企业的材料收发、产品制造、产品销售等应分别由供应、生产、销售部门分别管理，也包括不相容职务在组织机构内部的分离，如在财会部门内部差旅费的审批与报销职权的分离等。

注册会计师应当了解被审计单位有关的控制活动。在了解控制活动时，注册会计师应当重点考虑一项控制活动单独或连同其他控制活动，是否能够以及如何防止或发现并纠正各类交易、账户余额和披露存在的重大错报。注册会计师的工作重点是识别和了解针对重大错报可能发生的领域的控制活动。

5）对控制的监督

对控制的监督是指被审计单位评价内部控制在一段时间内运行有效性的过程。对控制的监督涉及及时评估控制的有效性并采取必要的补救措施。例如，管理层对是否定期编制银行存款余额调节表进行复核，内部审计人员评价销售人员是否遵守公司关于销售合同条款的政策等。

注册会计师应当了解被审计单位对控制的持续监督活动和专门的评价活动。持续的监督活动通常贯穿于被审计单位的日常经营活动与常规管理工作中，被审计单位可能使用内部审计人员或具有类似职能的人员对内部控制的设计和执行进行专门的评价。

5.2.4 在整体层面了解内部控制

在整体层面对被审计单位内部控制的了解和评估，通常由项目组中对被审计单位情况比较了解且较有经验的成员负责，同时需要项目组其他成员的参与和配合。在了解内部控制的各要素时，注册会计师应当对被审计单位整体层面的内部控制的设计进行评价，并确定其是否得到执行。这一评价过程需要大量的职业判断，注册会计师应当考虑管理层本身的理念和态度、实际设计和执行的控制，以及对经营活动的密切参与是否能够实现控制的目标。

财务报表层次的重大错报风险很可能源于薄弱的控制环境，因此，注册会计师在评估财务报表层次的重大错报风险时，应当将被审计单位整体层面的内部控制状况和了解到被审计单位及其环境等方面的情况结合起来考虑。

被审计单位整体层面的内部控制是否有效将直接影响重要业务流程层面控制的有效性，进而影响注册会计师拟实施的进一步审计程序的性质、时间和范围。

5.2.5　在业务流程层面了解内部控制

1）确定重要业务流程和重要交易类别

在实务中，将被审计单位的整个经营活动划分为几个重要的业务循环，有助于注册会计师更有效地了解和评估重要业务流程及相关控制。通常，制造业企业的内部控制，可以划分为下列五个循环：

（1）销售与收款循环。本循环包括向顾客收受订购单，核准购货方的信用，装运商品，开具销货发票，记录收益和应收账款，记录现金收入等程序。

（2）采购与付款循环。本循环包括购买存货、其他资产和劳务，发出订货单，检查所收货物和开具验收报告，记录应付销货方债务，核准付款，支付款项和记录现金支出等程序。

（3）生产与存货循环。本循环包括领取各种原材料及其他物料用品，交付生产，分摊费用，计算生产成本，核算销售成本等程序。

（4）人力资源与工薪循环。本循环包括雇佣、辞退职工，制定最低工资标准，核算实际工时，计算应付职工薪酬，计算个人所得税和其他代扣款项，记录工薪卡，发放工资等程序。

（5）筹资与投资循环。本循环包括授权、核准、执行和记录有关银行贷款、融资租赁、应付公司债和股本、交易性金融资产、持有至到期投资、长期股权投资业务等程序。

2）了解重要交易流程，并进行记录

在确定重要业务流程和重要交易类别后，注册会计师便可着手了解每一类重要交易的生成、记录、处理及在财务报表中报告的程序，即重要交易流程。

注册会计师可以通过下列方法获得对重要交易流程的了解：

（1）询问被审计单位的适当人员；

（2）观察所运用的处理方法和程序；

（3）检查被审计单位的手册和其他书面资料；

（4）追踪交易在财务报告信息系统中的处理过程（穿行测试）。

注册会计师在了解重要交易流程时，可以采用下列方法对业务流程进行记录：

（1）文字表述法。文字表述法是审计人员用文字叙述的方式描述被审计单位内部控制的方法。

文字表述法形式灵活，可以根据实际情况选择内容，能充分表达内部控制的一切特殊情况。但这种方法也有局限性，表现在调查和叙述内部控制的情况比较耗费时间，对业务环节多的企业，用文字说明难免冗长，容易产生误解，记录时也容易发生遗漏，且不能快速地确定内部控制的薄弱点。因此，文字说明法只适用于业务简单的中小型企业。

文字表述法的参考格式举例见表 5-1。

表 5-1　　文字表述法举例

某公司现金收支内部控制
某公司收入现金，先由出纳审核有关凭证，并填写收款收据，收妥现金后，编制记账凭证，并登记库存现金日记账，而后将此凭证交给会计用以登记相关的账目。每日收到的现金于第二天由出纳送存银行。 支出现金，先由出纳审核支出款项的原始凭证（一般为发票），然后填制付款记账凭证，并于款项付出后在原始凭证上加盖“付讫”的戳记。出纳根据付款记账凭证登记库存现金日记账，而后将记账凭证交会计登记相关的账目。 凭证上的复核印章一般先盖好，因此就不再复核。出纳每隔9天进行一次核对，如有差异，须报领导审批后处理。月终，由财务负责人进行盘点。 评价：该公司的内部控制较差，尤其是由出纳填制收、付款凭证又不经复核的做法，容易出现错弊。

（2）调查表法。调查表法是指审计人员通过事先设计好的有关内部控制的问题式调查表，了解被审计单位内部控制的方法。采用这种方法，可事先进行细致研究，将内部控制的关键控制点和主要控制程序编制成一定格式的调查表。调查表可印发多份，分发给有关被调查人填写，填写后统一收回并将问题归纳整理，以便进行分析研究。如果调查的问题比较单一，涉及面不广，亦可采用当面询问、随问随填的方式。调查表的参考格式举例见表 5-2。

表 5-2　　内部控制调查表

被审计单位名称：　　索引号：　　页次：

调查内容：销货业务　　编制人：　　日期：

会计期间：　　复核人：　　日期：

调查问题	调查结果						备注
	是	否	不适用	缺点		未实施	
				严重	较轻		
1. 登记入账的销货确系已发运给实有其人的顾客							
2. 销货业务已经过适当的审批							
3. 对顾客赊销是否经负责人批准							
4. 发运单是否由企业采用适当方式予以控制，以保证所有发货都已开票收款							
5. 销货发票是否均预先编号并登记入账							
6. 销货发票和发运单所列的数量是否核对相符							
7. 销货发票是否经过单价检查、乘积复核和加总复核							
8. 是否定期给常年顾客发出对账单							
9. 登记入账的日期与发运单的日期是否经过比较核对							
10. 销货业务在明细账中的记录与总账相符，明细账是否加总复核，是否与总账核对相符							

调查表法的优点，一是调查范围明确，省时省力，可提高工作效率；二是如果调查表设置得当，审计人员很容易抓住企业内部控制的优势和弱点；三是方法简便易行，非审计人员亦可使用。当然调查表法也有其局限性，如缺乏灵活性，所询问和回答的问题只限于表内所提出的问题，如果调查的问题设置不当，就不能全面而正确地反映内部控制的情

况，而且遇到特殊情况时，往往会因为“不适用”一栏填得太多而失去意义。另外，若被调查人不认真填写，调查表法会流于形式，审计人员了解不到真实情况。

（3）流程图法。流程图法是利用图解形式来描述被审计单位的内部控制的方法。流程图一般按主要经营环节绘制，如果将各主要经营环节的流程图合并起来，就构成比较完整的内部控制流程图。流程图的绘制方法有横式和纵式两种，无论采用哪种方式，都必须注意以下几点：①在绘制流程图前，审计人员必须全面、详细地调查了解主要经营业务各环节的相互关系、凭证传递程序、各环节和各程序应负的责任等。②必须事先确定图形符号，设计好图例说明，在目前尚无统一规定专用符号的情况下，可选用一般通用的符号。③流程图的绘制一般有两种形式：一种是纵式流程图；一种是横式流程图。如采用横式流程图，应将业务部门放在上端，业务流程从左上角开始自左至右、从上到下绘制，线条、符号之间的关系要表示清楚，要特别注意业务交叉线的绘制，防止紊乱；另外，还要考虑所有流程图的合并问题，要将业务之间的勾稽关系说明清楚。

流程图的参考格式举例如图 5-1 所示。

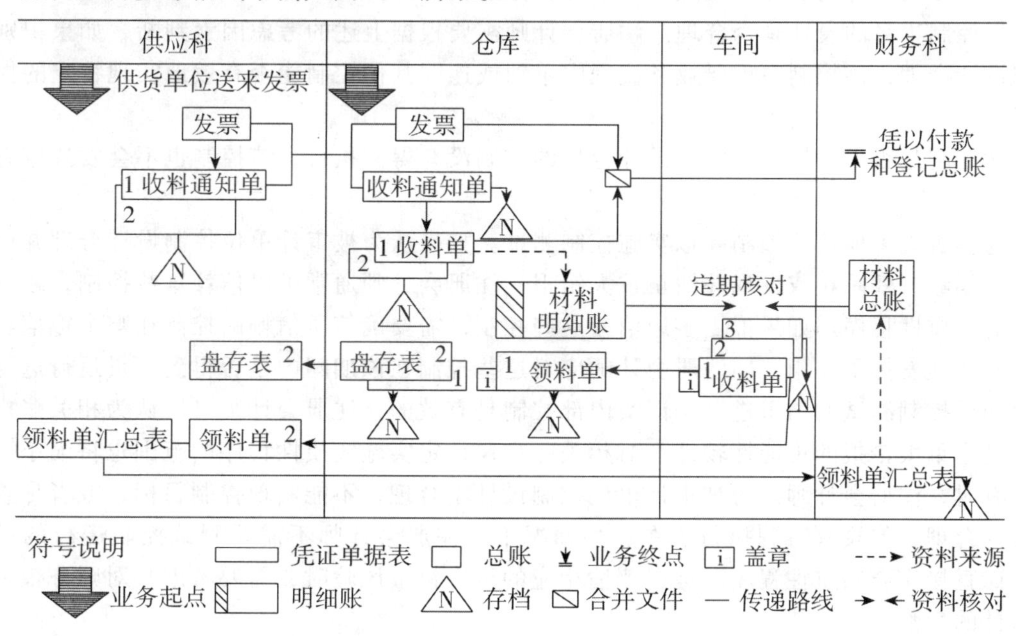

图 5-1 材料收发业务流程图

流程图法的优点是形象直观，能够清晰地表示各项经济业务的处理程序和内部控制情况，并展示各步骤之间的关系，便于进行评价；在定期审计的情况下，只要将被审计单位以前的流程图按照业务的变化情况对有关线条或符号稍加修改，就可以得到新的流程图。流程图法的缺点在于绘制流程图需要掌握一定的技术，如果绘图技术不过关，绘出的流程图不能清楚、准确地反映被审计单位的内部控制，就会影响审计工作的质量；此外，流程图法也不如调查表法那样容易确定内部控制的薄弱环节。

注册会计师评审内部控制时，上述三种方法可以有针对性地选用，或者将三种方法相互结合运用，以便收到更好的评审效果。

3）初步评价和风险评估

（1）对控制的初步评价。

在识别和了解控制后，根据获取的审计证据，注册会计师需要评价控制设计的合理性并确定其是否得到执行。注册会计师对控制的评价结论可能是以下三种情况之一：

①所设计的控制单独或连同其他控制能够防止或发现并纠正重大错报，并得到执行；

②控制本身的设计是合理的，但没有得到执行；

③控制本身的设计就是无效的或缺乏必要的控制。

（2）风险评估需要考虑的因素。

①账户特征及已识别的重大错报风险。如果已识别的重大错报风险水平为高，相关的控制应有较高的敏感度，即在错报率较低的情况下也能防止或发现并纠正错报。相反，如果已发现的重大错报风险水平为低，相关的控制就无须具有较高的敏感度。

②对被审计单位整体层面控制的评价。注册会计师应将对整体层面获得的了解和结论，同在业务流程层面获得的有关重大交易流程及其控制的证据结合起来考虑。

（3）评价决策。

在对控制进行初步评价及风险评估后，注册会计师需要回答以下问题：

①控制本身的设计是否合理。注册会计师需要根据上述的考虑因素判断，如果识别的控制设计合理，该控制在重要业务流程中单独或连同其他控制能否有效地实现特定的控制目标。

②控制是否得到执行。如果设计合理的控制没有得到执行，该控制也不会发挥应有的作用。

③是否更多地信赖控制并拟实施控制测试。如果认为被审计单位控制设计合理并得到执行，能够有效防止或发现并纠正重大错报，注册会计师通常可以信赖这些控制，减少拟实施的实质性程序。如果拟更多地信赖这些控制，需要确信所信赖的控制在整个拟信赖期间都有效地发挥了作用，即注册会计师应对这些控制在该期间内是否得到一贯运行进行测试。如果控制测试的结果进一步证实内部控制是有效的，注册会计师可以认为相关账户及认定发生重大错报的可能性较低，对相关账户及认定实施实质性程序的范围也将缩小。

有时，注册会计师认为被审计单位控制设计不合理，不能实现控制目标，或者尽管控制设计合理，但没有得到执行。在这种情况下，注册会计师不需要测试控制运行的有效性，而直接实施实质性程序。但在评估相应的重大错报风险时，需要考虑其对财务报表及其审计的影响。

5.2.6 评估重大错报风险

1）评估重大错报风险的审计程序

（1）在了解被审计单位及其环境的整个过程中，结合对财务报表中各类交易、账户余额和披露的考虑，识别风险。如被审计单位因相关环境法规的实施需要更新设备，可能面临原有设备闲置或贬值的风险；宏观经济的低迷可能预示应收账款的回收存在问题。

（2）结合对拟测试的相关控制的考虑，将识别出的风险与认定层次可能发生错报的领域相联系。如销售困难使产品的市场价格下降，可能导致年末存货成本高于其可变现净值而需要计提存货跌价准备，这显示存货的计价认定可能发生错报。

（3）评估识别出的风险，并评价其是否更广泛地与财务报表整体相关，进而潜在地影响多项认定。

（4）考虑发生错报的可能性，以及潜在错报的重大程度是否足以导致重大错报。

注册会计师应当利用实施风险评估程序获取的信息，包括在评价控制设计和确定其是否得到执行时获取的审计证据，作为支持风险评估结果的审计证据。注册会计师应当根据风险评估结果，确定实施进一步审计程序的性质、时间安排和范围。

2）识别两个层次的重大错报风险

在对重大错报风险进行识别和评估后，注册会计师应当确定，识别的重大错报风险是与特定的某类交易、账户余额、列报的认定相关，还是与财务报表整体广泛相关例如，被审计单位存在复杂的联营或合资，表明长期股权投资账户的认定可能存在重大错报风险，进而影响多项认定；又如，管理层缺乏诚信或承受异常的压力可能引发舞弊风险，这些风险与财务报表整体相关。

3）控制环境对评估财务报表层次重大错报风险的影响

财务报表层次的重大错报风险很可能源于薄弱的控制环境。薄弱的控制环境带来的风险可能对财务报表产生广泛的影响，难以限于某类交易、账户余额和披露，注册会计师应当采取总体应对措施。例如，被审计单位治理层、管理层对内部控制的重要性缺乏认识，没有建立必要的制度和程序，这样的缺陷源于薄弱的控制环境，可能对财务报表产生广泛影响，需要注册会计师采取总体应对措施。

4）控制对评估认定层次重大错报风险的影响

在评估重大错报风险时，注册会计师应当将所了解的控制与特定认定相联系。控制可能与某一认定直接相关，也可能与某一认定间接相关。关系越间接，控制在防止或发现并纠正认定中错报的作用越小。注册会计师应当考虑对识别的各类交易、账户余额和披露认定层次的重大错报风险予以汇总和评估，以确定进一步审计程序的性质、时间安排和范围。

案例窗 5-2

风险评估审计案例

希尔有限公司主要从事小型电子消费品的生产和销售。产品的销售以希尔有限公司仓库为交货地点。希尔有限公司日常交易采用自动化信息系统和手工控制相结合的方式。B 注册会计师负责审计希尔有限公司 2013 年度财务报表。B 注册会计师在审计工作底稿中记录了所了解的希尔有限公司情况及其环境，部分内容摘录如下：

(1) 由于 2012 年销售业绩未达到董事会制定的目标，希尔有限公司于 2013 年 2 月更换了公司负责销售的副总经理。

(2) 希尔有限公司主要竞争对手于 2013 年年末纷纷推出降价促销活动。为了巩固市场份额，希尔有限公司于 2014 年元旦开始全面下调了主要产品的建议零售价，不同规格的主要产品降价幅度从 6% 到 20% 不等。

(3) 希尔有限公司于 2013 年 7 月完工投入使用的一个仓库被有关部门认定为违章建筑，被要求在 2014 年 6 月底前拆除。

(4) 2013 年初，希尔有限公司启用新财务信息系统，并计划同时使用原系统 6 个月。由于同时运行两个系统对希尔有限公司相关部门人员的工作量影响很大，2 个月后，希尔有限公司决定提前停用原系统。

要求：针对上述资料，请逐项指出资料所列事项是否可能表明存在重大错报风险。如果认为存在，请简要说明理由，并分别说明该风险是属于财务报表层次还是认定层次。

【解答】

事项（1）：表明存在重大错报风险。由于2012年销售业绩未达到董事会制定的目标，希尔有限公司于2013年2月更换了公司负责销售的副总经理，很可能存在高估收入的风险。属于认定层次的风险。

事项（2）：表明存在重大错报风险。希尔有限公司于2014年元旦开始全面下调了主要产品的建议零售价，说明企业存货在2013年底存在减值迹象，有可能少提存货跌价准备。属于认定层次的风险。

事项（3）：表明存在重大错报风险。希尔有限公司新建成的仓库被有关部门认定为违章建筑，要求限期拆除，应该计提固定资产减值准备，存在少计资产减值损失的风险。属于认定层次的风险。

事项（4）：表明存在重大错报风险。财务信息系统的提前更换，存在运行不稳定的风险。属于财务报表层次的风险。

第6章

实施进一步审计程序

学习目标

在实施进一步审计程序中，注册会计师的工作主要有：针对财务报表层次重大错报风险制定总体应对措施；拟定进一步审计程序的性质、时间、范围；运用基本审计方法收集审计证据；对审计证据进行整理与分析；在控制测试和实质性程序中的细节测试中运用审计抽样方法；审计工作底稿的编制与复核；审计档案的归档与保管。

本章的学习目标是：

1. 掌握进一步审计程序的内容。
2. 熟悉基本审计方法的运用。
3. 掌握审计抽样方法。
4. 了解审计证据的分类，理解审计证据的特征。
5. 掌握审计工作底稿的编制与复核。
6. 了解审计档案的归档与保管。

基本知识点、基本能力点及能力拓展点

1. 基本知识点：进一步审计程序的内容；基本审计方法；审计证据分类。
2. 基本能力点：基本审计方法的运用；审计证据的整理与分析；审计工作底稿的编制与复核。
3. 能力拓展点：审计抽样方法的运用；审计档案的归档。

导读案例

2014年2月，明达会计师事务所受维尼科技有限责任公司（以下称维尼公司）的委托，对维尼公司2013年财务报表进行审计。注册会计师王强在审计维尼公司的过程中，发现该公司曾因虚增利润，发布虚假信息遭受处罚，同时前任会计师事务所所涉及注册会计师对维尼公司更换会计师事务所的原因也含糊其辞，不予透露。此外，王强还发现维尼公司的存货和应收账款在市场稳定的情况下与上年相比有大幅度提升。据此，王强认为维尼公司管理层可能存在诚信问题，由此判定维尼公司财务报表出现重大错漏报的可能性较大，维尼公司财务报表可能存在重大舞弊风险。

鉴于此，王强决定对在审计计划中既定的审计程序进行修改，并采取下列措施以降低审计风险：

（1）向全体审计人员说明此情况，提醒其保持职业谨慎。

（2）要求项目组分配更多的经验丰富的注册会计师和该行业专家的工作。

（3）针对存货，向以前审计过程中接触不多的一线生产人员询问；在不通知被审计单位的情况下，到以前没有关注的一个小仓库监盘。

(4) 针对销售和应收账款，不仅向负责处理大客户账户的销售人员也向负责处理小客户的销售人员询问；对收入按细类进行更详细的分析；针对销售和销售退回延长截止测试期间；对应收账款的回收情况做更明细的调查；扩大应收账款的函证范围。

6.1 进一步审计程序

针对财务报表层次的重大错报风险，注册会计师应采取五项总体应对措施：向项目组强调保持职业怀疑态度的必要性；分派更有经验或具有特殊技能的审计人员，或利用专家的工作；提供更多的督导；注意增加进一步审计程序的不可预见性；对拟实施审计程序的性质、时间和范围作出总体修改。针对认定层次重大错报风险，注册会计师应实施进一步审计程序。进一步审计程序是相对风险评估程序而言的，是注册会计师对评估的各类交易、账户余额、列报认定层次重大错报风险实施的审计程序，包括控制测试和实质性程序，应分别掌握其含义、要求、性质、时间和范围。

6.1.1 针对财务报表层次重大错报风险的总体应对措施

1）向项目组强调保持职业怀疑态度的必要性

职业怀疑态度是指注册会计师以质疑的思维方式评价所获取审计证据的有效性，并对相互矛盾的审计证据，以及引起对文件记录或管理层和治理层提供的信息的可靠性产生怀疑的审计证据保持警觉。

2）分派更有经验或具有特殊技能的审计人员，或利用专家的工作

由于各行业在经营业务、经营风险、财务报告、法规要求等方面具有特殊性，审计人员的专业分工细化成为一种趋势。审计项目组成员中应有一定比例的人员曾经参与过被审计单位以前年度的审计，或具有被审计单位所处特定行业的相关审计经验。必要时，要考虑利用信息技术、税务、评估、精算师等方面的专家的工作。

3）提供更多的督导

对于财务报表层次重大错报风险较高的审计项目，项目组的高级别成员，如项目负责人、项目经理等经验较丰富的人员，要对其他成员提供更详细、更经常、更及时的指导和监督，并加强项目质量复核。

4）注意增加进一步审计程序的不可预见性

被审计单位人员，尤其是管理层，如果熟悉注册会计师的审计套路，就可能采取种种规避手段，掩盖财务报告中的舞弊行为。因此，在设计拟实施审计程序的性质、时间和范围时，为了避免既定思维对审计方案的限制，避免对审计效果的人为干涉，从而使得针对重大错报风险的进一步审计程序更加有效，注册会计师要考虑使某些程序不被被审计单位管理层所预见或事先了解。

在实务中，注册会计师可以通过以下方式提高审计程序的不可预见性：

(1) 对某些未测试过的低于设定的重要性水平或风险较小的账户余额和认定实施实质性程序；

(2) 调整实施审计程序的时间，使被审计单位不可预期；

(3) 采取不同的审计抽样方法，使当期抽取的测试样本与以前有所不同；

(4) 选取不同的地点实施审计程序，或预先不告知被审计单位所选定的测试地点。

5）对拟实施审计程序的性质、时间和范围作出总体修改

财务报表层次的重大错报风险很可能源于薄弱的控制环境。薄弱的控制环境带来的风险可能对财务报表产生广泛影响，难以限于某类交易、账户余额、列报，注册会计师应当采取总体应对措施。相应地，注册会计师对控制环境的了解影响其对财务报表层次重大错报风险的评估。有效的控制环境可以使注册会计师增强对内部控制和被审计单位内部产生的证据的信赖程度。如果控制环境存在缺陷，注册会计师在对拟实施审计程序的性质、时间和范围作出总体修改时应当考虑：

（1）在期末而非期中实施更多的审计程序。控制环境的缺陷通常会削弱期中获得的审计证据的可信赖程度。

（2）主要依赖实质性程序获取审计证据。良好的控制环境是其他控制要素发挥作用的基础。控制环境存在缺陷通常会削弱其他控制要素的作用，导致注册会计师可能无法信赖内部控制，而主要依赖实施实质性程序获取审计证据。

（3）增加拟纳入审计范围的经营地点的数量。

6.1.2　针对认定层次重大错报风险的进一步审计程序

1）进一步审计程序的含义和要求

进一步审计程序相对风险评估程序而言，是指注册会计师对评估的各类交易、账户余额、列报认定层次重大错报风险实施的审计程序，包括控制测试和实质性程序。

在设计进一步审计程序时，注册会计师应当考虑下列因素：

（1）风险的重要性。风险的重要性是指风险造成的后果的严重程度。风险的后果越严重，就越需要注册会计师关注和重视，越需要精心设计有针对性的进一步审计程序。

（2）重大错报发生的可能性。重大错报发生的可能性越大，同样越需要注册会计师精心设计进一步审计程序。

（3）涉及的各类交易、账户余额和列报的特征。不同的交易、账户余额和列报，产生的认定层次的重大错报风险也会存在差异，适用的审计程序也有差别，需要注册会计师区别对待，并设计有针对性的进一步审计程序予以应对。

（4）被审计单位采用的特定控制的性质。不同性质的控制（尤其应区分是人工控制还是自动化控制）对注册会计师设计进一步的审计程序具有重要影响。

（5）注册会计师是否拟获取审计证据，以确定内部控制在防止或发现并纠正重大错报方面的有效性。如果注册会计师在风险评估时预期内部控制运行有效，随后拟实施的进一步审计程序必须包括控制测试，且实质性程序自然会受到之前控制测试结果的影响。

2）进一步审计程序的性质

进一步审计程序的性质是指进一步审计程序的目的和类型。其中，进一步审计程序的目的包括通过实施控制测试以确定内部控制运行的有效性，通过实施实质性程序以发现认定层次的重大错报；进一步审计程序的类型包括检查、观察、询问、函证、重新计算、重新执行和分析性程序。

在确定进一步审计程序的性质时，注册会计师需要考虑的因素：

（1）认定层次重大错报风险的评估结果。评估的认定层次重大错报风险越高，对通过实质性程序获取的审计证据的相关性和可靠性的要求越高，从而可能影响进一步审计程序的类型及其综合运用。例如，当注册会计师判断某类交易协议的完整性存在更高的重大错报风险时，

除了检查文件以外，注册会计师还可能决定向第三方询问或函证协议的完整性。

（2）评估的认定层次重大错报风险产生的原因。例如，注册会计师可能判断某特定类别的交易即使在不存在相关控制的情况下发生重大错报的风险仍较低，此时注册会计师可能认为仅实施实质性程序就可以获取充分、适当的审计证据。再如，对于经由被审计单位信息系统日常处理和控制的某类交易，如果注册会计师预期此类交易在内部控制运行有效的情况下发生重大错报的风险较低，且拟在控制运行有效的基础上设计实质性程序，注册会计师就会决定先实施控制测试。

3）进一步审计程序的时间

进一步审计程序的时间是指注册会计师何时实施进一步审计程序，或审计证据适用的期间或时点。因此，当提及进一步审计程序的时间时，在某些情况下指的是审计程序的实施时间，在另一些情况下是指需要获取的审计证据适用的期间或时点。

有关进一步审计程序的时间选择问题，第一个层面是注册会计师选择在何时实施进一步审计程序的问题，第二个层面是选择获取什么期间或时点的审计证据的问题。第一个层面的选择问题主要集中在如何权衡期中与期末实施审计程序的关系；第二个层面的选择问题分别集中在如何权衡期中审计证据与期末审计证据的关系、如何权衡以前审计获取的审计证据与本期审计获取的审计证据的关系。这两个层面的最终落脚点都是如何确保获取审计证据的效率和效果。

注册会计师在确定何时实施审计程序时应当考虑下列的几项重要因素：

（1）控制环境。良好的控制环境可以抵消在期中实施进一步审计程序的局限性，使注册会计师在确定实施进一步审计程序的时间时有更大的灵活度。

（2）何时能得到相关信息。例如，某些控制活动可能仅在期中（或期中以前）发生，而之后可能难以再被观察到；再如，某些电子化的交易和账户文档如未能及时取得，可能会被覆盖。在这些情况下，注册会计师如果希望获取相关信息，则需要考虑能够获取相关信息的时间。

（3）错报风险的性质。例如，被审计单位可能为了保证盈利目标的实现，而在会计期末伪造销售合同以虚增收入，此时注册会计师需要考虑在期末（即资产负债表日）这个特定时点获取被审计单位截至期末所能提供的所有销售合同及相关资料，以防范被审计单位在资产负债表日后伪造销售合同虚增收入的做法。

（4）审计证据适用的期间或时点。注册会计师应当根据需要获取的特定审计证据确定何时实施进一步审计程序。例如，为了获取资产负债表日的存货余额证据，显然不宜在与资产负债表日间隔过长的期中时点或期末以后时点实施存货监盘等相关审计程序。

需要说明的是，虽然注册会计师在很多情况下可以根据具体情况选择实施进一步审计程序的时间，但也存在着一些限制选择的情况，某些审计程序只能在期末或期末以后实施，包括将财务报表与会计记录相核对，检查财务报表编制过程中所作的会计调整等。如果被审计单位在期末或接近期末发生了重大交易，或重大交易在期末尚未完成，注册会计师应当考虑交易的发生或截止等认定可能存在的重大错报风险，并在期末或期末以后检查此类交易。

4）进一步审计程序的范围

进一步审计程序的范围是指实施进一步审计程序的数量，包括抽取的样本量，对某项控制活动的观察次数等。

在确定进一步审计程序的范围时，注册会计师应当考虑下列因素：

（1）确定的重要性水平。确定的重要性水平越低，注册会计师实施进一步审计程序的范围越广。

（2）评估的重大错报风险。评估的重大错报风险越高，对拟获取审计证据的相关性、可靠性的要求越高，因此注册会计师实施的进一步审计程序的范围也越广。

（3）计划获取的保证程度。计划获取的保证程度，是指注册会计师计划通过所实施的审计程序对测试结果可靠性所获取的信心。计划获取的保证程度越高，对测试结果可靠性的要求越高，注册会计师实施的进一步审计程序的范围也越广。例如，注册会计师对财务报表是否不存在重大错报的信心可能来自控制测试和实质性程序，如果注册会计师计划从控制测试中获取更高的保证程度，则控制测试的范围就更广。

案例窗 6-1

进一步审计程序的设计

注册会计师丁颖是希尔有限公司 2013 年度财务报表审计业务的项目合伙人，正在针对评估的重大错报风险设计进一步审计程序。相关情况如下：

（1）希尔有限公司利用高度自动化系统开具销售发票。丁颖于 2013 年 7 月确认系统的一般控制有效，并确认了该系统正在运行后，得出系统在 2013 年度有效运行的结论。

（2）虽然应付账款完整性认定的控制有效，但评估的固有风险较高。丁颖放弃信赖相关内部控制，转而扩大检查等实质性程序的范围。

（3）丁颖评估的存货计价认定相关控制的有效性较高，在设计进一步审计程序时，决定相应缩小控制测试的范围。

（4）为应对应收账款项目计价和分摊认定的重大错报风险，丁颖决定全部采用积极的方式函证，同时扩大函证程序的范围。

（5）丁颖怀疑希尔有限公司可能在会计期末以后伪造销售合同以虚增销售收入，拟在 2013 年 12 月 31 日向希尔有限公司索取全部销售合同副本。

（6）希尔有限公司 2013 年度多次向银行和其他企业抵押借款。为应对与财务报表披露的完整性认定相关的重大错报风险，丁颖决定扩大对实物资产的检查范围。

要求：丁颖针对评估的重大错报风险设计进一步审计程序在性质、时间安排或范围方面是否存在不当之处？简要说明理由。

【解答】

事项（1）：审计程序的时间安排存在不当之处。7 月份获取的一般控制有效证据不能得出全年度一般控制有效运行的结论。丁颖至少还应证实剩余期间一般控制有效运行。

事项（2）：审计程序的性质设计存在不当之处。对于完整性认定的重大错报风险，实质性程序不如控制测试有效。丁颖不应放弃对内部控制的依赖。

事项（3）：控制测试范围不当。在风险评估时评估的控制运行有效性越高，控制测试范围应当越大。

事项（4）：审计程序的性质设计存在不当之处。函证通常不能为应收账款的计价和分摊认定提供充分适当的审计证据。针对性的程序是检查应收账款的账龄和期后收款情况，了解欠款客户的信用等。

事项（5）：不存在不当之处。在资产负债表日获取所有销售合同及相关资料，对于防范希尔有限公司资产负债表日后伪造销售合同具有很强的针对性。

事项（6）：审计程序的性质设计存在不当之处。为应对抵押借款披露的完整性的重大错报风险，应实施对借款协议、契约的检查程序。检查实物资产与审计目标无关。

6.1.3 控制测试

1）控制测试的含义和要求

控制测试是指用于评价内部控制在防止或发现并纠正认定层次重大错报方面的运行有效性的审计程序。控制测试的目的是测试控制运行的有效性。这一概念不同于“了解内部控制”。“了解内部控制”包含两层含义：一是评价控制的设计；二是确定控制是否得到执行。

了解内部控制时，注册会计师获取的审计证据应当确定某项控制是否存在，被审计单位是否正在使用；在测试控制运行的有效性时，注册会计师应当获取关于控制是否有效运行的审计证据。因此，在了解控制是否得到执行时，注册会计师只需抽取少量的交易进行检查，或观察某几个时点。但在测试控制运行的有效性时，注册会计师需要抽取足够数量的交易进行检查或对多个不同时点进行观察。

在测试控制运行的有效性时，注册会计师应当从下列方面获取关于控制是否有效运行的审计证据：

（1）控制在所审计期间的相关时点是如何运行的；

（2）控制是否得到一贯执行；

（3）控制有谁或以何种方式执行。

控制测试并非在任何情况下都需要实施。当存在下列情形之一时，注册会计师应当实施控制测试：

（1）在评估认定层次重大错报风险时，预期控制的运行是有效的。

注册会计师通过实施风险评估程序，可能发现某项控制的设计是存在的，也是合理的，同时得到了执行。在这种情况下，出于成本效益的考虑，注册会计师可能预期，如果相关控制在不同时点都得到了一贯执行，与该项控制有关的财务报表认定发生重大错报的可能性就不会很大，也就不需要实施很多的实质性程序。为此，注册会计师可能会认为值得对相关控制在不同时点是否得到了一贯执行进行测试，即实施控制测试。因此，只有认为控制设计合理、能够防止或发现并纠正认定层次的重大错报，注册会计师才有必要对控制运行的有效性实施测试。

（2）仅实施实质性程序不足以提供认定层次充分、适当的审计证据。

如果认为仅实施实质性程序获取的审计证据无法将认定层次重大错报风险降至可接受的低水平，注册会计师应当实施相关的控制测试，以获取控制运行有效性的审计证据。例如，在被审计单位对日常交易或与财务报表相关的其他数据（包括信息的生成、记录、处理、报告）采用高度自动化处理的情况下，审计证据可能仅以电子形式存在，此时审计证据是否充分和适当通常取决于自动化信息系统相关控制的有效性。如果信息的生成、记录、处理和报告均通过电子格式进行而没有适当有效的控制，则生成不了正确信息或信息被不恰当修改的可能性就会大大增加。在认为仅通过实施实质性程序不能获取充分、适当的审计证据的情况下，注册会计师必须实施控制测试，且这种控制已经不再是单纯出于成本效益的考虑，而是必须获取的一类审计证据。

2）控制测试的性质

控制测试的性质是指控制测试所使用的审计程序的类型及其组合。

(1) 询问。询问即向被审计单位适当员工询问，获取与内部控制运行情况相关的信息。虽然询问是一种有用的手段，但仅仅通过询问不能为控制运行有效性提供充分的证据，注册会计师应当将询问与其他审计程序结合使用，以获取有关控制运行有效性的审计证据。

(2) 观察。观察是测试不留下书面记录的控制（如职责分离）的运行情况的有效方法。通常情况下，注册会计师通过观察直接获取的证据比间接获取的证据更可靠。但是，观察提供的证据仅限于观察发生的时点，本身也不足以测试控制运行的有效性。

(3) 检查。对运行情况留有书面证据的控制，检查程序非常适用。书面说明、复核时留下的记号，或其他记录在偏差报告中的标志，都可以被当做控制运行情况的证据。

(4) 重新执行。通常只有当询问、观察和检查程序结合在一起仍无法获得充分的证据时，注册会计师才考虑通过重新执行来证实控制是否有效运行。

将询问与检查或重新执行结合使用，通常能够比仅实施询问和观察获取更高的保证。例如，被审计单位针对处理收到的邮政汇款单设计和执行了相关的内部控制，注册会计师通过询问和观察程序往往不足以测试此类控制的运行有效性，还需要检查能够证明此类控制在所审计期间的其他时段有效运行的文件和凭证，以获取充分、适当的审计证据。

3）控制测试的时间

控制测试的时间包含两层含义：一是何时实施控制测试；二是测试所针对的控制适用的时点或期间。如果测试的是特定时点的控制，注册会计师仅得到该时点控制运行有效性的审计证据；如果测试的是某一期间的控制，注册会计师可以获取控制在该期间有效运行的审计证据。

如果仅需要测试控制在特定时点的运行有效性（如对被审计单位期末存货盘点进行控制测试），注册会计师只需要获取该时点的审计证据。如果需要获取控制在某一期间有效运行的审计证据，仅获取与时点相关的审计证据是不充分的，注册会计师应当辅以其他控制测试，包括测试被审计单位对控制的监督。所谓的“其他控制测试”应当具备的功能是，能提供相关控制在所有相关时点都运行有效的审计证据；被审计单位对控制的监督起到的就是一种检验相关控制在所有相关时点是否都有效运行的作用。

4）控制测试的范围

控制测试的范围是指某项控制活动的测试次数。

注册会计师在确定某项控制的测试范围时通常考虑的因素有：

(1) 在整个拟信赖的期间，被审计单位执行控制的频率。控制执行的频率越高，控制测试的范围越大。

(2) 在所审计期间，注册会计师拟信赖控制运行有效性的时间长度。拟信赖期间越长，控制测试的范围越大。

(3) 为证实控制能够防止或发现并纠正认定层次重大错报，所需获取审计证据的相关性和可靠性。对审计证据的相关性和可靠性要求越高，控制测试的范围越大。

(4) 通过测试与认定相关的其他控制获取的审计证据的范围。针对同一认定，可能存在不同的控制。当针对其他控制获取的审计证据的充分性和适当性较高时，测试该控制的范围可适当缩小。

(5) 控制的预期偏差。预期偏差可以用控制未得到执行的预期次数占控制应当得到执行的次数的比率加以衡量。控制的预期偏差率越高，需要实施控制测试的范围越大。如果控制的预期偏差率过高，注册会计师应当考虑控制可能不足以将认定层次的重大错报风险降至可接受的低水平，从而针对某一认定实施的控制测试可能是无效的。

5）对内部控制的再次评价

进行控制测试后，注册会计师对内部控制再次进行评价，评价的结果一般划分为以下三个类型：

(1) 高信赖程度。若企业具有健全、合理的内部控制，并且均能有效地发挥作用，经济业务和会计记录发生差错的可能性很小，则注册会计师可以较多地依赖、利用内部控制，相应减少实质性程序的数量和范围。

(2) 中信赖程度。企业的内部控制较好，但存在一定的缺陷或薄弱环节，在一定程度上可能影响会计记录的真实性和可靠性，则注册会计师应扩大内部控制的测试范围，增加抽样样本数量，或增加财务报表项目实质性程序的数量和范围。

(3) 低信赖程度。重要的内部控制明显失效，大部分经济业务和会计记录失控，各项资料和数据经常出现差错，从而导致对内部控制难以信赖和利用。在这种情况下，注册会计师应扩大对经济业务和财务报表项目实施实质性程序的数量和范围，以获取足够的审计证据，编写审计报告。情况严重时，可考虑取消审计约定。

案例窗 6-2

控制测试程序的设计

注册会计师丁颖是希尔有限公司 2013 年度财务报表审计业务的项目合伙人，在审计计划阶段，丁颖需要了解希尔有限公司及其环境、评估重大错报风险。相关情况如下：

(1) 在确定了解希尔有限公司及其环境的具体内容时，根据财务负责人介绍的具体情况，丁颖决定仅了解希尔有限公司的内部控制。

(2) 丁颖认为审计业务的对象是财务资料，不必对内部控制进行系统、全面的了解，所以只选择性地了解了希尔有限公司的一些认为与审计相关的内部控制。

(3) 由于希尔有限公司的风险评估过程未能识别注册会计师已经识别出的与财务报表相关的重大错报风险，丁颖认为希尔有限公司的内部控制存在重大缺陷。

(4) 为提高审计工作效率，丁颖在对内部控制进行了解的基础上，直接进行控制测试，并据以形成内部控制是否可以信赖的结论。

(5) 丁颖根据希尔有限公司在接近年末发生的管理层凌驾于管理费用相关的内部控制的情况，认为"管理费用"项目存在特别风险。

(6) 对总体毛利率实施分析性程序的结果，初步显示销售成本存在重大错报，丁颖直接要求希尔有限公司调整"营业收入"和"营业成本"项目。

要求：请分别考虑上述每一种情况，指出注册会计师丁颖的观点或做法是否存在不当之处。如认为存在不当之处，请简要说明理由。

【解答】

事项（1）：存在不当之处。按规定，注册会计师应当从六个方面了解被审计单位及其环境，而丁颖只了解内部控制，不符合规定。

事项（2）：妥当。注册会计师不必了解与审计无关的内部控制。

事项（3）：妥当。

事项（4）：存在不当之处。为提高审计效率，在了解之后，如果认为内部控制设计合理并得以执行，才可能考虑实施控制测试。

事项（5）：妥当。管理层凌驾于内部控制表明希尔有限公司的控制环境薄弱。应评价希尔有限公司财务报表层次存在重大错报风险。

事项（6）：存在不当之处。分析性程序得到的证据大多属于间接性的，在提出调整建议之前，注册会计师需要实施更为详细的进一步程序，才能获得充分适当的审计证据。

6.1.4 实质性程序

1）实质性程序的含义和要求

实质性程序是指注册会计师针对评估的重大错报风险实施的直接用以发现认定层次重大错报的审计程序。

实质性程序包括对各类交易、账户余额、披露的细节测试以及实质性分析程序。其目的是检查和确定在被审计单位的内部控制下所产生的会计资料的真实性和正确性，为编写审计报告收集更为确切的证据。

由于注册会计师对重大错报风险的评估是一种判断，可能无法充分识别所有的重大错报风险，并且由于内部控制存在固有局限性，无论评估的重大错报风险的结果如何，注册会计师都应当针对所有重大的各类交易、账户余额、列报实施实质性程序。

2）实质性程序的性质

实质性程序的性质是指实质性程序的类型及其组合。实质性程序的两种基本类型是细节测试和实质性分析程序。

细节测试是对各类交易、账户余额、披露的具体细节进行测试，目的在于直接识别财务报表认定是否存在错报。细节测试被用于获取与某些认定相关的审计证据，如存在、准确性、计价等。

实质性分析程序从技术特征上仍然是分析性程序，主要是通过研究数据间的关系评价信息，只是将该技术方法用作实质性程序，即用以识别各类交易、账户余额、披露及相关认定是否存在错报。

3）实质性程序的时间

实质性程序的时间可以选择在期末或期中。如果在期中实施了实质性程序，注册会计师应当针对剩余期间实施进一步的实质性程序，或将实质性程序和控制测试结合使用，以将期中测试得出的结论合理延伸至期末。在如何将期中实施的实质性程序得出的结论合理延伸至期末时，注册会计师有两种选择：其一是针对剩余期间实施进一步的实质性程序；其二是将实质性程序和控制测试结合使用。

如果拟将期中测试得出的结论延伸至期末，注册会计师应当考虑针对剩余期间仅实施实质性程序是否足够。如果认为实施实质性程序本身不充分，注册会计师还应当测试剩余期间相关控制运行的有效性或针对期末实施实质性程序。

4）实质性程序的范围

评估的认定层次重大错报风险和实施控制测试的结果是注册会计师在确定实质性程序的范围时的重要考虑因素。因此，在确定实质性程序的范围时，注册会计师应当考虑评估的认定层次重大错报风险和实施控制测试的结果。注册会计师评估的认定层次的重大错报风险越高，需要实施实质性程序的范围越广，如果对控制测试的结果不满意，注册会计师应当考虑扩大实质性程序的范围。

在设计细节测试时，注册会计师除了从样本量的角度考虑测试范围外，还要考虑选样方法的有效性等因素。例如，从总体中选取大额或异常项目，而不是进行代表性抽样或分层抽样。

实质性分析程序的范围有两层含义：第一层含义是对什么层次上的数据进行分析。注册会计师可以选择在高度汇总的财务数据层次进行分析，也可以根据重大错报风险的性质和水平调整分析层次。例如，按照不同产品线、不同季节或月份、不同经营地点或存货存放地点等实施实质性分析程序。第二层含义是需要对什么幅度或性质的偏差展开进一步调查。实施分析性程序可能发现偏差，但并非所有的偏差都值得展开进一步调查。可容忍或可接受的偏差（预期偏差）越大，作为实质性分析程序一部分的进一步调查的范围就越小。于是确定适当的预期偏差幅度同样属于实质性分析程序的范畴。因此，在设计实质性分析程序时，注册会计师应当确定已记录金额与预期值之间可接受的差异额。在确定该差异额时，注册会计师应当主要考虑各类交易、账户余额、列报及相关认定的重要性和计划的保证水平。

案例窗 6-3

进一步审计程序方案综合实例

希尔有限公司是奥特会计师事务所的常年审计客户，主要从事医疗器械设备的生产和销售。A 类产品为大中型医疗器械设备，主要销往医院；B 类产品为小型医疗器械设备，主要通过经销商销往药店。注册会计师赵媛负责审计希尔有限公司 2013 年度财务报表。

资料一：赵媛在审计工作底稿中记录了所了解的希尔有限公司的情况及其环境，部分内容摘录如下：

(1) 2013 年年初，希尔有限公司在 5 个城市增设了销售服务处，使销售服务处的数量增加到 11 个，销售服务人员数量比上年末增加 50%。

(2) 对于 A 类产品，希尔有限公司负责将设备运送到医院并安装调试。医院验收合格后签署设备验收单，希尔有限公司根据设备验收单确认销售收入。希尔有限公司自 2013 年起向医院提供 1 个月的免费试用期，医院在试用期结束后签署设备验收单。

(3) 由于市场上 B 类产品竞争激烈，希尔有限公司在 2013 年年初将 B 类产品的价格平均下调 10%。

(4) 希尔有限公司从 2012 年起推出针对经销商的返利计划，根据经销商已付款的采购额的 3% 到 6% 的比例，在年度终了后 12 个月内向经销商支付返利。希尔有限公司未与经销商就返利计划签订书面协议，而由销售人员口头传达。

(5) 2013 年 12 月，一名已离职员工向希尔有限公司董事会举报，称销售总监有虚报销售费用的行为。希尔有限公司已对此事展开调查，目前尚无结论。

(6) 希尔有限公司的生产设备使用的备件的购买和领用不频繁，但各类备件的种类繁多。为减轻年末存货盘点的工作量，希尔有限公司管理层决定于 2013 年 11 月 30 日对备件进行盘点，其余存货在 2013 年 12 月 31 日进行盘点。

资料二：赵媛在审计工作底稿中记录了所获取的希尔有限公司的财务数据，部分内容摘录见表 6–1。

表 6–1　**审计工作底稿（部分）**　金额单位：万元

项目 \ 产品 \ 年份	2013 年年末未审数		2012 年年末未审数	
	A 类产品	B 类产品	A 类产品	B 类产品
主营业务收入	6 800	6 300	4 500	6 000
减：销售返利	0	300	0	280
营业收入	6 800	6 000	4 500	5 720
营业成本	3 500	4 300	2 700	3 700
销售费用				
——员工薪酬	1 300		800	
——办公室租金	390		350	
利润总额	2 000		1 200	
应收账款	4 900		3 500	
坏账准备	(100)		(80)	
存货				
——发出商品	410		400	
——备件	290		330	
其他应付款				
——返利	420		280	
——租金	120		90	

资料三：赵媛在审计工作底稿中记录了审计计划，部分内容摘录如下：

（1）2012 年度财务报表整体的重要性为利润总额的 5%，即 60 万元。考虑到本项目属于连续审计业务，以往年度审计调整少，风险较低，因此将 2013 年度财务报表整体的重要性确定为利润总额的 10%，即 200 万元。

（2）根据以往年度的审计结果，希尔有限公司针对主要业务流程（包括销售与收款、采购与付款以及生产与存货）的内部控制是有效的，因此在 2013 年度审计中将继续采用综合性审计方案。

资料四：赵媛在审计工作底稿中记录了拟实施的实质性程序，部分内容摘录如下：

（1）取得 5 个新设销售服务处的办公室租赁合同，连同以前年度获取的 6 个销售服务处的租赁合同，估算本年度的办公室租金费用。

（2）计算 2013 年度每月的毛利率，如果存在较大波动，向管理层询问波动原因。

（3）检查 2012 年度计提的销售返利的实际支付情况，并向管理层询问予以佐证，评估 2012 年度计提的销售返利金额的合理性。

（4）从 A 类产品销售收入明细账中选取若干笔记录，检查销售合同、发票和设备验收单，确定记录的销售收入金额是否与合同和发票一致，收入确认的时点是否与合同约定的交易条款和设备验收单的日期相符。

(5) 检查年末应收账款的账龄分析以及年内实际发生的坏账，评估坏账准备的合理性。

(6) 分别在2013年11月30日和2013年12月31日对希尔有限公司的存货盘点实施监盘。

要求：

(1) 针对资料一 (1) ~ (6) 项，结合资料二，假定不考虑其他条件，逐项指出资料一所列事项是否可能表明存在重大错报风险。如果认为存在重大错报风险，简要说明理由，并说明该风险主要与哪些项目（仅限于营业收入、营业成本、销售费用、应收账款、坏账准备、存货和其他应付款）的哪些认定相关。

(2) 指出资料三 (1) 和 (2) 项的审计计划是否适当，并简要说明理由。

(3) 针对资料四 (1) ~ (6) 项的实质性程序，假定不考虑其他条件，逐项指出实质性程序与根据资料一（结合资料二）识别的重大错报风险是否直接相关。如果直接相关，指出对应的是识别哪一项重大错报风险，并简要说明理由。

【解答】

(1) 结合财务报表中的数据逐项分析每一种情况是否存在重大错报风险，编制重大错报风险分析表，见表6-2。

表6-2 重大错报风险分析表

事项序号	是否可能表明存在重大错报风险（是/否）	理由	财务报表项目名称及认定
(1)	是	希尔有限公司2013年年初增设5个销售服务处，预计2013年度的办公室租金应当有明显增长。但希尔有限公司2013年度的办公室租金仅比2012年度增长11%，明显偏低，可能存在少计销售费用的错报	销售费用（完整性） 其他应付款（完整性）
(2)	是	希尔有限公司向医院提供一个月的试用期，A类产品销售收入的实现会出现1个月的滞后，发出商品余额应当有明显上升，但希尔有限公司2013年年末存货中的发出商品余额与2012年年末基本持平，可能存在提前确认收入的重大错报	营业收入（发生） 应收账款（存在） 存货（完整性） 营业成本（发生）
(3)	否		
(4)	是	根据对当年发生额和期初、期末余额的分析，2013年年末的应付返利余额中包含2012年度计提但未支付的返利120万元（420-300），可能表明有多计销售返利的风险	其他应付款（存在） 营业收入（完整性）
(5)	是	作为管理层之一的销售总监被举报有舞弊行为，属于重大错报风险	销售费用（发生）
(6)	否		

(2) 审计计划中的不当之处如下：

事项 (1)：有不当之处。确定财务报表整体的重要性，体现了注册会计师对财务报表使用者对财务报表信息需求的认识，不考虑审计风险，也不受以往审计错报的影响。

事项 (2)：有不当之处。注册会计师不能仅依据以往的审计经验确定进一步审计程序的总体方案，而是应根据本年度对认定层次重大错报风险的评估结果，并考虑控制是否发生变化，是否出现其他因素使信赖控制不再适当等因素来确定是否继续选用综合性方案。例如，考虑到有离职员工举报销售总监虚报销售费用，如果希尔有限公司的调查证实销售总监长期多次虚报费用，则注册会计师可能对采购与付款流程中涉及销售费用的控制不予信赖，而是通过实施更多的实质性程序来获取审计证据。

(3) 注册会计师实施实质性程序识别重大错报风险的相关性，见表6-3。

表6-3　实施实质性程序识别重大错报风险的相关性

实质性程序序号	是否与资料一（结合资料二）识别的重大错报风险直接相关（是/否）	与根据资料一（结合资料二）识别的哪一项重大错报风险直接相关（资料二序号）	理由
(1)	是	(1)	通过估算本年度预计发生的办公租金费用，并与入账的办公室租金费用进行比较，可以识别可能存在的少计办公室租金的问题
(2)	否		
(3)	是	(4)	通过检查2012年度计提的销售返利的实际支付情况，并向管理层询问予以佐证，评估本年度计提的销售返利的合理性，可以识别可能存在的多计销售返利的问题
(4)	是	(2)	通过从A类产品销售收入明细账中选取若干笔记录，检查销售合同、发票设备验收单，确定记录的销售金额是否与合同和发票一致，收入确认的时点是否与合同约定的交易条款和设备验收单的日期相符，可以识别可能存在的提前确认收入的问题
(5)	否		
(6)	否		

6.2 获取审计证据的基本审计方法

审计方法是注册会计师为取得充分适当的审计证据，与审计评价标准进行对比，形成审计意见和结论所采取的一切技术手段的总称。基本审计方法包括：检查记录或文件、检查有形资产、观察、询问、函证、重新计算、重新执行和分析性程序。在审计过程中，注册会计师可根据需要单独或综合运用各种审计方法，以获取充分、适当的审计证据。在审计实务中，注册会计师是根据管理当局的认定确定具体审计目标，在此基础上选择适当审计方法收集审计证据，来证明管理当局的认定，发表审计意见。正确运用审计方法对提高审计工作质量和效益、顺利完成审计任务具有重要意义。

6.2.1 检查记录或文件

检查记录或文件是指注册会计师对被审计单位内部或外部生成的，以纸质、电子或其他介质形式存在的记录或文件进行审查。

1）按审查书面资料的技术分类

(1) 审阅法

审阅法是指审计人员对被审计单位的会计资料和其他资料进行详细的阅读和审查的一种审查方法。审阅法侧重于审查书面资料的真实性、合法性，主要是审阅会计凭证、会计账簿和财务报表。

①原始凭证的审阅。

A. 原始凭证上反映的经济业务是否符合规定。

B. 原始凭证上记载的抬头、日期、数量、单价、金额等方面的字迹是否清晰、数字是否相符，有无涂改情况。

C. 审阅填发原始凭证的单位名称、地址和公章，审查凭证的各项手续是否完备。如有不符合规定的情况，就可能存在问题。

②记账凭证审阅。

A. 合规性审阅。审阅记账凭证是否附有合法的原始凭证。

B. 完整性审阅。记账凭证的审批传递手续是否符合规定程序，有无制单、复核、记账和主管人员的签章。

C. 正确性审阅。记账凭证上载明的所附原始凭证张数是否与原始凭证的张数一致，记账凭证的记录是否符合会计准则等的规定，会计分录的编制及金额是否正确，是否正确记入总账、明细分类账，业务摘要是否与原始凭证记载经济活动内容相一致。

③账簿的审阅。

这主要是指审阅明细分类账和日记账。审阅内容如下：

A. 审阅账簿启用手续、使用记录和交接记录是否齐全完整；期初和期末余额的结转、承前页、转下页、月结和年结是否符合规定。

B. 账簿各项记录是否规范和完备，如业务摘要、对应科目是否齐全，有无涂改痕迹，是否按规定的方法更正记账错误。

C. 账簿记录的内容是否真实、正确。特别是注意审阅应收及应付账款、材料成本差异、长期待摊费用、管理费用、制造费用等容易掩盖错弊和经常反映会计转账事项的账簿。

④财务报表的审阅。

A. 审阅财务报表的编制是否符合《企业会计准则》以及国家有关财务会计制度的规定。

B. 审阅财务报表项目是否完整，各项目的对应关系和勾稽关系是否正确，相关数据是否一致。

C. 审阅财务报表附注是否对应予以揭示的重大问题作了充分的披露。

⑤其他相关资料的审阅。

审阅计划、预算和定额时，可结合上期拟订的计划、预算和定额与实际的执行结果和完成情况，审阅计划、预算和定额的制定偏高还是偏低，是否适度，有无冒进或保守的情况，还要根据本期的计划、预算和定额的执行情况，查看各项指标是否完成。

审阅合同时，主要审阅合同的签订是否合法、是否有效；审阅合同内容是否符合合同法的规定，合同条款是否齐全，合同签订手续是否完备，实际执行结果是否与合同一致。

审阅规章制度时，主要审阅单位内部制定的规章制度是否符合企业的实际情况；审阅内部控制制度是否健全等。

（2）核对法

核对法是指对被审计单位的凭证、账簿和报表等书面资料之间的有关数据，按照其内在联系进行相互对照检查，以获取审计证据的方法。核对法侧重审查各种相关资料的一致性，其主要内容有：

①原始凭证上记载的数量、单价、金额及其合计数是否与相关原始凭证及记账凭证一致；

②日记账或明细分类账的记录是否与相应的原始凭证或记账凭证的记录一致；

③总分类账的账户记录是否与所属明细分类账的账户记录合计数相符；

④总分类账各账户的借方发生额和余额合计与贷方发生额和余额合计是否相等；

⑤总分类账各账户的发生额和余额合计是否与财务报表上相应项目的金额相等；

⑥财务报表上各有关项目的数字计算是否正确，各报表之间的有关数字是否一致，如果涉及前期的数字，则要核对是否与前期财务报表上的有关数字相符；

⑦实物盘存记录与本期有关账目的记录是否相符。

审计人员应认真细致、有条不紊地进行核对，这样才能不致遗漏和重复。为了使这项工作井然有序，就需要使用一些符号，符号是多种多样的，既可以使用书本上提供的，也可以自己创造。一般使用的符号有以下几种：

? ——表示所核对的资料可能有问题，待查。

√——表示已经核对。

\ ——表示有待详查。

×——表示所核对的资料有错误。

！——表示所核对的数据有待调整。

4. 3——表示已核对至 4 月 3 日。

2）按审查书面资料的顺序分类

（1）顺查法

顺查法是指按照会计核算的处理顺序，依次对证、账、表各个环节进行审查的方法。具体操作是：首先审查原始凭证是否真实正确、合理合法，并核对记账凭证；然后再以记账凭证核对账簿，审查账证是否一致，总分类账余额同所属明细分类账余额的合计是否一致；最后以账簿核对财务报表，审查调整结账事项同所编制的报表是否一致。

顺查法的优点是审查全面、不易发生遗漏、方法简单、易于核对、结果精确。其缺点是面面俱到，容易忽视重大问题，费时费力，工作量大。因此，顺查法主要适用于规模较小、业务量少、内部控制制度不健全的被审计单位，以及重要的审计事项和贪污舞弊的专案审计。

（2）逆查法

逆查法是指按照会计核算相反的处理顺序，依次对表、账、证各个环节进行审查的方法。具体做法是：根据审计人员所掌握的线索，先从审阅、分析财务报表入手，然后根据分析中发现的问题，有重点地与有关总账、明细账核对，进而审查记账凭证，直至审查原始凭证。

逆查法的优点是便于抓住问题的实质，同时还可以节省人力和时间，提高工作效率。其缺点是不能全面地审查问题，易有遗漏。由此，逆查法主要适用于规模大、业务量多、内部控制制度健全有效、会计核算质量高的单位。

3）按审查书面资料的数量分类

（1）详查法

详查法是对被审计单位审计期内被审事项的所有凭证、账簿、报表进行详细审查的一种审计方法。详查法的特点是：对被审期间的全部会计资料和其反映的经济活动进行全面、详细的审查，以查找其中的错弊为重要目标。

详查法的优点是能全面查清被审计单位所存在的问题，特别是对弄虚作假、营私舞弊等违反财经法纪行为，一般不易疏漏，以保证审计质量。其缺点是工作量太大，费时费力，审计成本高，故难以普遍采用。一般适用于规模较小的单位或有重大错弊、违法行为的单位。

（2）抽查法

抽查法是指对被审计单位在被审查期内特定审计事项的全部会计资料中选取部分资料进行审查，根据审查结果推断全部资料有无错弊的一种审计方法。抽查法的特点是：根据被审查期的审计对象总体的具体情况、审计目的和要求选取具有代表性的样本，然后根据抽取样本的审查结果来推断总体的正确性，或推断其余未抽查部分有无错弊。

抽查法的优点是高效率、低费用，节约时间和人力，能够收到事半功倍的效果。其缺点是如果样本抽查不当，不能代表总体特征，就可能得出错误结论。这种方法仅适用于内部控制制度健全、会计基础较好的单位。

案例窗 6-4

检查记录或文件方法的运用

注册会计师审查希尔有限公司 2013 年度财务报表时，该年 10 月 19 日第 15 号记账凭证及所附原始凭证引起了注册会计师的注意。原始凭证有：发货票 1 张、入库验收单 1 张和转账支票存根 1 张。其中，发货票、入库验收单格式分别见表 6-4 和表 6-5。

表 6-4　　某县昌盛供销社门市部发货票　　No. 005028

购货单位：希尔有限公司　　2013 年 10 月 23 日　　金额单位：元

品名	单位	数量	单价	金额	备注
无水乙二氧	千克	654	27.14	17 749.56	
二丁酯	千克	1 700	4.34	7 378.00	
丙酮	千克	1 888.2	8.65	16 332.93	
合计				41 460.49	
大写（人民币）	肆万壹仟肆佰陆拾元零肆角玖分				

表 6-5　　希尔有限公司入库验收单

购货单位：希尔有限公司　　2013 年 10 月 19 日　　金额单位：元

品名	单位	数量	单价	金额	备注
无水乙二氧	千克	654	27.14	17 749.56	
二丁酯	千克	1 700	4.34	7 378.00	
丙酮	千克	1 888.2	8.65	16 332.93	

验收人：胡××　　采购员：王××

转账支票（限于篇幅，未列示）上的付款金额及收货单位与上述发货票相符。

【解答】

根据上述会计凭证及注册会计师所掌握的被查单位的基本情况，注册会计师归纳出以下几个疑点：

（1）该公司生产的产品主要是消耗钢材和耐火材料，对于上述三种化工原料的年需要量最多不超过百余千克，而上述会计凭证所反映的购进数量表现为异常数量。

（2）这三种化工原料是机电化工公司独家经营的易耗品，昌盛供销社门市部不可能经营这三种化工原料。

(3) 入库验收单上的日期与销售发票上的日期不相符。根据在本地购货与以发货票进行货款结算的情况，入库验收单上的验收日期一般应迟于发货票上的日期。

根据上述疑点，注册会计师进行了追踪查证。通过查阅原材料明细账，到仓库查对保管账，盘查实物，并到昌盛供销社门市部查证等手段，终于查清了真相：该公司购进小型面包车一辆，价款及运杂费（运杂费由某汽车销售公司代垫）共计41 460.49元，为了在账上不直接反映该汽车的购进情况，决定将购车款挤入生产成本。于是该公司财务科利用与昌盛供销社门市部的购销关系，向其索要一张发票，由材料会计填写了虚假内容，并交仓库"入库"，另一会计人员对转账支票的转账联与存根联填写不同的内容，即支款联（转账联）填写真实的收款单位——某汽车销售公司及其开户银行和账号，存根联则填写昌盛供销社门市部。

查明真相后，注册会计师提出审计意见：建议该公司将购面包车款项从原材料调入固定资产，并补提当年折旧。

6.2.2 检查有形资产

检查有形资产是指注册会计师对实物资产进行审查。检查有形资产程序主要适用于存货和现金，也适用于有价证券、应收票据和固定资产等。

检查有形资产按照方式不同分为直接盘存和监督盘存两种形式。

直接盘存是指审计人员亲自到现场盘点实物，并要求被审计单位有关人员协同执行，以证实书面资料同有关的财产物资是否相符的方法。这种方法在实际中应用较少，常用于数量较小但容易出现舞弊行为的贵重财产物资，如贵重文物、珠宝、贵重材料的盘点。

监督盘存是指审计人员现场监督被审计单位各种实物资产及现金、有价证券等的盘点，并进行适当的抽查。一般而言，实物资产的盘点是被审计单位管理当局的责任，应由被审计单位进行计划、组织和实施，审计人员只进行现场监督并适当抽查复点。审计人员抽点部分如发现差异，除应督促被审计单位更正外，还应扩大抽查范围，如发现差错过大，则应要求被审计单位重新盘点。

检查有形资产只能对实物资产是否确实存在提供有力的审计证据，但无法验证实物资产的所有权和计价情况。因此，审计人员在盘点之外，还应采取其他方法验证实物资产的所有权和计价情况。

在检查有形资产时，有时还需要运用调节法。调节法是指在审查某个项目时，由于被审计单位结账日数据和审计日数据不一致，通过对有关数据进行增减调节，用来证实结账日数据账实是否一致的审计方法。这也是一种取得实物证据的方法。调节法常用于以下两方面：

1）对未达账项的调节

通过编制银行存款余额调节表，对被审计单位与开户银行双方发生的未达账项进行增减调节，以验证"银行存款"账户的余额是否正确。

2）对财产物资的调节

在盘存月对实物财产进行盘存获得盘存数，结合盘存日期与结账日期之间新发生的出入库数量，对盘存日有关财产物资的盘存数进行增减调节，以验证或推算结账日有关财产物资的应结存数。其计算公式为：

结账日数量=盘存日盘点数量+结账日至盘存日发出数量-结账日至盘存日收入数量

案例窗 6-5

调节法的运用

2014 年 2 月 15 日对希尔有限公司全部现金进行监盘后，确认实有现金数额为 1 000 元。希尔有限公司 2 月 14 日账面库存现金余额为 2 000 元，2 月 15 日发生的现金收支全部未登记入账，其中，收入金额为 3 000 元、支出金额为 4 000 元，2014 年 1 月 1 日至 2 月 15 日现金收入总额为 165 200 元、现金支出总额为 165 500 元。

要求：推断 2013 年 12 月 31 日库存现金余额应为多少元。

【解答】

2014 年 2 月 14 日库存现金实有金额 = 1 000+4 000-3 000 = 2 000（元）

表明：2014 年 2 月 14 日库存现金账实相符。

2013 年 12 月 31 日库存现金实有金额 = 2 000+165 500-165 200 = 2 300（元）

6.2.3 观察

观察是指注册会计师察看相关人员正在从事的活动或执行的程序。例如，对客户执行的存货盘点或控制活动进行观察。

观察提供的审计证据仅限于观察发生的时点，并且在相关人员已知被观察时，相关人员从事活动或执行程序可能与日常的做法不同，从而会影响注册会计师对真实情况的了解，因此，注册会计师有必要获取其他类型的佐证证据。

6.2.4 询问

询问是指注册会计师以书面或口头方式，向被审计单位内部或外部的知情人员获取财务信息和非财务信息，并对答复进行评价的过程。

采用这种方法时，审计人员需要注意以下事项：①明确查询内容，事先拟出询问提纲。②确定查询对象，要向知情人询问。③在查询过程中，应采用恰当的查询方式，查询内容应做好记录。④如果作为重要证据使用，应当请被查询人签字。⑤查询法获得的证据只能作为辅助证据，为进一步审计指明方向。

案例窗 6-6

长江干堤审计案

为了查处长江堤防隐蔽工程偷工减料问题，审计人员按照工程建设标段，找来施工方案、计划、图纸、发票等进行检查，根据发票上的公章找到采石场进行询问，发现有的是假发票。为了证实真实的买石量，审计人员从港监部门的运输记录里，查出每天运送石料的船只名称和吨位及运送次数，由此推算出施工单位可能购买的石料的数量。并将这个推算结果与施工单位虚报的工程量进行核对，看是否相符。

同时，审计人员还检查了施工单位将买来的石料抛入江中的情况。在查看抛石记录的过程中，审计人员查看了施工单位日志，还查看了气象日志。结果发现有的时候气象日志显示的是当天下着倾盆大雨不适宜进行抛石，而抛石记录则显示在长江抛石头，而且经询问甚至出现了运输记录和抛石记录不相符的情况，这很明显是在造假。

【解答】

在本案例中，审计人员运用的审计程序有：

审计程序之一：检查方法。检查的资料有被审计单位内部的也有外来的。内部的资料包括：施工方案、计划、图纸、发票、抛石日志。外来的资料包括：港监部门的运输记录、气象日志。

审计程序之二：询问方法。询问的主要是外部人员，包括采石场和运输部门的人员。

审计程序之三：分析性程序。这主要从三个角度进行分析，首先，将审计人员推算出来的采购石料数量和被审计单位申报的数量进行核对；其次，将被审计单位抛石日志时间和气象日志下雨时间进行核对；最后，将往江中运输石料数量和抛石记录进行核对。

审计人员在审计过程中目标明确，围绕查验工程用料的完整性设计了相关的审计程序，获取的审计证据的相关性很高；此外，在检查中审计人员发现被审计单位内部的资料有作假的情况时，较多地利用了外部信息，提高了审计证据的可靠性；最后，审计人员从不同的审计程序中获取了足够证明被审计单位在用料方面造假的审计证据。

6.2.5　函证

函证是指注册会计师直接从第三方（被询证者）获取书面答复以作为审计证据的过程。书面答复可以采用纸质、电子或其他介质等形式。函证有以下两种方式：

1）积极式函证

积极式函证要求被询证者对询问的事项无论与事实是否相符必须给予回函答复。积极式函证适用于内部控制差、会计核算质量差、金额重要、疑点多等情况。

2）消极式函证

消极式函证要求被询证者对询问的事项有异议时，才在限定的时间内给予复函。消极式函证一般适用于内部控制好、会计核算质量高、金额小、疑点少等情况。消极式函证不如积极式函证的可靠性高。

询证函收发均应由审计人员控制，不能委托被审计单位代办，以保证审计证据的可靠性。询证函内容应简明扼要，便于对方答复。对无法取得函证的事项采用替代程序，以取得必要的审计证据。

案例窗 6-7

函证方法的运用

注册会计师丁颖负责审计希尔有限公司 2013 年度财务报表。希尔有限公司 2013 年 12 月 31 日应收账款余额为 3 000 万元，丁颖认为“应收账款”项目存在重大错报风险，于是决定选取金额较大及风险较高的应收账款明细账余额实施函证程序。选取的应收账款明细账余额为 1 800 万元，相关事项如下：

（1）审计项目组成员要求被询证的希尔有限公司客户将回函直接寄到会计师事务所，但希尔有限公司客户 X 公司将回函直接寄到希尔有限公司财务部，审计项目组成员取得了该回函，将其纳入到审计工作底稿。

（2）对于审计项目组成员以传真件方式收到的回函，审计项目组成员与被函证方取得了电话联系，确认回函信息，并在审计工作底稿中记录了电话内容与时间、对方姓名与职位，以及实施该程序的审计项目组成员的姓名。

（3）审计项目组成员根据希尔有限公司财务人员提供的电子邮件地址，向希尔有限公司境外客户 Y 公司发送了电子邮件，询证应收账款余额，收到电子邮件回复。Y 公司确认余额准确无误，审计项目组成员将电子邮件内容打印并归入审计工作底稿。

要求：指出上述函证程序的实施中是否有不当之处，并说明理由。

【解答】

事项（1）：有不当之处。审计项目组成员不应将寄到希尔有限公司的函证回函纳入审计工作底稿，应要求希尔有限公司客户将回函直接寄到会计师事务所或实施替代审计程序。

事项（2）：恰当。通过与被函证方电话联系并确认回函信息，降低了电子回函可靠性的风险，为电子形式的回函创造安全环境。

事项（3）：有不当之处。为降低电子回函可靠性的风险，注册会计师应当与回函者为电子形式的回函创造安全环境，不应将电子邮件打印件直接归入审计工作底稿。

6.2.6 重新计算

重新计算是指注册会计师以人工方式或使用计算机辅助审计技术，对记录或文件中的数据计算的准确性进行核对。重新计算通常包括计算销售发票和存货的总金额、加总日记账和明细账、检查折旧费用和预付费用的计算、检查应纳税额的计算等。

6.2.7 重新执行

重新执行是指注册会计师重新独立执行原本作为被审计单位内部控制组成部分的程序或控制。例如，注册会计师利用被审计单位的银行存款日记账和银行对账单，重新编制银行存款余额调节表，并与被审计单位编制的银行存款余额调节表进行比较。

6.2.8 分析性程序

分析性程序是指注册会计师通过研究不同财务数据之间以及财务数据与非财务数据之间的内在关系，对财务信息作出评价。分析性程序还包括调查识别出的、与其他相关信息不一致或与预期数据严重偏离的波动和关系。

1）注册会计师实施分析性程序的目的

（1）用作风险评估程序，以了解被审计单位及其环境。注册会计师实施风险评估程序的目的在于了解被审计单位及其环境并评估财务报表层次和认定层次的重大错报风险。在风险评估过程中使用分析性程序也出于这个目的。分析性程序可以帮助注册会计师发现财务报表中的异常变化，或者预期发生而未发生的变化，识别存在潜在重大错报风险的领域。分析性程序还可以帮助注册会计师发现财务状况或盈利能力发生变化的信息，识别那些表明被审计单位持续经营能力问题的事项。

（2）当使用分析性程序比细节测试能更有效地将认定层次的检查风险降至可接受的水平时，分析性程序可以用作实质性程序。在针对评估的重大错报风险实施进一步审计程序时，注册会计师可以将分析性程序作为实质性程序的一种，单独或结合其他细节测试，收集充分、适当的审计证据。这里运用分析性程序可以减少细节测试的工作量，节约审计成本，降低审计风险，使审计工作更有效率和效果。

（3）在审计结束或临近结束时对财务报表进行总体复核。这时注册会计师运用分析性程序，在已收集的审计证据的基础上，对财务报表整体的合理性做最终把握，评价报表仍然存在重大错报风险而未被发现的可能性，考虑是否需要追加审计程序，以便为发表审计意见提供合理基础。

2）分析性程序用作实质性程序

相对于细节测试而言，实质性分析程序能够达到的精确度可能受到种种限制，所提供的证据在很大程度上是间接证据，证明力相对较弱。注册会计师不能仅依赖实质性分析程序，而忽略细节测试的运用。

实质性分析程序运用包括以下几个步骤：①识别需要运用分析性程序的账户余额或交易；②确定期望值；③确定可接受的差异额；④识别需要进一步调查的差异；⑤调查异常数据关系；⑥评估分析性程序的结果。

案例窗 6-8

分析性程序的运用之一

注册会计师丁颖是希尔有限公司 2013 年度财务报表审计业务的项目负责人，在整个审计过程中，需要合理运用分析性程序获取充分、适当的审计证据。相关情况如下：

(1) 在计划审计工作时，丁颖需要针对风险评估阶段如何运用分析性程序进行具体规划并编制具体审计计划。

(2) 丁颖不仅需要决定是否有必要将分析性程序用作实质性程序，还需要考虑如何在控制测试中运用分析性程序。

(3) 在评估重大错报风险时，丁颖拟计算财务费用占固定资产的百分比，并与上年对应比例比较。

(4) 希尔有限公司采用计时工资制，工时与应付职工薪酬之间存在稳定的可预期关系，丁颖据此决定对应付职工薪酬余额仅实施实质性分析程序，不实施细节测试。

(5) 由于项目组已在风险应对阶段获取了充分、适当的审计证据，丁颖认为没有必要在完成阶段运用分析性程序。

试问：逐一考虑上述每种情况，指出注册会计师丁颖的决策或观点是否存在不当之处；若有不当之处，请说明理由。

【解答】

事项 (1)：存在不当之处。分析性程序属于必要的风险评估程序，具体审计计划是根据风险评估结果编制的，因此具体审计计划中无法对已实施的程序进行规划。

事项 (2)：存在不当之处。控制测试的对象是内部控制，分析性程序的对象是财务信息。注册会计师一般不会在控制测试中运用分析性程序。

事项 (3)：存在不当之处。财务费用与固定资产之间不存在可预期的稳定关系，依据二者的关系评估重大错报风险不适当。

事项 (4)：存在不当之处。单独实施实质性程序的前提是重大错报风险较低且数据之间具有稳定的预期关系。仅凭后一个条件不足以作出省略细节测试的决策。

事项 (5)：存在不当之处。在完成审计阶段，运用分析性程序对已审财务报表进行总体复核是审计准则规定的必要程序。

分析性程序常用的具体方法有：

(1) 比较分析法。

比较分析法是通过对被审计单位某一具体项目与既定标准进行比较，寻找差异，发现问题，以获取审计证据的一种技术方法。相关标准有：该项目的计划数、预算数、上期实际数或同行业标准等。比较分析法可比较绝对数，也可比较相对数。

绝对数比较分析法是将有关资料的数量、金额与相关标准直接进行比较，看其差额的程度是否在正常范围内，是否合乎情理。例如，以不同时期的财务报表项目相对比，如资产负债表中的存货比上期增长很多；以本期的报表项目相对比，如利润表中利润总额与营业收入相比，没有同步增长。

相对数比较分析法是对有关同类指标的相对数进行比较，分析增减变化程度是否正常合理，从中找出问题或反常情况的一种比较分析法。它分为下列两种：

其一，结构比较分析法是指首先计算出有关指标的结构比例，然后对不同时期的结构比例进行比较，分析其变化趋势及原因，从中揭示其反常差异和问题的一种比较分析法。

其二，动态比较分析法是指首先将同类指标的数值在不同时期进行比较，求出百分比（比率），然后分析其变化趋势，从中评价生产经营状况和业绩，发现问题，为逆查账目提供线索的一种比较分析法。

（2）比率分析法。

比率分析法是指通过对两个性质不同、但又相关的指标所构成的比率进行分析，从中发现疑点，进一步查明原因的一种技术方法。如利用资产负债率、流动比率、速动比率可以分析企业负债水平和偿债能力。又如，以某企业本年实际销售利润率18%，与计划销售利润率15%、本行业平均销售利润率20%相对比，就可以评价该企业较好地完成了销售利润计划，但还是低于本行业平均水平，说明该企业还存在一定差异（低2%）有待深入查明其原因何在。

案例窗 6-9

分析性程序运用之二

审计人员丁颖在审计希尔有限公司过程中获取了该公司流动资产的相关数据，见表6-6。

表6-6 希尔有限公司流动资产简表 单位：万元

项目 \ 年份	2012	2013
货币资金	80	78
应收账款	320	500
存货	1 100	900
流动资产合计	1 500	1 478

已知希尔有限公司2013年经营稳定，业绩没有明显的增长。

【解答】

审计人员丁颖运用分析性程序（结构百分比法）查找希尔有限公司流动资产中可能存在的风险，见表6-7。

表6-7 希尔有限公司流动资产分析表 金额单位：万元

项目 \ 年份	2012		2013		增长	
	金额	百分比（%）	金额	百分比（%）	金额	百分比（%）
货币资金	80	5.33	78	5.28	-2	-0.05
应收账款	320	21.33	500	33.83	180	12.5
存货	1 100	73.34	900	60.89	-200	-12.45
流动资产合计	1 500	100	1 478	100	-22	—

审计人员丁颖作出如下分析：希尔有限公司2013年流动资产总额与2012年相比没有明显的变化。但是应收账款占流动资产的比重提高了12.5%，存货占流动资产总额的比重降低了12.45%。应收账款的大幅度增加说明企业可能放宽了信用政策，可能伴随更高的坏账风险。存货减少说明被审计单位可能存在跨期记账的问题，存在存货低估风险。

案例窗 6-10

分析性程序运用之三

审计人员丁颖为评估希尔有限公司2013年度财务报表中的重大错报风险、确定重点审计领域，拟对希尔有限公司2013年度未审利润表及2012年度已审利润表（见表6-8）中部分数据实施分析性程序。

表6-8 **相关资料表** 单位：万元

利润表项目	2013年度（未审数）	2012年度（审定数）
营业收入	104 300	58 900
减：营业成本	91 845	53 599
营业税金及附加	560	350
销售费用	2 800	1 610
管理费用	2 380	3 260

【解答】

审计人员丁颖运用分析性程序（动态百分比法）进行分析，分析情况见表6-9。

表6-9 **分析情况表** 金额单位：万元

利润表项目	2013年度（未审数）	2012年度（审定数）	增长	
			金额	百分比（%）
营业收入	104 300	58 900	45 400	77
减：营业成本	91 845	53 599	38 246	71
营业税金及附加	560	350	210	60
销售费用	2 800	1 610	1 190	74
管理费用	2 380	3 260	-880	-27

审计人员丁颖作出如下分析：

（1）“营业收入”项目存在重大错报风险。2013年度营业收入比2012年度大幅度增长了77%，远远超过了9%的行业增长率。这表明希尔有限公司可能存在高估营业收入的重大错报风险。

（2）“营业成本”项目存在重大错报风险。2013年度营业成本比2012年度大幅度增长了71%，明显低于营业收入的增长率。导致2013年度毛利率（12%）明显高于2012年（9%）。一般而言，在市场供求关系稳定的情况下，毛利率应当保持不变。这表明希尔有限公司可能存在高估营业收入或低估营业成本的重大错报风险。

（3）“营业税金及附加”项目存在重大错报风险。希尔有限公司2013年度营业税金及附加占营业收入的比例为5.4‰，比上年的5.9‰有所下降。一般来说，在税率不变的情况下，营业税金及附加占营业收入的比例应保持不变。这表明希尔有限公司可能存在高估营业收入或低估营业税金及附加的重大错报风险。

(4)“销售费用”项目存在重大错报风险。伴随高估营业收入的重大错报风险，销售费用2013年度比2012年度大幅度增长了74%，这表明希尔有限公司可能存在高估销售费用的重大错报风险。

(5)“管理费用”项目存在重大错报风险。希尔有限公司管理费用由2012年的3 260万元下降到2013年的2 380万元，下降了27%，与希尔有限公司机构、人员均未发生重大变化的情况严重不符。这表明希尔有限公司可能存在低估管理费用的重大错报风险。

案例窗6-11

分析性程序运用之四

审计人员丁颖对希尔有限公司2013年度财务报表审计时，在了解希尔有限公司的过程中获取了以下信息：希尔有限公司生产某种大型设备、按订单生产，公司成立以来经营一直比较稳定。根据2013年度财务报表，账面利润大幅增加。公司目前正在拟建厂房，扩大规模，并为引进战略投资者作准备。所获取的2012—2013年报表有关数据见表6-10。

表6-10 **相关资料表** 单位：万元

项目＼年份	2011	2012	2013
总资产	9 338	9 403	9 689
存货	3 218	3 527	4 012
负债	9 571	9 858	9 424
所有者权益	-233	-455	265
销售收入	8 132	9 985	9 978
销售成本	6 712	8 210	6 512
营业外收支净额	50	40	45
净利润	-68	-16	650

【解答】

审计人员丁颖对所获取的报表资料运用分析性程序中的比率分析法进行分析。希尔有限公司2013年度净利润大幅度增长，在销售收入没有明显增长的情况下扭亏为盈，考虑公司营业外收支对公司利润的影响有限，丁颖决定对其销售毛利率进行分析；又因希尔有限公司2012年资产中流动资产变动幅度较大，决定对其存货周转率进行对比分析，见表6-11。

表6-11 **毛利率与存货周转率**

项目＼年份	2011	2012	2013
毛利率（%）	17.46	17.78	34.74
存货周转率	2.53	2.83	2.49

从表6-11的分析可以看出：2013年公司存货周转率不升反降，可以排除资产周转速度加快对公司净利润上升带来的正面影响；因此公司2012年利润大幅度增长主要是毛利率上升所致。在销售收入没有明显变化的情况下，销售毛利率的上升主要源于销售成本的

大幅度下降。

追踪程序一：实施询问程序。丁颖首先询问了公司管理层。管理层回答公司 2013 年引进了一条新生产线，有效降低了人工成本；此外公司以前在成本控制上比较欠缺，2013 年新领导上任后严抓管理，加强成本控制，也降低了成本。据此，丁颖对在公司经营稳定的情况下，希尔有限公司管理层置换原因以及新生产线在降低人工成本以及生产成本方面的有效性提出质疑。

追踪程序二：实施观察和检查程序，结合公司目前正在拟建厂房，扩大规模，并为引进战略投资者作准备的情况，检查公司相关文件和会议记录，考虑公司可能存在为引进投资的舞弊。丁颖还通过实地察看存货等了解被审计单位存货的周转情况和保管情况，通过检查销售合同和执行穿行测试对销售的真实性和记账期间的正确性进行核实。

6.3　审计证据

审计证据是审计人员在审计过程中，运用各种审计方法所取得的，用来证明被审对象的事实真相及其与审计依据的符合程度，从而形成审计意见和结论的各种凭据。审计人员执行审计业务的过程，实质上就是收集审计证据、将证据记录于审计工作底稿、形成审计意见的过程。收集、鉴定和综合审计证据是审计工作的核心。

6.3.1　审计证据的概念和作用

审计证据，是指注册会计师为了得出审计结论、形成审计意见而使用的所有信息。审计证据包括构成财务报表基础的会计记录所含有的信息和其他信息。

会计记录中含有的信息一般包括对初始分录的记录和支持性记录，如支票、发票、合同、总账、明细账、记账凭证，以及支持成本分配、计算、调节和披露的手工计算表和电子数据表。可用作审计证据的其他信息包括：注册会计师从被审计单位外部或内部获取的会计记录以外的信息，如被审计单位的会议记录、内部控制手册、询证函回函等；通过询问、观察和检查等审计程序获取的信息，如对存货进行监盘获取存货存在的证据等；注册会计师自己编制或获取的可以通过合理推断得出结论的信息，如注册会计师编制的各种计算表、分析表等。构成财务报表基础的会计记录中含有的信息和其他信息共同构成审计证据，两者缺一不可。

审计证据是确认被审事项事实真相，形成审计意见的客观基础；审计证据是考核和评价审计工作质量的基本依据；审计证据是确定和解除被审计人员经济责任和法律责任的客观依据；审计证据有利于减轻或免除审计人员的法律责任。从一定意义上讲，收集、评价和综合审计证据是整个审计工作的核心，直接关系到审计工作的成败。

6.3.2　审计证据的种类

审计证据按其外形特征可分为实物证据、书面证据、口头证据和环境证据四大类。

1）实物证据

实物证据是指在审计对象作为实物形态而存在的情况下，审计人员通过实际观察或清查盘点所获取的、用以确定某些实物资产是否确实存在的证据。例如，库存现金、各种存货和固定资产等可以通过监盘或实地观察来证明其是否确实存在。在审计实务中，最典型的实物证据就是各类盘点表。

通常实物证据被认为是最可靠的证据，具有很强的证明力。但实物资产的存在并不完全能证实被审计单位对其拥有所有权。例如，年终盘点的存货可能包括其他企业寄售或委托加工的部分，或者已经销售而等待发运的商品。再者，某些实物资产的清点，虽然可以确定其实物数量，但质量好坏有时难以通过实物清点来进行判断。因此，对于取得实物证据的账面资产，还应就其所有权归属及其价值情况另行审计，收集另外的审计证据。

2）书面证据

书面证据是审计人员在审计过程中所获取的各种以书面文件为存在形式的证据。它包括与审计有关的各种原始凭证、会计记录（记账凭证、会计账簿和各种明细表）、各种会议记录和文件、各种合同、通知书、报告书及函件等。在审计过程中，审计人员往往需要大量地获取和利用这些书面证据。书面证据是审计证据的主要组成部分，也可以称之为基本证据。

书面证据的可靠性取决于两个因素：一是证据本身是否容易被涂改或伪造。对于容易被涂改或伪造的书面证据，其可靠性较差。二是书面证据的来源。通常来源于企业外部的书面证据比来自企业内部的书面证据的可靠程度高。

书面证据按其来源可以分为外部证据和内部证据两类。

（1）外部证据。

外部证据是由被审计单位以外的机构或人士所编制的书面证据，一般具有较强的证明力。

外部证据包括两类：一类是由被审计单位以外的机构或人士编制并由其直接递交审计人员的书面证据，如应收账款函证回函、保险公司和证券经纪人的证明等。此类证据因未经被审计单位有关职员之手，排除了伪造、更改凭证的可能性，因而证明力是最强的。另一类是由被审计单位以外的机构或人士所编制、但由被审计单位持有并提交给审计人员的书面证据，如顾客订单、购货发票、银行对账单等。由于此类证据已经被审计单位职员之手，在评价其可靠性时，审计人员应考虑其被涂改、伪造的可能性。虽然这类外部证据的可靠性不如第一类外部证据，但相对于内部证据而言，它仍具有较高的可靠性。

此外，外部证据还包括审计人员为证明某个事项而自己动手编制的各种计算表、分析表。如审计人员审查成本的真实性时重新计算产品成本取得的审计证据；审计人员亲自参加财产物资盘点而取得的审计证据。这种证据可信程度高，具有很强的证明力。

（2）内部证据。

内部证据是由被审计单位的内部机构或人员编制和提供的书面证据，包括被审计单位的会计记录、被审计单位管理当局的声明书和其他各种由被审计单位编制和提供的有关书面文件。

一般而言，内部证据不如外部证据可靠。审计人员在确认内部证据的可靠性时，应考虑两方面因素的影响：①内部证据是否经过外部流转，并获得其他单位或个人的承认，如销售发票、付款支票等，具有较高的可靠性。②被审计单位内部控制的好坏。若被审计单位内部控制健全有效，则内部证据具有较强的可靠性；反之则弱。如收料单与领料单经过了被审计单位不同部门的审核、签章，并且所有凭据预先连续编号并按序号依次做了处理，则这些内部证据具有较高的可靠性。

3）口头证据

口头证据是由被审计单位职员或其他人员对审计人员的提问做口头答复所形成的审计

证据。如在审计过程中，审计人员通常会向被审计单位的有关人员询问会计记录、文件的存放地点，采用特别会计政策和方法的理由，收回逾期应收账款的可能性等。对于这些问题的口头答复，就构成了口头证据。

一般而言，口头证据本身并不足以证明事情的真相，但审计人员往往可以通过口头证据发掘出一些重要的线索，从而有利于对某些需审核的情况做进一步的调查，以搜集到更为可靠的证据。

在审计过程中，审计人员应把各种重要的口头证据尽快做成记录，并要求被询问者签名确认，同时应尽可能地从不同渠道取得其他相应证据的支持。相对而言，不同人员对同一问题所做的口头陈述相同时，口头证据具有较高的可靠性。

4）环境证据

环境证据也称状况证据，是指对被审计单位产生影响的各种环境事实，具体而言，包括以下几种：

（1）有关企业内部控制情况。如果被审计单位有着良好的内部控制，就可增加其会计资料的可信赖程度，相应地，审计人员需要收集的其他审计证据就可以适当减少。

（2）被审计单位管理人员的素质。被审计单位管理人员的素质越高，则其所提供的证据发生差错的可能性就越小。

（3）各种管理条件和管理水平。被审计单位各种管理条件越好、管理水平越高，其所提供的证据的可靠程度也越高。

必须指出，环境证据一般不属于基本证据，但它可以帮助审计人员了解被审计单位及其经济活动所处的环境，是审计人员进行判断时所必须掌握的资料。

6.3.3 审计证据的特征

1）审计证据的充分性

充分性是关于审计证据的数量特征。它是指审计证据的数量能足以使审计人员形成审计意见，主要与注册会计师确定的样本量有关。例如，对某个审计项目实施某一选定的审计程序，从200个样本中获取的证据要比从100个样本中获取的证据更充分。客观公正的审计意见必须建立在足够数量的审计证据的基础上，但这并不是说，审计证据的数量可以无限制地增多。

审计人员判断审计证据是否充分时，应当考虑下列主要因素：

（1）审计风险。错报风险越大，需要的审计证据越多。具体来说，在可接受的审计风险一定的情况下，重大错报风险越大，注册会计师就应实施越多的测试工作，将检查风险降至可接受水平，以将审计风险控制在可接受的低水平范围内。

（2）具体审计项目的重要性。审计项目越重要，审计人员就越需要获取充分的审计证据以支持其审计结论或意见。而对于不太重要的审计项目，即使审计人员出现判断上的偏差，也不至于引发整体判断失误，因而可减少审计证据的数量。

（3）审计人员的经验。经验丰富的审计人员，往往可从较少的审计证据中判断出被审事项是否存在错误或舞弊行为，从而可减少对审计证据数量的依赖程度。

（4）审计过程中是否发现错误或舞弊。一旦审计过程中发现被审事项存在错误或舞弊行为，则被审计单位整体财务报表存在问题的可能性就增大，因此需要增加审计证据的数量，以确保能得出合理的审计结论，形成恰当的审计意见。

(5) 审计证据的类型与获取途径。如果审计人员获取的大多数是外部证据，则审计证据的质量较高，故可适当减少证据的数量；反之，数量就应相应增加。

2) 审计证据的适当性

适当性是关于审计证据的质量特征。它是指审计证据的相关性和可靠性。

(1) 相关性。

审计证据的相关性是指审计证据应当与审计目标相关。如果取得的证据与审计目标没有联系，即使其说服力很强，也不能用以证明或否定被审计事项。如存货监盘结果只能证明存货是否存在，是否有毁损短缺，而不能证明存货的计价和所有权情况。

(2) 可靠性。

审计证据的可靠性是指审计证据应能如实反映客观事实。审计证据的可靠性受其来源、及时性和客观性的影响。审计证据的可靠程度可参照如下标准判断：

①书面证据比口头证据可靠。

②外部证据比内部证据可靠。

③审计人员自行获得的证据比由被审计单位提供的证据可靠。

④被审计单位内部控制较好时所提供的内部证据比内部控制较差时提供的内部证据可靠。

⑤不同来源或不同性质的审计证据相互印证时，审计证据更为可靠。

⑥越及时、越客观的证据越可靠。

充分性和适当性是审计证据的两个重要特征，两者缺一不可，只有充分且适当的审计证据才是有证明力的。审计人员需要获取的审计证据的数量也受审计证据质量的影响。审计证据质量越高，需要的审计证据数量就越少。例如，被审计单位内部控制健全时生成的审计证据更可靠，审计人员只需要获取适量的审计证据，就可以为发表审计意见提供合理的基础。

案例窗 6-12

审计证据的证明力

不同类型审计证据的可靠性存在一定的差异。比较下列几组证据，说明每一组证据中哪个类型的证据更可靠。

(1) 银行询证函回函与银行对账单。

(2) 注册会计师通过自行计算折旧额所取得的证据与被审计单位的累计折旧明细账的数据。

(3) 银行对账单与出库单。

(4) 律师询证函回函与注册会计师和律师交谈取得的证据。

(5) 内部控制良好时形成的领料单与内部控制较差时形成的领料单。

(6) 销售发票与验收单。

【解答】

以下审计证据更可靠：(1) 银行询证函回函。(2) 注册会计师通过自行计算折旧额所取得的证据。(3) 银行对账单。(4) 律师询证函回函。(5) 内部控制良好时形成的领料单。(6) 销售发票。

6.3.4 获取审计证据时对成本的考虑

在保证获取充分、适当的审计证据的前提下，控制审计成本也是审计单位考虑的。但为了保证得出的审计结论、形成的审计意见是恰当的，审计人员不应将获取审计证据的成本高低和难易程度作为减少不可替代的审计程序的理由。例如，对存货进行监盘是证实存货是否存在的不可替代的审计程序，审计人员在审计中不得以检查成本高和难以实施为由而不执行该程序。

6.3.5　审计证据的收集、整理与分析

根据审计准则的要求，审计证据的收集是审计人员在审计过程中运用检查、监盘、观察、查询及函证、计算和分析性复核等审计方法获取审计证据的过程。

审计证据的整理分析是指对收集到的个别的、分散的初始审计证据进行归纳、分析和综合，使之更加条理化、系统化，形成综合证明力，并在此基础上形成恰当的整体审计意见。必须指出的是，审计证据的收集与整理分析往往是交叉进行的，并非是互不相关的独立环节。在收集审计证据的过程中就需要对证据资料进行初步整理分析，在整理分析过程中一方面能形成有价值的新的审计证据，另一方面还可以发现证据的不足之处，及时进行补充收集。可以说，审计工作就是在不断地收集证据，整理分析证据，而后评价判断证据，在收集证据的反复过程中向纵深开展的。

1）审计证据整理与分析的方法

一般来说，审计证据的整理与分析没有固定模式，其方式随审计目的和审计证据的种类不同而不同。审计证据整理与分析的基本方法有以下几种：

①分类。分类是指将各种审计证据按其证明力的强弱，或按与审计目标的关系是否直接等分门别类排成序。通过归类，使初始证据条理化、有序化。

②计算。计算是指按照一定的方法对数据方面的审计证据进行加工运算，从而得出所需的新的审计证据。

③比较。比较包括两方面的内容：一方面是将各种审计证据进行反复比较，从中分析出被审计单位经济业务的变动趋势及其特征；另一方面是将审计证据与审计目标进行比较，判断审计证据是否符合要求。如认为其不符合要求，则需补充收集有关的审计证据。

④小结。小结是指审计人员在对审计证据进行上述分类、计算和比较的基础上，还应对审计证据进行归纳、总结，得出具有说服力的局部的审计结论。

⑤综合。综合是指审计人员对各类审计证据及其所形成的局部的审计结论进行综合分析，最终形成整体的审计意见。

2）审计证据整理与分析应注意的几个问题

（1）审计证据的取舍。审计人员不必也不可能把审计证据所反映的内容全部都包括到审计报告之中。在编写审计报告之前，审计人员必须对反映不同内容的审计证据进行适当的取舍，舍弃那些无关紧要的、不支持审计意见的次要证据，只选择那些具有代表性的、典型的审计证据在审计报告中加以反映。审计证据的取舍标准应考虑两方面：

①金额大小。对于金额较大，足以对被审计单位的财务状况或经营成果的反映产生重大影响的证据，应当作为重要证据予以保留。

②问题性质的严重程度。严重性是判断取舍的又一重要标准。在涉及金额不大但问题引发的后果甚为严重的情况下，如影响合同履行、影响被审计单位收益趋势等情况，同样应将其作为重要的审计证据。

（2）分清事实的现象和本质。有些审计证据所反映的情况可能只是一种现象，审计人员不能被这些表面现象所迷惑，而应该能够透过现象挖掘出事物的本质。

(3) 排除伪证。伪证是审计证据的提供者出于某种动机而伪造的证据，或是有关方面基于某些主观或客观原因而提供虚假证据。这些伪证以假乱真，如不认真排除，往往会干扰审计人员形成正确、恰当的审计结论和意见。

案例窗 6-13

审计证据的充分性与适当性

注册会计师丁颖在执行希尔有限公司 2013 年度财务报表审计业务的过程中，需要根据审计目标设计和实施进一步审计程序，以获取充分、适当的审计证据。相关情况如下：

(1) 为证实应付账款的完整性，采用传统变量抽样方法确定样本规模，并采用系统随机数表法从应付账款明细表中选择供应商进行函证。

(2) 在确认赊销审批自动化信息系统一般控制有效的基础上，基于所测试的少量几笔赊销业务不存在控制偏差，直接得出赊销审批控制运行有效的结论。

(3) 为弥补领料单的可靠性，丁颖决定扩大审计程序的范围，增加审计证据的数量。

(4) 为证实销售发票复核的效果，从总计 38 900 张发票存根中选取了一定数量的样本，检查有无复核人员签字。

(5) 某银行的函证回函与希尔有限公司的记录严重不符。丁颖基于外部独立来源信息的可靠性更高这一原则，认为“货币资金”项目存在重大错报。

(6) 虽然怀疑一张大额买方发票可能被篡改，但因审计工作通常不涉及鉴定文件记录的真伪，丁颖在复印发票后，没有采取其他措施。

要求：分别针对上述每种情况，逐一指出所获取的审计证据在充分性或适当性方面是否符合要求，并简要说明理由。如认为不符合要求，具体指出是充分性、相关性，还是可靠性不符合要求。

【解答】

事项 (1)：相关性不符合要求。应付账款明细表是根据应付账款明细账编制的，表中列示的都是已入账的应付账款，从其中抽取样本难以发现完整性认定的错报。

事项 (2)：符合要求。在高度自动化控制的情况下，如果信息系统的一般控制有效，而且能证实该控制正在执行，则无需扩大控制测试范围。

事项 (3)：可靠性不符合要求。当审计证据的质量存在缺陷时，仅靠获取更多的审计证据可能无法弥补其质量上的缺陷。

事项 (4)：相关性不符合要求。销售发票上是否有无复核人员签字只能证实复核人员是否对发票进行了复核，但不能证实复核的效果。

事项 (5)：可靠性不符合要求。如果从不同来源获取的审计证据不一致，表明某种审计证据可能不可靠，应追加必要的审计程序，证实或排除疑点。

事项 (6)：可靠性不符合要求。如果在审计过程中识别出的情况使其认为文件记录可能是伪造的，审计人员应当作出进一步调查，复印不属于调查，不能排除疑点。

6.4 审计工作底稿

审计人员编制的审计工作底稿，既可表明审计的工作过程，又可展示审计人员的决策水平和职业判断能力，反映审计准则的遵循情况等。高质量的审计工作底稿不但有助于审计人员编制出深受公众信任的审计报告，而且一旦陷入诉讼案件中可以为审计人员提供辩护。

6.4.1　审计工作底稿的概念和作用

审计工作底稿是审计证据的载体，是注册会计师在审计过程中形成的审计工作记录和获取的资料。它形成于审计过程，也反映整个审计过程。

审计工作底稿的内容包括：(1) 审计人员在制订审计计划、实施审计程序、形成审计结论时直接编制的、用以反映其审计思路和审计过程的工作记录；(2) 审计人员从被审计单位或其他有关部门取得的、用作审计证据的各种原始记录，以及审计人员接受并审阅别人代为编制的审计记录。

审计工作底稿是审计业务中普遍使用的专业工具。编制或取得审计工作底稿是审计人员最主要的审计工作。审计工作底稿的作用体现在以下几方面：审计工作底稿是连接整个审计工作的纽带，有利于组织协调审计工作；审计工作底稿是审计人员形成审计结论、发表审计意见的直接依据；是解脱或减轻审计人员的审计责任、评价或考核审计人员专业能力与工作业绩的依据；审计工作底稿为审计质量控制与质量检查提供了可能；审计工作底稿对未来的审计业务具有参考备查价值。

6.4.2　审计工作底稿的存在形式和内容

1) 审计工作底稿的存在形式

审计工作底稿可以以纸质、电子或其他介质形式存在。实务中，为便于审计单位内部质量控制和外部执业检查或调查，以电子或其他介质形式存在的审计工作底稿通过打印方式，转换成纸质形式的审计工作底稿，并与其他纸质形式的审计工作底稿一并归档。

无论审计工作底稿以何种形式存在，审计单位都应当对审计工作底稿设计和实施适当控制，以实现下列目的：

(1) 使审计工作底稿清晰地显示其生成、修改及复核的时间和人员；

(2) 在审计业务的所有阶段，尤其在项目组成员共享信息或通过互联网将信息传递给其他人员时，保护信息的完整性和安全性；

(3) 防止未经授权改动审计工作底稿；

(4) 允许项目组和其他经授权的人员为适当履行职责而接触审计工作底稿。

2) 审计工作底稿的内容

审计工作底稿通常包括总体审计策略、具体审计计划、分析表、问题备忘录、重大事项概要、询证函回函、核对表、有关重大事项的往来邮件以及对被审计单位文件记录的摘要或复印件。此外，还包括业务约定书、管理建议书、项目组内部或项目组与被审计单位举行的会议记录等。

审计工作底稿通常不包括已被取代的审计工作底稿的草稿或财务报表的草稿、对不全面或初步思考的记录、存在印刷错误或其他错误而作废的文本，以及重复的文件记录。因为这些草稿、错误的文本或重复的文件记录等不构成审计结论、审计报告的支持性证据，审计人员对其无需保留。

6.4.3 审计工作底稿的格式、内容和范围

1）编制审计工作底稿的总体要求

注册会计师编制的审计工作底稿，应当使得未曾接触该项审计工作的有经验的专业人士清楚地了解：按照审计准则的规定实施的审计程序的性质、时间和范围；实施审计程序的结果和获取的审计证据；就重大事项得出的审计结论，以及在得出结论时作出的重大职业判断。

这里所指的有经验的专业人士，是指对审计过程、相关法律法规和审计准则的规定、被审计单位所处经营环境、与被审计单位所处行业相关的会计和审计问题有一定了解的人士。

具体而言，审计人员编制的审计工作底稿，应当内容完整、格式规范、标识一致、记录清晰、结论明确，以便其他审计人员在复核、检查或使用审计工作底稿时，能够理解和接受审计工作底稿的内容。对于由被审计单位、其他第三者提供或代为编制的审计工作底稿，审计人员必须做到：（1）注明资料来源。（2）实施必要的审计程序，如对有关法律性文件的复印件同原件核对一致。

2）确定审计工作底稿的格式、内容和范围时应考虑的因素

（1）被审计单位的规模和复杂程度。通常来说，对大型被审计单位进行审计形成的审计工作底稿，通常要比小型被审计单位进行审计形成的审计工作底稿要多；对业务复杂的被审计单位进行审计形成的审计工作底稿，通常要比对业务简单的被审计单位进行审计形成的审计工作底稿要多。

（2）拟实施审计程序的性质。不同的审计程序会使得注册会计师获取不同性质的审计证据，由此注册会计师会编制不同格式、内容和范围的审计工作底稿。如注册会计师编制的应收账款函证程序的审计工作底稿——询证函及回函，就与在编制存货监盘程序的审计工作底稿——盘点表，在格式、内容和范围方面是不同的。

（3）识别的重大错报风险。识别和评估的重大错报风险水平的不同可能导致注册会计师执行的程序和获取的审计证据不相同。如当注册会计师识别出应收账款余额存在较高重大错报风险，其他应收款的重大错报风险较低时，对应收账款会执行较多的审计程序并获取较多的审计证据，则对应收账款的记录会比针对其他应收款的记录内容要多。

（4）已获取审计证据的重要程度。注册会计师在执行多项审计程序时可能会获取不同的审计证据，有些审计证据的相关性和可靠性较高，有些则较差，注册会计师可区分不同的审计证据进行有选择性的记录。

（5）已识别的例外事项的性质和范围。如在应收账款函证程序中，注册会计师发现某个函证的回函表明存在不符事项，即例外事项。如果在实施恰当的追查后发现该例外事项并未构成错报，注册会计师只在审计工作底稿中记录发生该例外事项的原因及影响。如果该例外事项构成错报，注册会计师需要执行额外的审计程序并获取更多的审计证据，由此编制的审计工作底稿在内容和范围方面是不同的。

（6）当从已执行审计工作或获取审计证据的记录中不易确定结论或结论基础时，记录结论或结论基础的必要性。在有些情况中，涉及复杂的事项时，注册会计师单纯将已执行的审计工作或获取的审计证据记录下来，并不会使其他有经验的注册会计师经过合理分析，得出审计结论或结论的基础。这时，注册会计师需要进一步说明并记录得出结论的过程及该事项的结论。

（7）使用的审计方法和工具。如在对应收账款账龄进行重新计算时，应用计算机辅

助技术可以针对总体进行测试，而采用人工方式时，则会针对样本进行测试，因此形成的审计工作底稿在格式、内容和范围方面是不同的。

3）审计工作底稿的要素

审计人员所编制的审计工作底稿一般应包括以下全部或部分要素：

（1）被审计单位名称，是指财务报表的编报单位。

（2）审计项目名称，是指某一财务报表项目名称或某一审计程序及实施对象的名称，如库存现金盘点表、原材料抽查盘点表等。

（3）审计项目时点或期间，是指某一资产负债表项目的报告时点或某一利润表项目的报告期间。

（4）审计过程记录。在审计工作底稿中要求详细记录审计程序实施的全过程。其包括两方面内容：一是被审计单位的未审情况，包括被审计单位的内部控制情况、有关会计账项的未审计发生额及期末余额。二是审计过程的记录，包括审计人员实施的审计测试性质、测试项目、抽取的样本及检查的重要凭证、审计调整及重分类事项等。

需要注意的是，注册会计师在记录实施审计程序的性质、时间和范围时，应当记录测试的特定项目或事项的识别特征。识别特征是指被测试的项目或事项表现出的征象或标志。记录识别特征的目的主要是对例外事项或不符事项进行检查，以及对测试的项目或事项进行复核。比如在对被审计单位生成的订购单进行细节测试时，注册会计师可以订购单的日期或编号作为测试订购单的识别特征。若被审计单位按年对订购单依次编号，则识别特征是××年××号；若被审计单位按序列号进行编号，则可以直接将该号码作为识别特征。再比如，对于一项需要询问被审计单位中特定人员的审计程序，注册会计师可以记录询问的时间、被询问人的姓名及职位作为识别特征。观察这一审计程序时，注册会计师可以观察的对象或观察过程、观察的地点和时间作为识别特征。

此外，注册会计师还应当根据具体情况判断某一事项是否属于重大事项，同时考虑编制重大事项概要。将散落在审计工作底稿中的有关重大事项的记录汇总在重大事项概要中，这不仅可以帮助注册会计师集中考虑重大事项对审计的影响，还便于审计工作的复核人员全面、快速地了解重大事项，从而提高复核工作的效率。所谓重大事项通常包括：①引起特别风险的事项；②实施审计程序的结果，该结果表明财务信息可能存在重大错报，或需要修正以前对重大错报风险的评估或针对这些风险拟采取的应对措施；③导致注册会计师难以实施必要审计程序的情形；④导致出具非标准审计报告的事项。重大事项概要包括审计过程中识别的重大事项及其如何得到的解决，或对其他支持性审计工作底稿的交叉索引。

（5）审计标识及说明。审计标识是审计人员为便于表达审计含义而采用的符号。为了便于他人理解，审计人员应在审计工作底稿中说明各种审计标识所代表的含义，或者采用审计标识说明表的形式统一说明。审计标识应前后一致。以下是注册会计师在审计工作底稿中列明的标识举例：

∧：纵加核对

<：横加核对

B：与上年结转数核对一致

T：与原始凭证核对一致

G：与总分类账核对一致

S：与明细账核对一致

T/B：与试算平衡表核对一致

C：已发询证函

C\：已收回询证函

（6）审计结论。审计结论帮助注册会计师总结所执行的相关审计程序后所得出的结论，并进一步作为形成审计意见的基础。注册会计师记录审计结论时需要注意，在审计工作底稿中记录的审计程序和审计证据是否足以支持所得出并记录的审计结论。审计工作底稿应包括审计人员对被审计单位内部控制情况的研究与评价结果、有关会计账项的审定发生额及审定期末余额等审计结论。

（7）索引号及编号。通常，审计工作底稿需要注明索引号及顺序编号，以使相关审计工作底稿之间保持清晰的勾稽关系。相互引用时，需要在审计工作底稿中交叉注明索引编号。

（8）编制者姓名及编制日期。每一张审计工作底稿上应当注明执行审计工作的人员姓名及其完成该项审计工作的日期。

（9）复核者姓名及复核日期。审计工作的复核人员也应当在审计工作底稿上签名，并注明复核的日期和范围。在需要项目质量控制复核的情况下，还需要注明项目质量控制复核人员及复核的日期。

审计工作底稿范本见表6-12。

审计工作底稿标题

表6-12 **应付职工薪酬审定表**

索引号及编号

被审计单位：________ 索引号：________

项目：________ 财务报表截止日/期间：________

编制：________ 复核：________

日期：________ 日期：________

复核者姓名及复核日期

编制者姓名及编制日期

项目名称	期末未审数	账项调整		重分类调整		期末审定数	上期审定数	索引号
		借方	贷方	借方	贷方			
1. 工资								
2. 奖金								
3. 津贴								
4. 补贴								
5. 职工福利								
6. 社会保险费								
（1）医疗保险费								
（2）养老保险费								
（3）失业保险费								
（4）工伤保险费								
（5）生育保险费								
7. 住房公积金								
8. 工会经费								
9. 职工教育经费								
10. 非货币性福利								
合计								

审计过程记录

审计结论：

审计结论

6.4.4 审计工作底稿的复核

1）审计工作底稿复核的作用

一份审计工作底稿往往由一名专业人员独立完成，编制者对有关资料的引用，对有关事项的判断，对会计数据的加计验算等都可能出现误差，因此，在审计工作底稿编制完成后，审计工作底稿复核就显得很有必要。审计组织应结合本所实际情况，制定实用有效的复核制度。

审计工作底稿复核制度，就是审计组织对有关复核人的级别、复核程序与要点、复核人的职责等所作出的明文规定。审计工作底稿复核的作用主要表现在以下三个方面：减少或者消除人为的审计误差，以降低审计风险，提高审计质量；及时发现和解决问题，保证审计计划的顺利执行，并不断地协调审计进度，节约审计时间、提高审计效率；便于上级管理人员对审计人员进行审计质量监控和工作业绩考评。

2）审计工作底稿复核的要求

复核是审计组织进行质量监控的一项重要程序，必须有严格和明确的规则。一般来说，复核应做好以下四项工作：

（1）做好复核记录。在复核工作中，复核人如发现已执行的审计程序和作出的审计记录存在问题，应指示有关人员予以答复、处理，并形成相应的审计记录。

（2）书面表示复核意见。复核人复核审计工作底稿后应以书面形式表示复核意见。

（3）复核人签名和签署日期，以划清审计责任，也有利于上级复核人对下级复核人的监督。

（4）督促编制人及时修改和完善审计工作底稿。

3）审计工作底稿的复核制度

（1）项目组内部复核。

项目组内部的复核并非全部由项目负责人执行，项目负责人可以委派项目组内经验较多的人员复核经验较少的人员执行的工作，但是，项目负责人应对复核负责。

复核人员在复核已实施的审计工作时，复核的内容包括：

①审计工作是否已按照法律法规、职业道德规范和审计准则的规定执行；

②重大事项是否已提请进一步考虑；

③相关事项是否已进行适当咨询，由此形成的结论是否得到记录和执行；

④是否需要修改已执行审计工作的性质、时间和范围；

⑤已执行的审计工作是否支持形成的结论，并已得到适当记录；

⑥获取的审计证据是否充分、适当；

⑦审计程序的目标是否实现。

项目负责人也应当在审计过程的适当阶段及时实施复核，以使重大事项在出具审计报告前能够得到满意解决。项目负责人复核的内容包括对关键领域所作的判断，尤其是执行业务过程中识别出的疑难问题或争议事项、特别风险以及项目负责人认为重要的领域。检查这些内容的目的是通过对过程的控制，以最终确保审计报告的恰当性。

（2）项目质量控制复核。

会计师事务所应当对特定业务实施项目质量控制复核。例如，对上市公司财务报表审计，就必须进行项目质量控制复核，原因在于上市公司财务报表涉及社会公众利益的范围广泛，审计一旦出现问题，社会经济影响比较重大。

项目质量控制复核，是指会计师事务所挑选不参与该业务的人员，在出具审计报告前，对项目组作出的重大判断和在准备审计报告时形成的结论作出客观评价的过程。对应当实施项目质量控制复核的特定业务，如果没有完成项目质量控制复核，就不得出具审计报告。

需要注意的是，项目质量控制复核并不减轻项目负责人的责任，更不能替代项目负责人的责任。项目质量控制复核的范围，取决于审计业务的复杂程度和审计风险，具体包括客观评价下列事项：

①项目组作出的重大判断；

②项目组在准备审计报告时得出的结论。

项目质量控制复核与项目组内部复核在内容和目的等方面具有一定的相似性，但存在以下主要区别：

①复核主体不同。项目组复核是项目组内部进行的复核，包括项目负责人实施的复核。项目质量控制复核则是会计师事务所挑选不参与该业务的人员独立地对特定业务实施的复核。后者的独立性和客观性高于前者。

②复核对象不同。对每项审计业务都应当实施项目组内部复核；而会计师事务所只对特定业务才实施独立的项目质量控制复核。

③复核要求不同。对每项审计业务实施项目组内部复核的内容比较广泛；会计师事务所对特定业务实施项目质量控制复核的重点，是客观评价项目组作出的重大判断和在准备审计报告时形成的结论。

案例窗 6-14

审计工作底稿的复核

奥特会计师事务所为保证审计工作质量，结合本所的实际情况对审计工作底稿进行了规范，结合近期执行的审计业务对审计工作进行检查。具体情况如下：

(1) 在编制控制测试工作底稿时，应当格式统一、语言精练，至少能使执行项目组内部复核的人员清楚地了解所执行的控制测试程序的性质、时间和范围。

(2) 对实施项目质量控制复核的审计业务，不仅编制人、复核人要在每张审计工作底稿上签字，还要求项目质量控制复核人员在每张审计工作底稿上签字。

(3) 项目质量控制复核人员对审计工作底稿复核的主要内容是实施的审计程序是否适当，获取的审计证据是否足以支持审计结论。

(4) 因对甲公司 2013 年年末应收账款实施审计抽样时将所有贷方余额的应收账款从总体中剔除并单独实施审计程序，项目组在编制审计工作底稿时以贷方余额作为识别特征。

(5) 对乙公司 2013 年度财务报表的某项认定实施实质性程序的结果表明：先前重大错报风险的评估结论不完全正确，项目组将修正后的评估结果作为重大事项列入工作底稿。

(6) 丙公司项目合伙人不仅要求项目组成员及时记录与管理层、治理层和其他人员对重大事项的讨论内容和参加讨论的人员，而且要记录讨论的时间、地点。

要求：请针对上述每种情况，逐一指出奥特会计师事务所的规定和各项目组的做法是否符合审计准则对审计工作底稿的相关规定，并简要说明理由。

【解答】

事项（1）：不符合。按规定，审计工作底稿编制应使未曾接触该项审计工作的有经验的专业人士清楚地了解所实施的审计程序的性质、时间和范围。

事项（2）：不符合。项目质量控制复核人对审计工作底稿的复核不是逐张复核，故只需在所复核的审计工作底稿上签字，无须逐张签字。

事项（3）：不符合。项目质量控制复核的重点内容是项目组作出的重大判断和在准备审计报告时形成的结论。

事项（4）：符合。注册会计师可能会以实施审计程序的范围作为识别特征，如总账中一定金额以上的所有会计分录。

事项（5）：不符合。当审计程序结果表明不仅需要修正对重大错报风险的评估，而且要修改相应的应对措施时，才将该结果列为重大事项。

事项（6）：符合。注册会计师应当及时记录与管理层、治理层和其他人员对重大事项的讨论，包括讨论的内容、时间、地点和参加讨论的人员。

6.4.5　审计工作底稿的归档

1）审计档案的分类

审计工作底稿经过分类整理、汇集归档后，就形成了审计档案。审计档案是会计师事务所审计工作的重要历史资料，应妥善保管。审计档案按照使用期限的长短和作用的大小可分为永久性档案和当期档案两类。

（1）永久性档案。

它是指那些记录内容相对稳定，具有长期使用价值，并对以后审计工作具有重要影响和直接作用的审计档案，通常可分为三类：审计项目管理、被审计单位背景资料、法律事项资料。具体而言有：审计业务约定书原件、各期审计档案清单、被审计单位的组织结构以及有关设立、经营的文件的复印件等。

（2）当期档案。

它是指那些记录内容经常变化，只供当期审计使用和下期审计参考的审计档案，通常可分为五类：沟通和报告相关工作底稿、审计完成阶段工作底稿、审计计划阶段工作底稿、特定项目审计程序表和进一步审计程序工作底稿。具体而言有：审计报告和经审计的财务报表、重大事项概要、总体审计策略和具体审计计划、关联方、有关控制测试工作底稿、有关实质性测试工作底稿等。

2）审计档案的所有权

从一般意义上讲，审计档案的所有权应属于执行该项业务的审计人员。但在我国，注册会计师不能独立于会计师事务所之外承揽审计业务，必须以会计师事务所的名义统一承揽业务，因此，审计工作底稿的所有权属于承接该项业务的会计师事务所。

会计师事务所对审计工作底稿应当实施适当的质量控制，具体包括：安全保管审计工作底稿并对审计工作底稿保密、保证审计工作底稿的完整性、便于对审计工作底稿的使用和检索、按照规定的期限保存审计工作底稿。

3）审计工作底稿的归档期限和保存年限

（1）审计工作底稿的归档期限。

审计工作底稿的归档期限为审计报告日后的60天内。如果注册会计师未能完成审计业务，审计工作底稿的归档期限为审计业务中止后的60天内。

（2）审计工作底稿的保存年限。

会计师事务所应当自审计报告日起，对审计工作底稿至少保存10年。如果注册会计师未能完成审计业务，会计师事务所应当自审计业务中止日起，对审计工作底稿至少保存十年。

在连续审计的情况中，如果当期归整的永久性档案包括以前年度获取的资料（有可能是十年前），由于其作为本期档案的一部分，是支持审计结论的基础，注册会计师对于这些当期有效的档案，应视为当期取得并保存十年。

对于保管期限届满的审计档案，会计师事务所可以决定将其销毁。销毁时，应当按照规定履行必要的手续。对将要销毁的审计档案作最后一次检查，然后报主任会计师批准。销毁时，有关人员应进行现场监督和检查，以保证被销毁的审计档案彻底销毁干净。

（3）审计工作底稿归档期的变动。

在审计报告日后将审计工作底稿归整为最终审计档案是一项事务性的工作，并不涉及实施新的审计程序或得出新的结论。在归档期内，注册会计师可以对审计工作底稿作出变动，但只是针对以下事务性的工作：

①删除或废弃被取代的审计工作底稿。删除，主要是指删除整张原审计工作底稿，或以涂改、覆盖等方式删减原审计工作底稿中的全部或部分记录内容。废弃，主要是指将原审计工作底稿从审计档案中抽取出来，使审计档案中不再包含原来的底稿。

②对审计工作底稿进行分类、整理和交叉索引。

③对审计档案归整工作的完成核对表签字认可。

④记录在审计报告日前获取的、与审计项目组相关成员进行讨论并取得一致意见的审计证据。

（4）审计工作底稿归档后的变动。

一般情况下，在审计工作底稿归档后不需要对审计工作底稿进行修改或增加。如果发现有必要修改现有审计工作底稿或增加新的审计工作底稿，注册会计师应当记录：修改或增加审计工作底稿的时间和人员，以及复核的时间和人员；修改或增加审计工作底稿的具体理由；修改或增加审计工作底稿对审计结论产生的影响。

4）审计档案的保密与调阅

会计师事务所应当建立审计工作底稿保密制度，对工作底稿中涉及的商业秘密保密。但由于下列情况需要查阅工作底稿的，不属于泄密：

（1）法院、检察院及其他部门依法查阅，并按规定办理了必要手续。

（2）注册会计师协会对执业情况进行检查。

（3）因工作需要，并经委托人同意，在下列情况下，不同会计师事务所的注册会计师可以要求查阅工作底稿：①被审计单位更换会计师事务所；②审计合并报表；③联合审计；④会计师事务所认为合理的其他情况。

拥有审计工作底稿的会计师事务所应当对要求查阅者提供适当的协助，并根据审计工作底稿的内容及性质，决定是否允许要求查阅者阅览其审计工作底稿及复印或摘录有关内容。查阅者因误用审计工作底稿而造成的后果，与拥有审计工作底稿的会计师事务所无关。

案例窗 6-15

审计工作底稿的规范

注册会计师丁颖是希尔有限公司 2013 年度财务报表审计业务项目负责人。在实施审计工作过程中，丁颖和项目组成员需要编制、复核、利用审计工作底稿。相关情况如下：

(1) 项目负责人要求每个项目组成员编制的工作底稿至少可以使本项目组成员在复核时能清楚地了解所实施的程序、获取的证据和形成的结论等信息。

(2) 在借阅希尔有限公司 2012 年度审计工作底稿时，项目组成员甲私下更正了上年由他自己编制的部分工作底稿中存在的错误结论。

(3) 在编制销售业务审计工作底稿时，项目组成员乙根据希尔有限公司与其客户往来频繁的特点，以客户的公司名称作为工作底稿的识别特征。

(4) 为展现审计工作的思路和进程，项目组成员丙在工作底稿中记录对相关问题的初步思考和最终结论。

(5) 归整工作底稿时，项目组的助理人员丁有选择地复印并保留了由其他注册会计师编制的部分工作底稿作为参考资料，以提高自己的业务能力。

(6) 因条件所限，档案管理员戊只保管纸质工作底稿。项目合伙人要求项目组成员将审计过程中形成的电子工作底稿转换成纸质工作底稿后交给档案管理员。

要求：假定不存在其他情况，请分别针对上述每种情况，指出项目负责人及项目组成员的做法是否存在不当之处，并简要说明理由。

【解答】

事项 (1)：存在不当之处。审计工作底稿的编制，应使未曾接触该项审计工作的有经验的专业人士清楚地了解所实施的程序、获取的证据和形成的结论等信息。

事项 (2)：存在不当之处。注册会计师未经授权修改工作底稿，违反了相关法规对保管工作底稿的规定。

事项 (3)：存在不当之处。以客户名称作为审计工作底稿的识别特征，不满足唯一性要求。

事项 (4)：存在不当之处。审计工作底稿通常不包括反映初步思考的记录。

事项 (5)：存在不当之处。工作底稿的所有权属于会计师事务所，私自保留审计工作底稿违反了信息的安全要求。

事项 (6)：存在不当之处。电子介质工作底稿转换成纸质形式后，应与纸质工作底稿一并归档保存。

6.5　审计抽样

审计抽样方法的运用是审计工作理论和实践的重大突破，在有限的审计资源条件下，极大地提高了审计工作的效率，降低了审计费用，收集到充分适当的审计证据。审计抽样的方法由最初的判断抽样发展到统计抽样；而统计抽样比起判断抽样，一定程度上又大大提高了审计结论的可靠性，控制和降低了抽样风险。

6.5.1 审计抽样的概念

审计抽样是指注册会计师对具有审计相关性的总体中低于百分之百的项目实施审计程序，使所有抽样单元都有被选取的机会，为注册会计师针对整个总体得出结论提供合理基础。审计抽样的基本目标是在有限的审计资源条件下，收集充分适当的审计证据，以形成和支持审计结论。审计抽样的应用，极大地提高了审计工作的效率，降低了审计费用。

审计抽样不同于详细审计。详细审计是指对审计对象总体中的全部项目进行审计，并根据审计结果形成审计意见。那种从审计对象总体中选取部分项目进行审计，并对所选项目本身发表审计意见的方法也不属于审计抽样。

审计抽样应当具备三个基本特征：①对某类交易或账户余额中低于百分之百的项目实施审计程序；②所有抽样单元都有被选取的机会；③审计测试的目的是为了评价该账户余额或交易类型的某一特征。

审计人员拟实施的审计程序将对运用审计抽样产生重要影响。有些审计程序可以使用审计抽样，有些审计程序则不宜使用审计抽样。现详细说明：

1）风险评估程序

审计人员应当实施下列风险评估程序以了解被审计单位及其环境：①询问被审计单位管理层和内部其他相关人员；②分析性程序；③观察和检查。审计人员在实施上述风险评估程序时通常不涉及审计抽样，原因是：一方面，审计人员实施风险评估程序的目的是了解被审计单位及其环境，识别和评估重大错报风险，而不需要对总体取得结论性证据；另一方面，风险评估程序实施的范围较为广泛，且所获取的信息具有较强的主观色彩，因此通常不涉及使用审计抽样方法。

但是，如果审计人员在了解控制的设计和确定其是否得到执行时，一并计划和实施控制测试，则会涉及审计抽样方法，但此时审计抽样仅适用于控制测试。

2）控制程序

如果显示控制有效运行的特征留下了书面证据，即控制的运行留下了轨迹，审计人员通常可以在控制测试中运用审计抽样方法。如信用部门经理在销售合同上签名批准赊销，或者操作人员在向某计算机数据处理系统输入数据前必须得到有关主管人员的签字授权。对这些留下了运行轨迹的控制，审计人员应当考虑检查这些文件记录以获取控制运行有效性的审计证据，这时可以使用审计抽样方法。某些控制可能不存在文件记录，或文件记录与证实控制运行有效性不相关。对这些未留下运行轨迹的控制实施测试时，审计人员应当考虑实施询问、观察等审计程序，以获取有关控制运行有效性的审计证据，此时不涉及使用审计抽样方法。如在对被审计单位的存货盘点过程实施控制测试时，审计人员主要通过对存货移动控制、盘点程序及被审计单位用以控制存货盘点的其他活动的观察来进行。审计人员用来观察盘点的这些程序不需要使用审计抽样方法。

3）实质性程序

实质性程序包括对各类交易、账户余额、列报的细节测试，以及实施实质性分析程序。在实施细节测试时，审计人员可以使用审计抽样方法。在实施实质性分析程序时，审计人员不宜使用审计抽样方法。

6.5.2 审计抽样的种类

1）按照审计抽样决策的依据不同划分为统计抽样和非统计抽样

（1）统计抽样

统计抽样是指审计人员运用数理统计方法确定样本及样本量，进而随机选择样本，并根据样本的审查结果来推断总体特征的一种审计抽样方法。

统计抽样能够科学地确定抽样规模，并且审计对象总体中各项目被抽取的机会均等，可以防止人为的偏见，保证审计结论在规定的可靠程度之上和一定的精确度之内作出。统计抽样还能使审计人员量化控制抽样风险。但统计抽样的技术性较强，可能需要花费较高成本来训练审计人员掌握这种技术。

（2）非统计抽样

非统计抽样是指审计人员运用专业经验和主观判断来确定样本规模和选取样本的一种审计抽样方法。

非统计抽样的优势在于两个方面：一是简单易行；二是能充分利用审计人员的实践经验和判断能力。其缺点是审计人员全凭主观标准和个人经验来确定样本规模，往往导致要么样本量过大，浪费了人力和时间；要么样本量过小，易得出错误的审计结论。但是，非统计抽样只要设计得当，也可达到同统计抽样一样的效果。

究竟应选用哪种抽样技术，主要取决于审计人员对成本效果方面的考虑。非统计抽样可能比统计抽样花费的成本要小，但是统计抽样的效果则可能比非统计抽样要好得多。

值得注意的是，非统计抽样和统计抽样的选用，主要涉及的是审计程序实施的范围，并不影响运用于样本的审计程序的选择，也不影响获取单个样本项目证据的适当性，以及审计人员对发现的样本错误所作的适当反应。因为这些事项都需要审计人员运用其职业经验和判断。

2）按照审计抽样目的不同划分为属性抽样和变量抽样

（1）属性抽样

属性抽样是一种用来对总体中某一事件发生率得出结论的统计抽样方法。属性抽样在审计中最常见的用途是测试某一设定控制的偏差率，以支持注册会计师评估的控制有效性。审计人员在进行控制测试时，通常采用属性估计抽样和发现抽样两种方法。

（2）变量抽样

变量抽样是一种用来对总体金额得出结论的统计抽样方法。变量抽样通常回答下列问题：金额是多少？账户是否存在错报？变量抽样在审计中的主要用途是进行细节测试，以确定记录金额是否合理。审计人员在进行实质性程序中的细节测试时，通常采用传统变量抽样和概率比例规模抽样法（简称 PPS 抽样）。

6.5.3 审计抽样的一般程序

1）样本设计

在设计审计样本时，注册会计师应当考虑审计程序的目的和抽样总体的特征，即注册会计师首先应考虑拟实现的具体目标，并根据目标和总体的特点确定能够最好地实现该目标的审计程序组合，以及如何在实施审计程序时运用审计抽样。审计人员设计样本时，应当考虑以下基本因素：

（1）确定测试目标

确定测试目标是样本设计阶段的第一项工作。一般而言，控制测试是为了获取关于某项控制运行是否有效的证据，而细节测试的目的是确定某类交易或账户余额是否正确，获取与存在的错报有关的证据。

（2）定义总体和抽样单元

审计对象总体是审计人员为形成审计结论，拟采用抽样方法审计的经济业务及有关会计或其他资料的全部项目。审计人员在确定审计对象总体时，应保证其相关性和完整性。相关性是指审计对象总体必须符合具体的审计目标；完整性是指审计对象总体必须包括被审计经济活动的全部项目。

抽样单元是构成审计对象总体的个别项目。审计人员应当根据审计目的及被审计单位实际情况，确定抽样单位。审计人员依据不同的要求和方法，从审计对象总体中选择若干抽样单元，称之为样本，样本的数量称之为样本规模。

（3）抽样风险与非抽样风险

抽样风险是指注册会计师根据样本得出的结论，可能不同于如果对整个总体实施与样本相同的审计程序得出的结论的风险。抽样风险与样本量成反比，样本量越大，抽样风险越低。

审计人员在进行控制测试时，应关注以下抽样风险：

①信赖不足风险，是指推断的控制有效性低于其实际有效性的风险，也可以说，尽管样本结果不支持注册会计师计划信赖内部控制的程度，但实际偏差率支持该信赖程度的风险。

②信赖过度风险，是指推断的控制有效性高于其实际有效性的风险，也可以说，尽管样本结果支持注册会计师计划信赖内部控制的程度，但实际偏差率不支持该信赖程度的风险。

审计人员在进行细节测试时，应关注以下抽样风险：

①误拒风险，是指注册会计师推断某一重大错报存在而实际上不存在的风险。

②误受风险，是指注册会计师推断某一重大错报不存在而实际上存在的风险。

上述风险，都将严重影响审计的效率和效果。但是，信赖过度风险和误受风险对审计人员来说是最危险的风险，因为它使审计工作无法达到预期的效果；信赖不足风险和误拒风险属于保守型风险，一般会导致审计人员执行额外的审计程序，降低审计效率。

非抽样风险是指注册会计师由于任何与抽样风险无关的原因而得出错误结论的风险。注册会计师即使对某类交易或账户余额的所有项目实施审计程序，也可能仍未能发现重大错报或控制失效。这种风险并非抽样所致，而是因其他因素引起的。其原因主要有：①注册会计师选择的总体不适合测试目标；②注册会计师未能适当地定义误差（包括控制偏差或错报）；③注册会计师选择了不适于实现特定目标的审计程序；④注册会计师未能适当地评价审计发现的情况；⑤其他原因。

非抽样风险对审计效率和效果都有一定的影响。非抽样风险无法量化，但审计人员可通过对审计工作适当地计划、指导和监督，坚持质量控制标准，以有效降低非抽样风险。

案例窗 6-16

应关注的抽样风险与非抽样风险

注册会计师抽样审查了如表 6-13 所列的情况。

表 6-13　　抽样审查情况表

审查内容	样本及其容量	可容忍误差	推断误差	总体实际误差
未批准赊销	销货发票副本 200 本	2%	1.5%	10%
假造应收账款	向 150 户顾客发函	10 000 元	20 000 元	14 000 元
虚列现金支出	200 笔支出及凭证	1%	25%	0.5%
漏记应付账款	材料验收单 100 张	5 000 元	8 670 元	3 000 元

要求：

(1) 表 6-13 所列的情况中，关于未批准赊销的情况属于哪种抽样风险？

(2) 哪种情况可能使注册会计师给予相关内部控制的信赖低于应当给予的信赖？

(3) 哪种情况的抽样结果未引起抽样风险？

(4) 哪种情况直接影响实质性测试的效率，但不影响实质性测试的效果？

【解答】

(1) 未批准赊销的情况属于信赖过度抽样风险。

(2) 虚列现金支出的情况可能使注册会计师给予相关内部控制的信赖低于应当给予的信赖。

(3) 假造应收账款的情况抽样结果未引起抽样风险。

(4) 漏记应付账款的情况直接影响实质性测试的效率，但不影响实质性测试的效果。

(4) 样本规模

样本规模是指从总体中选取样本项目的数量。在确定样本规模时，审计人员应当考虑能否将抽样风险降至可接受的低水平。影响样本规模的因素包括：

①可接受的抽样风险。

样本规模受审计人员可接受的抽样风险水平的影响。可接受的抽样风险与样本规模成反比。审计人员愿意接受的抽样风险越低，样本规模通常越大。审计人员愿意接受的抽样风险越高，样本规模越小。

②可容忍误差。

可容忍误差是指注册会计师在认为测试目标已实现的情况下准备接受的总体最大误差。在其他因素既定的条件下，可容忍误差越大，所需的样本规模越小。

③预计总体误差。

预计总体误差即注册会计师根据以前对被审计单位的经验或实施风险评估程序的结果而估计总体中可能存在的误差。预计总体误差越大，可容忍误差也应当越大。在既定的可容忍误差下，当预计总体误差增加时，所需的样本规模更大。

④总体变异性。

总体变异性是指总体的某一特征（如金额）在各项目之间的差异程度。在控制测试中，审计人员在确定样本规模时一般不考虑总体变异性。在细节测试中，审计人员确定适当的样本规模时要考虑特征的变异性。总体项目的变异性越低，通常样本规模越小。审计人员可以通过分层，将总体分为相对同质的组，以尽可能降低每一组中变异的影响，从而减少样本规模。

⑤总体规模。

对大规模总体而言，总体的实际容量对样本规模几乎没有影响。对小规模总体而言，审计抽样比其他选择测试项目的方法的效率低。

(5) 分层

分层是指将某一审计对象总体划分为若干具有相似特征的次级总体的过程。审计人员可以利用分层，着重审计可能存在较大错误的项目，并减少样本量。

对总体进行分层时，必须注意以下几点：①总体中的每一个抽样单位必须属于某一个层次，并且只属于这一层次。②必须有事先确定的、有形的、具体的差别或标准来明确区分不同的层次。③必须能够事先确定每一层次中抽样单位的准确数字。

分层不但能够提高审计效率，而且可以使审计人员按项目的重要性、变化频率或其他特征选取不同的样本量，并且针对不同的层次，实施不同的审计程序。

案例窗 6-17

应收账款分层案例

对应收账款进行函证时，将涉及的往来明细账户按余额的大小分为若干层次，再对每个层次采用不同的审计方法，见表 6-14。

表 6-14 **应收账款分层与审计方法**

层次	分层标准	抽样方法	函证方式
1	余额在 10 001 元以上	100% 函证	积极式
2	余额在 5 001 ~ 10 000 元之间	随机选样	积极式
3	余额在 5 000 元以下	系统选样	消极式

2) 样本的选取

(1) 随机选样

随机选样是指对审计对象总体或次级总体的所有项目，按随机规则选取样本。随机选样通常用随机数表和计算机产生的随机数来进行。所谓随机数表，就是随机产生的由0 ~ 9这 10 个数字组成的多个几位数字，并将这些数字随机纵横排列而成的一种表。表 6-15 列示了部分随机数表。

表 6-15 **随机数表（部分列示）**

	1	2	3	4	5	6
1	69358	26533	94923	56241	38942	57255
2	85385	39380	15570	39289	74903	81072
3	43510	69105	07145	94724	45873	73829
4	63378	21991	05588	26649	10368	47458
5	22571	98025	14588	72537	33875	88622
6	83199	52608	51696	98143	17524	99434
7	17178	85263	63285	21300	82412	33452
8	65199	34810	24622	50472	06464	82499
9	17282	69064	84088	49739	04197	87668
10	57885	72453	18185	38640	19336	63992

审计人员运用此法时，首先应确定随机数表中的数字与审计对象总体中项目的一一对应关系。如果总体中的项目已连续编号，则这种一一对应关系就很容易建立，但有时也需要重新编号才能建立。审计人员使用随机数表时，应选择一个起点和一个选号路线，起点和选号路线可任意选择，但一经选定，就不得改变，必须从起点开始，按照选号路线依次选取。

随机选样不仅使总体中每个抽样单元被选取的概率相等，而且使相同数量的抽样单元组成的每种组合被选取的概率相等。这种方法在统计抽样和非统计抽样中均适用。

案例窗 6-18

随机数表运用案例

审计人员对某公司连续编号为 500 ~ 5000 的现金支票进行随机选样，拟选取一组样本量为 20 的样本。首先，审计人员确定随机数表中的数字与审计对象总体中项目的一一对应关系。确定只用随机数表所列数字的前四位数来与现金支票号码一一对应。其次，选择选样路经：从左到右，从上到下。则选出的 20 个号码为：2653、3894、3938、1557、3928、4351、714、4587、2199、558、2664、1036、4745、2257、1458、3387、1752、1717、2130、3345。选出这 20 个号码后，便可找出与其对应的 20 张支票作为选定样本进行审查。

（2）系统选样

系统选样也称等距选样，是指首先计算选样间隔，确定随机起点，然后按照间隔，顺序选取样本的方法。选样间隔的计算公式为：

选样间隔 = 总体规模 ÷ 样本规模

系统选样方法使用方便，并可用于无限总体。但使用系统选样方法要求总体必须是随机排列的，如果测试的特征在总体内分布具有某种规律性，则选取的样本的代表性就可能较差。例如，应收账款明细表每页的记录均以账龄的长短按先后次序排列，则选中的 200 个样本可能多数是账龄相同的记录。

例如，审计人员拟采用系统抽样从 2 000 张销货发票中选取 200 张作为样本，则选样间隔为 10。假定审计人员把第 101 号发票作为随机起点，每隔 10 张凭证选取一个样本。则所选取的样本号码依此为：101、111、121、131、141、151……

克服系统抽样方法的这一缺点，可采用两种方法：一是增加随机起点的个数；二是在确定选样方法之前对总体特征的分布进行观察，如发现总体特征的分布呈随机分布，则采用系统选样方法，否则，应考虑使用其他选样方法。

（3）随意选样

随意选样是指审计人员不带任何偏见地选取样本，即不考虑样本项目的性质、金额大小、位置、外观或其他特征而选取总体项目。随意选样的缺点在于很难完全无偏见地选取样本项目，即这种方法难以彻底排除审计人员的个人偏好对样本的影响，因而其结果有时缺乏合理性与可靠性。例如，从发票柜中取发票时，某些审计人员可能倾向于抽取柜子中间位置的发票，这样就会使柜子上面部分和下面部分的发票缺乏相等的选取机会。因此，在运用随意选样方法时，审计人员要避免由于项目的性质、金额大小、位置、外观等的不同所引起的偏见，尽量使所选用的样本具有代表性。

3）评价样本结果

审计人员必须运用恰当的审计技术对所选取的样本进行审查，并按照下列步骤评价抽样结果。

（1）分析样本误差

审计人员在分析样本误差时，一般应从以下方面入手：

①根据预先确定的构成误差的条件，确定某一有问题的项目是否为一项误差。

②审计人员按照既定的审计程序，无法对样本取得审计证据时，应当实施替代审计程序以获取相应的审计证据。如果没有或无法实施替代审计程序，应将有关样本视为误差。

③如果某些样本误差项目具有共同的特征，如相同的经济业务类型、场所、时间，则应将这些具有共同特征的项目作为一个整体，实施相应的审计程序，并根据审计结果，进行单独评价。

④在分析抽样中所发现的误差时，还应考虑误差的质的方面，包括误差的性质、原因及其他相关审计工作的影响，以进一步考虑某个误差是否构成一项舞弊。

（2）推断总体误差

在实施控制测试中，审计人员将样本中发现的偏差数量除以样本规模，就计算出样本偏差率。无论使用统计抽样还是非统计抽样方法，样本偏差率都是审计人员对总体偏差率的最佳估计，但审计人员必须考虑抽样风险。

当实施细节测试时，审计人员应当根据样本中发现的误差金额推断总体误差金额，并考虑推断误差对特定审计目标及审计的其他方面的影响。

（3）形成审计结论

审计人员应当评价样本结果，以确定对总体相关特征的评估是否得到证实或需要修正。

①控制测试中的样本结果评价。在控制测试中，审计人员应当将总体偏差率与可容忍误差比较，但必须考虑抽样风险。

在统计抽样中，出现以下三种情况：

如果估计的总体偏差率上限低于可容忍偏差率，则总体可以接受。审计人员可以对总体作出结论，样本结果支持计划评估的控制有效性，从而支持计划的重大错报风险评估水平。

如果估计的总体偏差率上限大于或等于可容忍偏差率，则总体不可以接受。审计人员可以对总体作出结论，样本结果不支持计划评估的控制有效性，从而不支持计划的重大错报风险评估水平。这时，审计人员应当修正重大错报风险评估水平，并增加实质性程序的数量。

如果估计的总体偏差率上限低于但接近可容忍偏差率，审计人员应当结合其他审计程序的结果，考虑是否接受总体，并考虑是否需要扩大测试范围，以进一步证实计划评估的控制有效性和重大错报风险水平。

②细节测试中的样本结果评价。在细节测试中，审计人员首先必须根据样本中发现的实际错报要求被审计单位调整账面记录金额。将被审计单位已更正的错报从推断的总体错报金额中减掉后，审计人员应当将调整后的推断总体错报与该类交易或账户余额的可容忍错报相比较，但必须考虑抽样风险。

在统计抽样中，出现以下三种情况：

如果计算的总体错报上限低于可容忍错报，则总体可以接受。这时，审计人员对总体作出结论，所测试的交易或账户余额不存在重大错报。

如果计算的总体错报上限大于或等于可容忍错报，则总体不可以接受。这时，审计人员对总体作出结论，所测试的交易或账户余额存在重大错报。通常，审计人员会建议被审计单位对错报进行调查，且在必要时调整账面记录。

6.5.4 控制测试中的审计抽样

控制测试中的审计抽样，通常被称作属性抽样。属性抽样用于检查内部控制制度情况。它是通过对样本检查的结果，推断总体中某些特征或属性发生的频率或次数，借以评价客户的内部控制是否值得信赖并为实质性程序提供依据。

所谓属性，是指审计对象总体的质量特征，即被审业务或内部控制是否遵循了既定的标准以及存在差错水平。由于在控制测试中，若不是性质问题，审计人员一般只关心错误出现的次数或频率，而不关心错误程度的大小。所以在进行属性抽样审计中，对样本项目检查或评估是以正确（合规）和不正确（差错）来衡量的。属性抽样的目的在于对样本进行合规性（遵循性）检查，来获取总体可靠性的合理水平。总体可靠性的合理水平可以表述为总体差错率没有超过某个水平。

属性抽样主要有以下两种方法：

一种是发现抽样。发现抽样是在既定的可信赖程度下，在假定误差以既定的误差率存在于总体之中的情况下，至少查出一个误差的抽样方法。发现抽样主要用于搜查重大非法事件，它能够以极高的可信赖程度（如 99.5% 以上）确保查出误差率仅在 0.5% ~1% 之间的误差。使用发现抽样时，当发现重大的误差，如欺诈的凭据时，无论发生的次数多少，审计人员都可能放弃一切抽样程序，而对总体进行全面彻底的检查。若发现抽样未发现任何例外，审计人员可得出下列结论：在既定的误差率范围内没有发现重大误差。

使用发现抽样时，审计人员需确定可信赖程度及可容忍误差。然后，在预期总体误差为 0 的假设下，参阅适当的属性抽样表，即可得出所需的样本量。例如，审计人员怀疑企业的职员伪造请购单、验收单及进货发票，以虚构进货交易而达到支付现金的目的。为确定此种舞弊是否存在，审计人员必须在企业的已付凭单中找出一组不实的单据。假设审计人员设定：如果总体中包含 2% 或 2% 以上的欺诈性项目，那么在 95% 的可信赖程度下，样本将显示出不实的凭单。在预期总体误差为 0 及可容忍误差为 2% 时，所需样本量为 149 个。经审计人员选取并检查 149 个凭证后，未发现有不实情况，则审计人员有 95% 的把握确信总体中的不实凭单不超过 2%。

发现抽样适用于总体容量较大，但差错率较低的情况。在怀疑存在舞弊欺诈行为的审计情况下，采用这种方法最为有效。

另一种是属性估计抽样。属性估计抽样用以估计被测试控制的偏差发生率，或控制未有效运行的频率。以下内容以属性估计抽样法为主。

在控制测试中使用审计抽样可以分为样本设计、选取样本和评价样本结果三个阶段。

1）样本设计

（1）确定测试目标

注册会计师实施控制测试的目标是提供关于控制运行有效性的审计证据，以支持计划的重大错报风险评估水平。如果对控制运行有效性的定性评价分为最高、高、中等和低四个层次，注册会计师只有在初步评估控制运行有效性在中等以上水平时，才会实施控制测试。

（2）定义总体和抽样单元

①定义总体。在控制测试中，注册会计师应当考虑总体的同质性，即总体中的所有项目应该具有同样的特征。在界定总体时，应当确保总体适合于特定的审计目标，同时确保总体的完整性。例如，要测试现金支付授权控制是否有效运行，注册会计师应当将该时期的所有已支付现金的单据作为总体，而不是只从已得到授权的单据中抽取样本，这样不能发现控制偏差。

②定义抽样单元。抽样单元应与审计测试目标相适应，通常是提供控制运行证据的一份文件资料、一个记录或其中一行。例如，如果测试目标是确定付款是否得到授权，且设定的控制要求付款之前授权人在付款单据上签字，抽样单元可能被定义为每一张付款单据。如果一张付款单据包含了对几张发票的付款，且设定的控制要求每张发票分别得到授权，那么付款单据上与发票对应的一行就可能被定义为抽样单元。

（3）定义偏差

注册会计师应定义所要测试的控制及可能出现偏差的情况。例如，设定的控制要求每笔支付都应附有发票、收据、验收报告和订购单等证明文件，且均盖上“已付”戳记。注册会计师认为盖上“已付”戳记的发票和验收报告足以显示控制的适当运行。在这种情况下，误差可能被定义为缺乏盖有“已付”戳记发票和验收报告等证明文件的款项支付。

（4）定义测试期间

注册会计师通常在期中实施控制测试。由于期中测试获取的证据只与控制截止期中测试时点的运行有关，注册会计师需要确定如何获取关于剩余期间的证据。注册会计师应当获取与控制在剩余期间发生的所有重大变化的性质和程度有关的证据，包括其人员的变化。如果发生了重大变化，注册会计师应修正其对内部控制的了解，并考虑对变化后的控制进行测试，或者，也可以考虑对剩余期间实施实质性分析程序或细节测试。

2）选取样本

（1）确定样本规模。在控制测试中影响样本规模的因素如下：

第一，可接受的信赖过度风险。由于控制测试是控制是否有效运行的主要证据来源，因此，可接受的信赖过度风险应确定在相对较低的水平上。通常，相对较低的水平在数量上是指5%～10%的信赖过度风险。注册会计师一般将信赖过度风险确定为10%，特别重要的测试可以将信赖过度风险确定为5%。

第二，可容忍偏差率。一个很高的可容忍偏差率通常意味着，控制的运行不会大大降低相关实质性程序的程度。在这种情况下，由于注册会计师预期控制运行的有效性很低，特定的控制测试可能不需进行，反之，如果注册会计师在评估认定层次重大错报风险时预期控制的运行是有效的，必须实施控制测试，确定的可容忍偏差率则越低，进行控制测试的范围越大，样本规模增加。实务中，注册会计师通常认为，当偏差率为3%～7%时，控制有效性的估计水平较高；可容忍偏差率超过20%时，由于估计控制运行无效，注册会计师不需进行控制测试。

第三，预计总体偏差率。注册会计师可以根据上年测试结果和控制环境等因素对预计总体偏差率进行评估。在考虑上年测试结果时，应考虑被审计单位内部控制和人员的变化。在实务中，如果以前年度的审计结果无法取得或认为不可靠，可以在抽样总体中选取一个较小的初始样本，以初始样本的偏差率作为预计总体偏差率的估计值。如果预计总体偏差率高得无法接受，意味着控制有效性很低，通常注册会计师决定不实施控制测试，而实施更多的实质性程序。

使用统计公式计算样本规模，在基于泊松分布的统计模型中，样本量的计算公式如下：

样本量（n）= 可接受的信赖过度风险系数（R）÷可容忍偏差率（TR）

其中的分子“可接受的信赖过度风险系数”取决于特定的信赖过度风险和预期将出现的偏差的个数。表 6-16 列示了在控制测试中常用的风险系数。

表 6-16　　**控制测试中常用的风险系数表**

预期发生偏差的数量	信赖过度风险	
	5%	10%
0	3.0	2.3
1	4.8	3.9
2	6.3	5.3
3	7.8	6.7
4	9.2	8.0
5	10.5	9.3
6	11.9	10.6
7	13.2	11.8
8	14.5	13.0
9	15.7	14.2
10	17.0	15.4

在本例中，审计人员确定的可容忍信赖过度风险为 10%，可容忍偏差率为 7%，并预期至多发现一例偏差。应用公式可计算出所需的样本量为 56，计算如下：

n = R÷TR = 3.9÷7% = 56

其中的风险系数 3.9 是根据预期的偏差 1、信赖过度风险 10% 来确定的，从表 6-16 中可查出。

（2）确定样本规模后，使用上节所述的选取样本的方法选取样本，并对选取的样本项目实施审计程序。

3）评价样本结果阶段

（1）分析偏差的性质和原因。注册会计师对偏差的性质和原因的分析包括：是有意还是无意？是误解了规定还是粗心大意？是经常发生还是偶然发生？是系统的还是随机的？如果对偏差的分析表明是故意违背了既定的内部控制政策或程序，注册会计师应考虑存在重大舞弊的可能性。

（2）计算总体偏差率。将样本中发现的偏差数量除以样本规模，就可以计算出样本偏差率。样本偏差率就是审计人员对总体偏差率的最佳估计，因而在控制测试中无须另外推断总体偏差率。但审计人员还必须考虑抽样风险。

（3）得出总体结论。在实务中，审计人员使用统计抽样方法时通常使用公式、表格直接计算在确定的信赖过度风险水平下可能发生的偏差率上限，即估计的总体偏差率与抽样风险允许限度之和。

使用统计公式评价样本结果。假定上例中，审计人员对56个项目实施了既定的审计程序，且未发现偏差，则在既定的可接受信赖过度风险下，根据样本结果计算总体最大偏差率如下：

总体偏差率上限（MDR）= R÷n = 2.3÷56 = 4.1%

其中的风险系数根据可接受的信赖过度风险为10%，且偏差数量为0，在表6-16中可查出为2.3。

这意味着，如果样本量为56且无一例偏差，总体实际偏差率不超过4.1%的风险为10%，即有90%的把握保证总体实际偏差率不超过4.1%。若审计人员确定的可容忍偏差率为7%，则可以得出结论：总体的实际偏差率超过可容忍偏差率的风险很小，总体可以接受。也就是说，样本结果证实审计人员对控制运行有效性的估计和评估的重大错报风险水平是适当的。

如果在56个样本中有两个偏差，则在既定的可接受信赖过度风险下，按照公式计算的总体偏差率上限如下：

总体偏差率上限（MDR）= R÷n = 5.3÷56 = 9.5%

这意味着，如果样本量为56且有两个偏差，总体实际偏差率超过9.5%的风险为10%，在可容忍偏差率为7%的情况下，审计人员可以得出结论：总体的实际偏差率超过可容忍偏差率的风险很大，因而不能接受总体。也就是说，样本结果不支持审计人员对控制运行有效性的估计和评估的重大错报风险水平。审计人员应当扩大控制测试范围，以证实初步评估结果，或提高重大错报风险评估水平，并增加实质性程序的数量。

案例窗 6-19

属性估计抽样法的运用

注册会计师丁颖拟运用统计抽样方法对希尔有限公司的采购审批制度执行情况实施控制测试。为此，确定的信赖过度风险为10%，可容忍偏差率为4%。

希尔有限公司的采购审批制度规定，由提出请购的部门根据需要编制请购单，经所在部门主管签字批准后送交采购部门。采购部门职员只根据经批准的请购单编制连续编号的订购单并安排采购。订购单一式四联，正联送供应商，二、三联分别送验收、应付凭单等部门，第四联后附请购单留底。

（1）丁颖将全年发生的采购业务定义为测试总体，将请购单作为与总体对应的实物。

（2）希尔有限公司没有对请购单连续编号，管理层的解释是为了便于多个部门使用请购单。丁颖不认为该情况属于控制缺陷。

（3）丁颖认为，如果评估的预计总体偏差率达到或超过可容忍偏差率，没有可供选择的抽样方案，应当对内部控制实施100%的测试。

（4）编制具体审计计划时，估计全年发生采购交易3 000笔，并从1~3000中随机选取了与样本规模对应的55个号码，但因全年实际发生了2 727笔交易，导致5个大于2727的号码无法与实际业务对应，丁颖将抽样规模改为50。

（5）选取样本时，与选取的随机数对应的编号为1569的订购单没有对应的实物。采购部门负责人给出的解释是订购单丢失。丁颖随机抽取了另一张订购单加以替代。

(6) 根据在样本中发现的偏差数计算的总体偏差率估计为6%，丁颖直接作出了拒绝总体的结论。

要求：请逐一考虑上述每一种情况，指出注册会计师丁颖的决策和做法是否妥当，并简要说明原因。

【解答】

事项 (1)：存在不当之处。请购单仅能反映审批之前的内部控制运行情况，不能反映实际发生采购业务是否符合审批情况，应将采购部门留底的订购单作为代表总体的实物。

事项 (2)：妥当。为了便于多个部门使用请购单，请购单通常不连续编号，而是通过主管人员审批加以控制。

事项 (3)：存在不当之处。预计总体偏差率达到或超过可容忍偏差率，意味着在既定的信赖过度风险下，内部控制不能信赖，无需实施控制测试。

事项 (4)：存在不当之处。缩小抽样规模将导致抽样风险上升，应从实际发生且未被抽取的2 677笔 (2 727-50) 业务中随机抽取5笔，达到抽样规模所要求的业务笔数。

事项 (5)：存在不当之处。注册会计师不应仅凭采购部门负责人的口头说明就作出以其他订购单替代的决定，应当考虑是否应将丢失订购单视为一例偏差。

事项 (6)：妥当。如果总体偏差率点估计为6%，则总体偏差率上限必然大于6%，远大于4%的可容忍偏差率，应拒绝接受总体。

6.5.5 细节测试中的审计抽样

在细节测试中的审计抽样，通常被称作变量抽样。它是通过对样本检查的结果，推断总体货币金额的统计抽样方法。在进行实质性程序中的细节测试时，通常采用传统变量抽样法和概率比例规模抽样法（简称PPS抽样）。

1) 传统变量抽样法

①均值估计抽样法。均值估计抽样法是通过检查确定样本的平均值，再根据样本平均值推断总体的平均值和总值的方法。这种方法的适用范围十分广泛，无论被审计单位提供的数据是否完整、可靠，甚至在被审计单位缺乏基本的经济业务或事项账面记录的情况下，均可使用此法。

使用这种方法时，审计人员先计算样本中所有项目审定金额的平均值，然后用这个样本平均值乘以总体规模，得出总体金额的估计值。总体估计金额和总体账面金额之间的差额就是推断的总体错报。例如，审计人员从总体规模为1 000、账面金额为1 000 000元的存货项目中选择了200个项目（账面总金额为208 000元）作为样本。在确定了正确的采购价格并重新计算了价格与数量的乘积之后，审计人员将200个样本项目的审定金额加总后除以200，确定样本项目的平均审定金额为980元。然后计算估计的存货余额为980 000元（980×1 000）。推断的总体错报就是20 000元（1 000 000-980 000）。

②比率估计抽样法。比率估计抽样法是指以样本的实际金额与账面金额之间的比率关系来估计总体实际金额与账面金额之间的比率关系，然后再以此比率乘以总体的账面金额，从而求出估计的总体实际金额的一种抽样方法。比率估计抽样法确定样本量的方法同均值估计抽样法相同，在进行抽样结果评价时的计算公式如下：

比率=样本审定金额÷样本账面金额×100%

估计的总体实际金额=总体账面金额×比率

推断的总体错报=估计的总体实际金额-总体账面金额

如果上例中审计人员使用比率估计抽样法，样本审定金额合计与样本账面金额的比例则为0.94（196 000÷208 000）。审计人员用总体账面金额乘以该比例0.94，得到估计的存货余额为940 000元（1 000 000×0.94）。推断的总体错报则为60 000元（1 000 000-940 000）。

比率估计抽样法主要用于对审查项目正确值与账面值随项目变化并大致成比例变化的总体审查。

③差额估计抽样法。差额估计抽样法是指以样本实际金额与账面金额的平均差额来估计总体实际金额与账面金额的平均差额，然后再以这个平均差额乘以总体规模，从而求出总体的实际金额与账面金额的差额（总体错报）的一种抽样方法。计算公式如下：

平均错报=样本实际金额与账面金额的差额÷样本规模

推断的总体错报=平均错报×总体规模

使用这种方法时，审计人员先计算样本项目的平均错报，然后根据这个样本平均错报推断总体。例如，审计人员从总体规模为1 000的存货项目中选择了200个项目作为样本检查。总体的账面金额总额为1 000 000元。审计人员逐一比较200个样本项目的审定金额和账面金额，并将账面金额（208 000元）和审定金额（196 000元）之间的差异加总，本例中为12 000元。12 000元的差额除以样本项目个数200，得到样本平均错报60元。然后审计人员用这个平均错报乘以总体规模，计算出总体错报为60 000元（60×1 000）。

差额估计抽样法主要用于对审查项目正确值与账面值随项目变化但不成比例变化的总体审查。

2）概率比例规模抽样法（简称PPS抽样）

PPS抽样是一种运用属性抽样原理对货币金额而不是对发生率得出结论的统计抽样方法。PPS抽样以货币单元作为抽样单元。在该方法下总体中的每个货币单元被选中的机会相同；所以总体中某一项目被选中的概率等于该项目的金额与总体金额的比率。项目金额越大，被选中的概率就越大。但实际上注册会计师并不是对总体中的货币单元实施检查，而是对包含被选取货币单元的余额或交易实施检查。PPS抽样有助于注册会计师将审计重点放在较大的余额或交易。此抽样方法之所以得名，是因为总体中每一余额或交易被选取的概率与其账面金额（规模）成比例。

案例窗6-20

传统变量抽样法的运用

注册会计师丁颖审计希尔有限公司2013年度财务报告，在针对存货实施细节测试时，丁颖决定采用传统变量抽样方法实施审计抽样。希尔有限公司2013年12月31日存货账面余额合计15 000万元，丁颖确定总体规模为3 000，样本规模为200，样本账面余额合计1 200万元，样本审定合计为800万元。

要求：代注册会计师丁颖分别采用均值估计抽样、差额估计抽样和比率估计抽样法三种方法推断总体的错报金额。

【解答】

（1）均值估计抽样：

样本平均审定额＝样本审定额÷样本规模＝800÷200＝4（万元）

估计的总体金额＝样本平均审定额×总体规模＝4×3 000＝12 000（万元）

推断的总体错报额＝总体账面金额－估计的总体金额＝15 000－12 000＝3 000（万元）（高估）

（2）差额估计抽样：

平均错报＝（样本账面金额－样本审定额）÷样本规模＝（1 200－800）÷200＝2（万元）

估计的总体金额＝样本平均错报×总体规模＝2×3 000＝6 000（万元）（高估）

（3）比率估计抽样：

样本比率＝样本审定金额÷样本账面金额＝800÷1 200＝2/3

估计的总体实际金额＝总体账面金额×样本比率＝15 000×2/3＝10 000（万元）

推断的总体错报额＝估计的总体实际金额－总体账面金额＝10 000－15 000＝－5 000（万元）（高估）

第7章

编制审计报告

学习目标

在编制审计报告中，注册会计师的工作主要有：评价财务报告的合法性和公允性；选择审计意见的类型；确定审计意见的措辞和撰写审计报告等工作。

本章的学习目标是：

1. 理解评价财务报告合法性考虑的内容。
2. 理解评价财务报告公允性考虑的内容。
3. 明确确定审计意见类型的条件。
4. 能根据确定的审计意见类型熟练完成审计报告编制工作。

基本知识点、基本能力点及能力拓展点

1. 基本知识点：财务报告的合法性；财务报告的公允性；审计意见类型；审计报告。
2. 基本能力点：评价财务报表的合法性和公允性；选择审计意见的类型；撰写审计报告。

导读案例

华天会计师事务所于2014年1月20日接受兴达有限公司委托，对其上年度财务报表进行审计。据公司经理介绍，该公司已于上年12月31日对存货进行全面盘点，但因历年来从事公司年度审计工作的长城会计师事务所负责主审的注册会计师离开了会计师事务所，所以12月31日的存货盘点未经注册会计师现场观察，这也是该公司变更委托的原因。总经理提出，元旦至春节期间生产任务重，需加班加点才能完成客户的订货单，所以要求审计人员不要再度停工盘点，但12月31日盘点时所有资料可提供复核；如果需要了解上一年度的盘点情况，允许后任审计人员与长城会计师事务所取得联系。

根据上述情况，华天会计师事务所审计人员首先深入现场了解生产过程以及存货实物流动的管理控制情况，了解了内部审计工作的独立性以及工作能力。经深入研究存货内部控制制度，证实了内部控制的健全及其可信性。另外，审计人员详细复核了该公司提供的由内部审计人员参加的盘点资料，并于1月20日抽点了约占存货价值20%的项目，抽点的项目经追查永续盘存记录，结果也未发现重大差异。同时，与前任审计人员取得联系，验证了期初存货的存在性，12月31日公司总资产900万元中存货达300万元。

假定存货项目其他方面的审查以及财务报表其他项目的审查均为满意，请问华天会计师事务所的主审注册会计师能否签发无保留意见的审计报告。试说明理由。

我们认为，这种情况下审计人员可以签发无保留意见审计报告。因为该公司的内部控制是比较健全可信的，增强了会计资料的真实、可靠性。虽然审计人员受到限制不能观察存货的实地盘点，但审计人员可以通过实施替代的审计程序获得充分的审计证据。同时存

货的其他方面，如计价、截止期等以及报表其他项目审查都能使审计人员获得令人满意的足够证据和结果。

7.1 审计报告概述

注册会计师审计是受托审计，为了解脱责任，审计后应向委托人提供报告结果，表明自己的意见。审计报告意见不仅能为委托人作出决定、被审计单位纠错和改进工作提供依据，而且还能为社会有关人士作出正确决策提供依据。同时它还是明确审计人员责任的重要资料。因此，审计报告具有重要意义。

7.1.1 审计报告的基本概念

1）审计报告的含义

审计报告是指注册会计师根据审计准则的规定，在执行审计工作的基础上，对财务报表发表审计意见的书面文件。

审计报告是注册会计师在完成审计工作后向委托（委派）人递交的最终产品。它具有以下特征：

①注册会计师应当按照审计准则的规定执行审计工作。审计准则是用以规范注册会计师执行审计业务的标准，包括一般原则与责任、风险评估与应对、审计证据、利用其他主体的工作、审计结论与报告以及特殊领域审计六个方面的内容，涵盖了注册会计师执行审计业务的整个过程和各个环节。审计报告应当按照审计准则规定的要求，执行工作后完成。

②注册会计师在实施审计工作的基础上才能出具审计报告。注册会计师在审计工作中，只有通过实施风险评估、进一步审计等程序，才能获取充分适当的审计证据，得出合理的审计结论，为形成审计意见提供基础，出具审计报告。否则，出具的就可能是不恰当的审计报告。

③注册会计师应通过对财务报表发表意见履行业务约定书约定责任。财务报表审计的目标是注册会计师通过执行审计工作，对财务报表是否在所有重大方面按照财务报告编制基础编制并实现公允反映发表审计意见。因此，在实施审计工作的基础上，注册会计师需要对财务报表形成审计意见，向委托（委派）人提交审计报告。形成了审计意见，编制并向委托（委派）人提交了审计报告，才能履行业务约定书约定的责任。

④注册会计师应当以书面形式出具审计报告。审计报告具有特定的要素和格式，注册会计师只有以书面形式出具审计报告，才能清楚表达对财务报表发表的审计意见。

2）注册会计师对审计报告的责任

审计报告是注册会计师在完成审计工作后向委托（委派）人递交的最终产品。为了明确责任，注册会计师应当在审计报告中清楚地表达对财务报表的意见，并对出具的审计报告负责。

注册会计师应当根据由审计证据得出的结论，清楚表达对财务报表的意见。财务报表是指对企业财务状况、经营成果和现金流量的结构化表示，至少应当包括资产负债表、利润表、所有者（股东）权益变动表、现金流量表和附注。无论是出具标准审计报告，还是非标准审计报告，注册会计师一旦在审计报告上签名并盖章，就表明对其出具的审计报告负责。

3）审计报告与已审计财务报表的关系

审计报告是注册会计师对财务报表是否在所有重大方面按照财务报告编制基础编制并实现公允反映发表审计意见的书面文件，因此，注册会计师应当将已审计财务报表附于审计报告之后，以便于财务报表使用者正确理解和使用审计报告，并防止被审计单位替换、更改已审计的财务报表。

7.1.2 审计报告的作用

注册会计师签发的审计报告，主要具有鉴证、保护和证明三方面的作用。

1）鉴证作用

注册会计师签发的审计报告，不同于政府审计和内部审计的审计报告，它是以超然独立的第三者身份，对被审计单位财务报表合法性、公允性发表意见。这种意见，具有鉴证作用，得到了政府及其各部门和社会各界的普遍认可。政府有关部门，如财政部门、税务部门等了解、掌握企业的财务状况和经营成果的主要依据是企业提供的财务报表。财务报表是否合法公允，主要依据注册会计师的审计报告作出判断。股份制企业的股东，主要依据注册会计师的审计报告来判断被投资企业的财务报表是否公允地反映了其财务状况、经营成果和现金流量，以进行投资决策等。

2）保护作用

注册会计师通过审计，可以对被审计单位财务报表出具不同类型审计意见的审计报告，以提高或降低财务报表信息使用者对财务报表的信赖程度，能够在一定程度上对被审计单位的财产、债权人和股东的权益及企业利害关系人的利益起到保护作用。如投资者为了减少投资风险，在进行投资之前，必须要查阅被投资企业的财务报表和注册会计师的审计报告，了解被投资企业的经营情况和财务状况。投资者根据注册会计师的审计报告作出投资决策，可以降低其投资风险。

3）证明作用

审计报告是对注册会计师审计任务完成情况及其结果所做的总结，它可以表明审计工作的质量并明确注册会计师的审计责任。因此，审计报告可以对审计工作质量和注册会计师的审计责任起证明作用。通过审计报告，可以证明注册会计师在审计过程中是否实施了必要的审计程序，是否以审计工作底稿为依据发表审计意见，发表的审计意见是否与被审计单位的实际情况相一致，审计工作的质量是否符合要求。通过审计报告，可以证明注册会计师审计责任的履行情况。

7.1.3 审计报告的种类

审计报告可以按照不同的标准进行分类。

1）按审计报告的使用目的或公开程度分类

审计报告按其使用目的或公开程度不同，可以分为公布的审计报告和非公布的审计报告。公布的审计报告是指公诸于世，供社会大众阅读，不具有保密性的审计报告。这种审计报告都附有被审计单位的财务报表，以供企业股东、投资者、债权人等阅读。非公布的审计报告是指为特定目的而撰写的审计报告。这种审计报告一般用于经营管理、合并或业务转让、融通资金等的需要。

2）按审计报告的性质分类

审计报告按其性质不同，可以分为标准审计报告和非标准审计报告。当注册会计师出具的无保留意见的审计报告不含有说明段、强调事项段、其他事项段或其他任何修饰性用语时，该报告称为标准审计报告。标准审计报告包含的审计报告要素齐全，属于无保留意见，且不附加说明段、强调事项段其他事项段或任何修饰性用语。否则，不能称为标准审计报告。非标准审计报告，是指标准审计报告以外的其他审计报告，包括带强调事项段或其他事项段的无保留意见的审计报告和非无保留意见的审计报告。非无保留意见的审计报告包括保留意见的审计报告、否定意见的审计报告和无法表示意见的审计报告。

7.2 审计报告的基本内容

标准审计报告，也称不带附加的无保留意见审计报告，是指不含有说明段、强调事项段、其他事项段或其他任何修饰性用语的无保留意见审计报告。

7.2.1 标准审计报告的基本内容

审计报告的基本内容一般包括审计的内容、审计的责任、管理层的责任、审计的结论和意见、审计报告日期和签发报告单位等内容。但是，不同种类审计报告的具体内容和格式也不完全相同。限于篇幅，这里仅以民间审计组织进行财务报表审计后编写的标准审计报告为例，对审计报告的基本内容作一介绍，以便于掌握审计报告的基本内容和编制方法。

标准审计报告包括的要素如下：

1）标题

审计报告的标题应当统一规范为“审计报告”。

考虑到这一标题已广为社会公众所接受，因此，我国注册会计师出具的审计报告中标题没有包含“独立”两个字，但注册会计师在执行财务报表审计业务时，应当遵守独立性的要求。

2）收件人

审计报告的收件人是指注册会计师按照业务约定书的要求致送审计报告的对象，一般是指审计业务的委托人。审计报告应当载明收件人的全称。

注册会计师应当与委托人在业务约定书中约定致送审计报告的对象，以防止在此问题上发生分歧或审计报告被委托人滥用。针对整套通用目的的财务报表出具的审计报告，审计报告的致送对象通常为被审计单位的股东或治理层。

3）引言段

审计报告的引言段应当包括下列内容：①指出被审计单位的名称；②说明财务报表已经审计；③指出构成整套财务报表的每一张报表的名称；④提及财务报表附注（包括重要会计政策概要和其他解释性信息）；⑤指明构成整套财务报表的每一张报表的日期或涵盖的期间。

根据企业会计准则的规定，整套财务报表的每张报表的名称分别为资产负债表、利润表、所有者（股东）权益变动表和现金流量表。此外，由于财务报表附注是财务报表不可或缺的重要组成部分，因此也应提及。财务报表有反映时点的，有反映期间的，注册会计师应在引言段中指明财务报表的日期和涵盖的期间。

引言段举例如下：

“我们审计了后附的ABC股份有限公司（以下简称ABC公司）的财务报表，包括2013年12月31日的资产负债表，2013年度的利润表、股东权益变动表和现金流量表以及财务报表附注。”

4）管理层对财务报表的责任段

管理层对财务报表的责任段应当说明，编制财务报表是管理层的责任，这种责任包括：①按照适用的财务报告编制基础编制财务报表，并使其实现公允反映；②设计、执行和维护必要的内部控制，以使财务报表不存在由于舞弊或错误导致的重大错报。

在审计报告中指明管理层的责任，有利于区分管理层和注册会计师的责任，降低财务报表使用者误解注册会计师责任的可能性。

管理层对财务报表的责任段举例如下：

“管理层对财务报表的责任

编制和公允列报财务报表是ABC公司管理层的责任。这种责任包括：①按照企业会计准则的规定编制财务报表，并使其实现公允反映；②设计、执行和维护必要的内部控制，以使财务报表不存在由于舞弊或错误导致的重大错报。”

5）注册会计师的责任段

注册会计师的责任段应当说明下列内容：①注册会计师的责任是在执行审计工作的基础上对财务报表发表审计意见。②注册会计师按照中国注册会计师审计准则的规定执行了审计工作。中国注册会计师审计准则要求注册会计师遵守中国注册会计师职业道德守则，计划和执行审计工作以对财务报表是否不存在重大错报获取合理保证。③审计工作涉及实施审计程序，以获取有关财务报表金额和披露的审计证据。选择的审计程序取决于注册会计师的判断，包括对由于舞弊或错误导致的财务报表重大错报风险的评估。在进行风险评估时，注册会计师考虑与财务报表编制和公允列报相关的内部控制，以设计恰当的审计程序，但目的并非对内部控制的有效性发表意见。审计工作还包括评价管理层选用会计政策的恰当性和作出会计估计的合理性，以及评价财务报表的总体列报。④注册会计师相信获取的审计证据是充分、适当的，为发表审计意见提供了基础。

如果接受委托，结合财务报表审计对内部控制有效性发表意见，注册会计师应当省略③中“但目的并非对内部控制的有效性发表意见”等术语。

注册会计师的责任段举例如下：

“注册会计师的责任

我们的责任是在执行审计工作的基础上对财务报表发表审计意见。我们按照中国注册会计师审计准则的规定执行了审计工作。中国注册会计师审计准则要求我们遵守中国注册会计师职业道德守则，计划和执行审计工作以对财务报表是否不存在重大错报获取合理保证。

审计工作涉及实施审计程序，以获取有关财务报表金额和披露的审计证据。选择的审计程序取决于注册会计师的判断，包括对由于舞弊或错误导致的财务报表重大错报风险的评估。在进行风险评估时，注册会计师考虑与财务报表编制和公允列报相关的内部控制，以设计恰当的审计程序，但目的并非对内部控制的有效性发表意见。审计工作还包括评价管理层选用会计政策的恰当性和作出会计估计的合理性，以及评价财务报表的总体列报。

我们相信，我们获取的审计证据是充分、适当的，为发表审计意见提供了基础。”

6）审计意见段

审计意见段应当说明，财务报表在所有重大方面是否按照适用的会计准则规定编制，是否公允反映了被审计单位的财务状况、经营成果和现金流量。

如果认为财务报表符合下列所有条件，注册会计师应当出具无保留意见的审计报告：①财务报表在所有重大方面已经按照适用的会计准则规定编制，公允反映了被审计单位的财务状况、经营成果和现金流量；②注册会计师已经按照中国注册会计师审计准则的规定计划和执行审计工作，在审计过程中未受到限制。

当出具无保留意见的审计报告时，注册会计师应当使用“财务报表在所有重大方面按照‘适用的财务报告编制基础（如企业会计准则等）’编制，公允反映了”等措辞。

无保留意见的审计报告的意见段举例如下：

“审计意见

我们认为，ABC 公司财务报表已经在所有重大方面按照企业会计准则的规定编制，公允反映了 ABC 公司 2013 年 12 月 31 日的财务状况以及 2013 年度的经营成果和现金流量。”

7）注册会计师的签名和盖章

审计报告应当由注册会计师签名并盖章。注册会计师在审计报告上签名并盖章，有利于明确法律责任。《财政部关于注册会计师在审计报告上签名盖章有关问题的通知》（财会［2001］1035 号）明确规定：

“一、会计师事务所应当建立健全全面质量控制政策与程序以及各审计项目的质量控制程序，严格按照有关规定和本通知的要求在审计报告上签名盖章。

二、审计报告应当由两名具备相关业务资格的注册会计师签名盖章并经会计师事务所盖章方为有效。

（一）合伙会计师事务所出具的审计报告，应当由一名对审计项目负最终复核责任的合伙人和一名负责该项目的注册会计师签名盖章。

（二）有限责任会计师事务所出具的审计报告，应当由会计师事务所主任会计师或其授权的副主任会计师和一名负责该项目的注册会计师签名盖章。”

8）会计师事务所的名称、地址及盖章

审计报告应当载明会计师事务所的名称和地址，并加盖会计师事务所公章。

根据《中华人民共和国注册会计师法》的规定，注册会计师承办业务，由其所在的会计师事务所统一受理并与委托人签订委托合同。因此，审计报告除了应由注册会计师签名并盖章外，还应载明会计师事务所的名称和地址，并加盖会计师事务所公章。

注册会计师在审计报告中载明会计师事务所地址时，标明会计师事务所所在的城市即可。在实务中，审计报告通常载于会计师事务所统一印刷的、标有该所详细通讯地址的信笺上，因此，无须在审计报告中注明详细地址。此外，根据国家工商行政管理部门的有关规定，在主管登记机关管辖区内，已登记注册的企业名称不得相同。因此，在同一地区内不会出现重名的会计师事务所。

9）报告日期

审计报告应当注明报告日期。审计报告的日期不应早于注册会计师获取充分、适当的审计证据（包括管理层认可对财务报表的责任且已批准财务报表的证据），并在此基础上对财务报表形成审计意见的日期。

注册会计师在确定审计报告日期时，应当确信已获取下列两方面的审计证据：①构成整套财务报表的所有报表（包括相关附注）已编制完成；②被审计单位的董事会、管理层或类似机构已经认可其对财务报表负责。

财务报告的日期非常重要。注册会计师对不同时段的资产负债表日后事项有着不同的责任，而审计报告的日期是划分时段的关键点。在实务中，注册会计师在正式签署审计报告前，通常把审计报告草稿和已审计财务报表草稿一同提交管理层。如果管理层批准并签署已审计财务报表，注册会计师即可签署审计报告。注册会计师签署审计报告的日期通常与管理层签署已审计财务报表的日期为同一天，或晚于管理层签署已审计财务报表日期时，注册会计师应当获取自管理层声明书日到审计报告日期之间的进一步审计证据，如补充的管理层声明书。

对按照企业会计准则编制的财务报表出具的标准审计报告的参考格式如下：

审计报告

ABC 股份有限公司全体股东：

一、对财务报表出具的审计报告

我们审计了后附的 ABC 股份有限公司（以下简称 ABC 公司）的财务报表，包括 2013 年 12 月 31 日的资产负债表，2013 年度的利润表、现金流量表和股东权益变动表以及财务报表附注。

（一）管理层对财务报表的责任

编制和公允列报财务报表是 ABC 公司管理层的责任。这种责任包括：①按照适用的财务报告编制基础编制财务报表，并使其实现公允反映；②设计、执行和维护必要的内部控制，以使财务报表不存在由于舞弊或错误导致的重大错报。

（二）注册会计师的责任

我们的责任是在执行审计工作的基础上对财务报表发表审计意见。我们按照中国注册会计师审计准则的规定执行了审计工作。中国注册会计师审计准则要求我们遵守中国注册会计师职业道德守则，计划和执行审计工作以对财务报表是否不存在重大错报获取合理保证。

审计工作涉及实施审计程序，以获取有关财务报表金额和披露的审计证据。选择的审计程序取决于注册会计师的判断，包括对由于舞弊或错误导致的财务报表重大错报风险的评估。在进行风险评估时，注册会计师考虑与财务报表编制和公允列报相关的内部控制，以设计恰当的审计程序，但目的并非对内部控制的有效性发表意见。审计工作还包括评价管理层选用会计政策的恰当性和作出会计估计的合理性，以及评价财务报表的总体列报。

我们相信，我们获取的审计证据是充分、适当的，为发表审计意见提供了基础。

（三）审计意见

我们认为，ABC 公司财务报表已经在所有重大方面按照企业会计准则的规定编制，公允反映了 ABC 公司 2013 年 12 月 31 日的财务状况以及 2013 年度的经营成果和现金流量。

二、按照相关法律法规的要求报告的事项

（本部分报告的格式和内容，取决于相关法律法规对其他报告责任的规定）

××会计师事务所　　　　　　　　　　　中国注册会计师：×××

（盖章）　　　　　　　　　　　　　　（签名并盖章）

　　　　　　　　　　　　　　　　　　中国注册会计师：×××

　　　　　　　　　　　　　　　　　　（签名并盖章）

中国××市　　　　　　　　　　　　　二〇一四年×月×日

案例窗 7-1

重要性对审计意见确定的影响

奥特会计师事务所的注册会计师对希尔有限公司 2013 年度的财务报表进行审计，确定的财务报表层次重要性水平为 60 万元。希尔有限公司 2013 年度审计前财务报表反映的资产总额为 9 000 万元，股东权益总额为 3 400 万元，利润总额为 600 万元。注册会计师经审计发现：2013 年 10 月公司购买 1 台生产用设备，价格为 240 万元，当月已入账并启用，但当年未计提折旧。公司采用平均年限法核算固定资产折旧，该类固定资产预计使用年限为 10 年，预计净残值率为 5%，注册会计师提请希尔有限公司补提折旧，但该公司拒绝调整。

假定该企业为低风险企业，注册会计师在审计过程中实施了所有认为必要的审计程序，推断的误差是 20 万元，审计范围没有受到任何限制，请判断能否出具无保留意见审计报告。

【解答】

本案例中希尔有限公司拒绝调整固定资产折旧，注册会计师是否能出具无保留意见审计报告。根据《中国注册会计师审计准则第 1221 号——重要性》，注册会计师在确定审计报告类型时，需要判断错报或审计范围受到的限制是否具有重大影响，此时往往离不开重要性水平。重要性水平构成了注册会计师考虑审计报告类型的重要依据。如果财务报表存在的错报（含推断误差）或审计范围受到的限制超过实际执行的重要性水平，将影响财务报表使用人的判断或决策，这样的错报或审计范围限制就是重要的；否则就是不重要的。当财务报表存在的错报或审计范围受到限制的金额较大，高于实际执行的重要性水平但不至于导致多数财务报表使用人作出错误的决策，注册会计师应当出具保留意见的审计报告。本案例中，希尔有限公司少提折旧 3.8 万元（240×95%÷10×2÷12），这是属于会计估计的作出不符合适用的会计准则规定。该事项连同推断误差影响利润总额 23.8 万元（20+3.8），小于实际执行的重要性水平 45 万元（60×0.75），并对 600 万元利润总额影响不大，因此注册会计师可以出具无保留意见审计报告。

审计报告

希尔有限公司全体股东：

一、对财务报表出具的审计报告

我们审计了后附的希尔有限公司的财务报表，包括 2013 年 12 月 31 日的资产负债表，2013 年度的利润表、现金流量表和股东权益变动表以及财务报表附注。

（一）管理层对财务报表的责任

编制和公允列报财务报表是希尔有限公司管理层的责任。这种责任包括：①按照适用的财务报告编制基础编制财务报表，并使其实现公允反映；②设计、执行和维护必要的内部控制，以使财务报表不存在由于舞弊或错误导致的重大错报。

（二）注册会计师的责任

我们的责任是在执行审计工作的基础上对财务报表发表审计意见。我们按照中国注册会计师审计准则的规定执行了审计工作。中国注册会计师审计准则要求我们遵守中国注册会计师职业道德守则，计划和执行审计工作以对财务报表是否不存在重大错报获取合理保证。

审计工作涉及实施审计程序，以获取有关财务报表金额和披露的审计证据。选择的审计程序取决于注册会计师的判断，包括对由于舞弊或错误导致的财务报表重大错报风险的评估。在进行风险评估时，注册会计师考虑与财务报表编制和公允列报相关的内部控制，以设计恰当的审计程序，但目的并非对内部控制的有效性发表意见。审计工作还包括评价管理层选用会计政策的恰当性和作出会计估计的合理性，以及评价财务报表的总体列报。

我们相信，我们获取的审计证据是充分、适当的，为发表审计意见提供了基础。

（三）审计意见

我们认为，希尔有限公司财务报表已经在所有重大方面按照企业会计准则的规定编制，公允反映了希尔有限公司 2013 年 12 月 31 日的财务状况以及 2013 年度的经营成果和现金流量。

二、按照相关法律法规的要求报告的事项

（本部分报告的格式和内容，取决于相关法律法规对其他报告责任的规定）

奥特会计师事务所　　　　　　中国注册会计师：×××

（盖章）　　　　　　　　　　（签名并盖章）

中国注册会计师：×××

（签名并盖章）

中国××市　　　　　　　　　二〇一四年×月×日

7.2.2 标准审计报告符合的条件

标准审计报告是不带附加的无保留意见审计报告。编制标准审计报告应符合下列条件：

（1）财务报表已经在所有重大方面按照企业会计准则的规定编制，公允反映了被审计单位的财务状况、经营成果和现金流量。

在评价财务报表是否按照适用的财务报告编制基础编制时，注册会计师应当考虑下列内容：

①财务报表是否充分披露了选择和运用的重要会计政策。

②选择和运用的会计政策是否符合适用的企业会计准则，并适合于被审计单位的具体情况。

③管理层作出的会计估计是否合理。

④财务报表反映的信息是否具有相关性、可靠性、可比性和可理解性。

⑤财务报表是否作出充分披露，使财务报表使用者能够理解重大交易和事项对被审计单位财务状况、经营成果和现金流量的影响。

⑥财务报表使用的术语（包括每一财务报表的标题）是否适当。

在评价财务报表是否实现公允反映时，注册会计师应当考虑下列内容：

① 财务报表的整体列报、结构和内容是否合理；

② 财务报表是否公允地反映了相关交易和事项。

（2）注册会计师已经按照中国注册会计师审计准则的规定计划和执行审计工作，在审计过程中未受到限制。

（3）不存在应调整或披露而被审计单位未予调整或披露的重要事项。标准审计报告参考格式前已述及。

标准无保留意见的审计报告意味着，注册会计师通过实施审计工作，认为被审计单位财务报表的编制符合合法性和公允性的要求，合理保证财务报表不存在重大错报。

7.3　非标准审计报告

非标准审计报告是指标准审计报告以外的其他审计报告，包括带强调事项段或其他事项段的无保留意见审计报告和非无保留意见审计报告。非无保留意见的审计报告包括保留意见的审计报告、否定意见的审计报告和无法表示意见的审计报告。

编制带强调事项段的无保留意见审计报告的意义是要告诉报表使用人，被审计单位的财务报表是公允和合法的。但还存在对财务状况有重大影响或对财务报表有重大影响的不确定事项等。这些事项虽然不是违法违纪事项，也不影响已发表的审计意见，而且也在财务报表中恰当列报或披露，但该事项对财务报表使用者理解财务报表至关重要，需要向报表使用人提醒，以免他们作出错误的判断和决策。编制带其他事项段的无保留意见审计报告的意义是要告诉报表使用人，有一些事项，按照法律法规和企业会计准则的规定，未被要求在财务报表中列报或披露，但根据注册会计师的职业判断，该事项与财务报表使用者理解审计工作、注册会计师的责任或审计报告相关，因此，需要向报表使用人提醒，以使他们作出正确的判断和决策。

编制保留意见审计报告的意义是要告诉报表使用人，被审计单位在经营活动和财务报表编制方面还有违法违纪情况或范围受到限制未得到审查情况的存在，但经营活动和财务报表在整体上还是公允的。也就是说，这种意见虽然表明报表整体上是公允的、有效的，可以相信，但要提醒报表使用人，确实还是有一些问题存在的，运用时应加以注意，以免影响判断和决策。

编制否定意见审计报告的意义是要告诉报表使用人，被审计单位在经营活动和财务报表编制方面是不合法、不公允的。被审计单位在经营活动中存在着严重违法乱纪行为或会计处理严重违反会计准则和国家其他有关财务会计法规的情况，提醒报表使用人被审计单位的资料不可信，同其交易要谨慎小心。

编制无法表示意见的审计报告的意义是要告诉报表使用人，由于在审计过程中审计人员未搜集到足够的审计证据，因此无法对被审计单位的财务报表发表确切的审计意见。提醒报表使用人被审计单位也许有问题，也许无问题，其财务报表信息是没有经过证实的信息，作出判断决策要格外小心。如果作出错误决策，审计不负责任。

7.3.1　带强调事项段或其他事项段的无保留意见审计报告

1）带强调事项段的无保留意见审计报告

（1）强调事项段的含义。审计报告的强调事项段是指审计报告中含有的一个段落，该段落提及已在财务报表中恰当列报或披露的事项，根据注册会计师的职业判断，该事项对财务报表使用者理解财务报表至关重要。

（2）增加强调事项段的情形。如果认为有必要提醒财务报表使用者关注已在财务报表中列报或披露，且根据职业判断认为对财务报表使用者理解财务报表至关重要的事项，注册会计师在已获取充分、适当的审计证据证明该事项在财务报表中不存在重大错报的条件下，应当在审计报告中增加强调事项段。

注册会计师可能认为需要增加强调事项段的情形有：

①异常诉讼或监管行动的未来结果存在不确定性。

②提前应用对财务报表有广泛影响的新会计准则。

③存在已经或持续对被审计单位财务状况产生重大影响的特大灾难。

（3）在审计报告中增加强调事项段时注册会计师采取的措施。

在审计报告中增加强调事项段，注册会计师应当采取下列措施：

①将强调事项段紧接在审计意见段之后；

②使用“强调事项”或其他适当标题；

③明确提及被强调事项以及相关披露的位置，以便能够在财务报表中找到对该事项的详细描述；

④指出审计意见没有因该强调事项而改变。

由于增加强调事项段是为了提醒财务报表使用者关注某些事项，并不影响注册会计师的审计意见，为了使财务报表使用者明确这一点，注册会计师应当在强调事项段中指明，该段内容仅用于提醒财务报表使用者关注，并不影响已发表的审计意见。

带强调事项段的无保留意见的审计报告（由于存在诉讼导致未来结果存在不确定性发表的带强调事项段的无保留意见审计报告）的参考格式如下：

审计报告

ABC 股份有限公司全体股东：

一、对财务报表出具的审计报告

我们审计了后附的 ABC 股份有限公司（以下简称 ABC 公司）的财务报表，包括 2013 年 12 月 31 日的资产负债表，2013 年度的利润表、现金流量表和股东权益变动表以及财务报表附注。

（一）管理层对财务报表的责任

编制和公允列报财务报表是 ABC 公司管理层的责任。这种责任包括：①按照适用的财务报告编制基础编制财务报表，并使其实现公允反映；②设计、执行和维护必要的内部控制，以使财务报表不存在由于舞弊或错误导致的重大错报。

（二）注册会计师的责任

我们的责任是在执行审计工作的基础上对财务报表发表审计意见。我们按照中国注册会计师审计准则的规定执行了审计工作。中国注册会计师审计准则要求我们遵守中国注册会计师职业道德守则，计划和执行审计工作以对财务报表是否不存在重大错报获取合理保证。

审计工作涉及实施审计程序，以获取有关财务报表金额和披露的审计证据。选择的审计程序取决于注册会计师的判断，包括对由于舞弊或错误导致的财务报表重大错报风险的评估。在进行风险评估时，注册会计师考虑与财务报表编制和公允列报相关的内部控制，以设计恰当的审计程序，但目的并非对内部控制的有效性发表意见。审计工作还包括评价管理层选用会计政策的恰当性和作出会计估计的合理性，以及评价财务报表的总体列报。

我们相信，我们获取的审计证据是充分、适当的，为发表审计意见提供了基础。

（三）审计意见

我们认为，ABC公司财务报表已经在所有重大方面按照企业会计准则的规定编制，公允反映了ABC公司2013年12月31日的财务状况以及2013年度的经营成果和现金流量。

（四）强调事项

我们提醒财务报表使用者关注，如财务报表附注×所述，截至财务报表批准日，XYZ公司对ABC公司提起的诉讼尚在审理当中，其结果具有不确定性。本段内容不影响已发表的审计意见。

二、按照相关法律法规的要求报告的事项

（本部分报告的格式和内容，取决于相关法律法规对其他报告责任的规定）

××会计师事务所　　中国注册会计师：×××
（盖章）　　（签名并盖章）
中国注册会计师：×××
（签名并盖章）

中国××市　　二〇一四年×月×日

案例窗 7-2

不确定事项对审计意见的影响

奥特会计师事务所的注册会计师对希尔有限公司2013年度的财务报表进行审计，经过对报表实施必要的审计程序，认为希尔有限公司在所有重大方面按照企业会计准则的规定编制，公允反映了该公司2013年12月31日的财务状况以及2013年度的经营成果和现金流量，不存在应调整未调整事项。但发现希尔有限公司原总经理崔××在2013年1月因涉嫌贷款诈骗罪被公安局逮捕，并被××市人民检察院提起刑事诉讼。该案中涉嫌被诈骗的两家贷款银行相继起诉希尔有限公司，要求希尔有限公司返还借款本金、利息及罚息等共计人民币25 788 195.36元（利息及罚息计至起诉之日）。截至审计报告日2014年1月31日，相关人民法院对上述案件正在审理中，尚未作出最终判决。由于希尔有限公司从未办理和使用上述贷款，根据希尔有限公司法律顾问等方面的意见，崔××涉嫌贷款诈骗为其个人行为，与希尔有限公司无关。但希尔有限公司作为被告，一旦败诉，将要作出赔偿，公司已在财务报表附注中作了说明。这种情况下，注册会计师应出具什么意见审计报告？

【解答】

本案例中希尔有限公司2013年度的财务报表在所有重大方面按照企业会计准则的规定编制，公允反映了该公司2013年12月31日的财务状况以及2013年度的经营成果和现金流量，不存在应调整未调整事项，符合编制无保留意见审计报告的条件。但希尔有限公司受原总经理崔××贷款诈骗罪拖累，受到被骗两家贷款银行要求返还借款本息及罚息的起诉，截至2014年1月31日审计报告日人民法院还没有作出最终判决，属于重大不确定事项。虽然根据希尔有限公司法律顾问等方面的意见，崔××涉嫌贷款诈骗为其个人行为，与希尔有限公司无关，并已在财务报表附注中作了说明。但由于本息及罚息数额巨大，希尔有限公司作为被告，一旦败诉，将要作出赔偿。按照《中国注册会计师审计准则第1502号——非标准审计报告》第七条的规定，当存在可能对财务报表产生重大影响的不确定事项、但不影响已发表的审计意见时，注册会计师应当考虑在审计意见段之后增加强调事项段对此予以强调。本案例中，希尔有限公司编制的财务报表符合无保留意见审计报告的条件，存在重大不确定事项但在财务报表中作出了充分披露，不影响注册会计师发表的审计意见。因此，该情况应出具带强调事项段的无保留意见审计报告。

带强调事项段的无保留意见审计报告如下：

审计报告

希尔有限公司全体股东：

一、对财务报表出具的审计报告

我们审计了后附的希尔有限公司的财务报表，包括2013年12月31日的资产负债表，2013年度的利润表、现金流量表和股东权益变动表以及财务报表附注。

（一）管理层对财务报表的责任

编制和公允列报财务报表是希尔有限公司管理层的责任。这种责任包括：①按照适用的财务报告编制基础编制财务报表，并使其实现公允反映；②设计、执行和维护必要的内部控制，以使财务报表不存在由于舞弊或错误导致的重大错报。

（二）注册会计师的责任

我们的责任是在执行审计工作的基础上对财务报表发表审计意见。我们按照中国注册会计师审计准则的规定执行了审计工作。中国注册会计师审计准则要求我们遵守中国注册会计师职业道德守则，计划和执行审计工作以对财务报表是否不存在重大错报获取合理保证。

审计工作涉及实施审计程序，以获取有关财务报表金额和披露的审计证据。选择的审计程序取决于注册会计师的判断，包括对由于舞弊或错误导致的财务报表重大错报风险的评估。在进行风险评估时，注册会计师考虑与财务报表编制和公允列报相关的内部控制，以设计恰当的审计程序，但目的并非对内部控制的有效性发表意见。审计工作还包括评价管理层选用会计政策的恰当性和作出会计估计的合理性，以及评价财务报表的总体列报。

我们相信，我们获取的审计证据是充分、适当的，为发表审计意见提供了基础。

（三）审计意见

我们认为，希尔有限公司财务报表已经在所有重大方面按照企业会计准则的规定编制，公允反映了希尔有限公司2013年12月31日的财务状况以及2013年度的经营成果和现金流量。

（四）强调事项

我们提醒财务报表使用者关注，如财务报表附注×所述，希尔有限公司原总经理崔××因涉嫌贷款诈骗罪被××市公安局逮捕，并被××市人民检察院提起刑事诉讼。该案中涉嫌被诈骗的两家贷款银行相继起诉希尔有限公司，要求希尔有限公司返还借款本金、利息及罚息等共计人民币25 788 195.36元（利息及罚息计至起诉之日）。截至2014年1月31日，相关人民法院对上述案件正在审理中，尚未作出最终判决。由于希尔有限公司从未办理和使用上述贷款，根据希尔有限公司法律顾问等方面的意见，崔××涉嫌贷款诈骗为其个人行为，与希尔有限公司无关。本段内容不影响已发表的审计意见。

二、按照相关法律法规的要求报告的事项

（本部分报告的格式和内容，取决于相关法律法规对其他报告责任的规定）

奥特会计师事务所　　　　　　　　中国注册会计师：张××

（盖章）　　　　　　　　　　　　（签名并盖章）

中国注册会计师：王××

（签名并盖章）

中国××市　　　　　　　　　　　二〇一四年一月三十一日

2）带其他事项段的无保留意见审计报告

（1）其他事项段的含义。其他事项段，是指审计报告中含有一个段落，该段落提及未在财务报表中列报或披露的事项，根据注册会计师的职业判断，该事项与财务报表使用者理解审计工作、注册会计师的责任或审计报告相关。

（2）需要增加其他事项段的情形。对于未在财务报表中列报或披露，但根据职业判断认为与财务报表使用者理解审计工作、注册会计师的责任或审计报告相关且未被法律法规禁止的事项，如果认为有必要沟通，注册会计师应当在审计报告中增加其他事项段，并使用“其他事项”或其他适当标题。注册会计师应当将其他事项段紧接在审计意见段和强调事项段（如有）之后。如果其他事项段的内容与其他报告责任部分相关，这一段落也可以置于审计报告的其他位置。

具体来讲，需要在审计报告中增加其他事项段的情形包括：

①与使用者理解审计报告相关的情形。

②与使用者理解注册会计师的责任或审计报告相关的情形。

③对两套以上财务报表出具审计报告的情形。

④限制审计报告分发和使用的情形。

其他事项段放置的位置取决于拟沟通信息的性质。当增加其他事项段旨在提醒使用者关注与其理解与财务报表审计相关的事项时，该段落需要紧接在审计意见段和强调事项段之后；当增加其他事项段旨在提醒使用者关注与审计报告中提及的其他报告责任相关的事项时，该段落可以置于“按照相关法律法规的要求报告的事项”的部分内；当其他事项段与注册会计师的责任或使用者理解审计报告相关时，可以单独作为一部分，置于“对财务报表出具的审计报告”和“按照相关法律法规的要求报告的事项”之后。

（3）与治理层的沟通。如果拟在审计报告中增加强调事项段或其他事项段，注册会计师应当就该事项和拟使用的措辞与治理层沟通。与治理层的沟通能使治理层了解注册会计师拟在审计报告中所强调的特定事项的性质，并在必要时为治理层提供向注册会计师作出进一步澄清的机会。

7.3.2 保留意见的审计报告

保留意见是审计人员认为被审计单位的经营活动和财务报表在整体上是公允的，但对某些问题还不能作出肯定或否定，个别方面可能存在的重要错误或问题又不足以使财务报表失效而相应作出保留若干意见的评价。如果认为财务报表整体是公允的，但还存在下列情形之一，注册会计师应当出具保留意见的审计报告：

①在获取充分、适当的审计证据后，注册会计师认为错报单独或汇总起来对财务报表影响重大，但不具有广泛性。

注册会计师在获取充分、适当的审计证据后，只有当认为财务报表就整体而言是公允的，但还存在对财务报表产生重大影响的错报时，才能发表保留意见。如果注册会计师认为错报对财务报表产生的影响极为严重且具有广泛性，则应发表否定意见。因此，保留意见被视为注册会计师在不能发表无保留意见情况下最不严厉的审计意见。

②注册会计师无法获取充分、适当的审计证据以作为形成审计意见的基础，但认为未发现的错报（如存在）对财务报表可能产生的影响重大，但不具有广泛性。

注册会计师因审计范围受到限制而发表保留意见还是无法表示意见，取决于无法获取的审计证据对形成审计意见的重要性。注册会计师在判断重要性时，应当考虑有关事项潜在影响的性质和范围以及在财务报表中的重要程度。只有当未发现的错报（如存在）对财务报表可能产生的影响重大但不具有广泛性时，才能发表保留意见。

当发表保留意见时，注册会计师应当修改对注册会计师责任的描述，以说明：注册会计师相信，注册会计师已获取的审计证据是充分、适当的，为发表保留意见提供了基础。

当由于财务报表存在重大错报而发表保留意见时，注册会计师应当根据适用的财务报告编制基础在审计意见段中说明：注册会计师认为，除了导致保留意见的事项段所述事项产生的影响外，财务报表在所有重大方面按照适用的财务报告编制基础编制，并实现公允反映。

当无法获取充分、适当的审计证据而导致发表保留意见时，注册会计师应当在审计意见段中使用“除……可能产生的影响外”等措辞。

保留意见审计报告（由于财务报表存在错报而发表保留意见的审计报告）的参考格式如下：

审计报告

ABC 股份有限公司全体股东：

一、对财务报表出具的审计报告

我们审计了后附的ABC股份有限公司（以下简称ABC公司）的财务报表，包括2013年12月31日的资产负债表，2013年度的利润表、现金流量表和股东权益变动表以及财务报表附注。

（一）管理层对财务报表的责任

编制和公允列报财务报表是ABC公司管理层的责任。这种责任包括：①按照适用的财务报告编制基础编制财务报表，并使其实现公允反映；②设计、执行和维护必要的内部控制，以使财务报表不存在由于舞弊或错误导致的重大错报。

（二）注册会计师的责任

我们的责任是在执行审计工作的基础上对财务报表发表审计意见。我们按照中国注册会计师审计准则的规定执行了审计工作。中国注册会计师审计准则要求我们遵守中国注册会计师职业道德守则，计划和执行审计工作以对财务报表是否不存在重大错报获取合理保证。

审计工作涉及实施审计程序，以获取有关财务报表金额和披露的审计证据。选择的审计程序取决于注册会计师的判断，包括对由于舞弊或错误导致的财务报表重大错报风险的评估。在进行风险评估时，注册会计师考虑与财务报表编制和公允列报相关的内部控制，以设计恰当的审计程序，但目的并非对内部控制的有效性发表意见。审计工作还包括评价管理层选用会计政策的恰当性和作出会计估计的合理性，以及评价财务报表的总体列报。

我们相信，我们获取的审计证据是充分、适当的，为发表保留意见提供了基础。

（三）导致保留意见的事项

ABC 公司 2013 年 12 月 31 日资产负债表中存货的列示金额为×元，管理层根据成本对存货进行计量，而没有根据成本与可变现净值孰低的原则进行计量，这不符合企业会计准则的规定。公司的会计记录显示，如果管理层以成本与可变现净值孰低来计量存货，存货列示金额将减少×元。相应地，资产减值损失将增加×元，所得税费用、净利润和股东权益将分别减少×元、×元和×元。

（四）保留意见

我们认为，除“（三）导致保留意见的事项”段所述事项产生的影响外，ABC 公司财务报表在所有重大方面按照企业会计准则的规定编制，公允反映了 ABC 公司 2013 年 12 月 31 日的财务状况以及 2013 年度的经营成果和现金流量。

二、按照相关法律法规的要求报告的事项

（本部分报告的格式和内容，取决于相关法律法规对其他报告责任的规定）

××会计师事务所　　　　中国注册会计师：×××

（盖章）　　　　（签名并盖章）

中国注册会计师：×××

（签名并盖章）

中国××市　　　　二〇一四年×月×日

案例窗 7-3

审计范围受到限制对审计意见的影响

奥特会计师事务所接受希尔有限公司的委托，对该公司 2013 年度的财务报表进行审计，发现有两笔应收账款，金额共计 50 万元，占全部应收账款金额 700 万元的 7.1%。由于希尔有限公司未能提供债务人地址，注册会计师无法实施函证以及其他审计程序，以获取充分、适当的审计证据。假定财务报表整体是公允的，财务报表层次重要性水平为 60 万元，该企业为低风险企业，注册会计师应发表何种意见的审计报告？

【解答】

本案例中由于希尔有限公司未能提供债务人地址，注册会计师无法对这两笔应收账款（金额合计 50 万元，占全部应收账款金额的 7.1%）实施函证以及其他审计程序，以获取充分、适当的审计证据，属于审计范围受到限制的情况。虽然受到限制的两笔应收账款金额超过了实际执行的重要性水平 45 万元（60×75%），在某些方面会影响财务报表使用者的决策，但财务报表整体仍然是公允的，按照《中国注册会计师审计准则第 1221 号——重要性》的规定，这种情况应发表保留意见审计报告。

由于注册会计师无法获取充分、适当的审计证据而发表保留意见的审计报告。

审计报告

希尔有限公司全体股东：

一、对财务报表出具的审计报告

我们审计了后附的希尔有限公司的财务报表，包括 2013 年 12 月 31 日的资产负债表，

2013 年度的利润表、现金流量表和股东权益变动表以及财务报表附注。

（一）管理层对财务报表的责任

编制和公允列报财务报表是希尔有限公司管理层的责任。这种责任包括：①按照适用的财务报告编制基础编制财务报表，并使其实现公允反映；②设计、执行和维护必要的内部控制，以使财务报表不存在由于舞弊或错误导致的重大错报。

（二）注册会计师的责任

我们的责任是在执行审计工作的基础上对财务报表发表审计意见。我们按照中国注册会计师审计准则的规定执行了审计工作。中国注册会计师审计准则要求我们遵守中国注册会计师职业道德守则，计划和执行审计工作以对财务报表是否不存在重大错报获取合理保证。

审计工作涉及实施审计程序，以获取有关财务报表金额和披露的审计证据。选择的审计程序取决于注册会计师的判断，包括对由于舞弊或错误导致的财务报表重大错报风险的评估。在进行风险评估时，注册会计师考虑与财务报表编制和公允列报相关的内部控制，以设计恰当的审计程序，但目的并非对内部控制的有效性发表意见。审计工作还包括评价管理层选用会计政策的恰当性和作出会计估计的合理性，以及评价财务报表的总体列报。

我们相信，我们获取的审计证据是充分、适当的，为发表保留意见提供了基础。

（三）导致保留意见的事项

希尔有限公司有两笔应收账款，金额共计 50 万元，占全部应收账款金额 700 万元的 7.1%，超过了实际执行的重要性水平 45 万元（60×75%）额度。由于希尔有限公司未能提供债务人地址，我们无法实施函证以及其他审计程序，以获取充分、适当的审计证据。

（四）保留意见

我们认为，除“（三）导致保留意见的事项”段所述事项可能产生的影响外，希尔有限公司财务报表在所有重大方面按照企业会计准则的规定编制，公允反映希尔有限公司 2013 年 12 月 31 日的财务状况以及 2013 年度的经营成果和现金流量。

二、按照相关法律法规的要求报告的事项

（本部分报告的格式和内容，取决于相关法律法规对其他报告责任的规定）

奥特会计师事务所　　　　中国注册会计师：王××

（盖章）　　　　（签名并盖章）

中国注册会计师：张××

（签名并盖章）

中国××市　　　　二〇一四年一月三十一日

7.3.3 否定意见的审计报告

否定意见是指审计人员认为被审计单位在经营活动中存在严重违法乱纪行为或会计处理严重违反会计准则，以致使财务报表严重歪曲财务状况和经营成果而给予的一种否定的评价。在获取充分、适当的审计证据后，如果认为错报单独或汇总起来对财务报表影响重大，且具有广泛性，注册会计师应当出具否定意见的审计报告。

当发表否定意见时，注册会计师应当修改对注册会计师责任的描述，以说明：注册会计师相信，注册会计师已获取的审计证据是充分、适当的，为发表否定意见提供了基础。还应当根据适用的财务报告编制基础在审计意见段中说明：注册会计师认为，由于导致否定意见的事项段所述事项的重要性，财务报表没有在所有重大方面按照适用的财务报告编制基础编制，未能实现公允反映。

否定意见审计报告（由于财务报表存在重大错报而发表否定意见的审计报告）的参考格式如下：

审计报告

ABC 股份有限公司全体股东：

一、对合并财务报表出具的审计报告

我们审计后附的 ABC 股份有限公司（以下简称 ABC 公司）的合并财务报表，包括 2013 年 12 月 31 日的合并资产负债表，2013 年度的合并利润表、合并现金流量表和合并股东权益变动表以及财务报表附注。

（一）管理层对合并财务报表的责任

编制和公允列报合并财务报表是 ABC 公司管理层的责任。这种责任包括：①按照企业会计准则的规定编制合并财务报表，并使其实现公允反映；②设计、执行和维护必要的内部控制，以使合并财务报表不存在由于舞弊或错误导致的重大错报。

（二）注册会计师的责任

我们的责任是在执行审计工作的基础上对合并财务报表发表审计意见。我们按照中国注册会计师审计准则的规定执行了审计工作。中国注册会计师审计准则要求我们遵守中国注册会计师职业道德守则，计划和执行审计工作以对合并财务报表是否不存在重大错报获取合理保证。

审计工作涉及实施审计程序，以获取有关合并财务报表金额和披露的审计证据。选择的审计程序取决于注册会计师的判断，包括对由于舞弊或错误导致的合并财务报表重大错报风险的评估。在进行风险评估时，注册会计师考虑与合并财务报表编制和公允列报相关的内部控制，以设计恰当的审计程序，但目的并非对内部控制的有效性发表意见。审计工作还包括评价管理层选用会计政策的恰当性和作出会计估计的合理性，以及评价合并财务报表的总体列报。

我们相信，我们获取的审计证据是充分、适当的，为发表否定意见提供了基础。

（三）导致否定意见的事项

如财务报表附注×所述，2013 年 ABC 公司通过非同一控制下的企业合并获得对 XYZ 公司的控制权，因未能取得购买日 XYZ 公司某些重要资产和负债的公允价值，故未将 XYZ 公司纳入合并财务报表的范围，而是按成本法核算对 XYZ 公司的股权投资。ABC 公司的这项会计处理不符合企业会计准则的规定。如果将 XYZ 公司纳入合并财务报表的范围，ABC 公司的多个财务报表项目将受到重大影响。但我们无法确定未将 XYZ 公司纳入合并范围对财务报表产生的影响。

（四）否定意见

我们认为，由于“（三）导致否定意见的事项”段所述事项的重要性，ABC 公司的合并财务报表没有在所有重大方面按照企业会计准则的规定编制，未能公允反映 ABC 公司及其子公司 2013 年 12 月 31 日的财务状况以及 2013 年度的经营成果和现金流量。

二、按照相关法律法规的要求报告的事项

（本部分报告的格式和内容，取决于相关法律法规对其他报告责任的规定）

××会计师事务所 中国注册会计师：×××
（盖章） （签名并盖章）
中国注册会计师：×××
（签名并盖章）
中国××市 二〇一四年×月×日

案例窗 7-4

存在问题不调整对审计意见的影响

奥特会计师事务所的注册会计师王平和张兵对希尔有限公司 2013 年度的财务报表进行审计，确定的财务报表层次重要性水平为 60 万元（该企业属于高风险企业）。完成审计工作的日期是 2014 年 2 月 26 日，并于 2014 年 2 月 28 日递交审计报告。希尔有限公司 2013 年度审计前利润总额为 200 万元。

王平和张兵注册会计师经审计发现该公司以下三个事项存在问题：

（1）2013 年 3 月 1 日，公司为增加营运资金按面值发行了 2 年期、面值为 6 000 万元、票面利率为年利率 4% 的企业债券，当日筹足资金并按规定作了相应的会计处理（债券发行费用忽略不计），但当年未计提债券利息。

（2）2013 年 10 月 31 日，公司盘点产成品仓库，发现甲产品短缺 3 万元，作了借记“待处理财产损溢”科目 3 万元，贷记“库存商品”科目 3 万元的会计处理。2014 年 1 月份查清短缺原因系管理不善。由于结账时间在前，公司未在 2013 年度财务报表中包含对这一经济业务相应的会计处理。

（3）2013 年 4 月，公司购买价格为 600 万元的管理用设备一台并入账，当月启用。但当年未计提折旧。公司采用平均年限法核算固定资产折旧，该类固定资产预计使用年限为 10 年，预计净残值率为 5%。

请问：

（1）假如希尔有限公司对以上三个事项存在的问题都拒绝进行调整，注册会计师应编制哪一种类型的审计报告？请说明理由。

（2）假如希尔有限公司只对以上事项（1）未计提债券利息进行调整，对事项（2）和事项（3）拒绝调整，注册会计师应编制哪一种类型的审计报告？请说明理由。

（3）假如希尔有限公司只对以上事项（1）未计提债券利息和事项（2）待处理财产损溢进行调整，对事项（3）未计提折旧拒绝调整，注册会计师应编制哪一种类型的审计报告？请说明理由。

【解答】

（1）应编制否定意见的审计报告。因为事项（1）未计提债券利息 200 万元（6 000×4%÷12×10），应增加财务费用。事项（2）待处理财产损溢 3 万元，应增加管理费用。事项（3）未计提折旧费用 38 万元（（600−600×5%）÷10÷12×8），应增加管理费用。三项合计 241 万元，如果不调整，使公司利润虚增 241 万元。该公司利润报表反映的利润总额为 200 万元，实际应是亏损 41 万元（241−200）。如果不调整，公司就从亏损 41 万元变为了盈利 200 万元。已经使报表数据严重歪曲，必然引起大多数报表使用人作出错误判断和决策，因此，在三个事项都拒绝调整的情况下，注册会计师应编制否定意见的审计报告。

（2）应编制保留意见的审计报告。因为事项（2）和事项（3）应增加的管理费用数额是 41 万元。超出实际执行的重要性标准 11 万元（41−60×50%），如果不调整，会使财务报表的真实性受到一定程度的影响，使个别报表使用人作出错误的判断和决策，但又不至于发表否定意见，因此，应编制保留意见的审计报告。

（3）应编制保留意见的审计报告。因为事项（3）应增加的管理费用数额是 38 万元，超出实际执行的重要性标准 8 万元（38−60×50%），如果不调整，也会使财务报表的真实性受到一定程度影响，使个别报表使用人作出错误的判断和决策，但又不至于发表否定意见，因此，应编制保留意见的审计报告。

7.3.4　无法表示意见的审计报告

无法表示意见是指审计人员在审计过程中因未搜集到足够的审计证据，无法对被审计单位的财务报表发表确切的审计意见所表示的一种不作评价的意见。

审计人员在审计过程中，由于审计范围受到委托人、被审计单位或客观环境的严重限制，诸如因被审计单位未能提供必要的会计资料使审计工作无法进行，或技术条件限制而难以对多项重要业务进行查证等，不能获取必要的审计证据，以致无法对财务报表整体反映发表审计意见时，应当出具无法表示意见的审计报告。如果无法获取充分、适当的审计证据以作为形成审计意见的基础，但认为未发现的错报（如存在）对财务报表可能产生的影响重大且具有广泛性，注册会计师应当发表无法表示意见。

在极其特殊的情况下，可能存在多个不确定事项。即使注册会计师对每个单独的不确定事项获取了充分、适当的审计证据，但由于不确定事项之间可能存在相互影响，以及可能对财务报表产生的累积影响，注册会计师不可能对财务报表形成审计意见。在这种情况下，注册会计师应当发表无法表示意见。

当由于无法获取充分、适当的审计证据而发表无法表示意见时，注册会计师应当修改审计报告的引言段，说明注册会计师接受委托审计财务报表。注册会计师还应当修改对注册会计师责任和审计范围的描述，并仅能作出如下说明："我们的责任是在执行审计工作的基础上对财务报表发表审计意见。但由于'导致无法表示意见的事项'段中所述的事项，我们无法获取充分、适当的审计证据以为发表审计意见提供基础。"

无法表示意见审计报告（由于注册会计师无法针对财务报表多个要素获取充分、适当的审计证据而发表无法表示意见的审计报告）的参考格式如下：

审计报告

ABC 股份有限公司全体股东：

一、对财务报表出具的审计报告

我们接受委托，审计后附的 ABC 股份有限公司（以下简称 ABC 公司）的财务报表，包括 2013 年 12 月 31 日的资产负债表，2013 年度的利润表、现金流量表和股东权益变动表以及财务报表附注。

（一）管理层对财务报表的责任

编制和公允列报财务报表是 ABC 公司管理层的责任。这种责任包括：①按照适用的财务报告编制基础编制财务报表，并使其实现公允反映；②设计、执行和维护必要的内部控制，以使财务报表不存在由于舞弊或错误导致的重大错报。

（二）注册会计师的责任

我们的责任是在执行审计工作的基础上对财务报表发表审计意见。但由于“（三）导致无法表示意见的事项”段中所述的事项，我们无法获取充分、适当的审计证据以为发表审计意见提供基础。

（三）导致无法表示意见的事项

我们于2014年1月接受ABC公司的审计委托，因而未能对ABC公司2013年年初金额为×元的存货实施监盘程序，此外，我们也无法实施替代审计程序获取充分、适当的审计证据。并且，ABC公司于2013年9月采用新的应收账款电算化系统，由于存在系统缺陷导致应收账款出现大量错误。截至审计报告日，管理层仍在纠正系统缺陷并更正错误，我们也无法实施替代审计程序，以对截至2013年12月31日的应收账款总额×元获取充分、适当的审计证据。因此，我们无法确定是否有必要对存货、应收账款以及财务报表其他项目作出调整，也无法确定应调整的金额。

（四）无法表示意见

由于“（三）导致无法表示意见的事项”段所述事项的重要性，我们无法获取充分、适当的审计证据以为发表审计意见提供基础，因此，我们不对ABC公司财务报表发表审计意见。

二、按照相关法律法规的要求报告的事项

（本部分报告的格式和内容，取决于相关法律法规对其他报告责任的规定）

××会计师事务所　　　　中国注册会计师：×××
（盖章）　　　　（签名并盖章）
　　　　中国注册会计师：×××
　　　　（签名并盖章）

中国××市　　　　二○一四年×月×日

下篇
交易循环篇

第 8 章

销售与收款循环审计

学习目标

在销售与收款循环审计中，注册会计师的工作主要有：识别销售与收款循环中的主要业务活动；了解销售与收款循环的内部控制；对销售与收款循环进行控制测试；确定营业收入和应收账款的审计目标；对营业收入和应收账款实施实质性程序；编制销售与收款循环审计工作底稿。

本章的学习目标是：

1. 识别销售与收款循环中的主要业务活动。
2. 了解销售与收款循环的内部控制。
3. 掌握销售与收款循环控制测试的方法。
4. 明确营业收入和应收账款的审计目标。
5. 掌握营业收入和应收账款的实质性程序。
6. 掌握销售与收款循环审计工作底稿的编制方法。

基本知识点、基本能力点及能力拓展点

1. 基本知识点：销售交易和收款交易的内部控制；营业收入和应收账款的审计目标。
2. 基本能力点：对销售交易和收款交易进行控制测试；对营业收入和应收账款实施实质性程序。
3. 能力拓展点：应收票据的审计。

导读案例

2002 年 6 月 25 日，美国第二大长途电话公司世界通信公司（简称世通公司）发表声明，承认自 2001 年初至 2002 年第一季度，通过将大量的费用支出计入资本项目的手法，共虚增收入约 38 亿美元，虚增利润 16 亿多美元。其中，2001 年度虚增收入 30.6 亿美元，2002 年第一季度为 7.97 美元。该公司原报告的 2001 年度 14 亿美元和 2002 年第一季度 1.3 亿美元的利润，实际是净亏损。世通公司负有 300 亿美元的巨额债务，已经在 7 月 21 日宣布申请破产保护，该公司前首席财务官沙利文也于 8 月 1 日遭逮捕。据报道，沙利文涉嫌采用多种手法虚报账目，其中一个主要方法就是把坏账准备转入营业收入当中。8 月 8 日世通公司宣布，该公司在重新审查旧账时，又发现了 33 亿美元的假账，这使得陷入破产困境的世通公司假账总额已超过 70 亿美元。

世通公司事件提醒注册会计师，不管是不知名的小公司，还是颇具声望的大公司，都可能因为种种原因加入造假的行列，采用各种方法虚构收入，粉饰企业的财务报表。因此，注册会计师应该在收入审计中更加小心谨慎。

8.1 销售与收款循环控制测试

销售与收款循环涉及的资产负债表项目主要有：应收票据、应收账款、长期应收款、预收款项、应交税费；涉及的利润表项目主要有：营业收入、营业税金及附加、销售费用。本节主要介绍销售与收款循环涉及的主要业务活动、销售交易的内部控制和控制测试、收款交易的内部控制和控制测试、评估重大错报风险等内容。

8.1.1 销售与收款循环涉及的主要业务活动

1）接受客户订单

客户提出订货要求是整个销售与收款循环的起点。从法律上讲，这是购买某种货物或接受某种劳务的一种申请。

客户的订单只有在符合企业管理层的授权标准时，才能被接受。企业管理层一般都列出了已批准销售的客户名单。销售单管理部门在决定是否接受某客户的订单时，应追查该客户是否被列入这张名单。如果客户未被列入，则通常需要由销售单管理部门的主管来决定是否同意销售。

企业在批准了客户订单之后，通常应编制一式多联的销售单。销售单是证明管理层有关销售交易的“发生”认定的凭据之一，也是此笔销售的交易轨迹的起点。

2）批准赊销信用

对于赊销业务，赊销批准是由信用管理部门根据管理层的赊销政策在每个客户的已授权的信用额度内进行的。信用管理部门的职员在收到销售单管理部门的销售单后，应将销售单与该客户已被授权的赊销信用额度以及至今尚欠的账款余额加以比较。执行人工赊销信用检查时，应合理划分工作职责，以切实避免销售人员为扩大销售而使企业承受不适当的信用风险。

企业的信用管理部门应对每个新客户进行信用调查，包括获取信用评审机构对客户信用等级的评定报告。无论批准赊销与否，都要求被授权的信用管理部门人员在销售单上签署意见，然后再将签署意见后的销售单返回订单管理部门。

设计信用批准控制的目的是为了降低坏账风险，因此，这些控制与应收账款账面余额的“计价和分摊”认定有关。

3）按销售单供货

企业管理层通常要求商品仓库只有在收到经过批准的销售单时才能供货。设计这项控制程序的目的是为了防止仓库在未经授权的情况下擅自发货。因此，已批准销售单的一联通常应送达仓库，作为仓库按销售单供货和发货给装运部门的授权依据。

4）按销售单装运货物

将按批准的销售单供货与按销售单装运货物职责相分离，有助于避免负责装运货物的职员在未经授权的情况下装运产品。此外，装运部门职员在装运之前，还必须进行独立验证，以确定从仓库提取的商品都附有经批准的销售单，并且，所提取的商品内容与销售单一致。

5）向客户开具账单

开具账单是指开具并向客户寄送事先连续编号的销售发票。这些功能所针对的主要问

题是:

(1) 是否对所装运的货物都开具了账单("完整性"认定问题);

(2) 是否只对实际装运的货物才开具账单,有无重复开具账单或虚构交易("发生"认定问题);

(3) 是否按已授权批准的商品价目表所列价格计价开具账单("准确性"认定问题)。

为了降低开具账单过程中出现遗漏、重复、错误计价或其他差错的风险,应设立以下的控制程序:

(1) 开具账单部门职员在开具每张销售发票之前,独立检查是否存在装运凭证和相应的经批准的销售单;

(2) 依据已授权批准的商品价目表开具销售发票;

(3) 独立检查销售发票计价和计算的正确性;

(4) 将装运凭证上的商品总数与相对应的销售发票上的商品总数进行比较。

上述的控制程序有助于确保用于记录销售交易的销售发票的正确性。因此,这些控制与销售交易的"发生"、"完整性"以及"准确性"认定有关。

6) 记录销售

在手工会计系统中,记录销售的过程包括区分赊销、现销,按销售发票编制转账凭证或现金、银行存款收款凭证。再据以登记销售明细账和应收账款明细账或库存现金、银行存款日记账。

记录销售的控制程序包括以下内容:

(1) 只依据附有有效装运凭证和销售单的销售发票记录销售。这些装运凭证和销售单应能证明销货交易的发生及其发生的日期。

(2) 控制所有事先连续编号的销售发票。

(3) 独立检查已处理销售发票上的销售金额同会计记录金额的一致性。

(4) 记录销售的职责应与处理销售交易的其他功能相分离。

(5) 对记录过程中所涉及的有关记录的接触予以限制,以减少未经授权批准的记录发生。

(6) 定期独立检查应收账款明细账与总账的一致性。

(7) 定期向客户寄送对账单,并要求客户将任何例外情况直接向指定的未涉及执行或记录销货交易的会计主管报告。

上述这些控制与"发生"、"完整性"、"准确性"以及"计价和分摊"认定相关。

7) 办理和记录现金、银行存款收入

在办理和记录现金、银行存款收入时,最应关心的是货币资金失窃的可能性。货币资金失窃可能发生在货币资金收入登记入账之前或入账之后。处理货币资金收入时最重要的是要保证全部货币资金都必须如数、及时地记入库存现金、银行存款日记账或应收账款明细表,并如数、及时地存入银行。在这方面,汇款通知单起着很重要的作用。

8) 办理和记录销货退回、销货折扣与折让

在办理和记录销货退回、销货折扣与折让业务时,必须经授权批准,并应确保与办理此事有关的部门和职员各司其职,分别控制实物流和会计处理。在这方面,严格使用贷项

通知单无疑会起到关键的作用。

9）注销坏账

对企业发生的坏账，正确的处理方法应该是获取货款无法收回的确凿证据，经适当审批后及时作会计调整。

10）提取坏账准备

坏账准备提取的数额必须能够抵补企业以后无法收回的销货款。

8.1.2 销售交易的内部控制和控制测试

1）适当的职责分离

适当的职责分离有助于防止各种有意的或无意的错误。在销售与收款循环中，职责分离控制的基本要求有下列几项：

（1）企业应当将办理销售、发货、收款三项业务的部门（或岗位）分别设立。

（2）企业在销售合同订立前，应当指定专门人员就销售价格、信用政策、发货及收款方式等具体事项与客户进行谈判。谈判人员至少应有两人以上，并与订立合同的人员相分离。

（3）编制销售发票通知单的人员与开具销售发票的人员应相互分离。

（4）销售人员应当避免接触销售现款。

（5）企业应收票据的取得和贴现必须经由保管票据以外的主管人员的书面批准。

对于职责分离，注册会计师通常通过观察被审计单位有关人员的活动，以及与这些人员进行讨论，来实施职责分离的控制测试。

2）恰当的授权审批

注册会计师应当关注以下四个关键点上的审批程序：

（1）在销售发生之前，赊销已经正确审批。

（2）非经正当审批，不得发出货物。

（3）销售价格、销售条件、运费、折扣等必须经过审批。

（4）审批人应当根据销售与收款授权批准制度的规定，在授权范围内进行审批，不得超越审批权限。对于超过企业既定销售政策和信用政策规定范围的特殊销售业务，企业应当进行集体决策。

对于授权审批，注册会计师通过检查凭证在上述四个关键点上是否经过审批，可以很容易地测试出授权审批内部控制的效果。

3）充分的凭证和记录

对内部控制来说，只有具备充分的凭证和充分的记录才有可能实现其各项控制目标。例如，企业在收到客户订单后，就立即编制一份预先编号的一式多联的销售单，分别用于批准赊销、审批发货、记录发货数量以及向客户开具账单等。在这种制度下，只要定期清点销售发票，漏开账单的情形几乎就不太会发生。相反的情况是，有的企业只在发货以后才开具账单，如果没有其他控制措施，漏开账单的情况就很可能会发生。

对于充分的凭证和记录这项控制，常用的控制测试程序是清点各种凭证。比如从主营业务收入明细账中选取样本，追查至相应的销售发票存根，看其编号是否连续，有无不正常的缺号发票和重号发票。这种测试程序可同时提供有关真实性和完整性目标的证据。

4）按月寄送对账单

由不负责现金出纳和销货及应收账款记账的人员按月向客户寄送对账单，能促使客户在发现应付账款余额不正确后及时反馈有关信息，因而这是一项有用的控制。为了使这项控制更加有效，最好将账户余额中出现的所有核对不符的账项，指定一位不掌管货币资金也不记录主营业务收入和应收账款账目的主管人员处理。

对于按月寄送对账单这项控制，观察指定人员寄送对账单并检查客户复函档案，是一项十分有效的控制测试。

5）内部核查程序

由内部审计人员或其他独立人员核查销货业务的处理和记录，是实现内部控制目标所不可缺少的一项控制措施。表 8-1 所列的程序是针对相应控制目标的典型的内部核查程序。

表 8-1 **内部核查程序**

内部控制目标	内部核查程序举例
登记入账的销售交易是真实的	检查销售发票的连续性并检查所附的佐证凭证
销售交易均经适当审批	了解客户的信用情况，确定是否符合企业的赊销政策
所有销货交易均已登记入账	检查发运凭证的连续性，并将其与主营业务收入明细账进行核对
登记入账的销售交易均经正确估价	将销售发票上的数量与发运凭证上的记录进行比较核对
登记入账的销售交易分类恰当	将登记入账的销售交易的原始凭证与会计科目表比较核对
销售交易的记录及时	检查开票员所保管的未开票发运凭证，确定是否包括所有应开票的发运凭证
销售交易已经正确地记入明细账并经正确汇总	从发运凭证追查至主营业务收入明细账和总账

对于内部核查程序，注册会计师可以通过检查内部审计人员的报告，或检查其他独立人员在他们核查的凭证上的签字等方法实施控制测试。

8.1.3 收款交易的内部控制和控制测试

尽管由于每个企业的性质、所处行业、规模以及内部控制健全程序等不同，而使得其与收款交易相关的内部控制内容有所不同，但以下与收款交易相关的内部控制内容是通常应当共同遵循的：

（1）企业应当按照《中华人民共和国现金管理暂行条例》、《支付结算办法》等规定，及时办理销售收款业务。

（2）企业应将销售收入及时入账，不得账外设账，不得擅自坐支现金。销售人员应当避免接触销售现款。

（3）企业应当建立应收账款账龄分析制度和逾期应收账款催收制度。销售部门应当负责应收账款的催收，财会部门应当督促销售部门加紧催收。对催收无效的逾期应收账款可通过法律程序予以解决。

（4）企业应当按客户设置应收账款台账，及时登记每一客户应收账款余额增减变动情况和信用额度使用情况。对长期往来客户应当建立起完善的客户资料，并对客户资料实行动态管理，及时更新。

(5) 企业对于可能成为坏账的应收账款应当报告有关决策机构，由其进行审查，确定是否确认为坏账。企业发生的各项坏账，应查明原因，明确责任，并在履行规定的审批程序后作出会计处理。

(6) 企业注销的坏账应当进行备查登记，做到账销案存。已注销的坏账又收回时应当及时入账，防止形成账外账。

(7) 企业应收票据的取得和贴现必须经由保管票据以外的主管人员的书面批准。应有专人保管应收票据，对于即将到期的应收票据，应及时向付款人提示付款；已贴现票据应在备查簿中登记，以便日后追踪管理；并应制定逾期票据的冲销管理程序和逾期票据追踪监控制度。

(8) 企业应当定期与往来客户通过函证等方式核对应收账款、应收票据、预收账款等往来款项。如有不符，应查明原因，及时处理。

注册会计师应针对每个具体的内部控制目标确定关键的内部控制，并对其实施相应的控制测试。

案例窗 8-1

希尔有限公司销售与收款循环内部控制的测试

奥特会计师事务所的注册会计师李军于 2014 年 2 月 10 日至 15 日对希尔有限公司销售与收款循环的内部控制进行了解和测试，并在相关的审计工作底稿中作了记录，现摘录如下：

(1) 希尔有限公司产成品发出时，由销售部填制一式四联的出库单。仓库发出产成品后，将第一联出库单留存登记产成品卡片，第二联交销售部留存，第三、四联交会计部人员登记库存商品总账和明细账。

(2) 会计人员负责开具销售发票，在开具销售发票之前，先取得仓库的发货记录和销售商品价目表，然后填写发票的数量、单价和金额。

要求：根据上述摘录，请你代注册会计师李军指出希尔有限公司在销售与收款循环内部控制方面的缺陷，并提出改进建议。

【解答】

(1) 会计人员同时登记库存商品总账和明细账，不相容职务未进行分离。应建议希尔有限公司由不同的会计人员登记库存商品总账和明细账。

(2) 会计人员开具销售发票不能只依据发货单和价目表，因为实际销售的数量和结算价格可能会与发货单数量和价目表上的价格不一致。应建议希尔有限公司会计人员先核对装运凭证和相应的经批准的销售单，并根据已授权批准的商品价格填写销售发票的价格，根据装运凭证上的数量填写销售发票的数量，再根据数量和价格计算出金额。

8.1.4 评估重大错报风险

注册会计师应当考虑影响收入交易的重大错报风险，并对被审计单位经营活动中可能发生的重大错报风险保持警觉。收入交易和余额存在的固有风险可能包括：

(1) 管理层对收入造假的偏好和动因。被审计单位管理层可能为了完成预算，满足业绩考核的要求，保证从银行获得额外的资金，吸引潜在投资者，或影响公司股价，而在财务报告中虚增收入。

（2）收入的复杂性。例如，被审计单位已开始采用网络销售方式，但管理层对网络销售方式可能出现的问题缺乏经验时，收入确认上就容易发生错误。

（3）管理层凌驾于控制之上的风险。被审计单位在年末编造虚假销售，然后在次年转回，可能导致当年收入以及当年年末应收账款余额、货币资金余额和应交税费余额的高估。

（4）采用不正确的收入截止时间。将属于下一会计期间的收入有意或无意地计入本期，或者将属于本期的收入有意或无意地计入下一会计期间，可能导致本期收入以及本期期末应收账款余额、货币资金余额和应交税费余额的高估或低估。

（5）低估应收账款坏账准备的压力。尤其是当欠款金额较大的几个主要客户面临财务困难，或者国外客户汇款受限时，这种压力更大，可能导致资产负债表中应收账款余额的高估。

（6）舞弊和盗窃的风险。如果被审计单位从事贸易业务，重要的销售货款较多地以现金结算时，被审计单位员工发生舞弊和盗窃的风险较高；如果被审计单位拥有多个资金端口，比如超市，由于每天通过多个端口采用人工方式处理大量货币资金，资金端口的安全问题和人工控制的风险便会增加，可能导致货币资金的损失。

（7）款项无法收回的风险。这可能产生于客户用无效的支票或盗取的信用卡进行货款结算，可能导致货币资金或应收账款的高估。

（8）发生错误的风险。例如，没有及时更新商品价目表，商品可能以错误的价格销售；销售量较大时，如果扫描时没有读取商品条形码，收款员使用错误的手册，售出商品的数量有误，或收款员给客户的找零出现差错，错误均会发生。

（9）隐瞒盗窃的风险。在被审计单位员工利用销售调整和销售退回隐瞒盗窃现金行为时，将发生隐瞒盗窃的风险，可能导致收入、应收账款的高估和货币资金的低估。

归根结底，与收入交易和余额相关的重大错报风险主要存在于销售交易、现金收款交易的发生、完整性、准确性、截止和分类认定，以及会计期末应收账款、货币资金和应交税费的存在、权利和义务、完整性、计价和分摊认定。

按照本章“8.4　销售与收款循环审计实例”风险评估确定的范围，注册会计师需对销售与收款交易进行控制测试。根据测试情况，注册会计师编制了销售与收款控制测试工作底稿，见表8-8。

8.2　营业收入审计

“营业收入”项目核算企业在销售商品、提供劳务等主营业务活动中所产生的收入，以及企业确认的除主营业务活动以外的其他经营活动实现的收入。本节主要介绍营业收入审计的目标、主营业务收入和其他业务收入的实质性程序。

8.2.1　营业收入的审计目标

（1）确定记录的营业收入是否已发生，且与被审计单位相关。

（2）确定营业收入的记录是否完整。

（3）确定记录的营业收入的金额是否恰当。

（4）确定营业收入是否记录于正确的会计期间。

（5）确定营业收入的列报是否恰当。

营业收入的审计目标是指注册会计师实施营业收入审计时应达到的最终结果。营业收入认定是指被审计单位管理层在财务报表中对营业收入作出的明确或隐含的表达。注册会计师应根据被审计单位对营业收入的认定来确定营业收入的审计目标。营业收入审计目标与认定对应关系表见表8-9。

8.2.2 主营业务收入的实质性程序

1）获取或编制主营业务收入明细表

（1）复核加计是否正确，并与总账数和明细账合计数核对是否相符；同时，结合“其他业务收入”科目数额，与报表数核对相符。

（2）检查以非记账本位币结算的主营业务收入的折算汇率及折算是否正确。

2）检查主营业务收入的确认是否合规，前后期是否一致

根据《企业会计准则第14号——收入》的规定，企业销售商品收入，同时满足下列条件的，才能予以确认：

（1）企业已将商品所有权上的主要风险和报酬转移给购买方；

（2）企业既没有保留通常与所有权相联系的继续管理权，也没有对已售出的商品实施控制；

（3）收入的金额能够可靠地计量；

（4）相关的经济利益很可能流入企业；

（5）相关的已发生或将发生的成本能够可靠地计量。

被审计单位应依据上述五个条件确认销售商品收入。注册会计师应对其进行测试，具体来说，有如下几点：

（1）采用交款提货销售方式，应于货款已收到或取得收取货款的权利，同时已将发票账单和提货单交给买方时确认收入的实现。对此，注册会计师应重点检查企业是否收到货款或取得收取货款的权利；是否已将发票账单和提货单交付对方；有无扣压结算凭证，将当年收入转入下年入账，或者开假发票、虚列购货单位、虚增销售收入并在下年予以冲销的现象。

（2）采用预收账款销售方式，应于商品已经发出时，确认收入的实现。对此，注册会计师应重点检查企业是否收到了货款，商品是否已经发出，有无将已收货款不入账转为下年收入，或开具假出库凭证、虚增收入的现象。

（3）采用托收承付结算方式，应于商品已经发出，劳务已经提供，并已将发票账单提交银行办妥托收手续时确认收入的实现。对此，注册会计师应重点检查企业是否已发货，发货运单是否真实，托收手续是否办妥，托收承付结算回单是否正确等。

（4）委托其他单位代销商品的，如果代销单位采用视同买断方式，应于代销商品已经销售并收到代销单位代销清单时，按企业与代销单位确定的协议价确认收入的实现。对此，注册会计师应注意查明有无商品未销售、编制虚假代销清单、虚增本期收入的现象；如果代销单位采用收取手续费方式，应在代销单位将商品销售且企业已收到代销单位代销清单时确认收入的实现。

（5）销售合同或协议明确销售价款的收取采用递延方式，实质上具有融资性质的，应当按照应收的合同或协议价款的公允价值确定销售商品收入金额。应收的合同或协议价款与其公允价值之间的差额，应当在合同或协议期间内采用实际利率法进行摊销，计入当期损益。

（6）长期工程合同收入，一般应当根据完工百分比法合理确认收入。注册会计师应

重点检查收入的计算、确认方法是否合规，并核对应计收入与实际收入是否一致，注意查明有无随意确认收入，虚增或虚减本期收入的现象。

（7）委托外贸代理出口、实行代理制方式的，应在收到外贸企业代办的发运凭证和银行交款凭证时确认收入。对此，注册会计师应重点检查代办发运凭证和银行交款凭证是否真实，注意有无内外勾结，出具虚假发运凭证或虚假银行交款凭证的情况。

（8）对外转让土地使用权和销售商品房的，通常应在土地使用权和商品房已经移交并将发票结算账单提交对方时，确认收入。对此，注册会计师应重点检查企业有无编造虚假移交手续，采用"分层套写"的方法开具虚假发票的行为，防止其高价出售、低价收账，从中贪污货款。如果企业事先与买方签订了不可撤销合同，按合同要求开发房地产，则按建造合同的处理原则处理。

3）必要时对主营业务收入实施实质性分析程序

（1）针对已识别需要运用分析程序的有关项目，并基于对被审计单位及其环境的了解，通过进行以下比较，同时考虑有关数据间关系的影响，以建立有关数据的期望值：

①将本期与上期的主营业务收入进行比较，分析产品销售的结构和价格的变动是否正常，并分析异常变动的原因。

②计算本期重要产品的毛利率，与上期比较，检查是否存在异常，各期之间是否存在重大波动，并查明重大波动产生的原因。

③比较本期各月各种主营业务收入的波动情况，分析其变动趋势是否正常，是否符合被审计单位季节性、周期性的经营规律，并查明重大波动和异常情况的原因。

④将本期重要产品的毛利率与同行业企业进行对比分析，检查是否存在异常。

⑤根据普通发票或增值税发票申报表，估算全年收入，与实际入账收入金额比较。

（2）确定可接受的差异额。

（3）将实际的情况与期望值相比较，识别需要进一步调查的差异。

（4）如果其差异超过可接受的差异额，调查并获取充分的解释和恰当的佐证审计证据。

（5）评估分析程序的测试结果。

注册会计师对比分析了科思特有限公司 2013 年度和 2012 年度的主营业务收入和产品年度毛利率，并分别编制了工作底稿。主营业务收入明细分析表见表 8-11；产品年度毛利率变化分析表见表 8-12。

4）检查产品销售价格的合规性与合理性

注册会计师应向企业索取产品价格目录，并抽取一部分销售发票及主营业务收入明细账，检查其售价是否符合定价政策，并注意销售给关联方或关系密切的重要客户的产品价格是否合理，有无低价或高价结算以转移收入和利润的现象。

5）抽查发运凭证

抽取本期一定数量的发运凭证，审查存货出库日期、品名、数量等是否与销售发票、销售合同、记账凭证等一致。

6）抽查记账凭证

抽取本期一定数量的记账凭证，审查入账日期、品名、数量、单价、金额等是否与销售发票、发运凭证、销售合同等一致。

7）结合对应收账款实施的函证程序，选择主要客户函证本期销售额

8）核对出口销售单据

对于出口销售，应当将销售记录与出口报关单、货运提单、销售发票等出口销售单据进行核对，必要时向海关函证。

9）实施销售的截止测试

（1）选取资产负债表日前后若干天一定金额以上的发运凭证，与应收账款和收入明细账进行核对；同时，从应收账款和收入明细账选取在资产负债表日前后若干天一定金额以上的凭证，与发运凭证核对，以确定销售是否存在跨期现象。

（2）复核资产负债表日前后销售和发货水平，确定业务活动水平是否异常，并考虑是否有必要追加实施截止测试程序。

（3）取得资产负债表日后所有的销售退回记录，检查是否存在提前确认收入的情况。

（4）结合对资产负债表日应收账款的函证程序，检查有无未取得对方认可的大额销售。

（5）调整重大跨期销售。

对主营业务收入实施截止测试，其目的主要在于确定被审计单位主营业务收入的会计记录归属期是否正确；应记入本期或下期的主营业务收入是否被推延至下期或提前至本期。

我国《企业会计准则——基本准则》规定，“企业对于已经发生的交易或者事项，应当及时进行会计确认、计量和报告，不得提前或者延后”，并规定“收入只有在经济利益很可能流入从而导致企业资产增加或者负债减少、且经济利益的流入额能够可靠计量时才能予以确认”。根据这一收入确认的基本原则，注册会计师在审计中应注意把握三个与主营业务收入确认有着密切关系的日期：一是发票开具日期或者收款日期；二是记账日期；三是发货日期。这里的发票开具日期是指开具增值税专用发票或普通发票的日期；记账日期是指被审计单位确认主营业务收入实现，并将该笔经济业务记入“主营业务收入”账户的日期；发货日期是指仓库开具出库单并发出库存商品的日期。检查三者是否归属于同一适当会计期间是主营业务收入截止测试的关键所在。

围绕上述三个日期，在审计实务中，注册会计师可以考虑选择三条审计路线实施主营业务收入的截止测试：

一是以账簿记录为起点。从报表日前后若干天的账簿记录查追至记账凭证，检查发票存根与发运凭证，目的是证实已入账收入是否在同一期间已开具发票并发货，有无多记收入。

二是以销售发票为起点。从报表日前后若干天的发票存根查追至发运凭证与账簿记录，确定已开具发票的货物是否已发货并于同一会计期间确认收入。具体做法是抽取若干张在报表日前后开具的销售发票的存根，追查至发运凭证和账簿记录，查明有无漏记收入的现象。

三是以发运凭证为起点。从报表日前后若干天的发运凭证追查至发票存根与账簿记录，确定主营业务收入是否已记入恰当的会计期间。

上述三条审计路线在实务中均被广泛采用，它们并不是孤立的，注册会计师可以考虑在同一被审计单位财务报表审计中并用这三条路线，甚至可以在同一主营业务收入项目审

计中并用。

对销售实施截止测试，其目的主要在于确定被审计单位主营业务收入的会计记录归属期是否正确，应记入本期或下期的主营业务收入是否被推延至下期或提前至本期。注册会计师在对科思特有限公司的销售实施截止测试时，选择了两条不同的审计路线，并分别编制了工作底稿，见表 8-14 和表 8-15。

10）检查销售退回

如果被审计单位存在销售退回，注册会计师应检查相关手续是否符合规定；结合原始凭证检查其会计处理是否正确；结合存货项目审计检查其是否真实。

11）检查销售折扣与折让

（1）获取或编制折扣与折让明细表，复核加计正确，并与明细账合计数核对相符。

（2）取得被审计单位有关折扣与折让的具体规定和其他文件资料，并抽查较大的折扣与折让发生额的授权批准情况，与实际执行情况进行核对，检查其是否经过授权批准，是否合法、真实。

（3）检查销售折扣与折让是否及时足额提交对方，有无虚设中介、转移收入、私设账外“小金库”的情况。

（4）检查折扣与折让的会计处理是否正确。

12）检查有无特殊的销售行为

对于特殊的销售行为，如附有销售退回条件的商品销售、委托代销、售后回购、以旧换新、商品需要安装和检验的销售、分期收款销售、出口销售、售后租回等，注册会计师应确定恰当的审计程序进行审核。

13）调查向关联方销售的情况

注册会计师应调查被审计单位向关联方销售的情况，记录其交易品种、价格、数量、金额以及占主营业务收入总额的比例。对于合并范围内的销售活动，记录应予合并抵销的金额。

14）调查集团内部销售情况

注册会计师应调查被审计单位集团内部的销售情况，记录其交易品种、价格、数量和金额，并追查在编制合并财务报表时是否已予以抵销。

15）确定主营业务收入的列报是否恰当

案例窗 8-2

希尔有限公司主营业务收入的确认不合规

奥特会计师事务所的注册会计师张梅于 2014 年 1 月 16 日审查希尔有限公司 2013 年度产品销售业务时发现，该公司于 12 月 27 日售给外地某厂甲产品 350 件，每件售价 400 元，共计 140 000 元。已向银行办理了托收手续，尚未作为主营业务收入和应收账款入账。该产品的单位成本为 325 元，该公司适用的增值税税率为 17%，所得税税率为 25%，法定盈余公积的提取比例为 10%，任意盈余公积的提取比例为 5%。

要求：指出希尔有限公司存在的问题，并提出处理意见。

【解答】注册会计师张梅首先审查了销售合同、发货运单和银行托收凭证，证实该公司已经全面履行了合同，并向银行办妥了托收手续。根据《企业会计准则第 14 号——收入》所规定的收入确认条件，采用托收承付结算方式销售产品，应于产品发出，并已将发票账单提交银行办妥了托收手续时确认收入的实现，由此认定该公司的产品销售收入已经实现。注册会计师张梅审阅了该公司的主营业务收入明细账、应收账款明细账和应交税费明细账，证实此项业务未作任何账务处理。经询问有关会计人员，系年终较繁忙疏漏。

根据上述情况，注册会计师张梅认为该公司违反了《企业会计准则第 14 号——收入》的有关规定，提请该公司调整有关账簿记录。会计分录如下：

（1）补记收入和应交的增值税：

借：应收账款　　163 800

　贷：以前年度损益调整　　140 000

　　应交税费——应交增值税（销项税额）　　23 800

（2）补转已售产品的成本：

借：以前年度损益调整　　113 750

　贷：库存商品　　113 750

（3）补记应交的所得税：

借：以前年度损益调整　　6 562.5

　贷：应交税费——应交所得税　　6 562.5

（4）补提法定盈余公积：

借：以前年度损益调整　　2 953.13

　贷：盈余公积——法定盈余公积　　1 968.75

　　　　　——任意盈余公积　　984.38

8.2.3 其他业务收入的实质性程序

（1）获取或编制其他业务收入明细表，复核加计是否正确，并与总账数和明细账合计数核对是否相符，结合“主营业务收入”科目与营业收入报表数核对是否相符。

（2）计算本期其他业务收入与其他业务成本的比率，并与上期该比率比较，检查是否有重大波动，如有，应查明原因。

（3）检查其他业务收入的内容是否真实、合法，收入确认原则及会计处理是否符合规定，择要抽查原始凭证进行核实。

（4）对异常项目，应追查入账依据及有关法律文件是否充分。

（5）抽查资产负债表日前后一定数量的记账凭证，实施截止测试，追踪到销售发票、收据等，确定入账时间是否正确，对于重大跨期事项作必要的调整建议。

（6）确定其他业务收入的列报是否恰当。

按照本章“8.4 销售与收款循环审计实例”风险评估确定的范围，注册会计师需对营业收入实施实质性程序，并确定营业收入的审定金额。根据营业收入实施实质性程序的情况，注册会计师编制了营业收入审定表，见表 8-10。

8.3 应收账款审计

应收账款余额包括应收账款账面余额和相应的坏账准备两部分。应收账款是指企业因销售商品、提供劳务等原因，应向购货客户或接受劳务的客户收取的款项，是企业在信用活动中形成的债权性资产。坏账是指企业无法收回或收回可能性极小的应收款项；由于发生坏账而产生的损失称为坏账损失；企业通常应采用备抵法按期估计坏账损失，形成坏账准备。本节主要介绍应收账款的审计目标、应收账款和坏账准备的实质性程序。

8.3.1 应收账款的审计目标

（1）确定应收账款是否存在。

（2）确定应收账款是否归被审计单位所有。

（3）确定应收账款及其坏账准备的记录是否完整。

（4）确定应收账款是否可收回，坏账准备的计提方法和比例是否恰当，计提是否充分。

（5）确定应收账款及其坏账准备的期末余额是否正确。

（6）确定应收账款及其坏账准备的列报是否恰当。

应收账款的审计目标是指注册会计师实施应收账款审计时应达到的最终结果。应收账款认定是指被审计单位管理层在财务报表中对应收账款作出的明确或隐含的表达。注册会计师应根据被审计单位对应收账款的认定来确定应收账款的审计目标。应收账款审计目标与认定的对应关系表见表 8-16。

8.3.2 应收账款的实质性程序

1）获取或编制应收账款明细表

（1）复核加计正确，并与总账数和明细账合计数核对相符；结合“坏账准备”科目与报表数核对相符。

（2）检查非记账本位币应收账款的折算。对于用非记账本位币（通常为外币）结算的应收账款，注册会计师应检查被审计单位外币应收账款的增减变动是否按业务发生时的市场汇率或期初市场汇率折合为记账本位币金额，所选折合汇率前后各期是否一致；期末外币应收账款余额是否按期末市场汇率折合为记账本位币金额；折算差额的会计处理是否正确。

（3）分析有贷方余额的项目，查明原因，必要时，建议作重分类调整。

（4）结合其他应收款、预收账款等往来项目的明细余额，查明有无同一客户多处挂账、异常余额或与销售无关的其他款项，如有，应作出记录，必要时提出调整建议。

实施应收账款实质性程序应以获取或编制应收账款明细表为起点，进行一系列应收账款账账、账表核对和分析，这对查明应付账款有无记录错误，有无虚增、隐瞒等异常情况有重要意义。应收账款明细表见表 8-18。

2）对应收账款实施实质性分析程序

（1）复核应收账款借方累计发生额与主营业务收入是否配比，并将当期应收账款借方发生额占销售收入净额的百分比与管理层考核指标比较，如存在差异应查明原因。

（2）计算应收账款周转率、应收账款周转天数等指标，并与被审计单位上年指标、同行业同期相关指标对比分析，检查是否存在重大异常。

3）检查应收账款账龄分析是否正确

（1）获取或编制应收账款账龄分析表。

注册会计师可以通过获取或编制应收账款账龄分析表来分析应收账款的账龄，以便了解应收账款的可收回性。应收账款账龄分析表的格式见表 8-2。

表 8-2　　　　　　　　应收账款账龄分析表

年　月　日　　　　　　　　货币单位：

顾客名称	期末余额	账龄			
		1 年以内	1～2 年	2～3 年	3 年以上
合计					

应收账款的账龄，是指资产负债表中的应收账款从销售实现、产生应收账款之日起，至资产负债表日止所经历的时间。编制应收账款账龄分析表时，可以选择重要的顾客及其余额列示，不重要的或余额较小的，可以汇总列示。

（2）如果应收账款账龄分析表由被审计单位编制，测试其计算的准确性。

（3）将应收账款账龄分析表中的合计数与应收账款总分类账余额相比较，并调查重大调节项目。

（4）检查原始凭证，如销售发票、运输记录等，测试账龄核算的准确性。

4）向债务人函证应收账款

函证（外部函证），是指注册会计师直接从第三方（被询证者）获取书面答复作为审计证据的过程，书面答复可以采用纸质、电子或其他介质等形式。

注册会计师可以在考虑被审计单位的经营环境、内部控制的有效性、账户或交易的性质、被询证者处理询证函的习惯做法及回函的可能性等基础上，确定应收账款函证的内容、范围、时间安排和方式。

（1）函证的范围和对象。

《中国注册会计师审计准则第 1312 号——函证》第 13 条规定："注册会计师应当对应收账款实施函证，除非有充分证据表明应收账款对财务报表不重要，或函证很可能无效。如果认为函证很可能无效，注册会计师应当实施替代审计程序，获取充分、适当的审计证据。如果不对应收账款函证，注册会计师应当在审计工作底稿中说明理由。"

函证数量的多少、范围是由诸多因素决定的，主要有：

①应收账款在全部资产中的重要性。若应收账款在全部资产中所占的比重较大，则函证的范围应相应大一些。

②被审计单位内部控制的强弱。若内部控制较为健全，则可以相应减少函证数量；反之，则应相应扩大函证范围。

③以前期间的函证结果。若以前期间函证中发现过重大差异，或欠款纠纷较多，则函证范围应相应扩大一些。

一般情况下，注册会计师应选择以下项目作为函证对象：

①金额较大的项目；

②账龄较长的项目；

③交易频繁但期末余额较小的项目；

④重大关联方交易；

⑤重大或异常交易；

⑥可能存在争议、舞弊或错误的交易。

（2）函证时间的选择。

注册会计师通常以资产负债表日为截止日，在资产负债表日后适当时间实施函证。如果重大错报风险评估为低水平，注册会计师可选择资产负债表日前适当日期为截止日实施函证，并对所函证项目自该截止日起至资产负债表日止发生的变动实施实质性程序。

（3）函证的方式。

注册会计师可采用积极的或消极的函证方式实施函证，也可将两种方式结合使用。

①积极式函证，是指要求被询证者直接向注册会计师回复，表明是否同意询证函所列示的信息，或填列所要求的信息的一种询证方式。

积极式函证要求被询证者在所有情况下都必须回函，确认所列示的信息是否正确或填列询证函要求的信息。通常认为，对积极式询证函的回函能够提供可靠的审计证据，但存在被询证者对所列示信息根本不验证就予以回函确认的风险。为了降低这种风险，注册会计师可以采用另外一种形式的询证函，即在询证函中不列明账户余额（或其他信息），而是要求被询证者填列有关信息或进一步提供信息，但是，采用这种空白式询证函要求被询证者作出更多工作，可能导致回函率降低。

在采用积极式函证时，只有注册会计师收到回函，才能为财务报表认定提供审计证据。注册会计师没有收到回函，原因可能是：被询证者根本不存在；被询证者没有收到询证函；被询证者没有理会询证函。注册会计师没有收到回函时，无法证明所函证信息是否正确。在这种情况下，注册会计师应当考虑与被询证者联系，要求对方作出回应或再次寄发询证函。如果未能得到被询证者的回应，注册会计师应当实施替代审计程序。

积极式询证函的参考格式见表 8-3 和表 8-4。

表 8-3 **企业询证函** 编号：

××（公司）：

本公司聘请的××会计师事务所正在对本公司××年度财务报表进行审计，按照中国注册会计师审计准则的要求，应当询证本公司与贵公司的往来账项等事项。下列数据出自本公司账簿记录，如与贵公司记录相符，请在本函下端“信息证明无误”处签章证明；如有不符，请在“信息不符”处列明不符金额。回函请直接寄至××会计师事务所。

回函地址：

邮编： 电话： 传真： 联系人：

1. 本公司与贵公司的往来账项列示如下：

单位：元

截止日期	贵公司欠	欠贵公司	备　　注

2. 其他事项。

本函仅为复核账目之用，并非催款结算。若款项在上述日期之后已经付清，仍请及时复函为盼。

（公司盖章）

年　月　日

结论：1. 信息证明无误。

（公司盖章）

年　月　日

经办人：

2. 信息不符，请列明不符的详细情况。

（公司盖章）

年 月 日

经办人：

表 8-4 **企业询证函** 编号：

××（公司）：

本公司聘请的××会计师事务所正在对本公司××年度财务报表进行审计，按照中国注册会计师审计准则的要求，应当询证本公司与贵公司的往来账项等事项。请列示截止××年×月×日贵公司与本公司往来款项余额。回函请直接寄至××会计师事务所。

回函地址：

邮编： 电话： 传真： 联系人：

本函仅为复核账目之用，并非催款结算。若款项在上述日期之后已经付清，仍请及时复函为盼。

（公司盖章）

年 月 日

1. 贵公司与本公司的往来账项列示如下：

单位：元

截止日期	贵公司欠	欠贵公司	备 注

2. 其他事项。

（公司盖章）

年 月 日

经办人：

②消极式函证，是指要求被询证者只有在不同意询证函所列示的信息时才直接向注册会计师回复的一种询证方式。

在采用消极式函证方式时，如果收到回函，能够为财务报表认定提供说服力强的审计证据。未收到回函可能是因为被询证者已收到询证函且核对无误，也可能是因为被询证者根本就没有收到询证函。因此，积极式函证通常比消极式函证提供的审计证据可靠。因而在采用消极式函证时，注册会计师通常还需辅之以其他审计程序。

消极式询证函的参考格式见表 8-5。

表 8-5 **企业询证函** 编号：

××（公司）：

本公司聘请的××会计师事务所正在对本公司××年度财务报表进行审计，按照中国注册会计师审计准则的要求，应当询证本公司与贵公司的往来账项等事项。下列数据出自本公司账簿记录，如与贵公司记录相符，则无需回复；如有不符，请直接通知会计师事务所，并在空白处列明贵公司认为正确的信息。回函请直接寄至××会计师事务所。

回函地址：

邮编： 电话： 传真： 联系人：

1. 本公司与贵公司的往来账项列示如下：

单位：元

截止日期	贵公司欠	欠贵公司	备　注

2. 其他事项。

本函仅为复核账目之用，并非催款结算。若款项在上述日期之后已经付清，仍请及时核对为盼。

（公司盖章）

年　月　日

××会计师事务所：

上面的信息不正确，差异如下：

（公司盖章）

年　月　日

经办人：

（4）函证实施过程的控制。

注册会计师可以采取下列措施对函证实施过程进行控制：

①将被询证者的姓名、单位名称和地址与被审计单位的有关记录核对；

②将询证函中列示的账户余额或其他信息与被审计单位有关资料核对；

③在询证函中指明直接向接受审计业务委托的会计师事务所回函；

④询证函经被审计单位盖章后，由注册会计师直接发出；

⑤将发出询证函的情况形成审计工作底稿；

⑥将收到的回函形成审计工作底稿，并汇总统计函证结果。

应收账款函证结果汇总表的格式见表 8-20。

这里需要注意的是如果被询证者以传真、电子邮件等方式回函，注册会计师应当直接接收，并要求被询证者寄回询证函原件。

（5）对不符事项的处理。

不符事项，是指被询证者提供的信息与询证函要求确认的信息不一致，或与被审计单位记录的信息不一致。不符事项的原因可能是：

①双方登记入账的时间不同。这主要表现在：一是询证函发出时，债务人已付款，而被审计单位尚未收到货款；二是询证函发出时，被审计单位的货物已经发出并已作销售记录，但货物仍在途中，债务人尚未收到货物；三是债务人由于某种原因将货物退回，而被审计单位尚未收到；四是债务人对收到的货物的数量、质量及价格等方面有异议而全部或部分拒付货款等。

②一方或双方记账错误。

③被审计单位的舞弊行为。

如果函证发现了不符事项，注册会计师应当考虑不符事项是否构成错报及其对财务报表可能产生的影响，并将结果形成审计工作底稿。如果不符事项构成错报，注册会计师应当重新考虑所实施审计程序的性质、时间安排和范围。

（6）对函证结果的总结和评价。

①重新考虑对内部控制的原有评价是否适当；控制测试的结果是否适当；分析程序的结果是否适当；相关的风险评估是否适当等。

②如果函证结果表明没有审计差异，则可以合理地推论，全部应收账款总体是正确的。

③如果函证结果表明存在审计差异，则应当估算应收账款总额中可能出现的累计差错是多少，估算未被选中进行函证的应收账款的累计差错是多少。为取得对应收账款累计差错更加准确的估计，也可以进一步扩大函证范围。

函证应收账款的目的在于证实"应收账款"账户余额的真实性、正确性，防止或发现被审计单位及其有关人员在销售交易中发生的错误或舞弊行为。通过函证应收账款，可以比较有效地证明被询证者（债务人）的存在和被审计单位记录的可靠性。应收账款询证函工作底稿见表8-19。

5）确定已收回的应收账款金额

注册会计师应请被审计单位协助，在应收账款明细账上标出至审计时已收回的应收账款金额。对已收回金额较大的款项进行常规检查，如核对收款凭证、银行对账单、销售发票等，并注意凭证发生日期的合理性，分析收款时间是否与合同相关要素一致。

6）对未函证应收账款实施替代审计程序

通常，注册会计师不可能对所有应收账款进行函证，因此，对未函证的应收账款，注册会计师应抽查有关原始凭证，如销售合同、销售订购单、销售发票副本、发运凭证等，以验证与其相关的应收账款的真实性。

应收账款替代测试表工作底稿见表8-21。

7）检查坏账的确认和处理

在检查坏账的确认时，注册会计师应检查有无债务人破产或者死亡的，以及破产或遗产清偿后仍无法收回的，或者债务人长期未履行清偿义务的应收账款；在检查坏账的处理时，注册会计师应检查被审计单位坏账的处理是否经授权批准，有关会计处理是否正确。

8）抽查有无不属于结算业务的债权

不属于结算业务的债权，不应在应收账款中核算。因此，注册会计师应抽查应收账款明细账，并追查有关原始凭证，查证被审计单位有无不属于结算业务的债权。如有，应作记录或建议被审计单位作适当调整。

9）检查应收账款的贴现、质押或出售

检查银行存款和银行借款等询证函的回函、会议记录、借款协议和其他文件，确定应收账款是否已被贴现、质押或出售，应收账款贴现业务属质押还是出售，其会计处理是否正确。

10）检查关联方及其交易

标明应收关联方（包括持股5%以上（含5%）股东）的款项，实施关联方及其交易审计程序，并注明合并财务报表时应予抵销的金额；对关联企业、有密切关系的主要客户的交易事项作专门检查：

（1）了解交易事项的目的、价格和条件，作比较分析；

（2）检查销售合同、销售发票、发运凭证等相关文件资料；

(3) 检查收款凭证等货款结算单据；

(4) 向关联方或有密切关系的主要客户函询，以确认交易的真实性、合理性。

11) 确定应收账款的列报是否恰当

如果被审计单位为上市公司，则其财务报表附注中通常应披露期初、期末余额的账龄分析，期末欠款金额较大的单位账款，以及持有 5% 以上（含 5%）股份的股东单位账款等情况。

案例窗 8-3

对希尔有限公司应收账款的函证

希尔有限公司 2013 年 12 月 31 日应收账款的部分明细资料见表 8-6。

表 8-6　**应收账款的明细资料（部分）**

客户名称	摘 要	销售发票号	账 龄	金 额（元）
A	整机销售	0021322	5 个月	1 250 000
B	整机销售	0021418	3 个月	180 000
C	部件、加工	0020199	1 年	320 000
D	部件销售	0009122	2 年零 3 个月	85 000
E	零件销售	0021176	6 个月	580 000
F	整机销售	0010127	2 年	100 000
G	整机销售	0021008	9 个月	1 480 000

要求：如果注册会计师决定对上述顾客进行函证，准备采用积极式函证和消极式函证两种方式。试说明对上述七个顾客哪些应使用积极式函证，哪些应使用消极式函证，并简要说明理由。

【解答】

函证对象的选择如下：A、D、F、G 采用积极式函证，理由是这些账户余额较大或账龄较长；B、C、E 采用消极式函证，理由是这些账户余额较小或者账龄较短。

8.3.3　坏账准备的实质性程序

1) 获取或编制坏账准备明细表

注册会计师应获取或编制坏账准备明细表，复核加计正确，与坏账准备总账数、明细账合计数核对相符；将坏账准备本期计提数与资产减值损失相应明细科目的发生额核对相符。

2) 检查坏账准备的计提

企业应根据所持应收账款的实际可收回情况，合理计提坏账准备，不得多提或少提，否则应视为滥用会计估计，按照重大会计差错更正的方法进行会计处理。

对于单项金额重大的应收账款，企业应当单独进行减值测试，如有客观证据证明其已发生减值，应当计提坏账准备。对于单项金额不重大的应收账款，可以单独进行减值测试，或包括在具有类似信用风险特征的应收账款组合中（如账龄分析）进行减值测试。此外，单独测试未发生减值的应收账款，应当包括在具有类似信用风险特征的应收账款组合中（如账龄分析）再进行减值测试。

采用账龄分析法时，收到债务单位当期偿还的部分债务后，剩余的应收账款，不应改变其账龄，仍应按原账龄加上本期应增加的账龄确定；在存在多笔应收账款且各笔应收账款账龄不同的情况下，收到债务单位当期偿还的部分债务，应当逐笔认定收到的是哪一笔应收账款；如果确实无法认定的，按照先发生先收回的原则确定，剩余应收账款的账龄按上述同一原则确定。

在确定坏账准备的计提比例时，企业应当根据以往的经验、债务单位的实际财务状况和预计未来现金流量的情况，以及其他相关信息合理地估计。

3）检查实际发生的坏账损失

对于被审计单位在被审计期间内发生的坏账损失，注册会计师应检查其原因是否清楚，是否符合有关规定，有无授权批准，有无已作坏账处理又重新收回的应收账款，相应的会计处理是否正确。

4）检查函证结果

对债务人回函中反映的例外事项及存在争议的余额，注册会计师应查明原因并作记录，必要时，应建议被审计单位作相应调整。

5）实施分析程序

通过比较前期坏账准备计提数和实际发生数，以及检查期后事项，评价坏账准备计提的合理性。

6）确定坏账准备的披露是否恰当

企业应当在财务报表附注中清楚地说明坏账的确认标准、坏账准备的计提方法和计提比例。

按照本章“8.4　销售与收款循环审计实例”风险评估确定的范围，注册会计师需对应收账款实施实质性程序，并确定应收账款的审定金额。根据应收账款实施实质性程序的情况，注册会计师编制了应收账款审定表，见表8-17。

案例窗 8-4

对希尔有限公司坏账准备计提的审计

希尔有限公司2013年年末应收账款总账的余额为6 000万元，其所属明细账中有借方余额的合计数为6 200万元，贷方余额的合计数为200万元；其他应收款总账余额为2 000万元。该公司采用余额百分比法计提坏账准备，计提比例为1%，计提金额为64万元。“坏账准备”账户记录详见表8-7。

表8-7　　坏账准备明细账（简式）　　单位：万元

日期	凭证字号	摘要	借方	贷方	余额
1月1日		上年结转			80（贷方）
5月9日	转字70#	核销坏账	50		30（贷方）
10月16日	转字198#	核销坏账	32		-2（贷方）
12月31日	转字370#	计提本年的坏账准备		64	62（贷方）

要求：根据上述资料，对希尔有限公司坏账准备的计提进行审查并提出审计意见。

【解答】

该公司坏账准备的计提金额有误。对于应收账款明细账中的贷方余额不应计提坏账准备，因其相当于预收账款，应对其进行重新分类，归入负债方。

年末计提坏账准备的基数＝6 200+2 000＝8 200（万元）

当年应提取的坏账准备＝8 200×1%－（－2）＝84（万元）

该公司少提坏账准备＝84－64＝20（万元）

注册会计师建议该公司作出调整，调整分录为：

借：资产减值损失　　200 000

　贷：坏账准备　　200 000

8.4　销售与收款循环审计实例

8.4.1　销售与收款循环控制测试

信达会计师事务所接受科思特公司委托对该公司 2013 年度的财务报表进行了审计。通过了解该单位及其环境，实施风险评估，将销售与收款循环业务确定为重点审计对象。在对销售与收款循环交易进行控制测试后，根据测试情况，将营业收入中金额较大的项目、应收账款中金额较大的债务人列为了审计重点，实施了营业收入和应收账款的实质性程序。

销售与收款循环控制测试、营业收入和应收账款实质性程序工作底稿见表 8－8 至表 8－21。

销售与收款循环控制测试见表 8－8。

表 8－8　**销售与收款循环控制测试**

被审计单位：	科思特有限公司	索引号：	XSC
项目：	销售与收款循环控制测试	财务报表截止日/期间：	2013 年 12 月 31 日
编制：	Ma	复核：	Hu
日期：	2013 年 11 月 8 日	日期：	2013 年 11 月 10 日

1）控制测试——销售

（1）询问程序

通过实施询问程序，科思特有限公司已确定下列事项：

①本年度未发现任何特殊情况、错报和异常项目；

②财务或销售部门的人员在未得到授权的情况下无法访问或修改系统内数据；

③本年度未发现下列控制活动未得到执行；

④本年度未发现下列控制活动发生变化。

（2）其他测试程序

控制目标	科思特有限公司的控制活动	控制测试程序	执行控制的频率	所测试的项目数量	索引号
不同标的额的销售均由相应级别管理层审批	①标的额为 10 万元以下的产品销售由销售部部长王某审批。 ②标的额为 10 万元以上 40 万元以下的产品销售由总经理助理李某审批。 ③标的额为 40 万元以上的由副总经理张某审批	询问并检查不同额度的产品销售是否经过适当的授权批准	不定期	25	略

续表

控制目标	科思特有限公司的控制活动	控制测试程序	执行控制的频率	所测试的项目数量	索引号
管理层核准销售订单的价格、条件	①根据生产计划制订销售计划，产品供不应求，价格随行就市，每次价格变动由经营部制定科思特有限公司产品出厂价格调整审批表，并经销售部部长、总经理助理、总会计师、副总经理签字审批。 ②所有销售合同都由销售部部长、总经理助理、总会计师、副总经理签字审批	询问并检查合同的定价是否经过授权审批	不定期	25	略
已记录的销售合同的内容准确	销售业务员负责将销售合同信息输入台账，分品种连续编号；销售业务员定期核对销售合同与台账是否一致	询问并检查是否按照合同及时编制销售台账、检查两者内容是否一致	不定期	25	略
销售合同均已得到处理	销售业务员负责将销售合同信息输入台账，分品种连续编号；销售业务员定期核对销售合同与台账是否一致	询问并检查是否按照合同及时编制销售台账、是否定期核对；随意抽查三笔销售合同看其信息是否已经输入台账	不定期	25	略

2）控制测试——应收账款

（1）询问程序

通过实施询问程序，科思特有限公司已确定下列事项：

①本年度未发现任何特殊情况、错报和异常项目；

②财务或销售部门的人员在未得到授权的情况下无法访问或修改系统内数据；

③本年度未发现下列控制活动未得到执行；

④本年度未发现下列控制活动发生变化。

（2）其他测试程序

控制目标	科思特有限公司的控制活动	控制测试程序	执行控制的频率	所测试的项目数量	索引号
已记录的销售均确已发出货物	销售结算员认真核对产品付货通知单及产品出厂票后开具发票并转给财会人员，财会人员审核出厂票单与发票内容是否相符，对价格执行情况及货款的真实性确认无误后，加盖发票专用章，登记发票领用登记簿，财务部依据发票记账联入账	从主营业务收入明细账中抽取若干张记账凭证，检查凭证中所记载的内容与发票、提货单、出厂票、合同内容是否一致	不定期	25	略

续表

控制目标	科思特有限公司的控制活动	控制测试程序	执行控制的频率	所测试的项目数量	索引号
已记录的销售交易计价准确	财务人员记账时审核发票单价与商品价格目录表是否一致；财务人员月末根据“应收账款”科目的借方余额情况，编制欠款情况统计表，及时报送公司领导、财务部部长、销售部部长等，督促并配合销售部及时追索欠款，并以电话或传真形式与客户核对往来款项	从主营业务收入明细账中抽取若干张记账凭证，检查价格的执行情况是否与合同、价格审批表一致；对大额应收账款余额予以函证	不定期	25	略
与销售货物相关的权利均已记录至应收账款	由财务人员审核计量单与发票内容是否相符、价格执行情况及货款的真实性，确认无误后加盖发票专用章，登记发票，由购货方签字领取发货票，而后财务人员据以记账	从计量站抽取 12 月份最后 10 笔出厂票，看其是否已经记账；将销售部门记录的销售信息与财务部的信息进行核对；对部分应收账款予以函证	不定期	25	略
销售货物交易均已于适当期间进行记录	以每月最后一天××点以前的出厂量为截止点，结算当月收入，销售部出厂结算完毕并且财务部全部入账后，登记销售系统，与销售部统计数据核对无误	从计量站抽取 12 月 31 日××点以前最后 10 笔出厂票，看其是否已经记账，并关注出厂时间是否超过××点；将销售部门记录的销售信息与财务部的信息进行核对	每月 1 次	参见主营业务收入的截止测试	略
准确计提坏账准备和核销坏账，并记录于恰当期间	公司董事会制定并批准了应收账款坏账准备计提方法和计提比例；每年末，财务部分析应收账款账龄，并按照相应比例计提坏账准备	获取应收款项账龄分析表，分析账龄划分是否正确；计算坏账准备计提是否正确；询问并检查是否存在呆账情况	一年 1 次	1	略

3）控制测试——收款

（1）询问程序

通过实施询问程序，科思特有限公司已确定下列事项：

①本年度未发现任何特殊情况、错报和异常项目；

②财务或销售部门的人员在未得到授权的情况下无法访问或修改系统内数据；

③本年度未发现下列控制活动未得到执行；

④本年度未发现下列控制活动发生变化。

(2) 其他测试程序

控制目标	科思特有限公司的控制活动	控制测试程序	执行控制的频率	所测试的项目数量	索引号
收款是真实发生的	(1) 信用证到期或收到支票，由出纳员前往银行办理托收。款项收妥后，应收账款记账员将编制收款凭证，并附相关单证，如银行结汇单、银行到款通知单等，提交会计主管复核。 (2) 需要收取银行承兑汇票的，必须经总会计师签字同意。收取后，认真检查汇票的日期、背书、印章是否准确完整，登记台账后交出纳员统一保管。财务部门根据收到的银行承兑汇票的复印件记账	抽取收款凭证，检查其是否附有进账单或承兑汇票，并经会计主管复核；关注进账单中注明的付款人是否为相应的销售客户	不定期	25	略
准确记录收款	(1) 应收账款记账员编制收款凭证，并附相关单证，如银行结汇单、进账单、承兑汇票复印件等，提交会计主管复核。 (2) 账务系统依据编制好的收款凭证登记库存现金日记账和银行存款日记账	抽取收款凭证，检查其是否附有进账单或承兑汇票，并经会计主管复核；关注进账单中注明的付款人是否为相应的销售客户；关注凭证金额是否与进账单一致	不定期	25	略
收款均已记录	出纳员每月末收到各开户银行对账单，核对是否连续，于次月初核对银行账，查找未达账项，编制银行存款余额调节表，交给会计处主任和财务部部长审核盖章	抽取若干月份未达账项调节表，检查是否有未入账的销售款	每月1次	3	略
收款均已于恰当期间进行记录	出纳员每月末收到各开户银行对账单，核对是否连续，于次月初核对银行账，查找未达账项，编制银行存款余额调节表，交给会计处主任和财务部部长审核盖章	抽取若干月份未达账项调节表，检查是否有未入账的销售款	每月1次	3	略
监督应收账款及时收回	会计人员根据月末“应收账款”科目的借方余额情况，编制欠款情况统计表，及时报送公司领导、财务部部长、销售部部长，监督并配合经营部及时追索欠款，并以电话或传真形式与客户核对往来款项	询问财务人员和销售人员应收账款的回收情况；检查财务人员编制的欠款情况统计表，并与账面核对	每月1次	3	略

8.4.2 营业收入实质性程序

1）审计目标与认定对应关系表（见表 8-9）

表 8-9 审计目标与认定对应关系表

审计目标	财务报表认定					
	发生	完整性	准确性	截止	分类	列报
A. 利润表中记录的营业收入已发生，且与被审计单位有关	√					
B. 所有应当记录的营业收入均已记录		√				
C. 与营业收入有关的金额及其他数据已恰当记录			√			
D. 营业收入已记录于正确的会计期间				√		
E. 营业收入已记录于恰当的账户					√	
F. 营业收入已按照企业会计准则的规定在财务报表中作出恰当的列报						√

2）营业收入审定表（见表 8-10）

表 8-10 营业收入审定表

被审计单位：	科思特有限公司	索引号：	SA1
项目：	营业收入	财务报表截止日/期间：	2013 年 12 月 31 日
编制：	Ma	复核：	Hu
日期：	2014 年 1 月 22 日	日期：	2014 年 1 月 23 日

项目类别	本期未审数	账项调整		本期审定数	上期审定数
		借方	贷方		
一、主营业务收入					
A 产品	32 771 541.80			32 771 541.80	30 652 129.50
B 产品	10 404 361.20			10 404 361.20	8 649 432.30
C 产品	3 704 232.40			3 704 232.40	4 659 742.80
D 产品	1 304 921.60			1 304 921.60	2 023 941.40
小计	48 185 057.00			48 185 057.00	45 985 246.00
二、其他业务收入					
材料销售	89 642.00			89 642.00	97 653.20
⋮					
小计	98 763.00			98 763.00	105 342.00
营业收入合计	48 283 820.00			48 283 820.00	46 090 588.00

审计说明：

从审定表中可以看出，科思特有限公司营业收入包括主营业务收入和其他业务收入，表中所列数据与总账、明细账、报表核对一致。

主营业务收入确认标志为产品发出、经营部开出提货单并经财务部审核后开具发票。该公司收入确认标志符合准则规定的五个条件，并与上年保持一致。

审计结论：

报表数经审计后无调整事项，可以确认。

3）主营业务收入明细分析表（见表 8-11）

表 8-11 **主营业务收入明细分析表**

被审计单位：	科思特有限公司	索引号：	SA2
项目：	主营业务收入明细分析	财务报表截止日/期间：	2013 年 12 月 31 日
编制：	Ma	复核：	Hu
日期：	2014 年 1 月 18 日	日期：	2014 年 1 月 19 日

类别	2013 年度		2012 年度		收入变动额	收入变动比例（%）	结构变动比例（%）
	金额	比重（%）	金额	比重（%）			
A 产品	32 771 541.80	68.01	30 652 129.50	66.66	2 119 412.30	6.91	1.35
B 产品	10 404 361.20	21.59	8 649 432.30	18.81	1 754 928.90	20.29	2.78
C 产品	3 704 232.40	7.69	4 659 742.80	10.13	-955 510.40	-20.51	-2.44
D 产品	1 304 921.60	2.71	2 023 941.40	4.40	-719 019.80	-35.53	-1.69
合计	48 185 057.00	100.00	45 985 246.00	100.00	2 199 811.00	4.78	

审计说明：

从上表可以看出：

（1）本明细账所列各品种收入总额 48 185 057.00 元与报表核对一致。

（2）与去年同期比较：

①科思特有限公司主营业务收入总额与去年同期比较有所增长，比例为 4.78%。

②各品种结构比例与去年同期比较没有较大的变化。

（3）收入总额中，占比重较大的为 A 产品，其次为 B 产品。

（4）根据科思特有限公司增值税纳税申报表估算全年收入，与账面已确认收入一致。

4）产品年度毛利率变化分析表（见表 8-12）

表 8-12 **产品年度毛利率变化分析表**

被审计单位：	科思特有限公司	索引号：	SA3
项目：	产品年度毛利率变化分析	财务报表截止日/期间：	2013 年 12 月 31 日
编制：	Ma	复核：	Hu
日期：	2014 年 1 月 19 日	日期：	2014 年 1 月 20 日

项目	2013 年			2012 年			单价变化（%）	成本变化（%）
	平均单价	平均成本	毛利率（%）	平均单价	平均成本	毛利率（%）		
A 产品	5 070.83	4 131.01	18.53	4 543.76	4 128.11	9.15	11.60	0.07
B 产品	4 144.97	3 997.14	3.57	3 975.06	3 825.60	3.76	4.27	4.48
C 产品	4 414.03	4 387.70	0.60	4 183.00	4 299.68	-2.79	5.52	2.05
D 产品	4 789.86	4 802.61	-0.27	4 589.20	4 618.78	-0.64	4.37	3.98

审计说明：

从分析表中可以看出：

（1）A 产品的毛利率大幅提高，主要原因是该产品市场价格不断提高，而平均成本几乎没有变化；

（2）B 产品的毛利率基本持平；

（3）C 产品的毛利率由负变正；

（4）D 产品的毛利率由去年的-0.64% 降为-0.27%。

5）主营业务收入细节测试（见表 8-13）

表 8-13 **主营业务收入细节测试**

被审计单位：科思特有限公司	索引号：SA4
项目：主营业务收入细节测试	财务报表截止日/期间：2013 年 12 月 31 日
编制：Ma	复核：Hu
日期：2014 年 1 月 18 日	日期：2014 年 1 月 19 日

日期	凭证号	摘要	金额	对应科目	检查内容				附件
					①	②	③	④	
1月18日	0156#	销售 A 产品	14 325 786.68	应收账款	√	√	√	√	专用发票、付货通知单、出厂票
3月15日	0357#	销售 B 产品	6 743 012.46	应收账款	√	√	√	√	专用发票、付货通知单、出厂票
4月28日	0458#	销售 A 产品	12 785 326.87	应收账款	√	√	√	√	专用发票、付货通知单、出厂票
5月26日	0579#	销售 C 产品	8 690 456.80	应收账款	√	√	√	√	专用发票、付货通知单、出厂票
7月16日	0723#	销售 B 产品	23 768 325.69	应收账款	√	√	√	√	专用发票、付货通知单、出厂票
8月23日	0865#	销售 D 产品	5 320 684.75	应收账款	√	√	√	√	专用发票、付货通知单、出厂票
9月28日	0913#	销售 D 产品	18 087 564.60	应收账款	√	√	√	√	专用发票、付货通知单、出厂票
⋮									

审计说明：

1. 细节测试的目的：验证收入发生的真实性、准确性，同时达到双重测试的目的。

2. 测试方法：采用顺查法，即从明细账中选取若干样本，核对记账凭证内容与所附原始凭证的一致性，并关注附件是否齐全、真实。

3. 检查内容：①授权是否合理；②附件是否齐全；③金额是否一致；④账务处理是否正确。

4. 经询问销售部门和财务部门相关人员，检查主营业务收入明细账，没有发现销售退回、折扣与折让情况，也没有特殊销售行为。

5. 经过测试，确认收入发生额。

6）主营业务收入截止测试（见表 8-14 和表 8-15）

表 8-14 **主营业务收入截止测试**

被审计单位：科思特有限公司	索引号：SA5-1
项目：主营业务收入截止测试	财务报表截止日/期间：2013 年 12 月 31 日
编制：Ma	复核：Hu
日期：2014 年 1 月 19 日	日期：2014 年 1 月 20 日

从发货单到明细账

编号	发货单		发票内容					明细账				是否跨期（√，x）
	日期	号码	日期	客户名称	货物名称	销售额	税额	日期	凭证号	主营业务收入	应交税费	
1	12月31日	2653#	12月31日	x客户	A 产品	2 390 128.23	406 321.80	12月31日	1230#	2 390 128.23	406 321.80	x
2	12月30日	2650#	12月30日	x客户	B 产品	2 307 650.12	392 000.52	12月30日	1229#	2 307 650.12	392 000.52	x
⋮												
截止日前												
截止日期：2013 年 12 月 31 日												
截止日后												
1	1月1日	0001#	12月28日	x客户	C 产品	532 764.96	90 570.04	1月1日	0012#	532 764.96	90 570.04	x
2	1月1日	0002#	12月28日	x客户	D 产品	820 784.62	139 533.39	1月1日	0013#	820 784.62	139 533.39	x
⋮												

审计说明：

1. 测试目的：检查科思特有限公司截止日前后发出的产品是否已记录于恰当的会计期间。
2. 经过测试，没有发现跨期事项。

表 8-15 **主营业务收入截止测试**

被审计单位： 科思特有限公司 索引号： SA5-2
项目： 主营业务收入截止测试 财务报表截止日/期间： 2013 年 12 月 31 日
编制： Ma 复核： Hu
日期： 2014 年 1 月 19 日 日期： 2014 年 1 月 20 日

从明细账到发货单

编号	明细账				发票内容					发货单		是否跨期（√ x）
	日期	凭证号	主营业务收入	应交税费	日期	客户名称	货物名称	销售额	税额	日期	号码	
1	12 月 29 日	1563#	3 678 341.92	625 318.13	12 月 29 日	x客户	A 产品	3 678 341.92	625 318.13	12 月 29 日	1953#	x
2	12 月 30 日	1586#	1 984 967.32	337 444.44	12 月 30 日	x客户	B 产品	1 984 967.32	337 444.44	12 月 30 日	1958#	x
⋮												
截止日前												
截止日期：2013 年 12 月 31 日												
截止日后												
1	1 月 1 日	0013#	2 783 467.56	361 850.78	1 月 1 日	x客户	C 产品	2 783 467.56	361 850.78	1 月 1 日	0010#	x
2	1 月 1 日	0018#	8 978 612.12	1 526 364.12	1 月 1 日	x客户	D 产品	8 978 612.12	1 526 364.12	1 月 1 日	0015#	x
⋮												

审计说明：

1. 测试目的：证实科思特有限公司已入账收入是否在同一期间已开具发票并发货，有无多计收入，是否存在跨期现象。
2. 经过测试，没有发现跨期收入。

8.4.3 应收账款实质性程序

1）审计目标与认定对应关系表（见表 8-16）

表 8-16 **审计目标与认定对应关系表**

审计目标	财务报表认定				
	存在	完整性	权利和义务	计价和分摊	列报
A. 资产负债表中记录的应收账款是存在的	√				
B. 所有应当记录的应收账款均已记录		√			
C. 记录的应收账款由被审计单位拥有或控制			√		
D. 应收账款以恰当的金额包括在财务报表中，与之相关的计价调整已恰当记录				√	
E. 应收账款已按照企业会计准则的规定在财务报表中作出恰当的列报					√

2）应收账款审定表（见表 8-17）

表 8-17 **应收账款审定表**

被审计单位：	科思特有限公司	索引号：	ZD1
项目：	应收账款审定表	财务报表截止日/期间：	2013 年 12 月 31 日
编制：	Ma	复核：	Hu
日期：	2014 年 1 月 24 日	日期：	2014 年 1 月 25 日

项目名称	期末未审数	账项调整		重分类调整		期末审定数	上期末审定数
		借方	贷方	借方	贷方		
一、账面余额合计	33 729 539.60					33 729 539.60	30 356 585.10
1 年以内	33 729 539.60					33 729 539.60	30 356 585.10
1～2 年							
2～3 年							
3 年以上							
二、坏账准备合计							
1 年以内							
1～2 年							
2～3 年							
3 年以上							
三、账面价值合计							
1 年以内	33 729 539.60					33 729 539.60	30 356 585.10
1～2 年	33 729 539.60					33 729 539.60	30 356 585.10
2～3 年							
3 年以上							

审计说明：

1. 上述明细表所列金额与总账、明细账、报表核对一致，款项内容均为销售货款。

2. 科思特有限公司收款期为 1 个月，收款期较短。经分析应收账款各明细项目的期初余额、借贷方发生额，账龄划分无误。

3. 因科思特有限公司应收账款账龄均为 1 年之内且未超过 3 个月，所以根据公司坏账准备计提政策，本期坏账准备余额为 0。

4. 该公司平时预收的销售款通过应收账款贷方核算，期末如有余额，形成报表时自动重分类至预收账款。

5. 应收账款在报表及附注中已作出恰当披露。

审计结论：

经审计后，确认报表余额。

3）应收账款明细表（见表8-18）

表8-18 **应收账款明细表**

被审计单位：	科思特有限公司	索引号：	ZD2
项目：	应收账款明细表	财务报表截止日/期间：	2013年12月31日
编制：	Ma	复核：	Hu
日期：	2014年1月19日	日期：	2014年1月20日

项目名称	期末未审数					账项调整		重分类调整		期末审定数				
	合计	1年以内	1~2年	2~3年	3年以上	借方	贷方	借方	贷方	合计	1年以内	1~2年	2~3年	3年以上
甲客户	6 329 875.32	6 329 875.32								6 329 875.32	6 329 875.32			
乙客户	9 128 653.75	9 128 653.75								9 128 653.75	9 128 653.75			
丙客户	8 790 320.63	8 790 320.63								8 790 320.63	8 790 320.63			
⋮														
合计	33 729 539.60	33 729 539.60								33 729 539.60	33 729 539.60			

审计说明：

（1）应收账款明细账余额合计与审定数核对一致；

（2）经与其他往来款项核对，没有发现同一客户同时挂账项目；

（3）客户借方发生额与主营业务收入和增值税合计数配比，符合预估数据；

（4）通过核实各客户明细账，没有发现不属于结算业务的债权；

（5）检查银行存款询证函，没有发现应收账款存在质押情况；

（6）通过核实各客户往来期初、本期发生额及期末余额，没有发现异常项目，各客户不存在破产、死亡等情况。

4）应收账款询证函（见表8-19）

表8-19 **应收账款询证函** 索引号：ZD3

甲客户： 编号：01

本公司聘请的信达会计师事务所正在对本公司2013年度财务报表进行审计，按照中国注册会计师审计准则的要求，应当询证本公司与贵公司的往来账项等事项。下列信息出自本公司账簿记录，如与贵公司记录相符，请在本函下端“信息证明无误”处签章证明；如有不符，请在“信息不符”处列明不符项目，如存在与本公司有关的未列入本函的其他项目，也请在“信息不符”处列出这些项目的金额及详细资料。回函请直接寄至信达会计师事务所。

回函地址：略

邮编：略 电话：略 传真：略 联系人：略

1. 本公司与贵公司的往来账项列示如下：

单位：元

截止日期	贵公司欠	欠贵公司	备注
2013年12月31日	6 329 875.32		货款

2. 其他事项。

本函仅为复核账目之用，并非催款结算。若款项在上述日期之后已经付清，仍请及时复函为盼。

（科思特有限公司盖章）

2014 年 1 月 10 日

结论：1. 信息证明无误。

（甲客户盖章）

2014 年 1 月 15 日

经办人：×××

2. 信息不符，请列明不符的详细情况。

（客户盖章）

年　月　日

经办人：

5）应收账款函证结果汇总表（见表 8-20）

表 8-20　**应收账款函证结果汇总表**

被审计单位：科思特有限公司	索引号：ZD4
项目：应收账款函证结果汇总表	财务报表截止日/期间：2013 年 12 月 31 日
编制：Ma	复核：Hu
日期：2014 年 1 月 20 日	日期：2014 年 1 月 21 日

一、应收账款函证情况列表

项目 单位名称	询证函 编号	函证 方式	函证日期		回函日期	账面金额	回函金额	经调节后是 否存在差异
			第一次	第二次				
甲客户	01	积极式	2014 年 1 月 10 日		2014 年 1 月 15 日	6 329 875. 32	6 329 875. 32	
乙客户	02	积极式	2014 年 1 月 10 日		2014 年 1 月 15 日	9 128 653. 75	9 128 653. 75	
丙客户	03	积极式	2014 年 1 月 10 日	2014 年 1 月 15 日		8 790 320. 63	未回函	
⋮								

二、对误差的分析

项　　目	金　　额
1. 已识别的误差	42 619. 64
2. 推断出的总体误差（扣除已识别的误差）	3 892. 36

审计说明：

1. 我们对应收账款余额抽取了 80 个样本予以函证，回函样本数为 64 个，回函率为 80%；
2. 对未回函的样本实施替代测试，参见底稿 ZD5；
3. 回函的样本中只有一个样本回函金额与科思特有限公司账面余额不符，差异为 42 619. 64 元，推断总体错报金额较小，确认应收账款余额。

6）应收账款替代测试表（见表 8-21）

表 8-21　**应收账款替代测试表**

被审计单位：科思特有限公司	索引号：ZD5
项目：应收账款替代测试表	财务报表截止日/期间：2013 年 12 月 31 日
编制：Ma	复核：Hu
日期：2014 年 1 月 22 日	日期：2014 年 1 月 23 日

一、期初余额	7 989 540. 25
二、借方发生额	13 657 853. 54

（续表）

入账金额					检查内容（用“√”、“×”表示）			
序号	日期	业务内容	凭证号	金额	①	②	③	④
1	2.16		1004#	2 358 156.23	√	√	√	√
2	3.23		1138#	1 869 329.56	√	√	√	√
3	4.06		1245#	1 012 430.32	√	√	√	√
⋮								
小计				8 331 290.66				
全年借方发生额合计				13 657 853.54				
测试金额占全年借方发生额的比例				61%				
三、贷方发生额					12 857 073.16			
入账金额					检查内容（用“√”、“×”表示）			
序号	日期	业务内容	凭证号	金额	①	②	③	④
1	2.18		1008#	1 436 542.90	√	√	√	√
2	3.14		1125#	2 453 732.56	√	√	√	√
3	4.19		1246#	1 890 795.53	√	√	√	√
⋮								
小计			7 971 385.26					
全年贷方发生额合计				12 857 073.16				
测试金额占全年贷方发生额的比例				62%				
四、期末余额					8 790 320.63			
五、期后收款检查（略）								
检查内容说明：①原始凭证是否齐全；②记账凭证与原始凭证是否相符；③账务处理是否正确；④是否记录于恰当的会计期间。								

审计说明：

1. 测试目的：应收账款余额是否存在；款项回收的真实性。 2. 经替代测试，未函证和未回函的应收账款可以确认。

第9章

采购与付款循环审计

学习目标

在采购与付款循环审计中，注册会计师的工作主要有：了解采购与付款循环中的主要业务活动；了解采购与付款循环的内部控制；对采购与付款循环进行控制测试；确定固定资产和应付账款的审计目标；对固定资产和应付账款实施实质性程序；编制采购与付款循环审计工作底稿。

本章的学习目标是：

1. 了解采购与付款循环中的主要业务活动。
2. 明确采购与付款循环的内部控制。
3. 掌握采购与付款循环控制测试的方法。
4. 掌握固定资产和应付账款实质性程序的方法。
5. 会根据固定资产和应付账款测试资料编制审计工作底稿。

基本知识点、基本能力点及能力拓展点

1. 基本知识点：采购交易和付款交易的内部控制；采购交易和付款交易的测试。
2. 基本能力点：对采购交易和付款交易进行控制测试；对固定资产和应付账款实施实质性程序。
3. 能力拓展点：应付票据的审计。

导读案例

2013年2月，明达会计师事务所接受维尼科技有限公司（以下简称维尼公司）的委托，对维尼公司2012年度财务报表进行审计。注册会计师王强和张旺在对该公司财务报表审计时，发现“其他应付款”项目数额较大，如不作出进一步审查，将无法表达审计意见。但维尼公司有关人员声称公司往来账项涉及“商业秘密”，不允许对其往来账项进行审查，并授意公司会计人员不得对往来账项做任何解释和提供相应明细。当注册会计师询问公司负责人是否有漏记收入或弄虚作假情况时，该领导声称，所有收入全部反映在账面上，不存在任何弄虚作假情况。迫于被审计单位领导压力以及相信了领导的声明，在没有详查其他应付款的情况下，两位注册会计师出具了无保留意见审计报告。

几个月后，该企业因隐瞒大量收入偷漏税金被税务部门查处。明达会计师事务所和委派的两名注册会计师也因此受到了相应的惩处。

我们认为，企业接受注册会计师的审计监督是法律的规定，也是社会的需要，企业一旦聘请了注册会计师，将无权阻止注册会计师履行法定责任。保护商业秘密固然是审计的责任，但以所谓“隐私权”为借口，害怕违法违纪行为被注册会计师发现后披露，阻挠审计正常进行是极其不明智的行为。“维尼公司隐匿案”告诉我们，往来业务尤其是应付

款项往往存在重大错报风险，是企业隐瞒收入的防空洞，对于那些在往来业务中金额较大的债权人，或金额小甚至为零但属于重要供货人的债权人，更应引起审计人员的高度重视。我们提醒履行受托责任的审计人员：被审计单位对往来款项的声明，只是一种证明力非常弱的口头证据；往来款项的真实性审计，不仅要通过审查书面资料收集证据，还要通过函证手段获取证据；在审计市场上，无论是审计的主体还是客体，都有权选择对方，但审计机构和人员为了维护自己的公正立场和公众利益，在遇到压力时应敢于抵制不正当要求，认真履行职责，不能以出卖审计原则获取经济利益。

9.1 采购与付款循环控制测试

采购与付款循环涉及的资产负债表项目主要有：预付款项、固定资产、在建工程、工程物资、固定资产清理、无形资产、开发支出、商誉、长期待摊费用、应付票据、应付账款、长期应付款等。采购与付款循环涉及的利润表项目主要有管理费用。

采购与付款循环涉及的主要凭证与会计记录有：请购单、订购单、验收单、卖方发票、付款凭单、转账凭证、付款凭证、应付账款明细账、库存现金日记账和银行存款日记账、卖方对账单。

采购与付款循环测试是指通过采购与付款交易和固定资产内部控制的了解和测试，评价其内部控制设计的合理性和是否被执行以及执行的有效性，为下一步采购与付款循环实质性程序的范围、内容、重点和方法提供依据。

9.1.1 采购与付款循环的主要业务活动

1）请购商品和劳务

企业购买商品或劳务，应由仓库部门负责对需要购买的已列入存货清单的项目填写请购单，其他资产使用部门也可以对所需要的商品未列入存货清单的项目填写请购单，大部分企业对正常经营所需要的物资的购买均作为一般授权，比如，仓库在现有库存达到再订购点时就可直接提出采购申请，其他部门也可为正常的工作需要直接申请采购有关物品。但对资本支出和租赁合同，企业政策则通常要求作出特别授权，只允许指定人员提出请购。请购单可用手工或计算机由不同人员、部门填制。由于其不便于事先编号，为了加强控制，每张请购单必须经过对这类支出负预算责任的主管人员签字批准。

2）编制订购单

采购部门在收到请购单后，只能对经过批准的请购单发出订购单，对每张订购单，采购部门应确定最佳的供应来源。对一些大额的、重要的采购项目应采用竞价的方式确定供应商，以保证供货的质量、及时性和成本的低廉。订购单应正确填写所需要的商品品名、数量、价格、厂商名称和地址等，预先予以顺序编号并经过被授权的采购人员签名。其正联应送交供应商，副联则送至企业内部的验收部门、应付凭单部门和编制请购单的部门。随后，应独立检查订购单的处理，以确定是否确实收到商品并正确入账。

3）验收商品

有效的订购单代表企业已授权验收部门接受供应商发运来的商品。验收部门首先应比较所收商品与订购单上的要求是否相符，如商品的品名、说明、数量、到货时间等，然后再盘点商品并检查商品有无损坏。验收后，验收部门应对已收货的每张订购单编制一式多联、预先编号的验收单，作为验收和检验商品的依据。验收人员将商品送交仓库或其他请购部门时，应取得经过签字的收据，或要求其在验收单的副联上签收，以确立他们对所采购的资产应负的保管责任。验收单应送交应付凭单、财会等有关部门。

4）储存已验收的商品存货

将已验收商品的保管与采购的其他职责相分离，可减少未经授权的采购和盗用商品的风险。存放商品的仓储区应相对独立，限制无关人员接近。

5）编制付款凭单

记录采购交易之前，应付凭单部门应编制付款凭单。付款凭单是采购方企业的应付凭单部门编制的，载明已收到的商品、资产或接受劳务的厂商、应付款金额和付款日期的凭证，是企业内部记录和支付负债的授权证明文件。付款凭单应预先编号，并经过适当批准。这项功能的控制包括：

①确定供应商发票的内容与相关的验收单、订购单的一致性。

②确定供应商发票计算的正确性。

③编制有预先编号的付款凭单，并附上支持性凭证（如订购单、验收单和供应商发票等）。这些支持性凭证的种类，因交易对象的不同而不同。

④独立检查付款凭单计算的正确性。

⑤在付款凭单上填入应借记的资产或费用账户名称。

⑥由被授权人员在凭单上签字，以示批准按照此凭单要求付款。所有未付凭单的副联应保存在未付凭单档案中，以待日后付款。经适当批准和有预先编号的凭单为记录采购交易提供了依据。

6）确认与记录负债

正确确认已验收货物和已接受劳务的债务，要求准确、及时地记录负债。该记录对企业财务报表和实际现金支出具有重大影响。因此，必须特别注意，按正确的数额记载企业确实已发生的购货和接受劳务事项。与应付账款确认和记录相关的部门一般有责任核查购置的财产，并在应付凭单登记簿或应付账款明细账中加以记录。在收到供应商发票时，应付账款部门应将发票上所记载的品名、规格、价格、数量、条件及运费与订购单上的有关资料核对，如有可能，还应与验收单上的资料进行比较。

应付账款确认与记录的一项重要控制是要求记录现金支出的人员不得经手现金、有价证券和其他资产。恰当的凭证、记录与记账手续，对业绩的独立考核和应付账款职能而言是必不可少的控制。

在手工系统下，应将已批准的未付款凭单送达会计部门，据以编制有关记账凭证和登记有关账簿。会计主管应监督为采购交易而编制的记账凭证中账户分类的适当性；通过定期核对编制记账凭证的日期与凭单副联的日期，监督入账的及时性。而独立检查会计人员则应核对所记录的凭单总数与应付凭单部门送来的每日凭单汇总表是否一致，并定期独立检查应付账款总账余额与应付凭单部门未付款凭单档案中的总金额是否一致。

7）付款

通常是由应付凭单部门负责确定未付凭单在到期日付款。企业有多种款项结算方式，以支票结算方式为例，编制和签署支票的有关控制包括：

①独立检查已签发支票的总额与所处理的付款凭单的总额的一致性。

②应由被授权的财务部门的人员负责签署支票。

③被授权签署支票的人员应确定每张支票都附有一张已经适当批准的未付款凭单，并确定支票收款人姓名和金额与凭单内容的一致性。

④支票一经签署就应在其凭单和支持性凭证上用加盖印戳或打洞等方式将其注销，以免重复付款。

⑤支票签署人不应签发无记名甚至空白的支票。

⑥支票应预先顺序编号，保证支票支出存根的完整性和作废支票处理的恰当性。

⑦应确保只有被授权的人员才能接近未经使用的空白支票。

8）记录现金、银行存款支出

仍以支票结算方式为例，在手工系统下，会计部门应根据已签发的支票编制付款记账凭证，并据以登记银行存款日记账及其他相关账簿。以记录银行存款支出为例，有关控制包括：

①会计主管应独立检查记入银行存款日记账和应付账款明细账的金额的一致性，以及与支票汇总记录的一致性。

②通过定期比较银行存款日记账记录的日期与支票副本的日期，独立检查入账的及时性。

③独立编制银行存款余额调节表。

9.1.2 采购与付款交易的内部控制

1）适当的职责分离控制

适当的职责分离有助于防止各种有意的或无意的错误。与销售与收款业务一样，采购与付款业务也需要适当的职责分离。企业应当建立采购与付款业务的岗位责任制，明确相关部门和岗位的职责、权限，确保办理采购与付款业务的不相容岗位相互分离、制约和监督。采购与付款交易不相容岗位至少包括：请购与审批；询价与确定供应商；采购合同的订立与审批；采购、验收与相关会计记录；付款的申请、审批与付款执行。这些都是对企业提出的有关采购与付款交易相关职责适当分离的基本要求，以确保办理采购与付款交易的不相容岗位相互分离、制约和监督。

2）请购控制

原材料的购进，一般首先由生产部门根据生产计划填写领料单。仓库部门接到领料单后，应将原材料保管卡上记录的库存数同生产部门需要的数量进行比较。当生产所需的材料和仓库所需的后备数量合计已超过库存数量时，则应提出请购。其他物品的购进，一般由使用部门或需要部门（公用事业、广告、保险等服务）直接提出请购，填制请购单，经过批准后进行。

3）订货控制

采购部门收到请购单后，在发出订购单之前，应明确订购多少、向谁订购、何时订购等问题。

①在订购多少的控制方面，采购部门首先应审查每一份请购单的请购数量是否在控制限额的范围内，其次是检查使用物品和劳务的部门主管是否在请购单上签字同意。对于需大量采购的原材料，必须作各种采购数量对成本的影响分析，其内容是将各种请购项目进行有效的归类，然后利用经济批量法来测算成本。

②在向谁订购的控制方面，采购部门在正式填制订单前，必须向不同的供应商索取供应物品的价格、质量指标、折扣和付款条件以及交货时间等资料，比较不同供应商所提供的资料，选择最有利于企业生产和成本最低的供应商，与之签订合同。

③在何时订购的控制方面，应由仓库部门运用经济批量法和分析最低存货点来确定订购时间。

在以上三方面决定作出后，采购部门应及时编制一式多联连续编号的订购单；在订购单向供应商发出之前，必须由专人检查该订购单是否得到授权人的签字；订购单副本应交给验收、应付凭单和编制请购单等有关部门。

4）验收控制

货物的验收应由独立于请购、采购和会计部门的人员来担任，其控制责任是检验收到货物的数量和质量。

①对于数量，验收部门在货运单上签字之前，应通过记数、过磅或测量等方法来证明货运单上所列的数量。

②对于质量，验收部门应检验有无因运输而导致的货物缺陷。在货物质量检验需要有较高的专业知识或必须经过仪器、实验才能进行的情况下，收货部门应将部分样品送交专家或实验室对其质量进行检验。

③每一项收到的货物必须在验收以后填制包括供应商、收货日期、货物名称、数量和质量以及运货人名称、原购货订单编号等内容的收货报告单，并将其及时报告请购、采购和会计部门。

5）实物控制

采购与付款交易中的实物控制包括两个方面：一方面加强对已验收入库的商品的实物控制，限制非经授权人员接近存货。实物保管应由独立于验收、采购和会计部门的人员来担任，同时加强对退货的实物控制，货物的退回要有经审批的合法手续。另一方面限制非授权人员接近各种记录和文件，防止伪造篡改资料。

6）应付账款的控制

应付账款的控制包括：应付账款的记录必须由独立于请购、采购、验收、付款的职员来进行；对于有预付货款的交易，在收到供应商发票后，应将预付金额冲抵部分发票金额来记录应付账款；对于享有折扣的交易，应根据供应商发票金额减去折扣金额后的净额登记应付账款；必须分别设置应付账款总账和明细账；每月应将应付账款明细账定期与客户的对账单进行核对。

7）内部核查程序控制

企业应当建立对采购与付款交易内部控制的监督检查制度。采购与付款交易内部控制监督检查的主要内容包括：

①采购与付款交易相关岗位及人员的设置情况。重点检查是否存在采购与付款交易不相容职务混岗的现象。

②采购与付款交易授权批准制度的执行情况。重点检查大宗采购与付款交易的授权批准手续是否健全，是否存在越权审批的行为。

③应付账款和预付账款的管理。重点检查应付账款和预付账款支付的正确性、时效性和合法性。

④有关单据、凭证和文件的使用和保管情况。重点检查凭证的登记、领用、传递、保管、注销手续是否健全，使用和保管制度是否存在漏洞。

对监督检查过程中发现的购货与付款内部控制中的薄弱环节，企业应当采取措施，及时加以纠正和完善。

9.1.3 固定资产的内部控制

商品存货与固定资产同属一个交易循环，在内部控制和控制测试问题上固然有许多共性的地方，但固定资产还存在不少特殊性，有必要对其单独加以说明。

就许多从事制造业的被审计单位而言，固定资产在其资产总额中占有很大的比重，大额固定资产的购建会影响其现金流量，而固定资产的折旧、维修等费用则是影响其损益的重要因素。固定资产管理一旦失控，所造成的损失将远远超过一般的商品存货等流动资产。所以，为了确保固定资产的真实、完整、安全和有效利用，被审计单位应当建立和健全固定资产的内部控制。

1）预算控制

预算制度是固定资产内部控制中最重要的部分。通常，大中型企业应编制旨在预测与控制固定资产增减和合理运用资金的年度预算；小企业即使没有正规的预算，对固定资产的购建也要事先加以计划。

2）授权批准控制

完善的授权批准制度包括：企业的资本性预算只有经过董事会等高层管理机构批准方可生效；所有固定资产的取得和处置均需经企业管理当局的书面认可。

3）账簿记录控制

除固定资产总账外，被审计单位还须设置固定资产明细分类账和固定资产登记卡，按固定资产类别、使用部门和每项固定资产进行明细分类核算。固定资产的增减变化均应有充分的原始凭证。一套设置完善的固定资产明细分类账和登记卡，将为注册会计师分析固定资产的取得和处置；复核折旧费用和修理支出的列支带来帮助。

4）职责分工控制

对固定资产的取得、记录、保管、使用、维修、处置等，均应明确划分责任，由专门部门和专人负责。

5）资本性支出和收益性支出的区分制度

企业应制定区分资本性支出和收益性支出的书面标准。通常须明确资本性支出的范围和最低金额，凡不属于资本性支出的范围、金额低于下限的任何支出，均应列作费用并抵减当期收益。

6）处置控制

固定资产的处置，包括投资转出、报废、出售等，均要有一定的申请报批程序。

7）定期盘点控制

对固定资产的定期盘点，是验证账面各项固定资产是否真实存在、了解固定资产放置地点和使用状况以及发现是否存在未入账固定资产的必要手段。

8）维护保养控制

固定资产应有严密的维护保养制度，以防止其因各种自然和人为的因素而遭受损失，并应建立日常维护和定期检修制度，以延长其使用寿命。

严格地讲，固定资产的保险不属于企业固定资产的内部控制范围，但它对企业非常重要。因此，注册会计师在检查、评价企业的内部控制时，应当了解企业对固定资产的保险情况。

9.1.4 评估重大错报风险

在实施控制测试和实质性程序之前，注册会计师需要了解被审计单位采购与付款交易和相关余额的内部控制的设计、执行情况，评估认定层次的财务报表重大错报风险，并对被审计单位特殊的交易活动和可能影响财务报表真实反映的事项保持职业怀疑态度。这将影响到注册会计师决定采取何种适当的审计方法。

影响采购与付款交易和余额的重大错报风险可能包括：

（1）管理层错报费用支出的偏好和动因。被审计单位管理层可能为了完成预算，满足业绩考核要求，保证从银行获得额外的资金，吸引潜在投资者，误导股东，影响公司股价，或通过把私人费用计入公司进行个人盈利而错报支出。

（2）费用支出的复杂性。例如，被审计单位开始在国外开展销售交易，管理层对于可能遭遇的问题解决经验有限，甚至不具备进行正确交易的能力。这可能导致费用支出分配的错误、外币换算错误和准备计提的错误。

（3）管理层凌驾于控制之上和员工舞弊的风险。例如，通过与第三方串通，把私人费用计入企业费用支出，或有意无意地重复付款。

（4）采用不正确的费用支出截止期。将本期采购并收到的商品计入下一会计期间；或者将下一会计期间采购的商品提前计入本期。例如，被审计单位采用离岸价结算方式进口的商品期末尚在途中，由于商品的所有权已经转移，就可能存在低估在途商品的风险。

（5）低估。在承受反映较高盈利水平和营运资本的压力下，被审计单位管理层可能试图低估应付账款和准备，包括对存货和应收账款减值以及对已售商品提供的担保应计提的准备。

（6）不正确地记录外币交易。当被审计单位进口用于出售的商品时，可能由于采用不恰当的外币汇率而导致该项采购的记录出现差错。在存在诸如远期外汇担保或套期保值交易的情形下，外汇交易记录的复杂性也会导致在记录汇兑损益和套期保值损益时出错，从而使进口存货成本的核算产生错误。此外，还存在未能将诸如运费、保险费和关税等与存货相关的进口费用进行正确分摊的风险。

（7）舞弊和盗窃的固有风险。如果被审计单位经营大型零售业务，由于所采购商品和固定资产的数量及支付的款项庞大，交易复杂，容易造成商品发运错误，员工和客户发生舞弊和盗窃的风险较高。如果那些负责付款的会计人员有权接触应付账款主文档，并能够通过在应付账款主文档中擅自添加新的账户来虚构采购交易，风险也会增加。

（8）延迟向供应商付款。这可能导致不能申请原本可以享受的购货折扣，或者即使提出申请也不被接受，增加了不必要的开支。

（9）存货的采购成本没有按照适当的计量属性确认，结果可能导致存货成本和销售成本的核算不正确。

（10）存在未记录的权利和义务，这可能导致资产负债表分类错误以及财务报表附注不正确或披露不充分。

总之，当被审计单位管理层具有高估利润的动机时，注册会计师应当主要关注费用支出和应付账款的低估。重大错报风险集中体现在遗漏交易，采用不正确的费用支出截止期，以及错误划分资本性支出和费用性支出。这些将对完整性、截止、发生、存在、准确性和分类认定产生关系。

9.1.5　采购与付款交易的控制测试

1）对请购商品或劳务的内部控制测试

抽取若干张请购单，检查其摘要、数量及日期等项目是否齐全，同相应订购单、合同等文件是否一致，有无批准手续。

2）对订购商品或劳务的内部控制测试

抽取若干张订购单，检查其摘要、数量、价格、规格及日期等项目是否齐全，是否经批准，是否有请购单、合同等支持性凭证。

3）对验收商品的内部控制测试

通过观察、询问，确定验收部门是否独立行使职责，是否根据货物的检查情况准确编制验收单。验收单是否连续编号，填写内容是否完整，同发票及实物是否一致。

4）对实物的内部控制测试

通过观察、询问，查看职员在执行授权和实物收发、保管、记录等方面是否认真履行职责，是否存在弊端。

5）对应付账款的内部控制测试

①从应付账款明细账中抽取一定记录，审查其对应的记账凭证，确定记账凭证是否附有购货发票、订购单、合同、验收单等原始凭证，并与原始凭证上所载明的品名、规格、数量、价格核对是否一致，原始凭证手续是否齐全。

②检查一定数量的购货发票、订购单、验收单，核对其有无对应的应付账款记录，时间、金额是否一致。

③检查应付账款明细账，存货、固定资产明细账以及总账是否平行登记，金额是否一致。

案例窗 9-1

采购与付款循环内部控制的测试

注册会计师于2014年1月10日至15日对希尔有限公司采购与付款交易的内部控制进行了解和测试，并在相关的审计工作底稿中作了记录，现摘录如下：

(1) 希尔有限公司的材料采购需要经授权批准后方可进行，采购部根据经批准的请购单编制、发出订购单，订购单没有编号。货物运达后，由隶属于采购部门的验收人员根据订购单的要求验收货物，并编制一式多联的未连续编号的验收单。仓库根据验收单验收货物，在验收单上签字后，将货物移送仓库加以保管。验收单上有数量、品名、单价等内容。验收单一联交采购部门登记采购明细账和编制付款凭单，付款凭单经批准后，月末交会计部门；一联交会计部门登记材料明细账。会计部门根据只附有验收单的付款凭单登记有关账簿。

(2) 会计部门审核付款凭单后，支付采购款项。希尔有限公司授权会计部的经理签署支票，经理将其授权给会计人员丁负责，但保留了支票印章。丁根据已适当批准的凭单，在确定支票收款人名称与凭单内容一致后签署支票，并在凭单上加盖“已支付”的印章。对付款控制程序的穿行测试表明，注册会计师未发现与公司规定有不一致之处。

请根据上述情况，指出希尔有限公司采购与付款交易内部控制方面存在的缺陷，作出简单评价，并提出相应的改进建议。

【解答】

(1) 订购单没有编号和验收单未连续编号，不能保证所有的购货业务都已记录或不被重复记录。建议希尔有限公司应对其订购单和验收单连续编号。

(2) 验收人员隶属于采购部门，会影响其独立行使职责，不能保证验收货物的数量和质量。建议希尔有限公司应将验收部门从采购部门独立出来。

(3) 付款凭单未附订购单及供应商发票，会计部门无法核对采购事项是否真实，登记有关账簿时金额和数量可能就会出现差错。建议希尔有限公司应将订购单和购货发票等与付款凭单一起交会计部门。

(4) 会计部门月末审核付款凭单后才付款，未能及时将材料采购和债务登账并按约定时间付款。建议希尔有限公司采购部及时将付款凭单交会计部，按约定时间付款。

评价：希尔有限公司采购与付款循环的内部控制存在严重缺陷，设计不合理，执行效果较差，不能防止或发现和纠正采购与付款循环过程中的错误与舞弊，控制风险为高水平，应扩大实质性程序的范围。

按照本章“9.4　采购与付款循环审计实例”风险评估确定的范围，注册会计师需对采购与付款交易进行控制测试。根据这方面的测试情况，注册会计师编制了采购与付款循环控制测试工作底稿，见表9-1。

9.1.6　固定资产的内部控制测试

结合前面固定资产内部控制的内容和顺序，注册会计师在对被审计单位的固定资产实施控制测试时应注意：

(1) 对于固定资产的预算制度，注册会计师选取固定资产投资预算和投资可行性项目论证报告，检查是否编制预算并进行论证，以及是否经适当层次审批；对实际支出与预算之间的差异以及未列入预算的特殊事项，应检查其是否履行特别的审批手续。如果固定资产增减均能处于良好的经批准的预算控制之下，注册会计师即可适当减少对固定资产增加、减少审计中的实质性程序样本量。

(2) 对于固定资产的授权批准制度，注册会计师不仅应检查被审计单位固定资产授权批准制度本身是否完善，还应选取固定资产请购单及相关采购合同，检查是否得到适当的审批和签署，关注授权批准制度有否得到切实执行。

(3) 对于固定资产的账簿记录制度，注册会计师应当认识到，一套设置完善的固定资产明细分类账和登记卡，将为注册会计师分析固定资产的取得和处置、复核折旧费用和修理支出的列支带来帮助。

(4) 对于固定资产的职责分工制度，注册会计师应当认识到，明确的职责分工制度，有利于防止舞弊，降低注册会计师的审计风险。因此，注册会计师应通过对前面所讲关键环节有无明确职责划分进行测试，了解职责分工情况。

(5) 对于资本性支出和收益性支出的区分制度，注册会计师应当检查该项制度是否遵循企业会计准则的要求，是否适应被审计单位的行业特点和经营规模，并抽查实际发生与固定资产相关的支出时是否按照该制度进行恰当的会计处理。

（6）对于固定资产的处置制度，注册会计师应当关注被审计单位是否建立了有关固定资产处置的分级申请报批程序；抽取固定资产盘点明细表，检查账实之间的差异是否经审批后及时处理；抽取固定资产报废单，检查报废是否经适当批准和处理；抽取固定资产内部调拨单，检查调入、调出是否已进行适当处理；抽取固定资产增减变动情况分析报告，检查是否经复核。

（7）对于固定资产的定期盘点制度，注册会计师应了解和评价企业固定资产盘点制度，并应注意查询盘盈、盘亏固定资产的处理情况。

（8）对于固定资产的保险情况，注册会计师应抽取固定资产保险单盘点表，检查是否已办理商业保险。

按照本章“9.4 采购与付款循环审计实例”风险评估确定的范围，注册会计师需对固定资产进行控制测试。根据这方面的测试情况，注册会计师编制了固定资产循环控制测试工作底稿，见表9-2。

9.2 应付账款审计

应付账款是企业在正常经营过程中，因购买材料、商品和接受劳务供应等而应付给供应单位的款项。可以看出，应付账款业务是随着企业赊购交易的发生而发生的，因此，对应付账款的审计应结合购货业务来进行。

9.2.1 应付账款的审计目标

（1）确定资产负债表中记录的应付账款是否存在。

（2）确定所有应当记录的应付账款是否均已记录。

（3）确定资产负债表中记录的应付账款是否为被审计单位应履行的现时义务。

（4）确定应付账款是否以恰当的金额包括在财务报表中，与之相关的计价调整是否已恰当记录。

（5）确定应付账款是否已按照企业会计准则的规定在财务报表中作出恰当的列报。

应付账款的审计目标是指注册会计师实施应付账款审计时应达到的最终结果，应付账款认定是指被审计单位管理层在财务报表中对应付账款作出的明确或隐含的表达。实施应付账款审计应编制应付账款审计目标与认定对应关系表，以便应付账款审计任务的完成。应付账款审计目标与认定对应关系表见表9-3。

9.2.2 应付账款的实质性程序

1）获取或编制应付账款明细表

①复核加计是否正确，并与报表数、总账数和明细账合计数核对是否相符。

②检查非记账本位币应付账款的折算汇率及折算是否正确。

③分析出现借款余额的项目，查明原因，必要时，建议作重分类调整。

④结合预付账款、其他应付款等往来项目的明细余额，调查有无同时挂账的项目、异常余额或与购货无关的其他款项，如有，应作出记录，必要时建议作调整。

实施应付账款实质性程序应以获取或编制应付账款明细表为起点，进行一系列应付账款账账、账表核对和分析，这对查明应付账款有无记录错误，有无虚增、隐瞒等异常情况有重要意义。应付账款明细表见表9-5。

2）根据被审计单位实际情况，选择以下方法对应付账款执行实质性分析性程序

①对期末应付账款余额与上期期末余额进行比较，分析其波动原因；

②分析长期挂账的应付账款，要求被审计单位作出解释，判断被审计单位是否缺乏偿还能力或利用应付账款隐瞒利润；

③计算应付账款对存货的比率，应付账款对流动负债的比率，并与以前期间对比分析，评价应付账款整体的合理性；

④分析存货和营业成本等项目的增减变动，判断应付账款增减变动的合理性。

3）函证应付账款

一般情况下，应付账款不需要函证，这是因为函证不能保证查出未记录的应付账款，况且注册会计师能够取得采购发票等外部凭证来证实应付账款的余额。但如果控制风险较高，某应付账款明细账户余额较大或被审计单位处于财务困难阶段，则应进行应付账款的函证。

进行函证时，注册会计师应选择较大金额的债权人，以及那些在资产负债表日金额不大、甚至为零，但为企业重要供货人的债权人，作为函证对象。函证最好采用积极形式，并具体说明应付金额。同应收账款的函证一样，注册会计师必须对函证过程进行控制，要求债权人直接回函，并根据回函情况编制与分析函证结果汇总表，对未回函的，应考虑是否再次函证。

如果存在未回函的重大项目，注册会计师应采用替代审计程序。比如，可以检查决算日后应付账款明细账及库存现金和银行存款日记账，核实其是否已支付，同时检查该笔债务的相关凭证资料，如合同、发票、验收单，核实应付账款的真实性。

应付账款替代测试表见表9-6。

4）检查应付账款是否记入了正确的会计期间，是否存在未入账的应付账款

①检查债务形成的相关原始凭证，如供应商发票、验收报告或入库单等，查找有无未及时入账的应付账款，确认应付账款期末余额的完整性。

②检查资产负债表日后应付账款明细账贷方发生额的相应凭证，关注其购货发票的日期，确认其入账时间是否合理。

③获取被审计单位与其供应商之间的对账单（应从非财务部门，如采购部门获取），并将对账单和被审计单位财务记录之间的差异进行调节（如在途款项、在途商品、付款折扣、未记录的负债等），查找有无未入账的应付账款，确定应付账款金额的准确性。

④针对资产负债表日后付款项目，检查银行对账单及有关付款凭证（如银行汇款通知、供应商收据等），询问被审计单位内部或外部知情人员，查找有无未及时入账的应付账款。

⑤结合存货监盘程序，检查被审计单位在资产负债表日前后的存货入库资料（验收报告或入库单），检查是否有大额料到单未到达的情况，确认相关负债是否记入了正确的会计期间。

如果注册会计师通过这些审计程序发现某些未入账的应付账款，应将有关情况详细记入审计工作底稿，并根据其重要性确定是否需建议被审计单位进行相应的调整。

5）针对已偿付的应付账款

针对已偿付的应付账款，追查至银行对账单、银行付款单据和其他原始凭证，检查其

是否在资产负债表日前真实偿付。

6）针对异常或大额交易及重大调整事项

针对异常或大额交易及重大调整事项（如大额的购货折扣或退回，会计处理异常的交易，未经授权的交易，或缺乏支持性凭证的交易等），检查相关原始凭证和会计记录，以分析交易的真实性、合理性。

7）检查带有现金折扣的应付账款

检查带有现金折扣的应付账款是否按发票上记载的全部应付金额入账，在实际获得现金折扣时再冲减财务费用。

8）被审计单位与债权人进行债务重组的，检查不同债务重组方式下的会计处理是否正确

9）标明应付关联方的款项

标明应付关联方（包括持5%以上（含5%）表决权股份的股东）的款项，执行关联方及其交易审计程序，并标明合并报表时应予抵消的金额。

10）检查应付账款是否已按照企业会计准则的规定在财务报表中作出恰当列报

一般来说，“应付账款”项目应根据“应付账款”和“预付账款”科目所属明细科目的期末贷方余额的合计数填列。

按照本章“9.4 采购与付款循环审计实例”风险评估确定的范围，注册会计师需对应付账款进行实质性程序，并确定应付账款的审计后金额。根据应付账款这方面实质性程序情况，注册会计师编制了应付账款审定表工作底稿，见表9-4。

9.3 固定资产审计

固定资产是指企业为生产商品、提供劳务、出租或经营管理而持有的，使用年限超过一年以及单位价值较高的有形资产。

固定资产审计的范围一方面包括固定资产的原价，累计折旧和固定资产减值准备项目的审计，另一方面还包括与固定资产增减和计提折旧有关项目的审计。

9.3.1 固定资产的审计目标

（1）确定资产负债表中记录的固定资产是否存在。

（2）确定所有应记录的固定资产是否均已记录。

（3）确定记录的固定资产是否由被审计单位拥有或控制。

（4）确定固定资产以恰当的金额包括在财务报表中，与之相关的计价或分摊已恰当记录。

（5）确定固定资产原价、累计折旧和固定资产减值准备是否已按照企业会计准则的规定在财务报表中作出恰当列报。

固定资产的审计目标是指注册会计师实施固定资产审计时应达到的最终结果。固定资产认定是指被审计单位管理层在财务报表中对固定资产作出的明确或隐含的表达。实施固定资产审计应编制固定资产审计目标与认定对应关系表，以便固定资产审计任务的完成。固定资产审计目标与认定对应关系表见表9-7。

9.3.2　固定资产——账面余额实质性程序

1）获取或编制固定资产、累计折旧及减值准备明细表

获取或编制固定资产、累计折旧及减值准备明细表，检查固定资产的分类是否正确，并与总账数和明细账合计数核对是否相符，结合累计折旧、减值准备科目与报表数核对是否相符。

实施固定资产账面余额实质性程序应以获取或编制固定资产、累计折旧及减值准备明细表为起点，进行一系列固定资产账账、账表核对和分析，这对查明固定资产有无记录错误，有无多提少提折旧、减值准备计提是否正确等情况有重要意义。固定资产、累计折旧及减值准备明细表的格式见表 9-9。

2）对固定资产实施实质性分析程序

（1）基于对被审计单位及环境的了解，通过进行以下比较，并考虑有关数据间关系的影响，建立有关数据的期望值。

①分类计算本期计提折旧额与固定资产原值的比率，并与上期比较。

②计算固定资产修理及维护费用占固定资产原值的比率，并进行本期各月、本期与以前各期的比较。

（2）确定可接受的差异额。

（3）将实际情况与期望值比较，识别需要进一步调查的差异。

（4）如果其差额超过可接受的差异额，调查并获取充分的解释和恰当的佐证审计证据，如检查相关的凭证。

（5）评估实质性分析程序的测试结果。

3）实地检查重要固定资产

实地检查重要固定资产，确定其是否存在，关注是否存在已报废但仍未核销的固定资产。

实施实地检查审计程序时，注册会计师可以以固定资产明细账为起点，进行实地追查，以证明明细账所列固定资产确实存在以及目前的使用状况；也可以以实地为起点，追查固定资产明细账，以获取实际存在的固定资产均已入账的证据。重点检查的应是本期新增的重要固定资产，有时检查的范围也会扩展到以前增加的重要固定资产。检查范围可根据内部控制强弱、固定资产的重要性和注册会计师的经验来判断。如为初次审计，则应适当扩大检查范围。

实地检查固定资产是查明固定资产是否确实存在，是否完好、完整的有力方法。实地检查固定资产时要检查被审计单位固定资产盘点情况，然后编制固定资产盘点检查情况表，记录固定资产账面情况、被审计单位盘点情况以及注册会计师检查的情况。固定资产盘点检查情况表见表 9-10。

4）检查固定资产的所有权或控制权

对各类固定资产，注册会计师应获取、汇集不同的证据以确定其是否确归被审计单位所有；对外购的机器设备等固定资产，通常经审核采购发票、采购合同等予以确定；对房地产类固定资产，尚需查阅有关的合同、产权证明、财产税单、抵押借款的还款凭据、保险单等书面文件；对融资租入的固定资产，应验证有关融资租赁合同；对汽车等运输设备，应验证有关运营证件等；对受留置权限制的固定资产，通常还应审核被审计单位的有

关负债项目予以证实。

5）检查本期固定资产的增加

被审计单位如果不正确核算固定资产的增加，将对资产负债表和利润表产生长期的影响。因此，审计固定资产的增加是固定资产实质性程序中的重要内容。固定资产的增加有多种途径，审计中应注意：

（1）询问管理层当年固定资产的增加情况，并与获取或编制的固定资产明细表进行核对。

（2）检查本年度增加固定资产的计价是否正确，手续是否齐备，会计处理是否正确：

①对于外购的固定资产，通过核对采购合同、发票、保险单、发运凭证等文件，抽查测试其计价是否正确，授权批准手续是否齐备，会计处理是否正确。如果是房屋，还应检查契税的会计处理是否正确。

②对于在建工程转入的固定资产，应检查固定资产确认时点是否符合企业会计准则的规定，入账价值与在建工程的相关记录是否核对相符，是否与竣工决算、验收和移交报告等一致；对已经达到预定可使用状态但尚未办理竣工决算的固定资产，检查其是否已按估计价值入账，并按规定计提折旧，竣工决算完成后，是否及时调整。

③对于投资者投入的固定资产，检查投资者投入的固定资产是否按投资各方确认的价值入账，并检查确认价值是否公允，交接手续是否齐全；涉及国有资产的，是否有评估报告并经国有资产管理部门评审备案或核准确认。

④对于更新改造增加的固定资产，检查通过更新改造而增加的固定资产，增加的原值是否符合资本化条件，是否真实，会计处理是否正确；重新确定的剩余折旧年限是否恰当。

⑤对于融资租赁增加的固定资产，获取融资租入固定资产的相关证明文件，检查融资租赁合同的主要内容，并结合“长期应付款”、“未确认融资费用”科目，检查相关的会计处理是否正确。

⑥对于企业合并、债务重组和非货币性资产交换增加的固定资产，检查产权过户手续是否齐备，检查固定资产入账价值及确认的损益和负债是否符合规定。

⑦对于因其他原因增加的，应检查相关的原始凭证，核对其计价及会计处理是否正确，法律手续是否齐全。

案例窗 9-2

固定资产更新改造后续支出应增加固定资产价值

审计人员对希尔有限公司2013年度财务决算进行审计，发现固定资产账上记录的一幢二层办公楼，实际已是一幢三层楼房，系该公司利用本公司材料委托农村基建队扩建，共计开支工料费1 200 000元（其中料款800 000元），已全部作为生产成本处理。

请根据上述资料，指出希尔有限公司存在的问题，提出账务调整意见。

【解答】

根据上述资料，审计人员认为该公司在改扩建支出方面存在的问题是混淆了收益性支出和资本性支出的界线，虚增生产成本，少计固定资产价值。为此，审计人员建议该企业进行账务调整。调整分录为：

借：固定资产 1 200 000

贷：库存商品 1 200 000

并补提2013年度应计提的折旧。

(3) 检查固定资产是否存在弃置费用，如果存在弃置费用，检查弃置费用的估计方法和弃置费用现值的计算是否合理，会计处理是否正确。

按照本章“9.4 采购与付款循环审计实例”风险评估确定的范围，注册会计师需对固定资产增加情况进行检查。根据这方面的检查情况，注册会计师编制了固定资产增加检查情况表，见表9-11。

6) 检查固定资产的减少

固定资产的减少主要包括出售、向其他单位投资转出、向债权人抵债转出、报废、毁损、盘亏等。有的被审计单位在全面清查固定资产时，常常会出现固定资产账存实亡的现象，这可能是由于固定资产管理或使用部门不了解报废固定资产与会计核算两者间的关系，擅自报废固定资产而未及时通知财务部门在会计账户上作相应的核算所致，这样势必造成财务报表反映失真。审计固定资产减少的主要目的就在于查明业已减少的固定资产是否已做适当的会计处理。其审计要点如下：

① 结合“固定资产清理”科目，抽查固定资产账面转销额是否正确。

②检查出售、转让、报废、毁损、盘亏等减少固定资产是否经授权批准，会计处理是否正确。

③检查因修理、更新改造而停止使用固定资产的会计处理是否正确。

④检查投资转出固定资产的会计处理是否正确。

⑤检查债务重组或非货币性资产交换转出固定资产的会计处理是否正确。

⑥检查其他减少固定资产的会计处理是否正确。

按照本章“9.4 采购与付款循环审计实例”风险评估确定的范围，注册会计师需对固定资产减少情况进行检查。根据这方面的检查情况，注册会计师编制了固定资产减少检查情况表，见表9-12。

7) 检查固定资产的后续支出

确定固定资产有关的后续支出是否满足资产确认条件；如不满足，该支出是否在该后续支出发生时计入当期损益。

8) 检查固定资产的租赁

企业在生产经营过程中，有时可能有闲置的固定资产供其他单位租用；有时由于生产经营的需要，又需租用固定资产。租赁一般分为经营租赁和融资租赁两种。

在经营租赁中，租入固定资产的企业按合同规定的时间，交付一定的租金，享有固定资产的使用权，而固定资产的所有权仍属出租单位。因此，租入固定资产企业的固定资产价值并未因此而增加，企业对经营租入的固定资产，不在“固定资产”账户内核算，只是另设备查簿进行登记。而租出固定资产的企业，仍继续提取折旧，同时取得租金收入。检查经营性租赁时，应查明：

①固定资产的租赁是否签订了合同、租约，手续是否完备，合同内容是否符合国家规定，是否经相关管理部门的审批。

②租入的固定资产是否确属企业必需，或出租的固定资产是否确属企业多余、闲置不

用的，双方是否认真履行合同，其中是否存在不正当交易。

③租金收取是否签有合同，有无多收、少收的现象。

④租入固定资产有无久占不用、浪费损坏的现象；租出的固定资产有无长期不收租金、无人过问，是否有变相馈赠、转让等情况。

⑤租入固定资产是否已登入备查簿。

⑥租入固定资产改良支出的核算是否符合规定。

按规定，企业对以经营租赁方式租入的固定资产发生的改良支出，应单设“经营租入固定资产改良”科目核算。

在融资租赁中，租入单位向租赁公司借款购买固定资产，分期归还本息，全部付清本息后，就取得了固定资产的所有权。因此，融资租赁支付的租金，包括了固定资产的价值和利息，并且这种租赁的结果通常是固定资产所有权最终归属租入单位。故租入企业在租赁期间，对融资租入的固定资产应按企业的固定资产一样管理，并计提折旧、进行维修。在检查融资租赁固定资产时，除可参照经营租赁固定资产检查要点以外，还应注意融资偿付的利息，其利率的计算是否与市场利率相当；融资租入固定资产的计价是否正确，并结合“长期应付款”、“未确认融资费用”等科目检查相关的会计处理是否正确。

9）获取暂时闲置固定资产的相关证明文件，并观察其实际状况，检查是否已按规定计提折旧，相关的会计处理是否正确

10）获取已提足折旧继续使用固定资产的相关证明文件，并作相应记录

11）获取持有待售固定资产的相关证明文件，并作相应记录，检查对其预计净残值的调整是否正确、会计处理是否正确

12）检查固定资产的抵押、担保情况

结合对银行借款等的检查，了解固定资产是否存在重大的抵押、担保情况。如存在，应取证、记录，并提请被审计单位作恰当披露。

13）确定固定资产是否已按照企业会计准则的规定在财务报表中作出恰当的列报

财务报表附注通常应说明固定资产的标准、分类、计价方法和折旧方法；融资租入固定资产的计价方法；固定资产的预计使用年限和预计净残值；对固定资产所有权的限制及其金额；已承诺将为购买固定资产支付的金额；暂时闲置的固定资产账面价值；已提足折旧仍继续使用的固定资产账面价值；已退废和准备处置的固定资产账面价值。固定资产因使用磨损或其他原因而需退废时，企业应及时对其处置，如果其已处于处置状态而尚未转销时，企业应披露这些固定资产的账面价值。

按照本章“9.4 采购与付款循环审计实例”风险评估确定的范围，注册会计师需对固定资产进行实质性程序，并确定固定资产的审计后金额。根据固定资产这方面实质性程序情况，注册会计师编制了固定资产审定表工作底稿，见表9-8。

9.3.3 固定资产——累计折旧的实质性程序

累计折旧的实质性程序通常包括：

（1）获取或编制固定资产及累计折旧分类汇总表，复核加计正确，并与报表数、总账数和明细账合计数核对相符。

（2）检查被审计单位制定的折旧政策和方法是否符合企业会计准则的规定，确定其

所采用的折旧方法能否在固定资产使用寿命内合理分摊其成本，前后期是否一致，预计使用寿命和预计净残值是否合理。

《企业会计准则第 4 号——固定资产》明确规定，企业应当根据固定资产有关的经济利益的预期实现方式，合理选择固定资产折旧方法。可选用的折旧方法包括年限平均法、工作量法、双倍余额递减法和年数总和法等；除非由于与固定资产有关的经济利益的预期实现方式有重大改变，应当相应改变固定资产折旧方法，否则，折旧方法一经选定，不得随意调整。企业至少应当于每年年度终了对固定资产的使用寿命、预计净残值和折旧方法进行复核，如果固定资产使用寿命预计数和净残值预计数与原先估计数有重大差异，则应当作相应调整。

（3）复核本期折旧费用的计提和分配。

①了解被审计单位的折旧政策是否符合规定，计提折旧范围是否正确，确定的使用寿命、预计净残值和折旧方法是否合理；如采用加速折旧法，是否取得批准文件。

②检查被审计单位折旧政策前后期是否一致。

③复核本期折旧费用的计提是否正确。

如已计提减值准备的固定资产，计提的折旧是否正确；已全额计提减值准备的固定资产，是否已停止计提折旧；因更新改造而停止使用的固定资产是否已停止计提折旧，因大修理而停止使用的固定资产是否照提折旧；未使用、不需用和暂时闲置的固定资产是否按规定计提折旧等。

④检查折旧费用的分配方法是否合理，是否与上期一致；分配计入各项目的金额占本期全部折旧计提额的比例与上期比较是否有重大差异。

⑤注意固定资产增减变动时，有关折旧的会计处理是否符合规定，查明通过更新改造、接受捐赠或融资租入而增加的固定资产的折旧费用计算是否正确。

（4）将“累计折旧”账户贷方的本期计提折旧额与相应的成本费用中的折旧费用明细账户的借方相比较，以查明所计提折旧金额是否已全部摊入本期产品成本或费用。一旦发现差异，应及时追查原因，并考虑是否应建议作适当调整。

（5）检查累计折旧的减少是否合理、会计处理是否正确。

（6）确定累计折旧的披露是否恰当。

案例窗 9-3

固定资产因故停用应继续计提折旧

奥特会计师事务所于 2014 年 1 月接受希尔有限公司委托对该公司 2013 年度财务报表进行审计。在审查固定资产折旧时，注册会计师发现希尔有限公司有一幢办公大楼于 2011 年 1 月开始已经计提折旧，原值 2 000 万元，预计使用年限为 10 年，预计净残值为 200 万元。由于自 2013 年 1 月起该项固定资产因装修质量问题暂停使用，希尔有限公司因此未计提 2013 年度该项固定资产的折旧。

请根据上述资料，指出被审计单位存在的问题，提出账务调整意见。

【解答】

该单位存在的问题是：虚增资产，虚增利润。

根据资料，该公司 2013 年应计提的折旧额为 180 万元（（2 000-200）÷10）。

调整分录为：

借：本年利润　　　　1 800 000

　贷：累计折旧　　　　1 800 000

9.3.4 固定资产——固定资产减值准备的实质性程序

固定资产减值准备的实质性程序一般包括：

（1）获取或编制固定资产减值准备明细表，复核加计正确，并与总账数和明细账合计数核对相符。

（2）检查被审计单位计提固定资产减值准备的依据是否充分，会计处理是否正确。

（3）检查资产组的认定是否恰当，计提固定资产减值准备的依据是否充分，会计处理是否正确。

（4）实施实质性分析程序，计算期末固定资产减值准备占期末固定资产原值的比率，并与期初该比率比较、分析固定资产的质量状况。

（5）检查被审计单位处置固定资产时原计提的减值准备是否同时结转，会计处理是否正确。

（6）检查是否存在转回固定资产减值准备的情况。按照企业会计准则的规定，固定资产减值损失一经确认，在以后会计期间不得转回。

（7）确定固定资产减值准备的披露是否恰当。

9.4 采购与付款循环审计实例

2014 年 1 月 10 日，信达会计师事务所接受科思特有限公司委托，对该公司 2013 年度的财务报表进行了审计。通过了解该单位及其环境，实施风险评估，将采购与付款循环业务确定为重点审计对象。在对采购与付款循环交易和固定资产进行控制测试后，根据测试情况，将应付账款中金额较大的债权人、固定资产中当年新增金额较大的项目以及固定资产减少情况列为了审计重点，进行了应付账款和固定资产的实质性程序。采购与付款循环控制测试、应付账款和固定资产实质性程序工作底稿见表 9-1 至表 9-12。

9.4.1 采购与付款循环控制测试

采购与付款循环控制测试见表 9-1。

表 9-1　　采购与付款循环控制测试

被审计单位：	科思特有限公司	索引号：	SGC
项目：	采购与付款循环控制测试	财务报表截止日/期间：	2013 年 12 月 31 日
编制：	Wang	复核：	Liu
日期：	2013 年 11 月 5 日	日期：	2013 年 11 月 7 日

1）控制测试——材料采购

（1）询问程序

通过实施询问程序，科思特有限公司已确定下列事项：

①本年度未发现任何特殊情况、错报和异常项目；

②财务或采购部门的人员在未得到授权的情况下无法访问或修改系统内数据；

③本年度未发现下列控制活动未得到执行；

④本年度未发现下列控制活动发生变化。

（2）其他测试程序

控制目标	科思特有限公司的控制活动	控制测试程序	执行控制的频率	所测试的项目数量	索引号
只有经过核准的采购订单才能发给供应商	（1）材料采购由经营部编制采购计划，经部长确认，公司领导审批，才能对外签约。 （2）金额为 10 万元以下的请购单由采购部部长审批；金额为 10 万元至 100 万元的请购单由主管副总经理审批；金额为 100 万元以上的请购单由总经理张某审批	抽取请购单并检查是否得到适当审批	每周 1 次	5	略
已记录的采购订单内容准确	（1）采购管理员根据有关采购信息编制连续编号的采购订单。 （2）每周末财务部门应付账款记账员汇总本周内生成的所有采购订单并与请购单核对，编制采购报告。如采购订单与请购单相符，记账员在报告上签字；如不符，通知采购员并调查该事项	检查应付账款记账员是否已核对采购订单和复核采购报告	每周 1 次	5	略
采购订单均已得到处理	采购订单为连续编号。每周应付账款记账员在编制采购报告时，采购管理员亦会核对这些采购订单，对任何不符合连续编号的情况进行调查，检查销售合同与台账是否一致	检查应付账款记账员是否已复核采购报告。同时，检查报告单上的采购订单是否按顺序编号以及有无出现任何不符合连续编号的情况	每周 1 次	5	略

2）控制测试——记录应付账款

（1）询问程序

通过实施询问程序，科思特有限公司已确定下列事项：

①本年度未发现任何特殊情况、错报和异常项目；

②财务或采购部门的人员在未得到授权的情况下无法访问或修改系统内数据；

③本年度未发现下列控制活动未得到执行；

④本年度未发现下列控制活动发生变化。

（2）其他测试程序

控制目标	科思特有限公司的控制活动	控制测试程序	执行控制的频率	所测试的项目数量	索引号
已记录的采购均确已收到物品	收到采购发票后，由采购部门经理签字确认并交至财务人员。应付账款记账员将发票所载信息和验收单、采购订单进行核对。如相符，应付账款记账员在发票上加盖“相符”印戳，并将信息输入系统，由系统自动生成记账凭证，过至明细账和总账；如不符，通知经营部，以实施经营部调查	抽取采购订单、验收单和采购发票检查所载内容是否核对一致，检查发票上是否盖有“相符”印戳	每周 1 次	5	略

续表

控制目标	科思特有限公司的控制活动	控制测试程序	执行控制的频率	所测试的项目数量	索引号
已记录的采购均已接受劳务	(1) 发生销售（管理）费用的部门收到费用发票后，由其部门经理签字确认并交至应付账款记账员。 (2) 应付账款记账员对收到的费用发票、费用申请单和其他单据进行核对，如所有单据核对一致，应付账款记账员在发票上加盖“相符”印戳，并将信息输入系统，此时系统自动生成记账凭证过至明细账和总账	抽取费用发票，检查发票是否得到适当审批，并加盖“相符”印戳	每周1次	5	略
已记录的采购计价正确	每月末，应付账款主管编制应付账款账龄分析报告，其内容还应包括应付账款总额与应付账款明细账合计数，以及应付账款明细账与供应商对账单核对情况。如有差异，应付账款主管立即调查，编制应付账款调节表，将调节表和分析报告交会计主管复核，财务部长批准后作出处理	抽取应付账款调节表，检查调节项目与有效的支持性凭证是否相符，以及是否与应付账款明细账相符	每月1次	3	略
所有与采购物品相关的义务均已确认并记录至应付账款	每月末，应付账款主管编制应付账款账龄分析报告，其内容还应包括应付账款总额与应付账款明细账，以及应付账款明细账与供应商对账单核对情况。如有差异，应付账款主管立即调查，编制应付账款调节表，将调节表和分析报告交会计主管复核，财务部长批准后作出处理	抽取应付账款调节表，检查调节项目与有效的支持性凭证是否相符，以及是否与应付账款明细账相符	每月1次	3	略
所有采购物品交易均于适当期间进行确认并记录	每月末，应付账款主管编制应付账款账龄分析报告，其内容还应包括应付账款总额与应付账款明细账以及应付账款明细账与供应商对账单核对情况。如有差异，应付账款主管立即调查，编制应付账款调节表，将调节表和分析报告交会计主管复核，财务部长批准后作出处理	抽取应付账款调节表，检查调节项目与有效的支持性凭证是否相符，以及是否与应付账款明细账相符	每月1次	3	略

3）控制测试——付款

（1）询问程序

通过实施询问程序，科思特有限公司已确定下列事项：

①本年度未发现任何特殊情况、错报和异常项目；

②财务或采购部门的人员在未得到授权的情况下无法访问或修改系统内数据；

③本年度未发现下列控制活动未得到执行；

④本年度未发现下列控制活动发生变化。

（2）其他测试程序

控制目标	科思特有限公司的控制活动	控制测试程序	执行控制的频率	所测试的项目数量	索引号
仅对已记录的应付账款办理支付	①应付账款记账员编制付款凭证，并附相关单证，如费用申请单、费用发票及付款申请单等，提交会计处主任审批。 ②在完成对付款凭证及相关单证的复核后，会计处主任在付款凭证上签字，作为复核证据，在所有单证上加盖“核销”印戳	抽取付款凭证，检查其是否经由会计主管复核和审批；同时检查有关支票和信用证授权表是否得到适当人员复核和审批	每周1次	5	略
准确记录付款	①应付账款记账员编制付款凭证，并附相关单证，如费用申请单、费用发票及付款申请单等，提交会计处主任审批。 ②在完成对付款凭证及相关单证的复核后，会计处主任在付款凭证上签字，作为复核证据，在所有单证上加盖“核销”印戳	抽取付款凭证，检查其是否经由会计主管复核和审批；同时检查有关支票和信用证授权表是否得到适当人员复核和审批	每周1次	5	略

9.4.2 固定资产循环控制测试

固定资产循环控制测试见表9-2。

表9-2 固定资产循环控制测试

被审计单位：	科思特有限公司	索引号：	GZC
项目：	固定资产循环控制测试	财务报表截止日/期间：	2013年12月31日
编制：	Wang	复核：	Liu
日期：	2013年11月5日	日期：	2013年11月7日

1）控制测试——固定资产投资预算管理与审批

（1）询问程序

通过实施询问程序，科思特有限公司已确定下列事项：

①本年度未发现任何特殊情况、错报和异常项目；

②财务或资产使用部门的人员在未得到授权的情况下无法访问或修改系统内数据；

③本年度未发现下列控制活动未得到执行；

④本年度未发现下列控制活动发生变化。

（2）其他测试程序

控制目标	科思特有限公司的控制活动	控制测试程序	执行控制的频率	所测试的项目数量	索引号
只有经管理层核准的固定资产投资预算才能执行	（1）科思特有限公司建立了固定资产投资的预算管理制度。每年末，各资产使用部门应编制部门固定资产购置计划，经部门经理复核并签字后上报至公司预算管理部门，预算管理部门应对各部门上报的预算方案进行审查、汇总，将意见及时反馈编制预算的部门。预算经理复核汇总后的固定资产购置预算，并上报至总经理审批。 （2）总经理负责召集技术和资产购置部门联合进行投资可行性论证，形成可行性报告并存档管理。金额在人民币×××万元以内的固定资产投资预算由总经理批准，超过×××万元的固定资产投资预算应由董事会批准。 （3）经批准后的固定资产投资预算即时下发至各资产使用部门	选取固定资产投资预算和投资可行性项目论证报告，检查是否编制预算并进行论证，以及是否经适当层次审批	每年1次	1	略

2）控制测试——购置

（1）询问程序

通过实施询问程序，科思特有限公司财务部长已确定下列事项：

①本年度未发现任何特殊情况、错报和异常项目；

②财务或资产使用部门的人员在未得到授权的情况下无法访问或修改系统内数据；

③本年度未发现下列控制活动未得到执行；

④本年度未发现下列控制活动发生变化。

（2）其他测试程序

控制目标	科思特有限公司的控制活动	控制测试程序	执行控制的频率	所测试的项目数量	索引号
只有经核准的采购合同才能执行	①资产使用部门填写请购单，经部门经理签字批准。随同经批准的固定资产投资预算交至采购部。 ②科思特有限公司董事会对固定资产采购合同重要条款进行审批，并授权总经理签署合同。采购合同一式四份，且连续编号	选取请购单及相关采购合同，检查是否得到适当审批和签署	每月1次	3	略
已记录的采购订单内容准确	每月财务部门应付账款记账员汇总本月内生成的所有采购信息，并与请购单核对，编制采购报告。如核对相符，应付账款记账员即在采购报告上签字。如不符，应付账款记账员将通知采购管理员，与其共同调查该事项。应付账款记账员还需在采购报告中注明不符事项及其调查结果	选取采购信息报告，检查是否已经编制并核对一致	每月1次	3	略

续表

控制目标	科思特有限公司的控制活动	控制测试程序	执行控制的频率	所测试的项目数量	索引号
所有采购订单都已得到处理	①采购管理员将有关信息输入订单管理系统，系统将自动生成连续编号的采购订单。每月，采购管理员核对本月内生成的采购订单，并将采购订单存档管理。 ②每月财务部门应付账款记账员汇总本月内生成的所有采购信息，并与请购单核对，编制采购报告。如核对相符，应付账款记账员即在采购报告上签字。如不符，应付账款记账员将通知采购管理员，与其共同调查该事项。应付账款记账员还需在采购报告中注明不符事项及其调查结果	选取采购信息，检查是否已经编制并核对一致	每月 1 次	3	略

3）控制测试——记录固定资产

（1）询问程序

通过实施询问程序，科思特有限公司财务部长已确定下列事项：

①本年度未发现任何特殊情况、错报和异常项目；

②财务或资产使用部门的人员在未得到授权的情况下无法访问或修改系统内数据；

③本年度未发现下列控制活动未得到执行；

④本年度未发现下列控制活动发生变化。

（2）其他测试程序

控制目标	科思特有限公司的控制活动	控制测试程序	执行控制的频率	所测试的项目数量	索引号
已记录固定资产均为公司购置的资产	每月末，固定资产记账员编制月度内固定资产增、减变动情况分析报告，交至会计主管保管复核	抽取固定资产增、减变动情况分析报告，检查是否经复核	每月 1 次	3	略
固定资产采购交易均确已记录	每季末，资产使用部门对固定资产进行盘点，由设备管理员编写固定资产盘点明细表，固定资产记账员对盘点结果进行复盘，如有差异经董事会审批后及时进行账务处理	抽取固定资产盘点明细表，检查差异是否经审批后及时处理	每季 1 次	2	略
已记录的固定资产采购交易计价正确	①资产使用部门对固定资产进行验收，办理验收手续，出具验收单，并与采购合同、发货单等单据、资料进行核对。 ②收到固定资产发票后，应付账款记账员将发票所载信息和验收单、采购订单、采购合同等进行核对。如所有单证核对一致，应付账款记账员在发票上加盖“相符”印戳，并将有关信息输入订单管理系统，此时系统自动生成记账凭证过至明细账和总账，采购订单的状态也由“待处理”自动更改为“已处理”。 ③如发现差异，应付账款记账员将立即通知采购经理和资产使用部门经理，以实施进一步调查，并将合理解释输入订单管理系统	抽取采购发票，检查发票所载信息是否与验收单、采购订单相符，并加盖相符印戳	每月 1 次	3	略

4）控制测试——固定资产折旧及减值

（1）询问程序

通过实施询问程序，科思特有限公司财务部长已确定下列事项：

①本年度未发现任何特殊情况、错报和异常项目；

②财务或资产使用部门的人员在未得到授权的情况下无法访问或修改系统内数据；

③本年度未发现下列控制活动未得到执行；

④本年度未发现下列控制活动发生变化。

（2）其他测试程序

<table>
<tr><th>控制目标</th><th>科思特有限公司的控制活动</th><th>控制测试程序</th><th>执行控制的频率</th><th>所测试的项目数量</th><th>索引号</th></tr>
<tr><td>准确计提折旧费用、减值减值准备</td><td rowspan="4">①科思特有限公司董事会制定并批准了固定资产的折旧政策和会计估计，规定固定资产按实际成本入账，对当月增加的固定资产，自下月起计提折旧，当月减少的固定资产，当月不再计提折旧。
②科思特公司折旧费用由系统自动计算生成，固定资产记账员在每月编制的月度内固定资产增、减变动情况分析报告中，对折旧费用的变动也会作出分析。每年终了，会计主管会同技术部门和资产使用部门，对固定资产的使用寿命、预计净残值、折旧方法进行复核，并检查固定资产是否出现减值迹象。技术部门根据复核和检查结果，编制固定资产价值分析报告。根据固定资产价值分析报告，如果出现固定资产减值迹象，会计主管应对该固定资产进行减值测试，计算其可回收金额，编制固定资产价值调整建议、会计估计变更建议和固定资产价值调整建议，经财务经理复核后，报董事会批准。只有经董事会批准后方可进行账务处理</td><td>抽取月度内固定资产增、减变动情况分析报告，检查是否已经正确编制并经复核</td><td>每月 1 次</td><td>3</td><td>略</td></tr>
<tr><td>折旧费用、减值准备已于适当期间进行记录</td><td rowspan="3">抽取固定资产价值分析报告和固定资产价值调整建议，检查是否已经正确编制并经复核</td><td rowspan="3">每月 1 次</td><td rowspan="3">3</td><td rowspan="3">略</td></tr>
<tr><td>折旧费用、减值准备是真实的</td></tr>
<tr><td>折旧费用、减值准备均已进行记录</td></tr>
</table>

5）控制测试——固定资产日常保管、处置及转移

（1）询问程序

通过实施询问程序，科思特有限公司已确定下列事项：

①本年度未发现任何特殊情况、错报和异常项目；

②财务或资产使用部门的人员在未得到授权的情况下无法访问或修改系统内数据；

③本年度未发现下列控制活动未得到执行；

④本年度未发现下列控制活动发生变化。

（2）其他测试程序

控制目标	科思特有限公司的控制活动	控制测试程序	执行控制的频率	所测试的项目数量	索引号
已充分保障固定资产的安全	对主要固定资产已进行了商业保险	抽取固定资产保险单盘点表，检查是否已办理商业保险	每月 1 次	3	略
已记录的固定资产处置及转移均为实际发生的	①以固定资产卡片的方式进行实物管理。 ②每季末，资产使用部门对固定资产进行盘点，由设备管理员编写固定资产盘点明细表，固定资产记账员对盘点结果进行复盘，如有差异经董事会审批后及时进行账务处理	抽取固定资产盘点明细表，检查差异是否经审批后及时处理	每季 1 次	2	略
固定资产处置及转移均已记录	①对报废的固定资产，由固定资产使用部门填写固定资产报废单，交总经理审核，对金额超过人民币 20 万元的固定资产报废单，由董事会审批。固定资产记账员根据经适当批准的固定资产报废单进行账务处理。 ②内部调拨固定资产，由调入、调出部门共同填写固定资产内部调拨单，交固定资产记账员进行账务处理	抽取固定资产报废单，检查报废是否经适当审批和处理	每月 1 次	3	略
固定资产处置及转移均已准确记录		抽取固定资产内部调拨单，检查调入、调出已进行适当处理	每月 1 次	3	略
固定资产处置及转移均已于适当期间进行记录	每月末，固定资产记账员编制月度内固定资产增、减变动情况分析报告，交至会计主管复核	抽取固定资产增、减变动情况分析报告，检查其是否经复核	每月 1 次	3	略

9.4.3 应付账款实质性程序

1）应付账款审计目标与认定对应关系表（见表 9-3）

表 9-3 **审计目标与认定对应关系表**

审计目标	财务报表认定				
	存在	完整性	权利和义务	计价和分摊	列报
A. 资产负债表中记录的应付账款是存在的	√				
B. 所有应当记录的应付账款均已记录		√			
C. 资产负债表中记录的应付账款是被审计单位应当履行的现时义务			√		
D. 应付账款以恰当的金额包括在财务报表中，与之相关的计价调整已恰当记录				√	
E. 应付账款已按照企业会计准则的规定在财务报表中作出恰当的列报					√

2）应付账款审定表（见表 9-4）

表 9-4 **应付账款审定表**

被审计单位：	科思特有限公司	索引号：	FD1
项目：	应付账款审定表	财务报表截止日/期间：	2013 年 12 月 31 日
编制：	Wang	复核：	Liu
日期：	2014 年 1 月 30 日	日期：	2014 年 1 月 30 日

项目类别	本期未审数	账项调整		重分类调整		本期审定数	上期审定数	索引号
		借方	贷方	借方	贷方			
一、应付账款关联方：								
代理商丙公司	3 357 551.97					3 357 551.97	2 819 311.73	
代理商丁公司	6 298 149.09					6 298 149.09	2 776 044.24	
小计	9 655 701.06					9 655 701.06	5 595 355.97	
二、应付账款非关联方：								
其他单位等	12 603 202.34					12 603 202.34	598 548.78	
在途物资	698 699 160.92					698 699 160.92	537 594 952.53	
估价入库	55 751 028.14					55 751 028.14	41 883 268.82	
小计	767 053 391.40					767 053 391.40	580 076 770.13	
三、预付账款贷方余额：	0					0		
非关联方	0					0	77 083.79	
合计	776 709 092.46					776 709 092.46	585 749 209.89	

审计结论：

报表数经审计后无调整事项，可以确认。

3）应付账款明细表（见表 9-5）

表 9-5 **应付账款明细表**

被审计单位：	科思特有限公司	索引号：	FD2
项目：	应付账款明细表	财务报表截止日/期间：	2013 年 12 月 31 日
编制：	Wang	复核：	Liu
日期：	2014 年 1 月 17 日	日期：	2014 年 1 月 18 日

单位名称	借方余额			贷方余额			合计			核算内容
	原币	汇率	折合本位币	原币	汇率	折合本位币	原币	汇率	折合本位币	
一、关联方										
代理商丙公司				3 357 551.97		3 357 551.97	3 357 551.97		3 357 551.97	进口原油代理商
代理商丁公司				6 298 149.09		6 298 149.09	6 298 149.09		6 298 149.09	代理商
小计										
二、非关联方										
其他单位等				12 603 202.34		12 603 202.34	12 603 202.34		12 603 202.34	
××港务局				465 000.00		465 000.00	465 000.00		465 000.00	罐租费
2007WPC019				382 747.16		382 747.16	382 747.16		382 747.16	质保金

续表

单位名称	借方余额			贷方余额			合计			核算内容
	原币	汇率	折合	原币	汇率	折合	原币	汇率	折合	
			本位币			本位币			本位币	
11130-P06FC-006-0203				185 199.37		185 199.37	185 199.37		185 199.37	质保金
⋮										
在途物资（美元）				95 651 940.00		95 651 940.00	95 651 940.00		698 699 160.92	估价材料款
估价入库（美元）				7 632 317.74		7 632 317.74	7 632 317.74		55 751 028.14	材料暂估入库
小计						767 053 391.40			767 053 391.40	
合计						776 709 092.45			776 709 092.45	

审计说明：

1. 应账账款的账龄全部为 1 年以内；

2. 应付账款余额较上年增长约 2 亿元，主要因本年暂估在途原油的金额增长约 2 亿元所致，而在途原油增长的原因为原油单价上涨；

3. 我们结合科思特有限公司采购部门或经营部原油处提供的与供应商之间的对账单，自供应商明细表中选取会计年度内历次对账情况良好的三户非关联供应商进行了函证，回函情况证实了科思特公司应付账款的真实性；

4. 我们结合科思特有限公司资产负债表日后付款项目，对 7 户应付账款客户检查了银行对账单及有关付款凭证，证实了应付账款在资产负债表日的真实性；

5. 我们针对在途物资 698 699 160.92 元，估价入库 55 751 028.14 元，实施应付账款替代测试，检查原始凭单，如合同、发票、验收单，核实了应付账款的真实性。

4）应付账款替代测试表（见表 9-6）

表 9-6　**应付账款替代测试表**

被审计单位：科思特有限公司	索引号：FD3
项目：应付账款替代测试表	财务报表截止日/期间：2013 年 12 月 31 日
编制：Wang	复核：Liu
日期：2014 年 1 月 25 日	日期：2014 年 1 月 26 日

一、期初余额			537 594 952.53					
二、贷方发生额			161 104 208.39					
入账金额				检查内容（用“√”、“×”表示）				
序号	日期	凭证号	金额	①	②	③	④	⑤
1	1 月 16 日	1004#	8 375 949.25	√	√	√	√	√
2	12 月 28 日	1138#	69 869 916.92	√	√	√	√	√
⋮								
小计			161 104 208.39					
全年贷方发生额合计			161 104 208.39					
测试金额占全年贷方发生额的比例			100%					

续表

三、借方发生额				0				
入账金额				检查内容（用“√”、“×”表示）				
序号	日期	凭证号	金额	①	②	③	④	⑤
1								
2								
⋮								
小计								
全年借方发生额合计								
测试金额占全年借方发生额的比例								
四、期末余额				698 699 160 .92				
五、期后付款检查（略）								
检查内容说明：①原始凭证的内容是否完整；②记账凭证与原始凭证是否相符；③账务处理是否正确；④是否记录于恰当的会计期间；⑤是否经过相应的批准。								

审计说明：

1. 年末对购买的已经装船但尚未到达港口的原油予以暂估。
2. 暂估原油明细参见在途物资明细表××-×。
3. 期末余额即为月末暂估的数据。
4. 应付账款的在途物资与存货的在途物资年末余额不一致，是由于汇率变化造成的。

9.4.4 固定资产实质性程序

1）审计目标与认定对应关系表（见表9-7）

表9-7 **审计目标与认定对应关系表**

审计目标	财务报表认定				
	存在	完整性	权利和义务	计价和分摊	列报
A. 资产负债表中记录的固定资产是存在的	√				
B. 所有应当记录的固定资产均已记录		√			
C. 资产负债表中记录的固定资产由被审计单位拥有或控制			√		
D. 固定资产以恰当的金额包括在财务报表中，与之相关的计价或分摊已恰当记录				√	
E. 固定资产已按照企业会计准则的规定在财务报表中作出恰当的列报					√

2）固定资产审定表（见表9-8）

表9-8　**固定资产审定表**

被审计单位：	科思特有限公司	索引号：	ZO1
项目：	固定资产审定表	财务报表截止日/期间：	2013年12月31日
编制：	Wang	复核：	Liu
日期：	2014年1月30日	日期：	2014年1月30日

项目名称	期末未审数	账项调整		重分类调整		期末审定数	上期末审定数
		借方	贷方	借方	贷方		
一、固定资产原值合计	1 779 284 971.57					1 779 284 971.58	1 511 482 923.65
其中：房屋及建筑物	119 245 944.32					119 245 944.32	115 903 085.44
机器设备	1 555 076 456.36					1 555 076 456.36	1 296 873 260.17
电子设备	3 623 482.86					3 623 482.86	3 712 329.06
工具仪器	93 753 540.79					93 753 540.79	87 872 529.36
运输设备	7 354 711.91					7 354 711.91	6 891 048.29
食堂用设备	230 835.33					230 835.33	230 671.33
二、累计折旧合计	805 899 519.71					805 899 519.70	712 647 499.99
其中：房屋及建筑物	33 805 155.01					33 805 155.01	30 297 811.12
机器设备	701 627 286.22					701 627 286.22	619 100 232.80
电子设备	2 921 886.29					2 921 886.29	3 068 514.48
工具仪器	62 337 795.46					62 337 795.46	55 157 734.66
运输设备	5 084 281.06					5 084 281.06	4 914 819.12
食堂用设备	123 115.65					123 115.67	108 387.81
三、减值准备合计	6 502 489.65					6 502 489.65	8 511 606.31
其中：房屋及建筑物							
机器设备	6 502 489.65					6 502 489.65	8 511 606.31
电子设备							
工具仪器							
运输设备							
食堂用设备							
四、账面价值合计	966 882 962.21					966 882 962.21	790 323 817.35
其中：房屋及建筑物	85 440 789.31					85 440 789.31	85 605 274.32
机器设备	846 946 680.49					846 946 680.49	669 261 421.06
电子设备	701 596.57					701 596.57	643 814.57
工具仪器	31 415 745.33					31 415 745.33	32 714 794.70
运输设备	2 270 430.85					2 270 430.85	1 976 229.17
食堂用设备	107 719.66					107 719.66	122 283.52

审计结论：

报表数经审计后无调整事项，可以确认。

3）固定资产、累计折旧及减值准备明细表（见表9-9）

表9-9 **固定资产、累计折旧及减值准备明细表**

被审计单位：科思特有限公司	索引号：Z02
项目：固定资产、累计折旧及减值准备明细表	财务报表截止日/期间：2013年12月31日
编制：Wang	复核：Liu
日期：2014年1月19日	日期：2014年1月20日

项目名称	期初余额	本期增加	本期减少	期末余额	备注
一、固定资产原值合计	1 511 482 923.65	277 049 723.69	9 247 675.77	1 779 284 971.57	
其中：房屋及建筑物	115 903 085.44	3 380 583.36	37 724.48	119 245 944.32	
包装及仓库	10 097 800.95			10 097 800.95	
海水隔油池	7 932 634.09			7 932 634.09	
成型厂房及库房	5 610 243.91			5 610 243.91	使用年限30年，残值率10%
海水池	3 743 786.77			3 743 786.77	
调节池	2 995 928.48			2 995 928.48	
曝光池	2 820 845.48			2 820 845.48	
综合办公楼	1 898 329.29			1 898 329.29	
⋮					
机器设备	1 296 873 260.17	266 527 669.75	8 324 473.56	1 555 076 456.36	
新制氢设备	54 123 791.55			54 123 791.55	
储运系统改造	33 033 692.06			33 033 692.06	使用年限15年，残值率10%
厂外供电线路	18 755 964.04			18 755 964.04	
全厂供电线路	17 415 811.79			17 415 811.79	
⋮					
电子设备	3 712 329.06	409 532 .15	498 378.35	3 623 482.86	
工具仪器	87 872 529.36	6 110 582.83	229 571.40	93 753 540.79	
运输设备	6 891 048.29	620 311.60	156 647.98	7 354 711.91	
食堂用设备	230 671.33	1 044.00	880.00	230 835.33	
二、累计折旧合计	712 647 499.99	99 183 310.83	5 931 291.11	805 899 519.71	
其中：房屋及建筑物	30 297 811.12	3 509 607.38	2 263.49	33 805 155.01	剩余年限
包装及仓库	3 256 540.81	302 934.02		3 559 474.83	18.25
海水隔油池	3 768 001.19	237 979.03		4 005 980.22	13.17
成型厂房及库房	1 739 175.61	168 307.32		1 907 482.93	18.67
海水池	1 778 298.72	112 313.60		1 890 612.32	13.17
调节池	1 423 066.03	89 877.85		1 512 943.88	13.17
曝光池	1 339 901.60	84 625.37		1 424 526.97	13.17
综合办公楼	607 405.37	56 949.88	60	664 415.25	18.33
⋮					
机器设备	619 100 232.80	87 686 829.45	5 159 776.03	701 627 286.21	剩余年限
新制氢设备		3 247 427.49		3 247 427.49	14.00
储运系统改造		1 982 021.52		1 982 021.52	14.00
厂外供电线路		1 125 357.84		1 125 357.84	14.00
全厂供电线路	10 275 328.95	1 044 948.71		11 320 277.66	4.17

续表

项目名称	期初余额	本期增加	本期减少	期末余额	备注
⋮					
电子设备	3 068 514.48	297 823.24	444 451.43	2 921 886.29	
工具仪器	55 157 734.66	7 364 274.77	184 213.97	62 337 795.46	
运输设备	4 914 819.12	309 256.13	139 794.19	5 084 281.06	
食堂用设备	108 387.81	15 519.86	792.00	123 115.67	
三、减值准备合计	8 511 606.31	2 342 366.26	4 351 482.92	6 502 489.65	
机器设备	8 511 606.31	2 342 366.26	4 351 482.92	6 502 489.65	
⋮					
四、账面价值合计	790 323 817.35	175 524 046.60	(1 035 098.26)	966 882 962.21	
其中：房屋及建筑物	85 605 274.32	(129 024.02)	35 460.99	85 440 789.31	
机器设备	669 261 421.06	176 498 474.04	(1 186 785.39)	846 946 680.49	
电子设备	643 814.58	111 708.91	53 926.92	701596.57	
工具仪器	32 714 794.70	(1 253 691.94)	45 357.43	31 415 745.33	
运输设备	1 976 229.17	311 055.47	16 853.79	2 270 430.85	
食堂用设备	122 283.52	(14 475.86)	88.00	107 719.66	

审计说明：

1. 科思特有限公司折旧政策前后期一致，没有加速折旧。2013 年度计提折旧 99 183 310.83 元，其中，计入管理费用为 2 483 927.93 元；计入制造费用为 96 699 382.90 元。

2. 本年度计提减值准备 2 342 366.26 元，是固定资产——烷基化装置落后，达不到生产标准或由于技术原因无法对原有生产线进行改造的机械设备。

3. 本年度减值准备减少额，是因报废资产而予以终止确认时，一并将原计提的减值准备转出 4 351 482.92元。

4）固定资产盘点检查情况表（见表 9-10）

表 9-10　**固定资产盘点检查情况表**

被审计单位：科思特有限公司	索引号：ZO3
项目：固定资产盘点检查情况表	财务报表截止日/期间：2013 年 12 月 31 日
编制：Wang	复核：Liu
日期：2014 年 1 月 19 日	日期：2014 年 1 月 20 日

序号	名称	规格型号	计量单位	单价	账面结存		被审计单位盘点			实际检查			备注
					数量	金额	数量	金额	盈亏(+、-)	数量	金额	盈亏(+、-)	
1	综合楼	砖混结构	平方米	2 377.60	457.60	1 087 989.50	457.60	1 087 989.50		457.60	1 087 989.50	0	
	⋮												
239	斗提机		台	3 526 551.32	1	3 526 551.32	1	3 526 551.32		1	3 526 551.32	0	
240	输送机		台	454 045.73	1	454 045.73	1	454 045.73		1	454 045.73	0	
	⋮												
288	柴油加氢项目			70 066 055.61	1	70 066 055.61	1	70 066 055.61		1	70 066 055.61	0	
289	加氢裂化			165 930 039.08	1	165 930 039.08	1	165 930 039.08		1	165 930 039.08	0	
	⋮												

检查时间：2013 年 12 月 30 日　　检查地点：科思特有限公司

检查人：固定资产使用部门、设备管理员、财务人员　　盘点检查比例：15%

续表

审计说明：

我们依据对科思特有限公司连续审计获取的审计情况，2013 年度主要针对本年度新增部分的重要固定资产进行实地检查程序，不存在已报废但仍未核销的固定资产。

5）固定资产增加检查情况表（见表 9-11）

表 9-11 **固定资产增加检查情况表**

被审计单位：	科思特有限公司	索引号：	Z04
项目：	固定资产增加检查情况表	财务报表截止日/期间：	2013 年 12 月 31 日
编制：	Wang	复核：	Liu
日期：	2014 年 1 月 19 日	日期：	2014 年 1 月 20 日

固定资产名称	取得日期	取得方式	固定资产类别	增加情况		凭证号	核对内容（用“√”、“x”表示）						
				数量	原价		①	②	③	④	⑤	⑥	⑦
奥迪轿车	2013 年 3 月	外购	运输设备	1	571 825.00	28#	√	√	√	√	√	√	√
柴油加氢项目	2013 年 12 月	自建	机械设备	1	70 066 055.61	62#	√	√	√	√	√	√	√
加氢裂化	2013 年 12 月	自建	机械设备	1	165 930 039.08	42#	√	√	√	√	√	√	√
⋮													
合计					277 049 723.70								

核对内容说明：①与发票是否一致；②与付款单据是否一致；③与购买/建造合同是否一致；④与验收报告或评估报告是否一致；⑤审批手续是否齐全；⑥与在建工程转出数核对是否一致；⑦会计处理是否正确。

审计说明：

科思特有限公司 2013 年度新增的固定资产主要是自建的机械设备。结合固定资产、在建工程实地检查程序，未发现有已经达到预定可使用状态，但尚未办理竣工决算手续的固定资产。

6）固定资产减少检查情况表（见表 9-12）

表 9-12 **固定资产减少检查情况表**

被审计单位：	科思特有限公司	索引号：	Z04
项目：	固定资产减少检查情况表	财务报表截止日/期间：	2013 年 12 月 31 日
编制：	Wang	复核：	Liu
日期：	2014 年 1 月 19 日	日期：	2014 年 1 月 20 日

固定资产名称	取得日期	处置方式	处置日期	固定资产原价	累计折旧	减值准备	账面价值	处置收入	净损益	索引号	核对内容（用“√”、“x”表示）			
											①	②	③	④
外取热器	2004 年 5 月	报废	2013 年 3 月	646 323.54	368 016.91	109 875.00	168 431.63	69 576.66	-98 854.97		√	√	√	√
离心式压缩机	2001 年 8 月	报废	2013 年 3 月	894 241.61	636 282.78	223 560.00	34 398.83	64 489.71	30 090.88		√	√	√	√
高压柜	2007 年 10 月	报废	2013 年 3 月	133 306.48	46 607.49	15 990.00	70 708.99		-70 708.99		√	√	√	√
水封罐	2004 年 5 月	报废	2013 年 3 月	150 836.64	85 886.46	25 600.00	39 350.18	9 742.53	-29 607.65		√	√	√	√
⋮														
合计				9 247 675.77	5 931 291.10	1 705 713.42	1 610 671.25	449 387.04	-1 161 284.21					

核对内容说明：①与收款单据是否一致；②与合同是否一致；③审批手续是否完整；④会计处理是否正确。

续表

审计说明：

随着产业结构的升级以及国家环保标准的逐步提高，我国环境保护政策日趋严格。科思特有限公司从事原油加工，属于资金和技术密集型、石化行业。由于其本身特性决定了对环保政策的敏感度较高。截至 2013 年 12 月 31 日，公司拥有 12 套先进的生产装置及完善的公用工程系统、辅助生产设施，生产技术居国内同行业领先地位。公司装置布局合理，加工手段齐全，可以全部加工高硫原油，生产全部加氢精制。另外，公司工艺技术先进，自动化控制水平较高，1 000 万吨/年重油催化裂化、200 万吨/年重油加氢脱硫、10 万吨/年硫磺回收等都是目前国内单体加工能力最大的生产装置之一。 本年度固定资产的减少，主要是科思特有限公司管理层决定关闭、报废、处置达不到生产标准，由于技术原因无法对原有生产线进行改造的机械设备等生产线。

第 10 章

生产与存货循环审计

学习目标

在生产与存货循环审计中，注册会计师的工作主要有：识别生产与存货循环中的主要业务活动；了解生产与存货循环的内部控制；对生产与存货循环进行控制测试；确定生产与存货循环的实质性程序；对存货实施监盘；编制生产与存货循环审计工作底稿。

本章的学习目标是：

1. 了解生产与存货循环的主要业务活动。
2. 了解生产与存货循环的内部控制。
3. 理解生产与存货循环的控制测试。
4. 掌握生产与存货循环的实质性程序。
5. 掌握存货监盘程序。
6. 掌握存货计价测试方法。
7. 编制生产与存货循环审计的工作底稿。

基本知识点、基本能力点及能力拓展点

1. 基本知识点：生产与存货循环的内部控制；生产与存货循环的实质性程序。
2. 基本能力点：对生产与存货循环进行控制测试；对生产与存货循环实施实质性程序。
3. 能力拓展点：存货舞弊审计。

导读案例

在形形色色的利润操纵手法中，资产造假占据了主要地位。而存货因其种类繁多并且具有流动性强、计价方法多样的特点，又成为资产造假的主要部分。美国法尔莫公司案件就是一个典型的例子。法尔莫公司的老板莫纳斯自从获得第一家药店开始，就梦想着把他的小店发展成一个庞大的药品帝国。他所实施的策略就是所谓的“强力购买”，即通过提供大比例折扣来销售商品。莫纳斯首先做的就是把实际上并不盈利且未经审计的药店报表拿来，用自己的笔为其加上并不存在的存货和利润。然后凭着自己空谈的本领及一套夸大了的报表，在一年之内骗得了足够的投资，收购了 8 家药店，奠定了他的小型药品帝国的基础。这个帝国后来发展到了拥有 300 家连锁店的规模。当时法尔莫公司的财务总监认为因公司以低于成本出售商品而招致了严重的损失，但是莫纳斯认为通过“强力购买”，公司完全可以发展得足够大以使得它能顺利地坚持它的销售方式。最终在莫纳斯的强大压力下，这位财务总监卷入了这起舞弊案件。在随后的数年之中，他和他的几位下属保持了两套账簿，一套用以应付注册会计师的审计，一套反映糟糕的现实。这个精心设计的、至少引起 5 亿美元损失的财务舞弊事件浮出水面之时，莫纳斯和他的公司炮制虚假利润已达十年之久。

法尔莫公司先将所有的损失归入一个所谓的“水桶账户”，然后再将该账户的金额通

过虚增存货的方式重新分配到公司的数百家成员药店中。他们伪造购货发票、制造增加存货并减少销售成本的虚假记账凭证、确认购货却不同时确认负债、多计或加倍计算存货的数量。财务部门之所以可以隐瞒存货短缺是因为注册会计师只对 300 家药店中的 4 家进行存货监盘，而且他们会提前数月通知法尔莫公司他们将检查哪些药店。管理人员随之将那 4 家药店堆满实物存货，而把那些虚增的部分分配到其余的 296 家药店。如果不考虑其会计造假，法尔莫公司实际已濒临破产。在最近一次审计中，其现金已紧缺到供应商因其未能及时支付购货款而威胁取消对其供货的地步。

这项审计失败使会计师事务所在民事诉讼中损失了 3 亿美元。法尔莫公司的财务总监被判 33 个月的监禁，莫纳斯本人则被判入狱 5 年。

10.1 生产与存货循环控制测试

生产与存货循环涉及的资产负债表项目主要有：存货（包括材料采购或在途物资、原材料、材料成本差异、库存商品、发出商品、商品进销差价、委托加工物资、委托代销商品、受托代销商品、周转材料、生产成本、制造费用、劳务成本、存货跌价准备、受托代销商品款等）。生产与存货循环涉及的利润表项目主要有：营业成本。

生产与存货循环涉及的主要凭证与会计记录有：生产指令、领发料凭证、产量和工时记录、工薪汇总表、工薪费用分配表、材料费用分配表、制造费用分配汇总表、成本计算单、存货明细账。

生产与存货循环的主要业务活动有：计划和安排生产、发出原材料、生产产品、核算产品成本等内容。注册会计师实施对生产与存货循环内部控制的了解和控制测试程序，评估生产与存货交易的重大错报风险，为实施存货实质性程序提供依据。

10.1.1 生产与存货循环的主要业务活动

1）计划和安排生产

生产计划部门根据顾客订单或者对销售预测和存货需求的分析来决定生产授权。如果决定授权生产，就签发预先编号的生产通知单。生产任务通知单是企业下达制造产品等生产任务的书面文件，是通知生产车间组织产品制造，供应部门组织材料发放，会计部门组织成本计算的依据。生产计划部门通常应将发出的所有生产通知单编号并进行记录。此外，还需要编制一份材料需求报告，列示所需要的材料和零件及其库存情况。

2）发出原材料

仓库部门根据从领料部门收到的领料单发出原材料。领料单上必须列示所需的材料数量和种类，以及领料部门的名称。领料单可以一料一单，也可以一单多料，通常需一式三联。仓库发料后，以其中一联连同材料交还领料部门，其余两联经仓库登记材料明细账后，送会计部门进行材料收发核算和成本核算。

3）生产产品

生产部门在收到生产通知单及领取原材料后，便将生产任务分解到每一个生产工人，并将所领取的原材料交给生产工人，据以执行生产任务。生产工人在完成生产任务后，将完成的产品交生产部门查点，然后转交检验员验收并办理入库手续；或是将所完成的产品移交下一个部门，以进一步加工。生产部门应将生产情况进行记录，形成产量和工时记录。产量和工时记录是登记工人或生产班组在出勤期间内完成产品数量、质量和生产这些产品所耗费工时数量的原始记录。产量和工时记录的内容与格式是多种多样的。在不同的生产企业中，甚至在同一企业的不同生产车间中，由于生产类型不同而采用不同格式的产量和工时记录。常见的产量和工时记录主要有工作通知单、工序进程单、工作班产量报告、产量通知单、产量明细表、废品通知单等。

4）核算产品成本

为了正确地核算产品成本，对在产品进行有效控制，必须建立健全成本会计制度，将生产控制和成本核算有机结合在一起。一方面，生产过程中的各种记录、生产通知单、领料单、计工单、入库单等文件资料都要汇集到会计部门，由会计部门对其进行检查和核对，了解和控制生产过程中存货的实物流转。另一方面，会计部门要设置相应的会计账户，会同有关部门对生产过程中的成本进行核算和控制。成本会计制度可以非常简单，只是在期末记录存货余额；也可以是完善的标准成本制度，它持续地记录所有材料处理、在产品和产成品，并产生对成本差异的分析报告。完善的成本会计制度应该提供原材料转为在产品，在产品转为产成品，以及按成本中心、分批生产任务通知单或生产周期所消耗的材料、人工和间接费用的分配与归集的详细资料。主要资料有工资汇总表、人工费用分配表、材料费用分配表、制造费用分配汇总表、成本计算单、存货明细账等。

5）储存产成品

产成品入库，须由仓库部门先行点验和检查，然后签收。签收后填制产成品入库单。产成品入库单至少一式三联，一联交生产部门，一联交会计部门，一联仓库部门留存。仓库部门在检查、验收工作中应对验收部门的工作进行验证。除此之外，仓库部门还应根据产成品的品质特征分类存放，填制产成品标签，并定期进行盘点核对。

6）发出产成品

产成品的发出须由独立的发运部门进行。装运产成品时必须持有经有关部门核准的发运通知单，并据此编制出库单。产成品出库单至少一式四联，一联交仓库部门，一联发运部门留存，一联送交顾客，一联作为给顾客开发票的依据。

10.1.2 生产与存货循环的内部控制和控制测试

生产与存货循环的内部控制主要包括存货的内部控制和成本会计制度的内部控制两项内容。

关于存货的内部控制，需要作以下两个方面的说明：一方面，由于生产与存货循环与其他业务循环的内在联系，生产与存货循环中某些审计测试，特别是对存货的审计测试，与其他相关业务循环的审计测试同时进行将更为有效。例如，企业装运产成品和记录营业收入与成本是作为销售与收款循环审计的一部分进行测试的，而原材料的取得和记录是作为采购与付款循环的一部分进行测试的。这些内容在前面的章节中已经作了介绍，不再赘述。另一方面，尽管不同的企业对其存货可能采取不同的内部控制，但从根本上说，均可概括为存货的数量和计价两个关键因素的控制，这将在本章第二节中分别予以阐述。由于以上两个方面的原因，本节对生产与存货循环内部控制和控制测试的讨论，主要关注成本会计制度及其控制测试。

1）成本会计制度

（1）企业的生产业务应根据管理层的一般授权或特别授权进行，应通过恰当手续，经过特别审批或一般审批，包括三个关键点的审批：生产通知单的授权批准；领料单的授权批准；工资的授权批准。

（2）企业应建立以经过审核的生产通知单、领发料凭证、产量和工时记录、人工费用分配表、材料费用分配表、制造费用分配表为依据的成本核算制度。记录实际发生的成本，把所有耗费和物化劳动均反映在生产成本中。

（3）企业采用的成本核算方法应前后各期一致；采用的费用分配方法应前后各期一致；应进行成本核算和账务处理的内部核查，检查成本计算是否正确。

（4）企业应对存货实施保护措施，保管人员与记录、批准人员应相互独立。

（5）企业应定期进行存货盘点，以使账面存货与实际存货核对相符。

2）成本会计制度的控制测试

成本会计制度的测试，包括直接材料成本控制测试、直接人工成本控制测试、制造费用控制测试和生产成本在当期完工产品与在产品之间分配的控制测试四项内容。

（1）直接材料成本控制测试。对采用定额单耗的企业，可选择并获取某一成本报告期若干种具有代表性的产品成本计算单，获取样本的生产指令或产量统计记录及其直接材料单位消耗定额，根据材料明细账或采购业务测试工作底稿中各该直接材料的单位实际成本，计算直接材料的总消耗量和总成本，与该样本成本计算单中的直接材料成本核对，并注意下列事项：生产指令是否经过授权批准；单位消耗定额和材料成本计价方法是否适当，在当年度有何重大变更。

对非采用定额单耗的企业，可获取材料费用分配汇总表、材料发出汇总表（或领料单）、材料明细账中各该直接材料的单位成本，作如下检查：成本计算单中直接材料成本与材料费用分配汇总表中该产品负担的直接材料费用是否相符，分配标准是否合理；将抽取的材料发出汇总表或领料单中若干种直接材料的发出总量和各该种材料的实际单位成本之积，与材料费用分配汇总表中各该种材料费用进行比较，并注意领料单的签发是否经过授权批准，材料发出汇总表是否经过适当的人员复核，材料单位成本计价方法是否适当，在当年度有何重大变更。

（2）直接人工成本控制测试。对采用计时工资制的企业，获取样本的实际工时统计记录、职员分类表和职员工薪手册及人工费用分配汇总表，作如下检查：成本计算单中直接人工成本与人工费用分配汇总表中该样本的实际工时核对是否相符；抽取生产部门若干天的工时台账与实际工时统计记录核对是否相符。

对采用计件工资制的企业，获取样本的产量统计报告、个人产量记录和经批准的单位工薪标准或计件工资制度，检查下列事项：根据样本的统计产量和单位工薪标准计算的人工费用与成本计算单中直接人工成本核对是否相符；抽取若干直接人工的产量记录，检查是否被汇总计入产量统计报告。

（3）制造费用控制测试。获取样本的制造费用分配汇总表、按项目分列的制造费用明细账、与制造费用分配标准有关的统计报告及其相关原始记录，作如下检查：制造费用分配汇总表中，样本分担的制造费用与成本计算单中的制造费用核对是否相符；制造费用分配汇总表选择的分配标准与相关的统计报告或原始记录核对是否相符，并对费用分配标准的合理性作出评估。

（4）生产成本在当期完工产品与在产品之间分配的控制测试。检查成本计算单中在产品数量与生产统计报告或在产品盘存表中的数量是否一致；检查在产品的约当产量计算或其他分配标准是否合理；计算复核样本的总成本和单位成本，最终对当年采用的成本会计制度作出评价。

按照本章“10.3 生产与存货循环审计实例”风险评估确定的范围，注册会计师需对生产与存货交易进行控制测试。根据这方面的测试情况，注册会计师编制了生产与存货循环控制测试工作底稿，见表10-2。

10.1.3 评估重大错报风险

前面有关采购与付款交易的重大错报风险的讨论，对生产与存货交易基本上是适用的，不再赘述。当然，生产与存货交易也有其自身的特点，以制造类企业为例，影响生产与存货交易和余额的重大错报风险还可能包括：

1）交易的数量和复杂性

制造业企业交易的数量庞大，业务复杂，这就增加了错误和舞弊的风险。

2）成本基础的复杂性

制造类企业的成本基础是复杂的。虽然原材料和直接人工等直接费用的分配比较简单，但间接费用的分配就可能较为复杂，并且，同一行业中的不同企业也可能采用不同的认定和计量基础。

3）产品的多元化

产品的多元化可能要聘请专家来验证其质量、状况或价值。另外，计算库存存货数量的方法也可能是不同的。例如，计量煤堆、筒仓里的谷物、钻石或者其他化工品和药剂产品的存储量的方法都可能不一样。这并不是要求注册会计师每次清点存货都需要专家配合；如果存货容易辨认、存货数量容易清点，就无需专家帮助。

4）某些存货项目的可变现净值难以确定

如价格受全球经济供求关系影响的存货，由于其可变现净值难以确定，会影响存货采购价格和销售价格的确定，并将影响注册会计师对与存货的计价认定有关的风险进行评估。

5）将存货存放在很多地点

大型企业可能将存货存放在很多地点，并且可以在不同的地点之间配送存货，这将增加商品途中毁损或遗失的风险，或者导致存货在两个地点被重复列示，也可能产生转移定价的错误或舞弊。

6）寄存的存货

有时候存货虽然还存放在企业，但可能已经不归企业所有。反之，企业的存货也可能被寄存在其他企业。

注册会计师应当了解被审计单位对生产与存货的管理程序。如果注册会计师认为被审计单位可能存在销售成本和存货的重大错报风险，通常需要考虑对已选取的控制活动的运行有效性进行测试。

案例窗 10-1

生产与存货循环内部控制审计案例

注册会计师负责于2012年10月26日对希尔有限公司的内部控制进行了解。并在审计工作底稿中记录了所了解的内部控制，部分内容摘录如下：

(1) 会计部门职员甲根据收到的生产通知单、领料单、工时记录和产成品入库单等资料，编制材料费用、人工费用和制造费用分配表，以及完工产品与在产品成本分配表，经本部门的复核人员复核后，据以登记成本明细账和存货明细账。

(2) 仓库职员根据收到的领料单发出原材料，将领料单的一联连同材料交生产部门，并在登记材料明细账后将另外两联传递给会计部门进行实物流转记录和成本会计核算。

(3) 希尔有限公司要求每半年进行一次全面的存货盘点，并编制盘点表。会计部门与仓库部门核对结存数量后，向管理层报告差异情况及形成原因，并经批准后进行处理。

(4) 仓库部门职员在发现存货毁损、变质或过期的情况后，直接向部门主管报告，由仓储经理负责处置，并报财务部门进行账务处理。

(5) 仓库引进先进的远红外监控系统，实行 24 小时不间断的全自动无人监控，以避免监守自盗。保安人员每天上班后调阅前一天的监控录像，以确定是否发生异常。

要求：针对上述各项，假定不考虑其他条件，请逐项判断希尔有限公司内部控制程序在设计上是否存在缺陷，并简要说明理由，提出改进建议。

【解答】

(1) 中所述的内部控制程序不存在缺陷。

(2) 中所述的内部控制程序存在缺陷：仓库部门没有保留领料单，无法定期进行账、证核对，难以发现材料明细账中存在的错误。建议仓库部门除了将领料单的两联分别交给生产部门和会计部门外，保留领料单的一联作为登记材料明细账的原始凭证。

(3) 中所述的内部控制程序不存在缺陷。

(4) 中所述的内部控制程序存在缺陷：存货毁损、变质或过期情况的报告和处置均由仓储部门负责，不利于存货的安全完整。建议存货的处置由仓储部门与验收部门、会计部门共同负责。

(5) 中所述的内部控制程序存在缺陷：全自动无人监控无法防止监控系统发生异常时存货的丢失或毁损。保安人员事后调阅录像无助于及时发现并制止相关事项的发生。建议仓库实行全自动监控与人工监控相结合的监控措施。

10.2　存货实质性程序

通常，存货对企业经营特点的反映能力强于其他资产项目。存货的重大错报对于流动资产、营运资本、总资产、销售成本、毛利以及净利润都会产生直接的影响。存货的重大错报对于利润分配和所得税，也具有间接的影响。在审计中许多复杂和重大的问题都与存货有关。要求注册会计师对存货项目的审计予以特别的关注，在存货、产品生产和销售成本审计中要花费较多的审计工时，运用多种有针对性的审计程序收集审计证据。

注册会计师对存货审计应实施监盘程序获取有关期末存货数量和状况的充分、适当的审计证据。在监盘前应根据被审计单位存货的特点制订存货监盘计划，在存货监盘过程中应实施评价管理层用以记录和控制存货盘点结果的指令和程序；观察管理层制定的盘点程序的执行情况；检查存货；执行抽盘等程序。

10.2.1 存货监盘

1）存货监盘的作用

如果存货对财务报表是重要的，注册会计师应当实施下列审计程序，对存货的存在和状况获取充分、适当的审计证据：

①在存货盘点现场实施监盘；

②对期末存货记录实施审计程序，以确定其是否准确反映实际的存货盘点结果。

具体来说，存货监盘涉及：

①检查存货以确定其是否存在，评价存货状况，并对存货盘点结果进行测试；

②观察管理层指令的遵守情况，以及用于记录和控制存货盘点结果的程序的实施情况；

③获取有关管理层存货盘点程序可靠性的审计证据。

这些程序是用作控制测试还是实质性程序，取决于注册会计师的风险评估结果、审计方案和实施的特定程序。

实施存货监盘，获取有关期末存货数量和状况的充分、适当的审计证据是注册会计师的责任，但这并不能取代被审计单位管理层定期盘点存货、合理确定存货的数量和状况的责任。被审计单位管理层通常对存货每年至少进行一次实物盘点，以作为编制财务报表的基础，并用以确定被审计单位永续盘存制的可靠性。

存货监盘针对的主要是存货的“存在”、“完整性”、“权利和义务”三个认定，注册会计师存货监盘的目的在于获取有关存货数量和状况的审计证据，以确证被审计单位记录的所有存货确实存在，已经反映了被审计单位拥有的全部存货，并且存货是属于被审计单位的合法财产。

按照本章“10.3 生产与存货循环审计实例”风险评估确定的范围，注册会计师需对存货进行实质性程序，并确定存货的审计后金额。根据存货实质性程序的情况，注册会计师编制了存货审定表，见表10-4。

2）存货监盘计划

（1）制订存货监盘计划的基本要求

注册会计师应当根据被审计单位存货的特点、盘存制度和存货内部控制的有效性等情况，在评价被审计单位制定的存货盘点程序的基础上，编制存货监盘计划，对存货监盘作出合理安排。

（2）制订存货监盘计划应考虑的相关事项

①与存货相关的重大错报风险。

存货通常具有较高水平的重大错报风险，影响重大错报风险的因素包括：存货的数量和种类；成本归集的难易程度；陈旧过时的速度或易损坏程度；遭受失窃的难易程度。由于制造过程和成本归集制度的差异，制造企业的存货与其他企业（如批发企业）的存货相比，往往具有更高的重大错报风险，对于注册会计师的审计工作而言则更具复杂性。此外，外部因素也会对存货的重大错报风险产生影响。例如，技术上的进步可能导致某些产品过时，从而导致存货价值更容易发生高估。以下类别的存货就可能增加审计的复杂性与风险：

a. 制造过程漫长的存货。对制造过程漫长的企业（如飞机制造和酒类产品酿造企业）

存货进行审计时，应当重点关注递延成本、预期发生成本以及未来市场波动可能对当期损益的影响等事项。

b. 鲜活、易腐商品存货。因为物质特性和保质期短暂，此类存货变质的风险很高。

c. 具有高科技含量的存货。由于技术进步，此类存货易于过时。

d. 单位价值高昂、容易被盗窃的存货。例如，珠宝存货的错报风险通常高于铁制纽扣之类存货的错报风险。

②与存货相关的内部控制的性质。

注册会计师应当了解与存货相关的内部控制，并根据内部控制的完善程度确定进一步审计程序的性质、时间和范围。存货的内部控制涉及被审计单位供、产、销各个环节，包括采购、验收、仓储、领用、加工、装运出库等方面。

③对存货盘点是否制定了适当的程序，并下达了正确的指令。

注册会计师在复核或与管理层讨论其存货盘点程序时，应当考虑下列主要因素，以评价其能否合理地确定存货的数量和状况：盘点的时间安排；存货盘点范围和场所的确定；盘点人员的分工及胜任能力；盘点前的会议及任务布置；存货的整理和排列，对毁损、陈旧、过时、残次及所有权不属于被审计单位的存货的区分；存货的计量工具和计量方法；在产品完工程度的确定方法；存放在外单位的存货的盘点安排；存货收发截止的控制；盘点期间存货移动的控制；盘点表单的设计、使用与控制；盘点结果的汇总以及盘盈或盘亏的分析、调查与处理。

注册会计师如果认为被审计单位的存货盘点程序存在缺陷，应当提请被审计单位调整。

④存货盘点的时间安排。

如果存货盘点在财务报表日以外的其他日期进行，注册会计师除实施存货监盘的相关审计程序外，还应当实施其他审计程序，以获取审计证据，确定存货盘点日与财务报表日之间的存货变动是否已得到恰当的记录。

⑤存货的存放地点（包括不同存放地点的存货的重要性和重大错报风险），以确定适当的监盘地点。

注册会计师应了解所有的存货存放地点，既可以防止被审计单位或自己发生任何遗漏，也有助于恰当地分配审计资源。注册会计师通常应当重点考虑被审计单位的重要存货存放地点，特别是金额较大或可能存在重大错报风险的存货地点，将这些存货列入监盘范围。对于无法实施存货现场监盘的存货，注册会计师应当实施替代审计程序，以获取有关存货的存在和状况的充分、适当的审计证据。

⑥是否需要专家协助。

注册会计师可能不具备其他专业领域的专长与技能。在确定资产数量或资产实物状况时（如矿石堆），或在收集特殊类别存货（如艺术品、稀有玉石、房地产、电子器件、工程设计等）的审计证据时，注册会计师可以考虑利用专家的工作。

当在产品存货金额重大时，注册会计师可能面临如何评估完工程度的问题。注册会计师可以了解被审计单位的盘点程序，如果有关在产品的完工程度未被明确列出，注册会计师应当考虑采用其他有助于确定完工程度的措施，如获取零部件明细清单、标准成本表以及作业成本表，与工厂的有关人员进行讨论等，并运用职业判断。注册会计师也可根据存货生产过程的复杂程度考虑利用专家的工作。

存货监盘是存货审计的重要程序，为保证存货监盘工作的顺利进行，注册会计师编制了存货监盘程序表，见表10-13。

(3) 存货监盘计划的主要内容

①存货监盘的目标、范围及时间安排。

存货监盘的主要目标包括获取被审计单位资产负债表日有关存货数量和状况以及管理层存货盘点程序可靠性的审计证据，检查存货的数量是否完整，是否归被审计单位所有，存货有无毁损、陈旧和短缺等状况。

存货监盘的范围大小取决于存货的内容、性质以及与存货相关的内部控制的完善程度和重大错报风险的评估结果。对存放于外单位的存货，应当考虑实施适当的替代程序，以获取充分、适当的审计证据。

存货监盘的时间，包括实地察看盘点现场的时间、观察存货盘点的时间和对已盘点存货实施检查的时间等，应当与被审计单位实施存货盘点的时间相协调。

②存货监盘的要点及关注事项。

存货监盘的要点包括注册会计师实施存货监盘程序的方法、步骤，各个环节应注意的问题以及所要解决的问题。注册会计师需要重点关注的事项包括盘点期间的存货移动、存货的状况、存货的截止确认、存货的各个存放地点及金额。

③参加存货监盘人员的分工。

注册会计师应当根据对被审计单位存货盘点人员分工、分组情况，以及存货监盘工作量的大小和人员素质情况，确定参加存货监盘的人员组成、各组成人员的职责和具体的分工情况，并加强督导。

④检查存货的范围。

注册会计师应当根据对被审计单位存货盘点和对被审计单位内部控制的评价结果确定检查存货的范围。注册会计师在实施观察程序后，如果认为被审计单位内部控制设计良好且得到有效实施、存货盘点组织良好，可以相应缩小实施检查程序的范围。

在实施存货监盘前，注册会计师应当根据被审计单位存货的特点、盘存制度和存货内部控制的有效性等情况，在评价被审计单位管理层制定的存货盘点程序的基础上，编制存货监盘计划，对存货监盘作出合理安排。注册会计师编制的存货监盘计划见表10-14。

3) 存货监盘程序

(1) 评价管理层用以记录和控制存货盘点结果的指令和程序

注册会计师需要考虑这些指令和程序是否包括：

①适当控制活动的运用，例如，收集已使用的存货盘点记录，清点未使用的存货盘点表单，实施盘点和复核程序；

②准确认定在产品的完工程度，流动缓慢、过时或毁损的存货项目，以及第三方拥有的存货；

③对存货在不同存放地点之间的移动以及截止日前后期间出入库的控制。

(2) 观察管理层制定的盘点程序的执行情况

尽管盘点存货时最好能保持存货不发生移动，但在某些情况下，存货的移动是难以避免的。如果在盘点过程中被审计单位的生产经营仍将继续进行，注册会计师应通过实施必要的检查程序，确定被审计单位是否已经对此设置了相应的控制程序，确保在适当的期间内对存货作出了准确记录。

注册会计师一般应当获取盘点日前后的存货收发及移动的凭证，检查库存记录与会计记录期末截止是否正确。存货正确截止的关键在于存货实物纳入盘点范围的时间是否与存货引起的借贷双方会计科目的入账时间都处于同一会计期间；检查在途存货和被审计单位直接向顾客发运的存货是否均已得到了适当的会计处理。

在存货监盘过程中，注册会计师应当获取存货验收入库、装运出库以及内部转移截止等信息，以便将来追查至被审计单位的会计记录。

注册会计师通常可以观察存货的验收入库地点和装运出库地点以执行截止测试。在存货入库和装运过程中采用连续编号的凭证时，注册会计师应当关注截止日期前的最后编号。

(3) 检查存货

在存货监盘过程中检查存货，有助于确定存货的存在，以及识别过时、毁损或陈旧的存货。

(4) 执行抽盘

注册会计师应当对已盘点的存货进行适当检查，将检查结果与被审计单位盘点记录相核对，并形成相应记录。

①抽查的目的。抽查的目的既可以是为了确证被审计单位的盘点计划得到适当的执行，也可以是为了证实被审计单位的存货实物总额。如果观察程序能够表明被审计单位的组织管理得当，并存在充分有效的盘点、监督以及复核程序，那么注册会计师可决定减少所需抽查的存货项目。

②抽查范围。抽查的范围通常包括所有盘点工作小组的盘点内容以及难以盘点或隐蔽性较强的存货。需要特别说明的是，注册会计师应尽可能地避免被审计单位了解自己将抽取测试的存货项目。

③抽查方向。抽查时，注册会计师应当从存货盘点记录中选取项目追查至存货实物以测试盘点记录的准确性；注册会计师还应当从存货实物中选取项目追查至存货盘点记录，以测试存货盘点记录的完整性。

④抽查中发现问题的处理方式。如果注册会计师在实施抽查程序中发现了差异，很可能表明被审计单位的存货盘点记录在准确性或完整性方面存在错误。由于抽查的内容通常仅仅是存货盘点中的一小部分，所以在抽查中发现的错误很可能意味着在被审计单位的存货盘点中还存在着其他错误。一方面，注册会计师应当查明原因，并及时提请被审计单位更正；另一方面，注册会计师应当考虑错误的潜在范围和重大程度，在可能的情况下，扩大抽查的范围以减少错误的发生。注册会计师还可要求被审计单位重新进行盘点。重新盘点的范围可限制在某一特殊领域或特定盘点小组的存货。

(5) 需要特别关注的情况

①存货盘点范围。被审计单位盘点存货前，注册会计师应当观察盘点现场，确定应纳入盘点范围的存货是否已经适当整理和排列，并附有盘点标识，防止遗漏或重复盘点。对未纳入盘点范围的存货，注册会计师应当查明未纳入的原因。

②对特殊类型存货的监盘。对某些特殊类型的存货，被审计单位通常使用的盘点方法

和控制程序并不完全适用。这些存货通常没有盘点标签或者其数量或质量难以确定，注册会计师需要运用职业判断，根据存货的实际情况，设计恰当的审计程序，对存货的数量和状况获取审计证据。

(6) 存货监盘结束时的工作

在被审计单位存货盘点结束前，注册会计师应当实施下列审计程序：

①再次观察盘点现场，以确定所有应纳入盘点范围的存货是否均已盘点。

②取得并检查已填用、作废及未使用盘点表单的号码记录，确定其是否连续编号，查明已发放的表单是否均已收回，并与存货盘点的汇总记录进行核对。

注册会计师应当复核盘点结果汇总记录，评估其是否正确地反映了实际盘点结果。

如果存货盘点日不是资产负债表日，注册会计师应当实施适当的审计程序，确定盘点日与资产负债表日之间存货的变动是否已作出正确的记录。

在实施存货监盘程序时，注册会计师应将存货监盘的时间、人员、监盘的过程及结果记录在工作底稿上。注册会计师编制的存货监盘报告见表10-15。

4）特殊情况的处理

(1) 在存货盘点现场实施存货监盘不可行

在某些情况下，实施存货监盘可能是不可行的（如由于被审计单位存货的性质或位置等原因导致无法实施存货监盘）。注册会计师应当考虑能否实施替代审计程序（如检查盘点日后出售盘点日之前取得或购买的特定存货的文件记录），以获取有关存货存在和状况的充分、适当的审计证据。如果不能实施替代审计程序，或者实施替代审计程序可能无法获取有关存货的存在和状况的充分、适当的审计证据，注册会计师需要按照审计准则的规定发表非无保留意见。然而，对注册会计师带来不便的一般因素不足以支持注册会计师作出实施存货监盘不可行的决定。审计中的困难、时间或成本等事项本身，不能作为注册会计师省略不可替代的审计程序或满足于说服力不足的审计证据的正当理由。

(2) 因不可预见的情况导致无法在存货盘点现场实施监盘

如果因不可预见的因素导致无法在预定日期实施存货监盘，注册会计师应当另择日期实施监盘，并对间隔期内发生的交易实施审计程序。两种比较典型的情况包括：一是注册会计师无法亲临现场，即由于不可抗力导致其无法到达存货存放地实施存货监盘；二是气候因素，即由于恶劣的天气导致注册会计师无法实施存货监盘程序，或由于恶劣的天气无法观察存货，如木材被积雪覆盖。

(3) 委托其他单位保管或控制的存货

如果被审计单位委托其他单位保管或控制的存货对财务报表是重要的，注册会计师应当实施下列审计程序，以获取有关该存货存在和状况的充分、适当的审计证据：

①向保管或控制存货的单位函证。

②实施检查或其他适合具体情况的审计程序。如果获取的信息使注册会计师对保管或控制存货的单位产生怀疑，注册会计师可以认为实施其他审计程序是适当的。其他审计程序可以作为函证的替代程序，也可以作为追加的审计程序。

其他审计程序包括：实施或安排其他注册会计师实施对保管或控制存货的单位的存货监盘；检查与保管或控制存货的单位持有的存货相关的文件记录等。

案例窗 10-2

存货监盘审计案例

注册会计师对希尔有限公司存货实施监盘时，发现如下事项：

(1) 了解到原材料 A 为辐射性化学物品。

(2) 了解到产品 A 存放在全国 38 个城市的零售连锁商店。

(3) 了解到希尔有限公司对废品与毁损品不进行盘点，以财务部门和仓库部门的账面记录为准。

(4) 注册会计师抽点 A 仓库，发现希尔有限公司盘点严重有误。

(5) 希尔有限公司的存货储存在 Y 公司的仓库，并已经被质押。

(6) 了解到存货为贵金属。

要求：根据以上事项，请逐项指出注册会计师应如何进行处理。

【解答】

事项 (1)：在评价内部控制值得信赖的基础上，注册会计师应当：了解和观察储存原材料 A 的设备；审计购货、生产和销售记录，必要时应获取检查被审计单位对其生产、使用和处置的正式报告；向能够接触到相关存货项目的第三方检查人员作出询证。

事项 (2)：在评价 38 个城市的零售连锁商店的内部控制的前提下，选择一定数目的连锁商店进行监盘。

事项 (3)：注册会计师应建议希尔有限公司对废品和毁损品进行盘点，并关注其品质状态，把所有毁损、陈旧、过时及残次存货详细情况记录下来，以便事后追查以及编制存货减值准备明细表。

事项 (4)：注册会计师应建议希尔有限公司重新盘点 A 仓库的存货，并记录相关的情况。同时测试抽查日或重新盘点日至资产负债表日之间发生的存货交易。

事项 (5)：注册会计师应当获取委托存货的书面确认函，如果存货已被质押，注册会计师应向债权人询证与被质押有关的内容，如果此类存货重要，注册会计师可考虑与被审计单位讨论其为委托代管或已做质押存货的控制程序，必要时对此类存货实施监盘。

事项 (6)：选择样品进行化验与分析，必要时利用专家的工作。

10.2.2 存货计价测试

1) 存货计价测试的一般要求

存货监盘程序主要是对存货的结存数量予以确认。为验证财务报表上存货余额的真实性，还必须对存货的计价进行审计，即确定存货实物数量和永续盘存记录中的数量是否经过正确计价和汇总。存货计价测试主要是针对被审计单位所使用的存货单位成本是否正确所做的测试。

(1) 样本的选择

计价审计的样本，应从存货数量已经盘点、单价和总金额已经记入存货汇总表的结存存货中选择。选择样本时应着重选择结存余额较大且价格变化比较频繁的项目，同时考虑所选样本的代表性。抽样方法一般采用分层抽样法，抽样规模应足以推断总体的情况。

(2) 计价方法的确认

存货的计价方法多种多样，企业可结合国家法规要求选择符合自身特点的方法，注册会计师除应了解掌握企业的存货计价方法外，还应对这种计价方法的合理性与一贯性予以关注，没有足够理由，计价方法在同一会计年度内不得变动。

(3) 计价测试

进行计价测试时，注册会计师首先应对存货价格的组成内容予以审核，然后按照所了解的计价方法对所选择的存货样本进行计价测试。测试时，应排除企业已有计算程序和结果的影响，进行独立测试。待测试结果出来后，应与企业账面记录对比，编制对比分析表，分析形成差异的原因。如果差异过大，应扩大测试范围，并根据审计结果考虑是否应提出审计调整建议。

在存货计价审计中，由于企业对期末存货采用成本与可变现净值孰低的方法计价，所以注册会计师应充分关注企业对存货可变现净值的确定及存货跌价准备的计提是否正确。

注册会计师编制的生产成本构成分析表见表10-10、存货明细账与盘点报告（记录）核对表见表10-16。

2）存货成本的计价测试

(1) 直接材料成本审计

直接材料成本审计一般应从审阅材料和生产成本明细账入手，抽查有关的费用凭证，验证企业产品直接耗用材料的数量、计价和材料费用分配是否真实、合理。其主要内容包括：

①抽查产品成本计算单，检查直接材料成本的计算是否正确，材料费用的分配标准与计算方法是否合理和适当，是否与材料费用分配汇总表中该产品分摊的直接材料费用相符。

②检查直接材料耗用数量的真实性，有无将非生产用材料计入直接材料费用。

③分析比较同一产品前后各年度的直接材料成本，如有重大波动，应查明原因。

④抽查材料发出及领用的原始凭证，检查领料单的签发是否经过授权，材料发出汇总表是否经过适当的人员复核，材料单位成本计价方法是否适当，是否正确及时入账。

⑤对采用定额成本或标准成本的企业，应检查直接材料成本差异的计算、分配与会计处理是否正确，并查明直接材料的定额成本、标准成本在本年度内有无重大变更。

在对直接材料成本进行审计时，注册会计师编制的原材料购进测试见表10-5，原材料入库截止测试见表10-6。

(2) 直接人工成本审计

①抽查产品成本计算单，检查直接人工成本的计算是否正确，人工费用的分配标准与计算方法是否合理和适当，是否与人工费用分配汇总表中该产品分摊的直接人工费用相符。

②将本年度直接人工成本与前期进行比较，查明其异常波动的原因。

③分析比较本年度各个月份的人工费用发生额，如有异常波动，应查明原因。

④结合应付职工薪酬的检查，抽查人工费用会计记录及会计处理是否正确。

⑤对采用标准成本法的企业，应抽查直接人工成本差异的计算、分配与会计处理是否正确，并查明直接人工的标准成本在本年度内有无重大变更。

(3) 制造费用审计

①获取或编制制造费用汇总表，并与明细账、总账核对相符，抽查制造费用中的重大

数额项目及例外项目是否合理。

②审阅制造费用明细账，检查其核算内容及范围是否正确，并应注意是否存在异常会计事项，如有，则应追查至记账凭证及原始凭证，重点查明企业有无将不应列入成本费用的支出（如投资支出、被没收的财物、支付的罚款、违约金、技术改造支出等）计入制造费用。

③必要时，对制造费用实施截止测试，即检查资产负债表日前后若干天的制造费用明细账及其凭证，确定有无跨期入账的情况。

④检查制造费用的分配是否合理。重点查明制造费用的分配方法是否符合企业自身的生产技术条件，是否体现受益原则，分配方法一经确定，是否在相当时期内保持稳定，有无随意变更的情况；分配率和分配额的计算是否正确，有无以人为估计数代替分配数的情况。对按预定分配率分配费用的企业，还应查明计划与实际差异是否及时调整。

⑤对于采用标准成本法的企业，应抽查标准制造费用的确定是否合理，计入成本计算单的数额是否正确，会计处理是否正确，并查明标准制造费用在本年度内有无重大变动。

在对制造费用进行分析和测试时，注册会计师编制的制造费用构成分析表见表10-11，制造费用测试表见表10-12。

案例窗10-3

存货计价审计案例

注册会计师审查希尔有限公司在产品成本，收集到有关资料如下：该企业采用约当产量法计算在产品成本，甲产品本月完工180件，月末在产品90件；甲在产品的投料率为80%，完工率为50%。生产成本明细账见表10-1。

表10-1　生产成本明细账

产品名称：甲产品　　单位：元

2013年		摘　要	直接材料	直接人工	制造费用	合计
月	日					
3	1	月初在产品成本	18 000	4 500	6 750	29 250
	31	本月生产费用	82 800	11 250	29 250	123 300
	31	生产费用合计	100 800	15 750	36 000	152 550
	31	结转完工产品成本	57 000	10 500	25 800	93 300
	31	月末在产品成本	43 800	5 250	10 200	59 250

要求：根据上述资料，指出企业存在的问题并提出改进建议。

【解答】注册会计师抽查有关会计凭证，并与产品成本明细账核对，账证数额相符，盘点在产品实物数量符合实际，验证投料率和完工率也符合实际情况，根据成本计算单，验证在产品成本为：

直接材料＝100 800÷（180+90×80%）×90×80%＝28 800（元）

直接人工＝15 750÷（180+90×50%）×90×50%＝3 150（元）

制造费用＝36 000÷（180+90×50%）×90×50%＝7 200（元）

在产品成本合计＝28 800+3 150+7 200＝39 150（元）

在产品多留材料费＝43 800－28 800＝15 000（元）

在产品多留人工费＝5 250－3 150＝2 100（元）

在产品多留制造费用=10 200-7 200=3 000（元）

多留在产品成本合计=15 000+2 100+3 000=20 100（元）

验算结果表明，该企业多留在产品成本，少转完工产品成本20 100元。注册会计师向有关会计人员询问，证实是因计算失误而发生的差错，建议企业补转少转的完工产品成本，并调整有关账簿记录。

10.3 生产与存货循环审计实例

2014年1月10日，信达会计师事务所接受科思特有限公司委托对该公司2013年度的财务报表进行审计。通过了解该单位及其环境，实施风险评估，将生产与存货循环业务确定为重点审计对象。在对成本会计制度进行了解并进行控制测试后，根据测试情况，结合其他相关业务循环的测试结果，进行了存货监盘和存货计价测试的实质性程序。

生产与存货循环控制测试、存货监盘和存货计价测试实质性程序工作底稿见表10-2至表10-16。

10.3.1 生产与存货循环控制测试

生产与存货循环控制测试见表10-2。

表10-2 **生产与存货循环控制测试**

被审计单位：	科思特有限公司	索引号：	SCC
项目：	生产与存货循环控制测试程序	财务报表截止日/期间：	2013年12月31日
编制：	Li	复核：	Wang
日期：	2013年11月5日	日期：	2013年11月7日

1）控制测试——和材料验收与仓储有关的业务活动的控制

（1）询问程序

通过实施询问程序，科思特有限公司已确定下列事项：

①本年度未发现任何特殊情况、错报和异常项目；

②财务或生产部门的人员在未得到授权的情况下无法访问或修改系统内数据；

③本年度未发现下列控制活动未得到执行；

④本年度未发现下列控制活动发生变化。

（2）其他测试程序

控制目标	科思特有限公司的控制活动	控制测试程序	执行控制的频率	所测试的项目数量	索引号
已验收材料均附有有效采购订单	保管员接收到厂的物资时，应根据计划员提供的“到货通知单”核对物资名称、件数、重量、规格型号以及相应的证件和资料，确认无误的在送货单上签字，将物资存放在待验收区。质检员根据“到货通知单”验收，并签字确认无误。保管员办理入库手续，签发材料验收单，并由保管员和计划员签字	抽查材料验收单，并与到货通知单核对	每月2～3次	5	略

续表

控制目标	科思特有限公司的控制活动	控制测试程序	执行控制的频率	所测试的项目数量	索引号
已验收材料均已准确记录	计划员将已经到达企业并且验收合格的货物信息包括品名、规格型号、单价、数量、金额等输入物资管理信息系统中，生成入库单，流转至财务部，财务部据以记账，形成材料明细账	核对经营部的原材料进厂记录与材料明细账的一致性	每月 2~3 次	5	略
已验收材料均已记录于适当期间	经营部每月负责将已经到达的材料的品种、数量及到厂时间通知各部门。每月末财务部与经营部核对原材料进厂情况	核对经营部的原材料进厂记录与材料明细账的一致性	每月 2~3 次	5	略

2）控制测试——和计划与安排生产有关的业务活动的控制

（1）询问程序

通过实施询问程序，科思特有限公司已确定下列事项：

①本年度未发现任何特殊情况、错报和异常项目；

②财务或生产部门的人员在未得到授权的情况下无法访问或修改系统内数据；

③本年度未发现下列控制活动未得到执行；

④本年度未发现下列控制活动发生变化。

（2）其他测试程序

控制目标	科思特有限公司的控制活动	控制测试程序	执行控制的频率	所测试的项目数量	索引号
管理层授权进行生产	科思特有限公司利用生产调度软件控制生产的计划安排。经营部根据月生产经营计划、周生产经营计划负责对日生产作业计划编制、检查、修改、监督。日生产作业计划编制完，经主管部长审核后签发执行。 安全运行部负责组织执行经营部日作业计划，并监督日计划完成情况	抽查月生产经营计划、周生产经营计划、日生产作业计划是否经过审批，检查实际原材料加工量与生产计划是否一致	每月 1 次	4	略

3）控制测试——与生产有关的业务活动的控制

（1）询问程序

通过实施询问程序，科思特有限公司已确定下列事项：

①本年度未发现任何特殊情况、错报和异常项目；

②财务或生产部门的人员在未得到授权的情况下无法访问或修改系统内数据；

③本年度未发现下列控制活动未得到执行；

④本年度未发现下列控制活动发生变化。

（2）其他测试程序

控制目标	科思特有限公司的控制活动	控制测试程序	执行控制的频率	所测试的项目数量	索引号
发出材料均已准确记录	仓库保管员将原材料领用单编号、领用数量、规格等信息输入物资管理系统，经仓储部经理复核并以电子签名方式确认后，物资管理系统自动更新材料明细台账	将生产统计表与材料明细账核对是否一致；将仓库物资台账记录与材料明细账核对是否一致	每月 1 次	4	略
发出材料均记录于适当期间	仓库保管员每年进行两次库存物资盘点（半年和年末），盘点要认真清点实物，核对账目，作出盘点清单，形成书面记录，编写存货盘点明细表，发现差异及时处理，经仓储部经理、财务部部长、生产部经理复核后调整入账。平日对库存物资实行永续盘点，主管计划员要对分管物资库存进行不定期抽查	仓库物资台账记录与材料明细账核对是否一致	每半年 1 次	1	略
已记录的生产成本均真实发生且与实际成本一致	（1）财务部成本会计根据生产统计表等有关记录核算产品成本。 （2）财务部出库核算会计根据出库单，把各单位所领用的材料费用分别记入相应的会计科目。对应成本费用的科目为“生产成本”、“制造费用”和“管理费用”等。 （3）期末各装置半成品出入数量通过公司网站进行操作，半成品交库（出库）时形成半成品收付动态表，财务部据此核算产品成本	抽查成本计算单，检查所采用的数据与生产部门、经营部提供的原始单据是否一致	每月 1 次	3	略
产成品发运均已正确记录	每月成本核算员根据经营部统计的当月产品生产、销售、库存情况表结转当期已销售产成品成本	检查财务部库存商品明细账结转的已销产品数量与经营部编制的产、销、存明细表是否一致	每月 1 次	3	略
已发运产品均附有有效销售订单	销售的产品在离厂时必须附有提货通知单	抽查已离厂产品是否附有提货通知单	每月 2～3 次	5	略

10.3.2　存货实质性程序

1）存货审计目标与认定对应关系表（见表 10-3）

表 10-3　**存货审计目标与认定对应关系表**

审计目标	财务报表认定				
	存在	完整性	权利和义务	计价和分摊	列报
A. 资产负债表中记录的存货是存在的	√				
B. 所有应当记录的存货均已记录		√			
C. 记录的存货由被审计单位拥有或控制			√		
D. 存货以恰当的金额包括在财务报表中，与之相关的计价调整已恰当记录				√	
E. 存货已按照企业会计准则的规定在财务报表中作出恰当的列报					√

2）存货审定表（见表 10-4）

表 10-4　**存货审定表**

被审计单位：科思特有限公司	索引号：ZI1
项目：存货审定表	财务报表截止日/期间：2013 年 12 月 31 日
编制：Li	复核：Wang
日期：2014 年 1 月 15 日	日期：2014 年 1 月 17 日

项目类别	本期未审数	账项调整		本期审定数	上期审定数	年度间变动率
		借方	贷方			
一、存货账面余额						
原材料	324 135 581.53			324 135 581.53	256 857 925.32	26%
在途物资	568 404 876.20			568 404 876.20	478 639 752.30	19%
库存商品	189 752 369.46			189 752 369.46	104 678 496.60	81%
自制半成品	368 742 436.10			368 742 436.10	195 394 763.20	89%
合计	1 451 035 263.29			1 451 035 263.29	1 035 570 937.42	40%
二、存货跌价准备						
原材料	3 276 432.37			3 276 432.37	3 276 432.37	
在途物资						
库存商品	6 754 355.21			6 754 355.21	6 754 355.21	
自制半成品						
合计	10 030 787.58			10 030 787.58	10 030 787.58	
三、存货账面价值						
原材料	320 859 149.16			320 859 149.16	253 581 492.95	27%
在途物资	568 404 876.20			568 404 876.20	478 639 752.30	19%
库存商品	182 998 014.25			182 998 014.25	97 924 141.39	87%
自制半成品	368 742 436.10			368 742 436.10	195 394 763.20	89%
合计	1 441 004 475.71			1 441 004 475.71	1 025 540 149.84	41%

审计说明：

我们取得存货明细表，复核加计正确，并与明细账、总账、报表数核对一致；各存货项目明细表参见相关存货底稿。

从审定表中可以看出，存货期末余额较期初增加，主要原因：一是本期期末库存量增加；二是单位成本上涨，存货余额增加合理。

科思特有限公司的存货分为：原材料、在途物资、库存商品和自制半成品，占比重较大的是在途物资和自制半成品。

审计结论：

报表数经审计后无调整事项，可以确认。

3）原材料购进测试（见表 10-5）

表 10-5 **原材料购进测试**

被审计单位：科思特有限公司	索引号：ZI2
项目：原材料购进测试	财务报表截止日/期间：2013 年 12 月 31 日
编制：Li	复核：Wang
日期：2014 年 1 月 18 日	日期：2014 年 1 月 19 日

日期	凭证号	摘要	金额	对应科目	单价	核对			附件
						①	②	③	
1 月 8 日	015#	购进甲材料	84 716 532. 61	应付账款	3 856. 82	√	√	√	发票、提单
2 月 15 日	037#	购进甲材料	158 347 021. 34	应付账款	3 887. 53	√	√	√	发票、提单
3 月 18 日	048#	购进乙材料	89 568 766. 26	应付账款	3 587. 53	√	√	√	发票、提单
4 月 3 日	059#	购进丙材料	122 943 635 . 20	应付账款	5 325. 24	√	√	√	发票、提单
5 月 26 日	072#	购进甲材料	78 856 429. 68	应付账款	3 927. 45	√	√	√	发票、提单
6 月 23 日	086#	购进乙材料	75 675 438. 43	应付账款	3 587. 53	√	√	√	发票、提单
7 月 28 日	091#	购进丙材料	65 768 564. 60	应付账款	5 368. 57	√	√	√	发票、提单
⋮									

审计说明：

1. 测试目的：验证原材料的发生、准确性、完整性、截止。
2. 测试方法：从原材料明细账中抽取单笔发生额大于重要性水平的抽样单元。
3. 核对内容：①附件是否齐全；②是否经适当授权；③金额、账务处理是否正确。
4. 原材料入账基础无误，成本包括买价、运费等，增值税进项税额单独核算；符合企业会计准则的核算政策。
5. 经过测试，确认原材料购进发生额。

4）原材料入库截止测试（见表 10-6）

表 10-6 **原材料入库截止测试**

被审计单位：科思特有限公司	索引号：ZI3
项目：原材料入库截止测试	财务报表截止日/期间：2013 年 12 月 31 日
编制：Li	复核：Wang
日期：2014 年 1 月 19 日	日期：2014 年 1 月 20 日

一、从原材料明细账的借方发生额中抽取样本与入库记录核对，以确定存货入库被记录在正确的会计期间

序号	摘要	材料名称	明细账凭证			提单、原材料台账			是否跨期（√，x）
			编号	日期	金额	编号	日期	金额	
1	购进甲材料	甲材料	186#	12 月 31 日	3 532 748. 52		12 月 20 日	3 532 748. 52	x
2	购进甲材料	甲材料	197#	12 月 30 日	1 920 675. 82		12 月 27 日	1 920 675. 82	x
⋮									

截止日前

截止日后

序号	摘要	材料名称	编号	日期	金额	编号	日期	金额	是否跨期（√，x）
1	购进甲材料	甲材料	200#	1 月 5 日	1 643 528. 35		1 月 2 日	1 643 528. 35	x
2	购进甲材料	甲材料	201#	1 月 6 日	1 678 337. 76		1 月 3 日	1 678 337. 76	x

二、从原材料入库记录中抽取样本与明细账的借方发生额核对，以确定存货入库被记录在正确的会计期间

序号	摘要	材料名称	提单、原材料台账			明细账凭证			是否跨期（√，x）
			编号	日期	金额	编号	日期	金额	
1	购进甲材料	甲材料		12 月 26 日	2 543 329.63	182#	12 月 27 日	2 543 329.63	x
2	购进甲材料	甲材料		12 月 28 日	2 543 329.63	198#	12 月 29 日	2 543 329.63	x
⋮									
截止日前									
截止日后									
1	购进甲材料	甲材料	200#	1 月 1 日	2 876 320.43		1 月 2 日	2 876 320.43	x
2	购进甲材料	甲材料	201#	1 月 3 日	1 437 286.54		1 月 4 日	1 437 286.54	x

5）库存商品明细表（见表 10-7）

表 10-7 **库存商品明细表**

被审计单位：科思特有限公司	索引号：ZI4
项目：库存商品明细表	财务报表截止日/期间：2013 年 12 月 31 日
编制：Li	复核：Wang
日期：2014 年 1 月 19 日	日期：2014 年 1 月 20 日

项目	期初余额	借方发生额	贷方发生额	期末未审余额	审计调整		上期末审定余额
					调增	调减	
A 产品	16 520 407.45	1 354 670 876.39	1 265 835 968.33	105 355 315.51			105 355 315.51
B 产品	18 626 729.30	1 314 587 297.25	1 307 875 037.41	25 338 989.14			25 338 989.14
C 产品	3 765 978.48	872 917 334.56	786 436 998.22	90 246 314.82			90 246 314.82
D 产品	4 326 597.32	648 366 885.25	587 917 142.79	64 776 339.78			64 776 339.78
合计	43 239 712.55	4 190 542 393.45	3 948 065 146.75	285 716 959.25			285 716 959.25

审计说明：

1. 取得库存商品明细表，复核加计正确，并与总账数、明细账合计数核对相符。
2. 库存商品是最后一个加工环节形成的，其借贷方发生额与相关科目发生额核对如下：
①借方发生额主要为生产成本结转的各产品的成本，二者合计数一致。
②贷方发生额主要为结转的已销产品成本，与主营业务成本发生额一致。
3. 通过对“长期借款”和“短期借款”科目的审计，没有发现库存商品存在债务担保情况。

6）库存商品主要品种产销量年度间对比分析表（见表 10-8）

表 10-8 **库存商品主要品种产销量年度间对比分析表**

被审计单位：科思特有限公司	索引号：ZI5
项目：库存商品主要品种产销量对比分析	财务报表截止日/期间：2013 年 12 月 31 日
编制：Li	复核：Wang
日期：2014 年 1 月 19 日	日期：2014 年 1 月 20 日

产品名称	2013 年产量	2012 年产量	产量变化	2013 年销量	2012 年销量	销量变化
A 产品	56.6	57.8	-1.2	55.9	56.2	-0.3
B 产品	42.5	43.7	-1.2	42.4	43.2	-0.8
C 产品	38.9	37.6	1.3	39.3	39.1	0.2
D 产品	26.8	26.9	-0.1	25.8	26.2	-0.4

续表

审计说明：

从上表可以看出：
（1）本期各种产品产销量基本平衡，说明该企业按计划生产，没有积压；
（2）本期产量、销量均比去年降低，这与原材料加工量减少相一致；
（3）产量及销量与原材料台账核对一致；
（4）各产品销量与年平均单位成本之积与主营业务成本核对差异不大，可以接受。

7）在途物资明细表（见表 10-9）

表 10-9 **在途物资明细表**

被审计单位：	科思特有限公司	索引号：	ZI6
项目：	在途物资明细表	财务报表截止日/期间：	2013 年 12 月 31 日
编制：	Li	复核：	Wang
日期：	2014 年 1 月 18 日	日期：	2014 年 1 月 19 日

项目	期初余额	本期借方	本期贷方	期末未审余额	审计调整		期末审定余额
					调增	调减	
暂估材料	478 639 752.30	89 765 123.90		568 404 876.20			568 404 876.20

审计说明：

（1）科思特有限公司购进的材料，在期末时对于供应商已发出但尚未到达公司的材料暂估入账，下月初予以冲回；暂估时在借方以蓝字记录，下月冲回时以红字在借方记录，所以本期贷方没有发生额，期末余额即 12 月末暂估的在途材料金额，没有长期挂账的在途物资。

（2）期末，根据供应商传真过来的提单数量乘以约定的价格计算出暂估成本，并形成盖章确认的明细表传递到财务部门入账。

（3）本年期末在途物资暂估测试关注事项：索取相关提单，核对数量与账面数量是否一致，索取采购合同，核实暂估采用的价格是否合理，经核实，确认在途物资暂估发生额。

（4）检查资产负债表日后账面记录情况，除了冲回 12 月末暂估在途物资外，没有发现新增在途物资暂估情况。

8）生产成本构成分析表（见表 10-10）

表 10-10 **生产成本构成分析表**

被审计单位：	科思特有限公司	索引号：	ZI7
项目：	生产成本构成分析	财务报表截止日/期间：	2013 年 12 月 31 日
编制：	Li	复核：	Wang
日期：	2014 年 1 月 18 日	日期：	2014 年 1 月 19 日

项目			直接材料	直接人工	制造费用	合计
A产品	2013 年度	1-12 月发生额	1 106 854 267.64	85 266 879.20	162 549 729.55	1 354 670 876.39
		各项目所占比例	81.7%	6.3%	12%	100%
	2012 年度	1-12 月发生额	1 086 796 877.24	82 746 256.38	158 756 943.61	1 328 300 077.23
		各项目所占比例	81.8%	6.2%	12%	100%
	对比结果		0.1%	-0.1%	0	

续表

项目			直接材料	直接人工	制造费用	合计
B产品	2013 年度	1-12 月发生额	1 124 967 366. 60	84 738 652. 80	104 881 277. 85	1 314 587 297. 25
		各项目所占比例	85. 6%	6. 4%	8%	100%
	2012 年度	1-12 月发生额	1 105 257 488. 67	83 698 276. 34	98 876 687. 32	1 287 832 452. 33
		各项目所占比例	85. 8%	6. 5%	7. 7%	100%
	对比结果		-0. 2%	-0. 1%	0. 3%	

审计说明：

（1）我们选取了 A 产品和 B 产品进行了成本构成分析；

（2）通过分析，发现产品成本中原材料占较大的比例，成本结构合理，产品成本中各项目所占的比例较上年无太大的差异；

（3）表中所列数据摘自生产成本明细账，我们已将生产成本发生额与其成本计算单及其他相关资料核对，无误。

9）制造费用构成分析表（见表 10-11）

表 10-11　**制造费用构成分析表**

被审计单位：	科思特有限公司	索引号：	ZI8-1
项目：	制造费用构成分析表	财务报表截止日/期间：	2013 年 12 月 31 日
编制：	Li	复核：	Wang
日期：	2014 年 1 月 18 日	日期：	2014 年 1 月 19 日

制造费用项目	2013 年度		2012 年度		比重变动幅度（%）	年度间变动额
	金额	比重（%）	金额	比重（%）		
工资	2 771 541. 80	1. 7	2 647 314. 60	1. 7	0	124 227. 20
折旧费	86 254 617. 72	52. 0	80 754 187. 42	50. 7	1. 2	5 500 430. 30
修理费	60 674 522. 60	36. 6	60 674 522. 60	38. 1	-1. 6	0
日常维护费	4 584 636. 28	2. 8	4 566 278. 39	2. 9	-0. 1	18 357. 89
劳动保护费	678 437. 50	0. 4	469 536. 50	0. 3	0. 1	208 901
保险费	4 994 621. 76	3. 0	4 225 740. 67	2. 7	0. 3	768 881. 09
试验检验费	3 997 235. 83	2. 4	4 136 753. 63	2. 6	-0. 2	-139 517. 80
环境保护费	2 035 876. 65	1. 2	1 896 547. 75	1. 0	0. 3	139 328. 90
合计	165 991 490. 14	100	159 370 881. 56	100	0	6 620 608. 58

审计说明：

从上表可以看出：

（1）制造费用核算内容符合企业会计准则的规定，并与该公司实际情况相符；

（2）在本年制造费用各个组成项目中，占比重较大的是折旧费、修理费，这与该公司实际情况相符；

（3）工资费用已与“应付职工薪酬”科目核对一致；

（4）折旧费发生额已与折旧费用分配表核对一致，修理费、日常维护费等将作为细节测试重点，以验证其发生额。

10）制造费用测试表（见表 10-12）

表 10-12 **制造费用测试表**

被审计单位：	科思特有限公司	索引号：	ZI8-2
项目：	制造费用测试表	财务报表截止日/期间：	2013 年 12 月 31 日
编制：	Li	复核：	Wang
日期：	2014 年 1 月 19 日	日期：	2014 年 1 月 20 日

月份		凭证号	摘要	金额（借方）	对方科目	测试内容				附件
月	日					①	②	③	④	
2	8	35#	付维修费	230 876.43	银行存款	√	√	√	√	发票、收据、银行汇款单
2	20	60#	付维修费	654 327.18	其他应付款	√	√	√	√	发票、收据、银行汇款单
3	16	74#	付试验费	598 763.27	银行存款	√	√	√	√	发票、收据、银行汇款单
4	7	88#	付维护费	26 475.39	银行存款	√	√	√	√	发票、收据、银行汇款单
5	23	121#	领用材料	302 118.24	原材料	√	√	√	√	领料单
6	24	165#	领用材料	298 457.38	原材料	√	√	√	√	领料单
7	1	218#	付保险费	426 985.45	银行存款	√	√	√	√	发票、收据、银行汇款单
8	5	295#	付维护费	27 387.26	银行存款	√	√	√	√	发票、收据、银行汇款单
⋮										

审计说明

（1）测试目的：验证制造费用的发生、准确性。

（2）样本选择：制造费用中的维修费、试验费、维护费、材料费、保险费。

（3）测试内容：①费用金额、会计处理是否正确；②手续是否齐全；③是否经过授权批准；④附件是否齐全。

（4）检查结果：经测试，确认制造费用的发生额可以接受。

11）存货监盘程序表（见表 10-13）

表 10-13 **存货监盘程序表**

被审计单位：	科思特有限公司	索引号：	ZI9
项目：	存货监盘程序	财务报表截止日/期间：	2013 年 12 月 31 日
编制：	Li	复核：	Wang
日期：	2014 年 1 月 17 日	日期：	2014 年 1 月 18 日

存货监盘程序

审计程序	索引号
一、监盘前，获取有关资料，以编制存货监盘计划	
1. 复核或与管理层讨论其存货盘点计划，评价其能否合理地确定存货的数量和状况	
2. 根据被审计单位的存货盘存制度和相关内部控制的有效性，评价其盘点时间是否合理	
3. 如认为被审计单位的存货盘点计划存在缺陷，应当提请被审计单位调整	
4. 完成被审计单位盘点计划调查问卷	
5. 了解存货的内容、性质、各存货项目的重要程度及存放场所	

续表

审计程序	索引号
6. 了解与存货相关的内部控制	
7. 评估与存货相关的重大错报风险	
8. 查阅以前年度的存货监盘工作底稿	
9. 与管理层讨论以前年度存货存在的问题以及目前存货的状况	
10. 考虑实地查看存货的存放场所，特别是金额较大或性质特殊的存货	
11. 如存在特殊存货，考虑是否需要利用专家的工作或其他注册会计师的工作	
12. 编制存货监盘计划，并将计划传达给每一位监盘人员	
二、监盘中，实施观察和检查程序	
13. 在被审计单位盘点存货前，观察盘点现场	
14. 检查所有权不属于被审计单位的存货	
15. 在被审计单位盘点人员盘点时进行观察	
16. 检查已盘点的存货 （1）从存货盘点记录中选取项目追查至存货实物，以测试盘点记录的准确性 （2）从存货实物中选取项目追查至存货盘点记录，以测试存货盘点的完整性	
17. 对以包装箱封存的存货，考虑要求打开箱子盘点	
18. 当发现重大盘点错误时，考虑扩大监盘范围	
19. 特别关注存货的移动情况，防止遗漏或重复盘点	
20. 特别关注存货的状况，观察被审计单位是否已经恰当区分所有毁损、陈旧、过时和残次的存货	
21. 获取盘点日前后存货收发及移动的凭证，检查库存记录与会计记录期末截止是否正确	
三、监盘后，复核盘点结果，完成存货监盘报告	
22. 在被审计单位存货盘点结束前，再次观察盘点现场，以确定所有应纳入盘点范围的存货是否均已盘点	
23. 在被审计单位存货盘点结束前，取得并检查已填用、作废及未使用的盘点表单及号码记录	
24. 取得并复核盘点结果汇总记录，形成存货盘点报告，完成存货监盘报告	
25. 如果认为被审计单位的盘点方式及其结果无效，注册会计师应当提请被审计单位重新进行盘点	
四、特殊情况的处理	
26. 如果由于被审计单位存货的性质或位置等原因导致无法实施存货监盘，注册会计师应当考虑能否实施下列替代审计程序 （1）检查进货交易凭证或生产记录以及其他相关资料 （2）检查资产负债表日后发生的销货交易凭证 （3）向顾客或供应商函证	
27. 对被审计单位委托其他单位保管的或已作质押的存货，注册会计师应当实施相应的审计程序	
28. 当首次接受委托未能对上期期末存货实施监盘，且该存货对本期财务报表存在重大影响时，注册会计师应当实施相应的审计程序	
29. 确定存货监盘的审计结论	

12）存货监盘计划（见表 10-14）

表 10-14

存货监盘计划

被审计单位：	科思特有限公司	索引号：	ZI9-1
项目：	存货监盘计划	财务报表截止日/期间：	2013 年 12 月 31 日
编制：	Li	复核：	Wang
日期：	2014 年 1 月 19 日	日期：	2014 年 1 月 21 日

一、存货监盘目标、范围及时间安排

存货监盘目标是：获取科思特有限公司资产负债表日（2013 年 12 月 31 日）有关存货数量和状况的审计证据，检查存货数量是否真实完整\是否归属于科思特有限公司，存货有无毁损、陈旧、过时、残次和短缺等状况。

存货监盘范围：科思特有限公司 2013 年 12 月 31 日存货未审余额为 1 441 004 475.71 元，其中：库存原材料 320 859 149.16 元，比重为 22.3%；在途物资 568 404 876.20 元，比重为 39.4%；库存商品 182 998 014.25 元，比重为 12.7%；自制半成品 368 742 436.10 元，比重为 25.6%。

从存货组成来看，科思特有限公司存货中原材料、在途物资、自制半成品所占比重较大，库存商品比重较小。另外，根据我们对科思特有限公司内部控制的了解和测试，认为科思特有限公司存货内控设计合理并得到执行，所以我们认为科思特有限公司存货重大错报风险为中等水平，重点对原材料、自制半成品、库存商品实施监盘。由于在途物资正在运输过程中，无法实施监盘，我们将实施替代审计程序，获取期末在途物资数量和状况的充分适当审计证据。

二、存货监盘要点及关注事项

在监盘过程中，各监盘小组实施观察、检查等程序，确定应纳入盘点的存货是否存放在指定地点并排列规则，检查各种测量仪器是否能正常使用，仔细观察科思特有限公司盘点人员的测量方法是否与该公司规定的测量方法一致。监盘过程中，注册会计师要详细记录每一个仓库储存存货的数量，并将其与经营部记录的台账核对。

三、参加存货监盘人员分工

根据科思特有限公司的存货盘点计划，该公司将组织三组人员分别同时对原材料、库存商品、自制半成品进行盘点。我们将分派三组人员参与监盘，每组三人。第一组为宋某、李某、田某；第二组为徐某、贺某、王某；第三组为朱某、唐某、邓某。

四、检查存货范围

科思特有限公司存货内部控制设计良好并得到实施。根据以往存货监盘得知，该公司存货盘点组织良好，每个盘点小组在观察的基础上抽取 40% 的存货进行检查。

13）存货监盘报告（见表 10-15）

表 10-15

存货监盘报告

被审计单位：	科思特有限公司	索引号：	ZI9-2
项目：	存货监盘报告	财务报表截止日/期间：	2013 年 12 月 31 日
编制：	Li	复核：	Wang
日期：	2014 年 1 月 19 日	日期：	2014 年 1 月 22 日

一、盘点日期：2013 年 12 月 31 日

二、盘点仓库名称：原材料仓库、库存商品仓库、自制半成品仓库

仓库负责人：苏某

仓库记账员：贺某　　　仓库保管员：郝某、齐某

仓库概况：科思特有限公司拥有原材料仓库、库存商品仓库、自制半成品仓库，分别储存各种存

货，仓库的日常管理工作较好。

三、监盘参加人员

监盘人员（N 会计师事务所）：宋某、李某、田某

监盘人员（N 会计师事务所）：徐某、贺某、王某

监盘人员（N 会计师事务所）：朱某、唐某、邓某

科思特有限公司盘点负责人：苏某

科思特有限公司盘点人员：郝某、齐某、贺某、黄某等

四、监盘开始前的工作

项目	是或否	工作底稿编号
1. 索取“期末存货盘点计划”	是	略
2. 索取仓库“存货收发存月报表”	是	略
3. 索取存货的“盘点清单”	是	略
4. 索取盘点前仓库收料、发料的最后一张单证	是	略
5. 存货是否已停止流动	是	略
6. 废品、毁损品是否已分开堆放	不适用	略
7. 货到单未到存货是否已暂估入账	是	略
8. 存货是否已按存货的型号、规格排放整齐	是	略
9. 其他非本公司的存货是否已分开堆放	不适用	略
10. 最近一次盘点存货的日期	11.30	略
11. 最近一次对计量工具的校对	11.30	略
12. 是否有存货的记录位置或存放图	是	略

五、监盘进行中的工作

1. 监盘从 8 点开始，共分三个监盘小组，每个小组三人。

2. 核对仓库报表结存数量与仓库存货账结存数量是否相符；仓库存货结账数量与仓库存货卡数量是否相符；填制“存货表、账、卡核对记录表”。

3. 盘点结束，索取“盘点清单”及“存货盘盈、盘亏汇总表”。

六、复盘

1. 盘点结束后，选择数额较大、收发频繁的存货项目进行复盘。

2. 复盘人员为：宋某、徐某、朱某。

3. 复盘记录详见“存货监盘结果汇总表”。

4. 复盘统计：

品种、型号共 20 种，复盘 10 种，占 50%；

金额共计 872 599 599.51 元，复盘达 305 409 859.83 元，占 35%。

5. 计算复盘正确率：

复盘共 10 种，其中，复盘正确的有 10 种，占 100%；

复盘金额 305 409 859.83 元，其中，复盘正确的有 305 409 859.83 元，占 100%。

6. 盘点中的存货不存在残次、毁损、滞销积压的情况。

七、盘点结束后的工作

1. 再次观察现场并检查盘点表单；

2. 复核盘点结果汇总表；

3. 关注被审计单位盘点方式及其结果无效时的处理，如果认为被审计单位的盘点方式及结果无效，注册会计师应当提请被审计单位重新盘点；

4. 请参加复盘人员在“存货监盘结果汇总表”上签字；

5. 索取由仓库人员填写的“复盘差异说明”。

八、对盘点及复盘的评价

1. 仓库管理人员对存货很熟悉。

2. 盘点工作及复盘工作很认真。

3. 对注册会计师需要的资料很配合。

4. 监盘结果总体评价：科思特有限公司存货监盘计划执行较好。存货实地盘点数量与账面数一致，存货不存在残次、毁损、滞销等情况。

监盘人员签名：宋某、李某、田某

徐某、贺某、王某

朱某、唐某、邓某

14）存货明细账与盘点报告记录核对表（见表10-16）

表10-16 **存货明细账与盘点报告记录核对表**

被审计单位：科思特有限公司	索引号：ZI9-3
项目：存货明细账与盘点报告记录核对表	财务报表截止日/期间：2013年12月31日
编制：Li	复核：Wang
日期：2014年1月19日	日期：2014年1月22日

一、从明细账中选取具有代表性的样本将明细账上的存货数量与经确认盘点报告的数量核对

序号	地点	样本描述		期末存货明细账记录			获取的存货清单	索引号	经确认的期末存货盘点表	数量差异	差异分析及处理
		存货类别	存货型号	单价	数量	金额	数量		数量		
1	商品仓库	A产品		4 563.80	11 257.33	51 376 202.65	11 257.33		11 257.33		
2	商品仓库	B产品		4 129.36	2 768.53	11 432 257.04	2 768.53		2 768.53		
⋮											

二、从经确认的盘点报告中抽取有代表性的样本将盘点报告的数量与存货明细账核对

序号	地点	样本描述		索引号	经确认的期末存货盘点表	期末存货明细账记录			被审计单位提供的存货清单	数量差异	差异分析及处理
		存货类别	存货型号		数量	单价	数量	金额	数量		
1	材料仓库	甲材料			26 347.25	3 978.56	26 347.25	104 824 114.96	26 347.25		
2	材料仓库	乙材料			7 968.37	3 865.47	7 968.37	30 801 495.18	7 968.37		
⋮											

审计说明：

存货明细账记载数量与盘点报告数量一致。

第 11 章

人力资源与工薪循环审计

学习目标

在人力资源与工薪循环审计中，注册会计师的工作主要有：识别人力资源与工薪循环中的主要业务活动；了解人力资源与工薪循环的内部控制；对人力资源与工薪循环进行控制测试；确定应付职工薪酬的审计目标；对应付职工薪酬实施实质性程序；编制人力资源与工薪循环审计工作底稿。

本章的学习目标是：

1. 了解人力资源与工薪循环中的主要业务活动。
2. 了解人力资源与工薪循环的内部控制。
3. 理解人力资源与工薪循环的控制测试。
4. 确定应付职工薪酬的审计目标。
5. 掌握应付职工薪酬的实质性程序。
6. 编制人力资源与工薪循环的工作底稿。

基本知识点、基本能力点及能力拓展点

1. 基本知识点：人力资源与工薪循环的内部控制；应付职工薪酬的实质性程序。
2. 基本能力点：对人力资源与工薪循环进行控制测试；对应付职工薪酬实施实质性程序。
3. 能力拓展点：职工薪酬会计处理审计。

导读案例

美国一家大型的计算机软件公司与一家企业签订合同，提供系统工程师设计的一个复杂的新系统。双方协商以工时和材料为计价基础。合同价格根据参与设计的不同技术水平的计算机工程师的实际工时和按照协商好的小时工资率确定。高级工程师的工资率是150美元/小时，中级工程师是100美元/小时，初级工程师是70美元/小时。注册会计师检查计算机软件公司的记录时，通过计算核实了工资费用，大部分工程师的工资是按照他们的技术级别与合同规定的小时工资率计算的，但也有一些计算是不一致的，比如，杰瑞和普罗都是初级工程师，但他们的工资都是按照中级工程师的小时工资率计算的，这样就使合同工资费用大大增加，总计增加工资费用20万美元。

这个事件使注册会计师认识到，企业会采用各种方法，使工资费用核算不实，在工资审计中注册会计师应该更加认真细心。

11.1 人力资源与工薪循环控制测试

企业会计准则规定，职工薪酬是指企业为获得职工提供的服务而给予各种形式的报酬

以及其他相关支出。职工，是指与企业订立劳动合同的所有人员，含全职、兼职和临时职工；也包括虽未与企业订立劳动合同但由企业正式任命的人员，如董事会成员、监事会成员等。职工薪酬包括职工在职期间和离职后提供给职工的全部货币性薪酬和非货币性福利。企业提供给职工配偶、子女或其他被赡养人的福利等，也属于职工薪酬。

具体来说，职工薪酬的内容包括：职工工资、奖金、津贴和补贴；职工福利费；社会保险费；住房公积金；工会经费和职工教育经费；非货币性福利；辞退福利；股份支付。

人力资源与工薪循环的主要业务活动有：批准招聘、记录工作时间或产量、计算工薪总额和扣除、支付工薪净额等内容。注册会计师实施对人力资源与工薪循环内部控制的了解和控制测试程序，评估人力资源与工薪循环交易的重大错报风险，为实施人力资源与工薪循环实质性程序提供依据。

11.1.1 人力资源与工薪循环的主要业务活动

人力资源与工薪循环是不同企业之间最可能具有共同性的领域，涉及的主要业务活动通常包括员工批准招聘、记录工作时间或产量、计算工薪总额和扣除、工薪费用的分配、工薪支付以及代扣代缴税金等。

1）批准招聘

企业在雇用人员时，批准雇用的文件应当由负责人力资源和工薪相关事宜的人员编制，最好由人力资源部门履行该职责。人力资源部门同时还负责编制支付率变动及员工合同期满的通知。

2）记录工作时间或产量

企业员工工作的证据，以工时卡或考勤卡的形式产生，通过监督审核和批准程序予以控制。如果支付工薪的依据是产量而不是时间，数量也同样应经过审核，并且与产量记录或销售数据进行核对。

3）计算工薪总额和扣除

企业需要将每一名员工的交易数据，即本工薪期间的工作时间或产量记录，与基准数据进行匹配。在确定相关控制活动已经执行后，应当由一名适当的人员批准工薪的支付。同时由一名适当人员审核工薪总额和扣除的合理性，并批准该金额。

4）支付工薪净额

利用现金支出方式或电子货币转账系统，将工薪支付给员工。批准工薪支票，通常是工薪计算中不可分割的一部分，包括比较支票总额和工薪总额。

11.1.2 人力资源与工薪循环的内部控制

（1）适当的职责分离。人力资源部门应独立于工薪职能，负责确定员工的雇用、解雇及其支付率和扣减额的变化。防止企业向员工过量支付工薪，或向不存在的员工虚假支付工薪。

（2）适当的授权。人力资源部门应当对员工的雇用与解雇负责。支付率和扣减额也应当进行适当授权。每一个员工的工作时间，特别是加班时间，都应经过主管人员的授权。所有工时卡都应表明核准情况，例外的加班时间也应当经过核准。

（3）适当的凭证和记录。适当的凭证和记录依赖于工薪系统的特性。例如，工时卡或工时记录只针对计时工薪，有些员工的工薪以计件工薪为基础。

（4）资产和记录的实物控制。应当限制接触未签字的工薪支票。支票应由有关专职人员签字，工薪应当由独立于工薪和考勤职能之外的人员发放。

(5) 工作的独立检查。工薪的计算应当独立验证，包括将审批工薪总额与汇总报告进行比较。管理层成员或其他负责人应当复核工薪金额，以避免明显的错报和异常的金额。

11.1.3　评估重大错报风险

由于工薪费用可能具有较高的舞弊风险，企业常常广泛采取预防性的控制活动，因此，工薪费用重大错报风险会降低。在这种情况下，注册会计师应当确定控制设计和实施的适当性，以支持评估为中或低的认定层次重大错报风险。注册会计师拟依赖的特别重要的控制，是管理层在实施监控程序时实施的高层次控制。

工薪交易和余额的重大错报风险主要是由于以下原因产生的：

(1) 在工薪单上虚构员工；

(2) 由一位可以更改员工数据主文档的员工在没有授权的情况下更改总工薪的付费标准；

(3) 为员工并未工作的工时支付工薪；

(4) 在进行工薪处理过程中出错；

(5) 工薪扣款可能是不正确的，或未经员工个人授权，导致应付工薪扣款的返还和支付不正确；

(6) 由于工薪长期未支付造成挪用现象；

(7) 支付应付工薪扣款的金额不正确；

(8) 电子货币转账系统的银行账户不正确；

(9) 将工薪支付给错误的员工。

11.1.4　人力资源与工薪循环的控制测试

在测试工薪内部控制时，应从以下两方面进行：

1) 应选择若干月份的工薪汇总表进行检查

(1) 计算并复核每一份工薪汇总表；

(2) 检查每一份工薪汇总表是否已经授权批准；

(3) 检查应付工薪总额与人工费用分配汇总表中的合计数是否相符；

(4) 检查其代扣款项的账务处理是否正确；

(5) 检查实发工薪总额与银行付款凭单及银行存款对账单是否相符，并正确过入相关账户。

2) 从工薪单中选取若干个样本进行检查

(1) 检查员工工薪卡或人事档案，确保工薪发放有依据；

(2) 检查员工工薪率及实发工薪额的计算；

(3) 检查实际工时统计记录与员工工资卡是否相符；

(4) 检查员工加班记录与主管人员签名的月度加班费汇总表是否相符；

(5) 检查员工扣款依据是否正确；

(6) 检查员工的工薪签收证明；

(7) 实地抽查部分员工，证明其确实在本公司工作，如已离开，需获得管理层的证实。

案例窗 11-1

人力资源与工薪循环内部控制审计案例

希尔有限公司主要从事小型电子消费品的生产和销售。注册会计师 A 负责审计希尔有限公司 2013 年度财务报表。在了解人力资源与工薪循环时：

(1) 发现实际的员工人数要比员工名单中的员工少。

(2) 发现员工赵青的打卡记录与实际到岗时间不一致，实际到岗时间为 9：30，而打卡记录为 9：00 整。

(3) 在工资发放的时候发现支付时使用的银行卡号并不是该员工之前提交的银行卡号。

要求：针对上述发现的问题，指出希尔有限公司在人力资源与工薪循环内部控制方面应当设置哪些相应的控制措施。

【解答】

事项 (1)：人力资源部门人员按照正式的程序对员工的雇用和解雇进行授权。只有经过授权的人力资源员工能够开启连续编号的员工变动表格，改变员工主文档。

事项 (2)：对员工打卡上下班进行监督以确保员工仅为其本人打卡。

事项 (3)：对员工银行账户记录和银行信息变更执行逻辑存取控制；通过电子支付系统从预付工薪账户输出所有的员工净支付金额。

按照本章“11.3 人力资源与工薪循环审计实例”风险评估确定的范围，注册会计师需对人力资源与工薪交易进行控制测试。根据这方面的测试情况，注册会计师编制了人力资源与工薪循环控制测试工作底稿，见表 11-1。

11.2 人力资源与工薪循环的实质性程序

工资总额是指各单位在一定时期内直接支付给本单位全部职工的劳动报酬总额。它包括：计时工资、计件工资、奖金、津贴和补贴、加班加点工资、特殊情况下支付的工资。计时工资是指按计时工资标准和工作时间支付给个人的劳动报酬。计件工资是指对已做工作按计件单价支付的劳动报酬。奖金是指支付给职工的超额劳动报酬和增收节支的劳动报酬。津贴和补贴是指为了补偿职工特殊或额外的劳动消耗和因其他特殊原因支付给职工的津贴，以及为了保证职工工资水平不受物价影响支付给职工的物价补贴。加班加点工资是指按规定支付的加班工资和加点工资。特殊情况下支付的工资是指根据国家法律、法规和政策规定，因病、工伤、产假等原因按计时工资标准或计件工资标准的一定比例支付的工资。

应付职工薪酬的审计目标包括存在、完整性、权利和义务、准确性等。注册会计师应实施实质性分析程序，检查工薪、奖金、津贴和补贴，检查非货币性福利，检查社会保险费等措施对应付职工薪酬进行审计。

11.2.1 应付职工薪酬的审计目标

(1) 确定应付职工薪酬是否存在。

(2) 确定应付职工薪酬记录是否完整。

(3) 确定记录的应付职工薪酬是否为被审计单位应当履行的现时义务。

(4) 确定应付职工薪酬是否以恰当的金额包括在财务报表中，与之相关的计价调整是否已恰当记录。

(5) 确定应付职工薪酬是否已按照企业会计准则的规定在财务报表中作出恰当列报。

应付职工薪酬的审计目标是指注册会计师实施应付职工薪酬审计时应达到的最终结果。应付职工薪酬认定是指被审计单位管理层在财务报表中对应付职工薪酬作出的明确或隐含的表达。实施应付职工薪酬审计应编制应付职工薪酬审计目标与认定对应关系表，以便应付职工薪酬审计任务的完成。应付职工薪酬审计目标与认定对应关系表见表 11-2。

11.2.2　应付职工薪酬的实质性程序

1) 获取或编制应付职工薪酬明细表

获取或编制应付职工薪酬明细表，复核加计正确，并与报表数、总账数和明细账合计数核对是否相符。

实施应付职工薪酬实质性程序应以获取或编制应付职工薪酬明细表为起点，进行一系列应付职工薪酬分析、检查和计算，这对查明应付职工薪酬有无记录错误、有无虚增等异常情况有重要意义。应付职工薪酬明细表见表 11-3。

2) 实施实质性分析程序

(1) 针对已识别需要运用分析程序的有关项目，并基于对被审计单位及其环境的了解，通过进行以下比较，同时考虑有关数据间关系的影响，以建立有关数据的期望值：

①比较被审计单位员工人数的变动情况，检查被审计单位各部门各月工薪费用的发生额是否有异常波动，若有，则查明波动原因是否合理；

②将本期工薪费用总额与上期进行比较，要求被审计单位解释其增减变动原因，或取得公司管理当局关于员工工薪标准的决议；

③比较本期应付职工薪酬余额与上期应付职工薪酬余额，检查是否有异常变动。

(2) 确定可接受的差异额。

(3) 将实际的情况与期望值相比较，识别需要进一步调查的差异。

(4) 如果其差额超过其可接受的差异额，调查并获取充分的解释和恰当的佐证审计证据。

(5) 评估实质性分析程序的测试结果。

3) 检查工薪、奖金、津贴和补贴

(1) 计提是否正确，依据是否充分。

①将执行的工薪标准与有关规定核对，并对工薪总额进行测试；

②如果被审计单位实行工效挂钩的，应取得有关主管部门确认的效益工薪发放额的认定证明，结合有关合同文件和实际完成的指标，检查其计提额是否正确，是否应作纳税调整。

(2) 检查分配方法与上年是否一致，并将应付职工薪酬计提数与相关的成本、费用项目核对一致。

(3) 检查发放金额是否正确，代扣款项及其金额是否正确。

(4) 检查是否存在拖欠性质的职工薪酬，并了解拖欠的原因。

4）检查社会保险费

检查社会保险费（包括医疗保险费、养老保险费、失业保险费、工伤保险费和生育保险费）、住房公积金、工会经费和职工教育经费等的计提和支付的会计处理是否正确，依据是否充分。

按照本章“11.3 人力资源与工薪循环审计实例”风险评估确定的范围，注册会计师需对应付职工薪酬计提情况进行检查。根据这方面的检查情况，注册会计师编制了应付职工薪酬计提情况检查表，见表11-4。

5）检查辞退福利

（1）对于职工没有选择权的辞退计划，检查按辞退职工数量、辞退补偿标准计提辞退福利负债金额是否正确；

（2）对于自愿接受裁减的建议，检查按接受裁减建议的预计职工数量、辞退补偿标准等计提辞退福利负债金额是否正确；

（3）检查计提辞退福利负债的会计处理是否正确，是否将计提金额计入当期管理费用；

（4）检查辞退福利支付凭证是否真实正确。

6）检查非货币性福利

（1）被审计单位以其自产产品作为非货币性福利发给职工的，是否根据受益对象，按照该产品的公允价值，计入相关的资产成本或当期损益，同时确认应付职工薪酬；对于难以认定受益对象的非货币性福利，是否直接计入当期损益和应付职工薪酬。

（2）被审计单位将其拥有的住房无偿提供给职工使用的，是否根据受益对象，将该住房每期应计提的折旧计入相关资产成本或当期损益，同时确认应付职工薪酬。对于难以认定受益对象的非货币性福利，是否直接计入当期损益和应付职工薪酬。

（3）被审计单位将其租赁住房等资产无偿提供给职工使用的，是否根据受益对象，将每期应付的租金计入相关资产成本或当期损益，同时确认应付职工薪酬。对于难以认定受益对象的非货币性福利，是否直接计入当期损益和应付职工薪酬。

7）检查应付职工薪酬的期后付款情况

检查应付职工薪酬的期后付款情况，并关注在资产负债表日至财务报表批准报出日之间，是否有确凿证据表明需要调整资产负债表日原确认的应付职工薪酬事项。

注册会计师编制的应付职工薪酬（支付）检查情况表见表11-5。

8）检查应付职工薪酬是否已按照企业会计准则的规定在财务报表中作出恰当的列报

（1）检查是否在附注中披露与职工薪酬有关的下列信息：

①应当支付给职工的工薪、奖金、津贴和补贴，及其期末应付未付金额；

②应当为职工缴纳的医疗、养老和生育等社会保险费，及其期末应付未付金额；

③应当为职工缴存的住房公积金，及其期末应付未付金额；

④为职工提供的非货币性福利，及其计算依据；

⑤其他职工薪酬。

（2）检查因自愿接受裁减建议的职工数量、补偿标准等不确定而产生的预计负债（应付职工薪酬），是否按照企业会计准则进行披露。

案例窗 11-2

应付职工薪酬审计案例

注册会计师在审查希尔有限公司上年“应付职工薪酬”账户的工资明细账时，发现12月份比11月份多80 000元，怀疑其中有虚列工资或其他问题，决定作进一步审查。

注册会计师审查了上年12月份的人事档案，发现没有招进新员工。注册会计师又调阅了12月份工资的原始凭证，发现在“工资结算单”中，有第一生产车间工资80 000元,附车间负责人收据一张，未具体列明发放工资人员名单。查问车间负责人时，他承认因本企业业务招待费超支，财务科长让他领取，并提供了原始凭证。财务科长对此供认不讳。该企业的所得税税率为25%。

要求：指出希尔有限公司存在的问题，并提出处理意见。

【解答】

注册会计师认为希尔有限公司利用“应付职工薪酬”账户，隐瞒超支的业务招待费，偷漏所得税款。应作调整分录如下：

借：以前年度损益调整　　20 000

　贷：应交税费——应交所得税　　20 000

11.3　人力资源与工薪循环审计实例

11.3.1　人力资源与工薪循环控制测试

人力资源与工薪循环控制测试见表11-1。

表 11-1　**人力资源与工薪循环控制测试**

被审计单位：	科思特有限公司	索引号：	GXC
项目：	人力资源与工薪循环控制测试	财务报表截止日/期间：	2013 年 12 月 31 日
编制：	Zhang	复核：	Wu
日期：	2013 年 11 月 7 日	日期：	2013 年 11 月 9 日

1）控制测试——员工聘用与离职

（1）询问程序

通过实施询问程序，科思特有限公司已确定下列事项：

①本年度未发现任何特殊情况、错报和异常项目；

②财务或人力资源部门的人员在未得到授权的情况下无法访问或修改系统内数据；

③本年度未发现下列控制活动未得到执行；

④本年度未发现下列控制活动发生变化。

（2）其他测试程序

控制目标	科思特有限公司的控制活动	控制测试程序	执行控制的频率	所测试的项目数量	索引号
员工名册新增项目均为真实有效的	人力资源管理部管理员将新员工的信息输入系统的员工档案，系统自动生成连续编号的新入职人员通知单，由用人部门复核后交财务部，作为发放员工工资的依据	抽取公司员工聘用资料，检查员工信息变更是否真实	不定期	3	略

续表

控制目标	科思特有限公司的控制活动	控制测试程序	执行控制的频率	所测试的项目数量	索引号
新增员工均已记入员工名册	人力资源管理部管理员将新员工的信息输入系统的员工档案，系统自动生成连续编号的新入职人员通知单，由用人部门复核后交财务部，作为发放员工工资的依据	抽取公司员工聘用资料，检查员工信息是否已被记录	不定期	3	略
离职员工均确已从员工名册中删除	人力资源管理部管理员根据经适当审批的解除、终止劳动合同审批表，将离职员工的信息输入系统员工档案，并生成连续编号的离职人员通知单，由用人部门复核后交财务部，作为停止发放工资的依据	抽取公司员工离职资料，检查员工信息是否已删除，删除记录是否真实有效	不定期	3	略

2）控制测试——工作时间记录

（1）询问程序

通过实施询问程序，科思特有限公司已确定下列事项：

①本年度未发现任何特殊情况、错报和异常项目；

②财务或人力资源部门的人员在未得到授权的情况下无法访问或修改系统内数据；

③本年度未发现下列控制活动未得到执行；

④本年度未发现下列控制活动发生变化。

（2）其他测试程序

控制目标	科思特有限公司的控制活动	控制测试程序	执行控制的频率	所测试的项目数量	索引号
用以计算工资的工作时间数据均为实际工时	生产工人每天进出厂区时必须将自己的考勤卡插入打卡机以便记录工作时间。人力资源管理部管理员将打卡机每天记载的每个工人的工时按照标准工时和加班工时记录在工时记录单，月末交给生产经理复核批准后输入系统，生成“工时统计表”	抽取生产工人考勤卡检查其工时是否已计入工时统计表内	每日多次	20	略
用以计算工资的工作时间数据均为实际工时	管理人员每月填写当月工作时间表（包括出勤、休假等具体情况），由所在部门经理审批签字后，在次月第七个工作日结束之前交给人力资源管理部管理员。如果当月管理人员加班，需填写加班申请表并由部门经理审核批准，与当月的工作时间表一并交给人力资源管理部管理员。由其负责输入系统，生成“出勤统计表”	抽取管理人员工作时间表，检查其工时是否已计入出勤统计表内	每月1次	2	略
员工工作时间均确已完整记录和输入	系统自动将已录入当月工作时间的员工名单和系统内员工档案名册自动核对。如有遗漏或不符，系统将进行提示。人力资源管理处管理员将解决该问题	抽取生产工人和管理人员，检查是否在系统员工档案内	每月1次	2	略

续表

控制目标	科思特有限公司的控制活动	控制测试程序	执行控制的频率	所测试的项目数量	索引号
输入系统的时间记录均为准确的	人力资源管理部管理员将经生产经理签字的工时记录单以及经所在部门经理签字的管理人员工作时间表交给薪资主管，薪资主管检查输入系统的工作时间是否与“工时统计表”和“出勤统计表”一致	抽取工时记录单与工时统计表，检查记录是否一致，抽取工作时间表与输入系统的工作时间是否与出勤统计表一致	每月 1 次	2	略

3）控制测试——工资计算与记录

（1）询问程序

通过实施询问程序，科思特有限公司已确定下列事项：

①本年度未发现任何特殊情况、错报和异常项目；

②财务或人力资源部门的人员在未得到授权的情况下无法访问或修改系统内数据；

③本年度未发现下列控制活动未得到执行；

④本年度未发现下列控制活动发生变化。

（2）其他测试程序

控制目标	科思特有限公司的控制活动	控制测试程序	执行控制的频率	所测试的项目数量	索引号
准确计算和记录工资费用	（1）公司系统的工资模块根据已核对无误的工时和出勤记录，计算所有员工的当月工资金额（包括工资、加班费、奖金、各项补贴、社会保险费扣除金额、个人所得税扣除金额等），并汇总各部门员工的各项工资费用总额，自动生成“员工工资明细表”和“员工工资汇总表”。经人力资源管理部部长签字批准后，薪资主管填写“工资支付申请表” （2）公司系统还将自动计算当月应缴纳的各项社会保险费（包括个人缴纳部分和企业缴纳部分），人力资源部部长审核签字后交财务部部长，安排办理缴纳	利用计算机专家的工作	不适用	不适用	略
准确计算和正确分配工资费用	应付职工薪酬记账员根据“员工工资汇总表”编制工资费用分录，经会计处主任复核后，将工资费用分别记入“生产成本”、“制造费用”、“管理费用”等科目	选取员工工资汇总表和记账凭证，检查是否经适当审批	每月 1 次	2	略
工资费用记录于适当的会计期间	每月末，薪资主管编写员工变动及工资费用分析报告，经人力资源部部长、财务部部长复核后，上报总经理审阅	选取员工变动及工资费用分析报告，检查是否编制并经适当层次管理层复核	每月 1 次	3	略

11.3.2 应付职工薪酬实质性程序

1）应付职工薪酬审计目标与认定对应关系表（见表 11-2）

表 11-2 审计目标与认定对应关系表

审计目标	财务报表认定				
	存在	完整性	权利和义务	计价和分摊	列报
A. 资产负债表中记录的应付职工薪酬是存在的	√				
B. 所有应当记录的应付职工薪酬均已记录		√			
C. 记录的应付职工薪酬是被审计单位应当履行的现时义务			√		
D. 应付职工薪酬以恰当的金额包括在财务报表中，与之相关的计价调整已恰当记录				√	
E. 应付职工薪酬已按照企业会计准则的规定在财务报表中作出恰当的列报					√

2）应付职工薪酬明细表（见表 11-3）

表 11-3 应付职工薪酬明细表

被审计单位：科思特有限公司　　索引号：FF1

项目：应付职工薪酬明细表　　财务报表截止日/期间：2013 年 12 月 31 日

编制：Zhang　　复核：Wu

日期：2014 年 1 月 22 日　　日期：2014 年 1 月 24 日

项目名称	期初数	本期增加	本期减少	期末数	备注
1. 工资		34 854 265.26	34 854 265.26		
2. 奖金		276 165.76	276 165.76		
3. 津贴		125 674.47	125 674.47		
4. 补贴		432 379.52	432 379.52		
5. 职工福利		4 879 597.14	4 879 597.14		
6. 社会保险费		7 634 371.36	7 634 371.36		
（1）医疗保险费		724 414.36	724 414.36		
（2）养老保险费		5 754 637.48	5 754 637.48		
（3）失业保险费		655 849.51	655 849.51		
（4）工伤保险费		237 130.21	237 130.21		
（5）生育保险费		262 339.80	262 339.80		
7. 住房公积金		6 273 767.75	6 273 767.75		
8. 工会经费		697 085.31	697 085.31		
9. 职工教育经费		522 813.98	522 813.98		
10. 非货币性福利		49 768.55	49 768.55		
合计		55 745 889.10	55 745 889.10		

审计说明：

1. 取得应付职工薪酬表并与总账、明细账、报表数核对一致。
2. 应付职工薪酬核算内容符合企业会计准则的规定，并在附注中恰当披露。
3. 本期计提的各项职工薪酬金额全部支付完毕。
4. 计提的各项职工薪酬根据受益对象分别计入：生产成本、制造费用、管理费用、销售费用。
5. 我们抽查了 6 个月的职工薪酬分配情况，结果分配合理。

3）应付职工薪酬计提情况检查表（见表 11-4）

表 11-4　**应付职工薪酬计提情况检查表**

被审计单位：科思特有限公司	索引号：FF2
项目：应付职工薪酬计提情况检查表	财务报表截止日/期间：2013 年 12 月 31 日
编制：Zhang	复核：Wu
日期：2014 年 1 月 21 日	日期：2014 年 1 月 23 日

项目名称	已计提金额	应计提基数	计提比率	应计提金额	应提与已提的差异	备注
社会保险费	7 634 371.36			7 634 371.36		
（1）医疗保险费	724 414.36	28 976 574.32	2.5%	724 414.36		
（2）养老保险费	5 754 637.48	30 287 565.68	19%	5 754 637.48		
（3）失业保险费	655 849.51	32 792 475.39	2%	655 849.51		
（4）工伤保险费	237 130.21	33 875 743.81	0.7%	237 130.21		
（5）生育保险费	262 339.80	32 792 475.39	0.8%	262 339.80		
住房公积金	6 273 767.75	34 854 265.26	18%	6 273 767.75		
工会经费	697 085.31	34 854 265.26	2%	697 085.31		
职工教育经费	522 813.98	34 854 265.26	1.5%	522 813.98		
合计	15 128 038.40			15 128 038.40		

审计说明：

1. 住房公积金、工会经费、职工教育经费均按照当月工资总额计提，应提数与实际计提数差异较小，可以确认。

2. 其他各项附加费均由人力资源部按照当地劳动局的规定比例计提，每月计提基数有所变化，不便于测算。鉴于职工薪酬内部控制设计合理并得到执行，所以确认其计提金额。

4）应付职工薪酬（支付）检查情况表（见表 11-5）

表 11-5　**应付职工薪酬（支付）检查情况表**

被审计单位：科思特有限公司	索引号：FF3
项目：应付职工薪酬（支付）检查情况表	财务报表截止日/期间：2013 年 12 月 31 日
编制：Zhang	复核：Wu
日期：2014 年 1 月 18 日	日期：2014 年 1 月 19 日

记账日期	凭证编号	业务内容	对应科目	金额	核对内容（用“√”、“×”表示）					备注
					①	②	③	④	⑤	
1.12	0050#	发放工资	银行存款	860 735.36	√	√	√	√	√	
2.19	0109#	发放奖金	银行存款	657 886.45	√	√	√	√	√	
3.12	0230#	发放工资	银行存款	861 954.28	√	√	√	√	√	
⋮										
2.10	0097#	食堂购料	银行存款	17 569.33	√	√	√	√	√	
4.25	0361#	支付职工误餐补贴	银行存款	38 264.86	√	√	√	√	√	
5.21	0475#	支付房屋租赁费	银行存款	61 987.46	√	√	√	√	√	

续表

记账日期	凭证编号	业务内容	对应科目	金额	核对内容（用“√”、“×”表示）					备注
					①	②	③	④	⑤	
⋮										
11.7	1223#	缴付住房公积金	银行存款	238 565.32	√	√	√	√	√	
12.9	1543#	缴付住房公积金	银行存款	211 786.37	√	√	√	√	√	
⋮										
8.20	0785#	缴纳医疗保险	银行存款	26 345.65	√	√	√	√	√	
8.20	0785#	缴纳养老保险	银行存款	301 216.76	√	√	√	√	√	
8.20	0785#	缴纳失业保险	银行存款	24 976.34	√	√	√	√	√	
8.20	0785#	缴纳工伤保险	银行存款	8 921.86	√	√	√	√	√	
8.20	0785#	缴纳生育保险	银行存款	11 389.71	√	√	√	√	√	
⋮										

审计说明：

1. 测试目的：检查职工薪酬支付的发生。

2. 样本选择：每项职工薪酬每月选择一个样本。

3. 检查内容：①原始凭证是否齐全；②记账凭证与原始凭证是否相符；③账务处理是否正确；④是否记录于恰当的会计期间；⑤是否经过适当授权。

4. 截至审计外勤结束日，应付职工薪酬没有款项支付情况。

5. 经过测试，确认应付职工薪酬发生额。

第 12 章

投资与筹资循环审计

学习目标

在投资与筹资循环审计中，注册会计师的工作主要有：识别投资与筹资循环中的主要业务活动；了解投资与筹资循环的内部控制；对投资与筹资循环进行控制测试；确定长期股权投资、短期借款、长期借款和实收资本的审计目标；对长期股权投资、短期借款、长期借款和实收资本实施实质性程序；编制投资与筹资循环审计工作底稿。

本章的学习目标是：

1. 了解投资与筹资循环中的主要业务活动。
2. 熟悉投资与筹资循环的内部控制。
3. 掌握投资与筹资循环的控制测试。
4. 明确长期股权投资、短期借款、长期借款和实收资本的审计目标。
5. 掌握长期股权投资、短期借款、长期借款和实收资本的实质性程序。
6. 熟练编制投资与筹资循环审计的工作底稿。

基本知识点、基本能力点及能力拓展点

1. 基本知识点：投资和筹资循环的内部控制；长期股权投资、短期借款、长期借款和实收资本的审计目标。

2. 基本能力点：对投资和筹资循环进行控制测试；对长期股权投资、短期借款、长期借款和实收资本实施实质性程序。

3. 能力拓展点：应付债券的审计。

导读案例

2008 年 10 月，上证指数跌到了 1 664 点，国际股市哀鸿遍野，这轮由国际地产泡沫引发的次贷危机席卷了全球，中国也不例外。首当其冲的是地产和金融业。某地产公司上市失败后，为缓解其资金链的压力，避免破产清算，就要靠其贱卖房产，但这样其房价会进一步下跌。该房地产公司的 IPO 上市时间表一改再改，按照香港联交所公布的信息，该地产公司本应在 10 月份完成上市计划。但按保荐人机构的人士透露，企业上市计划已暂停。

在市场相对低迷、市况不明确的情况下，房地产企业为避免资产贱卖，延期上市是相对合理的。专业人士分析认为：目前上市并不划算，市况不好的情况下筹资有限，很难缓解地产企业的资金缺口。由于无法在预期内完成上市筹资，该房地产公司迅速采取了“促销计划”。该房地产公司在北京、成都等地的楼盘大举降价促销，根据当时销售数据统计显示：该房地产公司部分房产降价幅度高达 50% 以上。该房地产公司对此解释为，这次特价推广行为是对刚性需求的测试。外界多次猜测该企业的资金问题已经极为严重，

面临很大的销售压力。

房地产公司的运转一般采用高杠杆负债的方式。它有一部分资金是自有资金，另一部分资金是向银行贷款得来的。很多房地产公司寄希望于再融资来缓解资金压力。

从本案例可以看出，企业在设计企业筹资方案时，需要结合企业自身的经营特点充分考虑企业筹资方案的合理性和科学性，否则就会出现企业筹资策略与企业战略和经营相脱节的现象。本案例反映了该房地产公司在筹资方面存在以下问题：

(1) 由于在设计企业的筹资方案时未能充分考虑以下因素：通过股市 IPO 进行筹资的方案相对于银行借款而言，具有融资时间长、融资成本高和不确定性高的特点；房地产行业容易受到经济周期的影响，从而容易影响企业 IPO 的顺利进行。从这点上来说，企业对重大筹资方案未能进行充分的风险评估。

(2) 该企业也未能拟订多个筹资方案，作为备选方案，一旦估计主方案不成功，能够提前实施备选方案，也不至于出现“远水难解近渴”的局面。

12.1 投资循环控制测试

投资活动主要由权益性投资交易和债权性投资交易组成。与其他循环相比，企业每年投资循环涉及的交易数量较少，而每笔交易的金额通常较大，这决定了对该循环涉及的财务报表项目的审计，更可能采用实质性方案。

投资循环涉及的资产负债表项目主要有：交易性金融资产、持有至到期投资、可供出售金融资产、长期股权投资。

投资循环涉及的利润表项目主要有：公允价值变动收益、财务费用、投资收益。

投资循环涉及的主要凭证与会计记录有：债券投资凭证、股票投资凭证、股票证书、股利收取凭证、长期股权投资协议、投资总分类账、投资明细分类账。

12.1.1 投资循环的主要业务活动

1) 审批授权

企业投资业务应由企业的高层管理机构进行审批。

2) 取得证券或其他投资

企业可以通过购买股票或债券进行投资，也可以通过与其他单位联合形成投资。

3) 取得投资收益

企业可以取得股权投资的股利收入、债券投资的利息收入和其他投资收益。

4) 转让证券或收回其他投资

企业可以通过转让证券实现投资的收回；其他投资已经投出，除联营合同期满，或由于其他特殊原因联营企业解散外，一般不得抽回投资。

12.1.2 投资交易的内部控制和控制测试

1) 投资交易的内部控制

(1) 合理的职责分工。

这是指合法的投资业务，应在业务的授权、业务的执行、业务的会计记录以及投资资产的保管等方面都有明确的分工，不得由一人同时负责上述任何两项工作。比如，投资业务在企业高层管理机构核准后，可由高层负责人员授权签批，由财务经理办理具体的股票或债券的买卖业务，由会计部门负责进行会计记录和账务处理，并由专人保管股票或债券。这种合理的分工所形成的相互牵制机制有利于避免或减少投资业务中发生错误或舞弊的可能性。

(2) 健全的资产保管制度。

企业对投资资产（指股票和债券资产）一般有两种保管方式：一种是由独立的专门机构保管，如在企业拥有较大的投资资产的情况下，委托银行、证券公司、信托投资公司等机构进行保管。这些机构拥有专门的保存和防护措施，可以防止各种证券及单据的失窃或毁损，并且由于它与投资业务的会计记录工作完全分离，可以大大降低舞弊的可能性。另一种方式是由企业自行保管。在这种方式下，必须建立严格的联合控制制度，即至少要由两名以上人员共同控制，不得一人单独接触证券。对于任何证券的存入或取出，都要将债券名称、数量、价值及存取的日期、数量等详细记录于证券登记簿内，并由所有在场的经手人员签名。

(3) 详尽的会计核算制度。

企业的投资资产无论是自行保管还是由他人保管，都要进行完整的会计记录，并对其增减变动及投资收益进行相关会计核算。具体而言，应对每一种股票或债券分别设立明细分类账，并详细记录其名称、面值、证书编号、数量、取得日期、经纪人（证券商）名称、购入成本、收取的股息或利息等；对于联营投资类的其他投资，也应设置明细分类账，核算其他投资的投出及其投资收益和投资收回等业务，并对投资的形式（如流动资产、固定资产、无形资产等）、投向（接受投资单位）、投资的计价以及投资收益等作出详细的记录。

(4) 严格的记名登记制度。

除无记名证券外，企业在购入股票或债券时应在购入当日尽快登记于企业名下，切忌登记于经办人员名下。

(5) 完善的定期盘点制度。

对于企业所拥有的投资资产，应由内部审计人员或不参与投资业务的其他人员进行定期盘点，检查是否确为企业所拥有，并将盘点记录与账面记录相互核对以确认账实的一致性。

2) 投资循环的控制测试

(1) 初步了解投资活动内部控制的建立情况。审计人员一般可采用问卷调查形式，了解企业是否存在投资内部控制，弄清其内容，并作出适当记录，以便进行正常测试。一般而言，应了解的内容包括：①投资项目是否经授权批准，投资金额是否及时入账。②企业是否与被投资单位签订投资合同、协议，是否获得被投资单位出具的投资证明。③企业投资的核算方法是否符合有关财务会计制度的规定，相关的投资收益会计处理是否正确，手续是否齐全。④企业有价证券的买卖是否经恰当授权，是否妥善保管并定期盘点核对。

(2) 检查控制执行留下的轨迹。审计人员可以从各类投资业务的明细账中抽取部分会计分录，按原始凭证到明细账、总账的顺序核对有关数据和情况，判断其会计处理过程是否合规完整，并据以核实上述了解到的有关内部控制是否得到了有效执行。具体包括以下几点：

①记录的投资交易均系真实发生的交易。常用的控制测试是索取投资授权批准文件，

检查审批手续是否齐全。

②投资交易均已记录。常用的控制测试是询问投资业务的职责分工情况及内部对账情况；检查被审计单位是否定期与交易对方或被投资方核对账目。

③投资交易均以恰当金额记入恰当的期间。常用的控制测试是检查被审计单位是否定期与被投资方核对账目；检查会计主管复核印记。

④投资交易均已记入恰当的账户。常用的控制测试是询问会计科目表的使用情况；检查会计主管复核印记。

（3）审阅内部盘点报告。注册会计师应审阅内部审计人员或其他授权人员提交的对投资资产的定期盘核的报告。注意其盘点方法是否恰当，账实不符的差异处理是否合规。如果各期盘核报告的结果未发现账实之间存在差异或差异不大，说明企业投资资产的内部控制得到了有效执行。

（4）认真分析企业投资业务管理报告。对于企业的长期投资，审计人员应对照有关投资方面的文件和凭据，分析企业的投资业务管理报告。在作出长期投资决策之前，企业最高管理阶层（如董事会）需要对投资进行可行性研究和论证，并形成一定的纪要。投资业务一经执行，又会形成一系列的投资凭据或文件，如证券投资的各类证券，联营投资中的投资协议、合同及章程等。负责投资业务的财务经理须定期向企业最高管理层报告有关投资业务的开展情况（包括投资业务内容和投资收益实现情况及未来发展预测），即提交投资业务管理报告书，供最高管理层投资决策和控制。审计人员应认真分析这些投资管理报告的具体内容，并对照前述的有关文件和凭据资料，从而判断企业长期投资业务的管理情况。

案例窗 12-1

投资循环内部控制的测试

奥特会计师事务所的注册会计师 A 和 B 接受委派，对希尔有限公司 2013 年度财务报表进行审计。希尔有限公司尚未采用计算机记账。A 和 B 于 2013 年 11 月 1 日至 7 日对希尔有限公司的内部控制制度进行了解和测试，并在相关审计工作底稿中记录了对投资循环内部控制制度了解和测试的事项，摘录如下：

（1）希尔有限公司股东大会批准董事会的投资权限为 1 亿元以下。董事会决定由总经理负责实施。总经理决定由证券部负责总额在 1 亿元以下的股票买卖。希尔有限公司规定：公司划入营业部的款项由证券部申请，由会计部审核，总经理批准后划转入公司在营业部开立的资金账户。经总经理批准，证券部直接从营业部资金账户支取款项。证券买卖、资金存取的会计记录由会计部处理。A 和 B 了解和测试投资的内部控制制度后发现：证券部在某营业部开户的有关协议及补充协议未经会计部或其他部门审核。根据总经理的批准，会计部已将 0.8 亿元汇入该户。证券部对证券买卖的会计记录进行处理，月底将证券买卖清单交给会计部，会计部据以汇总登记。

（2）为保证公司投资业务的不相容岗位相互分离、制约和监督，投资业务分由不同部门或不同职员负责。其中，投资部的乙职员负责对外投资预算的编制；投资部门的丙职员负责对外投资项目的分析论证及评估；财务部负责对外投资业务的相关会计记录。

要求：请逐一针对上述情况进行分析，指出希尔有限公司投资循环的内部控制制度是否存在不当之处；若有，请指出，并简要说明理由。

【解答】

（1）存在不当之处。有以下几点：

①由证券部直接支取款项使授权与执行职务未得到分离，不易使款项安全。建议希尔有限公司从资金账户支取款项时，由会计部审核和记录、由证券部办理。

②与证券投资有关的活动要由两个部门控制。有关的协议未经独立的部门审查，会使有关的条款未全部在协议中载明，可能存在协议外的约定。建议希尔有限公司与营业部的协议应经会计部或法律部审查。

③证券部自己处理证券买卖的会计记录，业务的执行与记录的不相容职务未分离，并且未得到适当的授权和批准。

④月末会计部汇总登记证券投资记录，未及时按每一种证券分别设立明细账进行详细核算。建议希尔有限公司由会计部负责对投资进行核算，应及时分品种设立明细账进行详细核算。

（2）存在不当之处。"投资部门的丙职员负责对外投资项目的分析论证及评估"不恰当，对外投资项目的分析论证及评估属于两个不相容岗位，不应由同一职员负责。

12.1.3　评估重大错报风险

注册会计师应当考虑重大错报风险对投资交易的影响，并对被审计单位可能发生的特定风险保持警惕。投资交易和余额存在的固有风险可能包括：

（1）管理层错误表述投资业务的偏见和动机，包括为了满足预算、提高绩效奖金、影响财务报表上的报告收益、吸引潜在投资购买者或影响股价以误导投资者。

（2）所取得资产的性质和复杂程度可能导致确认和计量的错误。多数被审计单位可能只拥有少量的投资，并且买入和卖出的业务不频繁，交易的非经常性可能导致作出会计处理时出现错误。尤其是会计人员没有意识到不同类型投资计量或计价的复杂性。

（3）所持有投资的公允价值可能难以计量。

（4）管理层凌驾于控制之上，可能导致投资交易未经授权。

（5）如果对有价证券的控制不充分，权益性有价证券的舞弊和盗窃风险可能很高，从而影响投资的存在性。

（6）关于资产的所有权以及相关权利与义务的审计证据可能难以获得。获取的权益可能很复杂，如在企业集团中包含有跨国公司的情形。

（7）如果每年发生的交易数量有限，并且会计人员不能确定在相关的购置或处置业务以及损益的调整中的分配时，固定资产交易的记录可能会发生错误。

（8）如果负责记录投资处置业务的人员没有意识到某项投资已经卖出，则对投资的处置业务可能未经记录。这种处置业务只能在期末通过进行实物检查来发现。

12.2　长期股权投资审计

长期股权投资核算企业持有的采用权益法或成本法核算的长期股权投资，具体包括：（1）企业持有的能够对被投资单位实施控制的权益性投资，即对子公司的投资。（2）企业持有的能够与其他合营各方一同对被投资单位实施共同控制的权益性投资，即对合营企业的投资。(3) 企业持有的能够对被投资单位施加重大影响的权益性投资，即对联营企业的投资。(4) 企业对被投资单位不具有控制、共同控制或重大影响，且在活跃市场中没有报价、公允价值不能可靠计量的权益性投资。

12.2.1 长期股权投资的审计目标

(1) 确定长期股权投资是否存在。

(2) 确定长期股权投资是否归被审计单位所有。

(3) 确定长期股权投资的增减变动及投资损益的记录是否完整。

(4) 确定长期股权投资的核算方法是否正确。

(5) 确定长期股权投资减值准备的计提方法是否恰当。

(6) 确定长期股权投资减值准备增减变动的记录是否完整。

(7) 确定长期股权投资及其减值准备的期末余额是否正确。

(8) 确定长期股权投资及其减值准备的披露是否恰当。

12.2.2 长期股权投资的实质性程序

(1) 获取或编制长期股权投资明细表，复核加计正确，并与总账数和明细账合计数核对相符；结合“长期股权投资减值准备”科目，与报表数核对相符。

(2) 根据有关合同和文件，确认股权投资的股权比例和持有时间，检查股权投资核算方法是否正确。

(3) 对于重大的投资，向被投资单位函证被审计单位的投资额、持股比例及被投资单位发放股利等情况。

(4) 对于应采用权益法核算的长期股权投资，获取被投资单位已经注册会计师审计的年度财务报表，如果未经注册会计师审计，则应考虑对被投资单位的财务报表实施适当的审计或审阅程序：

①复核投资收益时，应以取得投资时被投资单位各项可辨认资产等的公允价值为基础，对被投资单位的净利润进行调整后加以确认；被投资单位采用的会计政策及会计期间与被审计单位不一致的，应当按照被审计单位的会计政策及会计期间对被投资单位的财务报表进行调整，据以确认投资损益。

②将重新计算的投资收益与被审计单位所计算的投资收益相核对，如有重大差异，则查明原因，并做适当调整。

③检查被审计单位按权益法核算的长期股权投资，在确认应分担被投资单位发生的净亏损时，应首先冲减长期股权投资的账面价值，其次冲减其他实质上构成对被投资单位净投资的长期权益账面价值（如长期应收款等）；如果按照投资合同和协议约定被审计单位仍需承担额外损失的，应按预计承担的义务确认预计负债，并与预计负债中的相应数字核对无误；被投资单位以后期间实现盈利的，被审计单位在其收益分享额弥补未确认的亏损分担额后，恢复确认收益分享额。审计时，应检查被审计单位的会计处理是否正确。

④检查除净损益以外的被投资单位所有者权益的其他变动，是否调整计入所有者权益。

(5) 对于采用成本法核算的长期股权投资，检查股利分配的原始凭证及分配决议等资料，确定会计处理是否正确；对被审计单位实施控制而采用成本法核算的长期股权投资，比照权益法编制变动明细表，以备合并报表使用。

（6）对于成本法和权益法相互转换的，检查其投资成本的确定是否正确。

（7）确定长期股权投资的增减变动的记录是否完整：

①检查本期增加的长期股权投资，追查至原始凭证及相关的文件或决议及被投资单位验资报告或财务资料等，确认长期股权投资是否符合投资合同、协议的规定，并已确实投资，会计处理是否正确。

②检查本期减少的长期股权投资，追查至原始凭证，确认长期股权投资的收回有合理的理由及授权批准手续，并已确实收回投资，会计处理是否正确。

（8）期末对长期股权投资进行逐项检查，以确定长期股权投资是否已经发生减值：

①核对长期股权投资减值准备本期与以前年度的计提方法是否一致，如有差异，查明政策调整的原因，并确定政策改变对本期损益的影响，提请被审计单位作适当披露。

②对长期股权投资逐项进行检查，根据被投资单位经营政策的变化、法律环境的变化、市场需求的变化、行业的变化、盈利能力的变化等各种情形判断长期股权投资是否存在减值迹象。确有出现导致长期股权投资可收回金额低于账面价值的，将可收回金额低于账面价值的差额作为长期股权投资减值准备予以计提。并与被审计单位已计提数相核对，如有差异，查明原因。

③将本期减值准备计提金额与利润表“资产减值损失”项目中的相应数字核对无误。

④长期股权投资减值准备按单项资产计提，计提依据充分，并得到适当批准。减值损失一经确认，在以后会计期间不得转回。

（9）结合银行借款等的检查，了解长期股权投资是否存在质押、担保情况。如有，则应详细记录，并提请被审计单位进行充分披露。

（10）确定长期股权投资在资产负债表上已恰当列报。与被审计单位人员讨论确定是否存在被投资单位由于所在国家和地区及其他方面的影响，其向被审计单位转移资金的能力受到限制的情况。如存在，应详细记录受限情况，并提请被审计单位充分披露。

案例窗 12-2

长期股权投资审计案例

注册会计师丁颖在对希尔有限公司对外投资活动的审查中，通过检查长期股权投资的账户、审阅对外投资有关的文件资料等，发现有一项专有技术向某单位投资的记录，在计价方面存在不真实、不正确的问题，即该企业以无形资产对外投资，按规定，其计价应根据投出时签订的合同、协议约定的价值或者评估确认时的金额计价。但是，丁颖看到的是，“长期股权投资”账户反映该项对外投资的计价是 35 000 元，而从该企业调阅的文件中表明，经有关方面对该项专有技术评估确定的价值为 40 000 元，两者相抵差 5 000 元。丁颖初步认为，这是一笔未按规定少计对外投资价值的投资活动，决定对少计的原因和结果作进一步的查证。

【解答】

丁颖对“长期股权投资”账户下专有技术明细账中的记录等作了进一步的查证，并调阅了这笔投资的有关记账凭证。经过核对、查证，认为在计价上不属于技术上的错误。注册会计师丁颖对该项专有技术进行调查分析，并根据对外投资当时的技术市场情况，由有关专业机构来对该项技术进行多次重估，并将重估确定的价值与被查单位账面上的实际计价情况核对，认为其少计5 000元左右。对少计部分的原因、结果等情况，丁颖经过调查询问、研究分析，进一步扩大查账范围，如对“银行存款”、“其他应收款”等账户，并调阅了相关的记账凭证，了解证实了该企业在征得希尔有限公司的同意后，双方以35 000元入账，但希尔有限公司另付给该企业3 000元现金的回扣，并将其记入“其他应付款”账户。

2013年3月12日48号记账凭证反映的会计分录是：

借：长期股权投资 35 000

贷：无形资产——专有技术 35 000

收取回扣时的记账凭证：

借：库存现金 3 000

贷：其他应付款 3 000

丁颖确认希尔有限公司少计对外投资价值，并从中收取回扣的行为是错误的，造成了账务记录和处理不真实、不正确、不合法的事实。建议作出以下调整建议：

对投资计价的账务调整：

借：长期股权投资 5 000

贷：资本公积 5 000

对退回其收取的回扣的会计分录为：

借：库存现金 3 000

贷：其他应收款 3 000

借：其他应付款 3 000

贷：库存现金 3 000

12.3 筹资循环控制测试

筹资活动主要由借款交易和股东权益交易组成。企业每年筹资循环涉及的交易数量较少，但每笔交易的金额通常较大，这决定了对该循环涉及的财务报表项目的审计，更可能采用实质性方案。筹资活动通常是在遵守国家法律、法规和相关契约的规定下进行。例如，债务契约可能限定借款人向股东分配利润，或规定借款单位的流动比率和速动比率不能低于某一水平。

筹资循环涉及的资产负债表项目主要有：在建工程、短期借款、长期借款、应付债券、实收资本（股本）、资本公积。

筹资循环涉及的利润表项目主要有：财务费用。

筹资循环涉及的主要凭证与会计记录有：公司债券、股本凭证、债券契约、股东名册、公司债券存根簿、承销或包销协议、借款合同或协议。

12.3.1 筹资循环的主要业务活动

1）审批授权

企业通过借款筹集资金需经管理当局的审批，其中债券的发行每次均要由董事会授权；企业发行股票必须依据国家有关法规或企业章程的规定，报经企业最高权力机构（如董事会）及国家有关管理部门批准。

2）签订合同或协议

向银行或其他金融机构融资须签订借款合同，发行债券须签订债券契约和债券承销或包销合同。

3）取得资金

企业实际取得银行或金融机构划入的款项或债券、股票的融入资金。

4）计算利息或股利

企业应按有关合同或协议的规定，及时计算利息或股利。

5）偿还本息或发放股利

银行借款或发行债券应按有关合同或协议的规定偿还本息，融入的股本根据股东大会的决定发放股利。

12.3.2 筹资交易的内部控制和控制测试

1）筹资交易的内部控制

（1）适当的授权审批

企业的借款、发行债券业务必须建立授权审批制度，明确审批的管理权限。一般都是由董事会根据企业生产经营的需要，在充分论证的基础上，对有关筹资方案进行立项，并授权财务经理提交筹资计划，再由董事会审批。需要向银行或其他金融机构借入银行借款的，董事会应授权财会部门向银行提出借款申请，说明借款原因、借款用途、使用时间、使用计划、归还期限和归还计划等。申请发行债券时，应严格执行国家的有关法规制度，有关部门按规定备齐各种申请文件，报国家证券管理部门审批。严禁擅自集资，非法集资。债券的购回要有正式的授权程序。适当授权及审批可明显地提高借款活动效率，降低借款风险。

（2）职责分工

借款业务中职务应分离的有：①筹资计划编制人与审批人适当分离；②筹资业务的经办人与会计记录人员分离，通常由独立的机构代理发行债券；③会计记录人员与负责收、付款的人员分离；④证券保管人员与会计记录人员分离；⑤借款业务的明细账和总账的登记分离。合理的职责分工有利于避免或减少借款业务中发生的错误或舞弊现象。

（3）签订合同或协议

企业向银行或其他金融机构借款必须签订借款合同或协议。财会部门接受董事会授权后，应与银行或其他金融机构的代表具体商讨有关借款细节，达成意向后提交有关担保、抵押的文件，协商一致后签订借款合同。企业发行债券必须签订债券契约。其内容包括：债券发行标准；债券的确切表述；利息或利息率；受托管理人证书；登记和背书；所担保的财产；债券发生拖欠情况的处理；对偿债基金、利息支付、本金返还等的处理。

企业向社会发行债券时，应当聘请独立的证券经营机构承销或包销，且必须与其签订承销或包销协议，上述合同或协议应由专人保管。债券的发行，要由受托管理人来行使保护发行人和持有人合法权益的权利。

（4）完善的实物保管控制

对于已发行的债券，企业应设置债券持有人明细账（债券存根簿），由专人负责详细记载以下内容：债券持有人的姓名或名称及住所；债券持有人取得债券的日期及债券的编号；债券的总额、票面额、利率、还本付息的期限和方式；债券的发行日期。应由独立人员定期核对债券持有人明细账和总账的正确完整性。若这些记录由外部机构保存，则定期同外部机构核对。对未发行的债券必须预先编号，由专人保管或委托外部独立机构代为保管。同时，应设立债券库存登记簿，详细记录未发行债券的动用情况。独立检查人员必须定期检查未发行债券的数量和保管情况。已收回的债券要及时注销或盖章作废，以防不合法使用。

（5）取得资金

企业向银行或其他金融机构借入的款项、企业通过发行债券所得款项应及时如数存入其开户银行。

（6）监督借款使用

取得借款后，财会部门应监督借款按规定的用途使用，不得挪作他用或不合理占用。

（7）偿还本息

财会部门应合理调度资金，保证企业能够按期还本付息。对于银行借款或债券，应按有关合同、协议或债券契约的规定支付利息，到期偿还本金。债券利息通常委托外部独立机构代理发放，以便加强管理。

（8）完善的会计核算制度

企业对借款业务活动应按企业会计准则和会计制度的规定进行会计核算和披露。保证及时地按正确的金额、合理的方法，在适当的账户和合理的会计期间予以正确记录。企业还应按有关合同、协议或债券契约的规定及时计算借款或债券利息。对债券的溢价、折价，应当选用适当的摊销方法；利息的支付必须计算正确后记入对应账户。

案例窗 12-3

筹资循环内部控制的测试

希尔有限公司由于长期经营的需要，计划筹集一笔巨资，用于房地产开发。作为上市公司，公司有多种可供选择的筹资方案。

（1）发行股票。但是由于该公司需要的资金量太大，而股票发行额度有限，发行股票受到了政策上的制约。

（2）发行债券。由于当时市场利息很高，3 年期企业债券利息率达到 9.94%，银行储蓄利息达到 8.28%，1992 年发行的 3 年期国库券票面利率为 9.5%，如果考虑到保值贴补因素，年平均收益率甚至可以达到 20%。因此，发行债券的资本成本会很高。

（3）发行可转换公司债券。公司认为在这个时候推出这种融资工具好处有三：一是会很容易地推销出去。因为可转换公司债券具有可转换成股票的特性，借助于股票市场上牛气冲天，投资者对可转换成普通股的债券充满了信心。二是因为可转换公司债券由于具有可转换性，对投资者有较大的吸引力，故其筹资成本可以设计得很低。三是若证券市场走势看好，投资者会执行可转换权利，将债券转换成普通股票，这样公司不仅可以永久占用这一笔资金，还可因高溢价转换而极大改善公司的资产质量。

为此，希尔有限公司在充分考虑各种条件情况下，决定采用第（3）种融资方案，即发行可转换公司债券，其发行量为 10 万张，每张面值 5 000 元，偿还期限为 3 年，债券票面利率为 3%；转换条件为：一张可转换公司债券在有效期内可转换成 200 张普通股（可转换公司债券发行时希尔有限公司股票价格为 20 元/股）。该方案实施后，很快就售出了这 10 万张可转换公司债券，筹措到 5 亿元资金。

该可转换公司债券上市当天就被大量投资者当做股票来炒作。当天开盘价即被炒到每张 7 500 元，最高峰时被炒到 13 050 元的历史天价。但在这之后，价格一路下跌。特别是之后两年希尔有限公司股票分红派息以后，经历股市持续低迷，股价一路下跌，到摘牌时希尔有限公司股价仅为 2.83 元，使得转换价格大大高于股票价格。导致该可转换公司债券投资者只能作为债券兑现，仅仅获得年息 3% 的利息。

另外，公司筹集这一笔资金的目的是为了用于房地产开发，投资年限很长。由于三年到期时，绝大多数债券并未按原来的设想转换成为股票。因此，公司到时必须筹集一大笔资金偿还到期的债务，给该公司流动资金周转和日常经营造成很大影响。

【解答】

希尔有限公司的筹资决策失败的原因主要体现在：公司在筹资决策时，在筹资期限和筹资机会的选择上考虑不够充分，无超前预见性，对金融市场和宏观经济形势的分析不足、预测不准，未进行相应的风险控制，导致负债筹资期限太短，带来较大的偿债压力，进而影响企业的生产经营活动。

2）筹资交易的控制测试

这里以应付债券为例，说明筹资活动的控制测试。其控制测试的要点如下：

（1）初步了解应付债券内部控制的建立情况

对企业应付债券内部控制的初步了解，一般可以通过编制流程图、撰写内部控制说明、设计问答式调查表等方式进行。在了解时通常应注意以下问题：企业债券发行是否根据董事会授权和有关法律的规定，是否履行了适当的审批手续；企业债券的发行收入是否立即存入银行；企业能否根据契约的规定及时支付利息；企业能否将应付债券记入恰当的账户，并定期将明细账和总分类账进行核对；企业债券持有人明细账（债券存根簿）是否指定专人妥善保管；企业债券的偿还和购回是否按董事会的授权办理。

（2）测试应付债券内部控制

审计人员初步了解了企业债券的内部控制后，应运用一定的方法进一步测试其健全有效程度。测试内容通常包括：

①通过索取债券发行的有关授权批准文件、借款合同或协议、债券契约、承销或包销协议等资料。检查债券发行业务的审批权限是否适当、手续是否齐全。

②通过实地调查和跟踪业务的方法，检查债券业务的职责分工是否合理。

③通过了解债券持有人明细资料的保管制度，检查被审计单位是否将有关账目与总账或外部机构核对，是否有完善的保管制度。

④通过抽查债券业务的会计记录，从明细账中抽取部分会计记录，按照从原始凭证到明细分类账、总账的顺序，核对有关数据的情况，以查明企业发行债券的收入是否立即存入银行；债券入账的会计处理是否正确；债券溢（折）价的会计处理是否正确；企业是否根据债券契约的规定支付利息。

⑤取得债券偿还和购回时的董事会决议，查明债券的偿还和购回是否按董事会的授权进行。

（3）分析评价应付债券内部控制

审计人员在完成上述程序后，应对企业应付债券的内部控制进行分析、评价，以确定其在实质性程序工作中的影响，并针对薄弱环节提出改进建议。

按照本章“12.6 投资与筹资循环审计实例”风险评估确定的范围，注册会计师需对投资与筹资交易进行控制测试，根据这方面测试情况，注册会计师编制了投资与筹资控制测试工作底稿，见表12-1。

12.3.3 **评估重大错报风险**

注册会计师应当在了解被审计单位的基础上考虑影响筹资交易的重大错报风险，并对被审计单位可能发生的特定风险保持警惕。考虑到严格的监管环境和董事会针对筹资活动设计的严格控制，除非注册会计师对管理层的诚信产生疑虑，否则重大错报风险一般应当评估为低水平。有一点应当引起注册会计师的注意，这就是企业会计准则以及监管法规对借款和权益的披露要求，可能引起完整性、计价和分摊、列报认定的潜在重大错报风险。尽管账户余额发生错报的可能性不大，仍然可能存在权利和义务被忽略或发生错报的可能，如一个集团公司用资产为另一集团公司做抵押或担保的情况。

12.4 借款审计

债务性筹资是企业通过发行债券、向银行借款等方式筹集资金。企业采用债务性筹资方式筹集的资金，到期要归还本金和利息，因而财务风险比较大，但付出的资金成本较低。借款包括短期借款、长期借款和应付债券。在一般情况下，被审计单位不会高估负债，因为这样于自身不利，且难以与债权人的会计记录相互印证。注册会计师对于负债项目的审计，主要是防止企业低估债务。低估债务经常伴随着低估成本费用，从而达到高估利润的目的。所以，注册会计师在执行借款业务审计时，应将被审计单位是否低估借款作为一个关注的要点。

12.4.1 **借款的审计目标**

（1）确定被审计单位所记录的借款在特定期间是否确实存在，是否为被审计单位所承担。

（2）确定被审计单位在特定期间内发生的借款业务是否记录完整。

（3）确定被审计单位所有借款的发生、偿还及计息和付息的会计处理是否正确。

（4）确定被审计单位各项借款的发生是否符合有关法律法规的规定，被审计单位是否履行了有关债务契约的规定。

（5）确定被审计单位借款余额在财务报表上的列示与披露是否恰当。

借款的审计目标是指注册会计师实施借款审计时应达到的最终结果，借款认定是指被审计单位管理层在财务报表中对借款作出的明确或隐含的表达。实施借款审计应编制借款审计目标与认定对应关系表，以便借款审计任务的完成。借款审计目标与认定对应关系表见表12-2。

12.4.2 **短期借款的实质性程序**

短期借款的实质性程序，审计人员应根据被审计单位年末短期借款余额的大小、占负债总额的比重、以前年度发现问题的多少以及相关内部控制制度的强弱，确定短期借款审计的实质性程序和方法。一般而言，主要包括以下内容：

（1）获取或编制短期借款明细表

审计人员应首先获取或编制短期借款明细表，复核其加计数是否正确，并与明细账和总账核对相符。

实施短期借款实质性程序应以获取或编制短期借款明细表为起点，进行一系列短期借款账账、账表核对和分析，这对查明短期借款有无记录错误，有无虚增、隐瞒等异常情况有重要意义。短期借款明细表见表 12-4。

(2) 函证短期借款

审计人员应在期末短期借款余额较大或认为必要时向银行或其他债权人函证，以证实借款的存在性和条件，以及有无抵押等情况。函证结果应与账面记录相一致，如有差异，应进一步调查其原因。

(3) 审查短期借款的增加

企业的借款必须经主管部门和有关人员的授权才可以执行，同时应当与银行签订借款协议或合同。对年度内增加的短期借款，应检查借款合同和授权批准情况，了解借款数额、借款条件、借款日期、还款期限、借款利率，并与相关原始凭证和会计记录进行核对。审计人员主要查明被审计单位借款的目的是否正当、借款的理由是否充分、借款是否为生产经营所必需、是否有科学合理的借款计划、是否签订借款合同并出具借款物资保证书、有关借款手续是否齐备、入账是否及时等。

为证实管理当局对其在资产负债表中短期借款存在、完整性、义务及计价的认定，注册会计师在实施短期借款实质性程序中，通过对借款合同等原始凭证及相关会计记录的审计审查短期借款的增加业务，以便发现管理当局是否存在虚假借款、漏列借款、借款金额不实等舞弊情况。短期借款审计情况见表 12-6。

(4) 审查短期借款的使用

审计人员通过对照检查借款合同、短期借款明细账等资料，主要查明被审计单位短期借款是否按规定用途使用，用于弥补流动资金的不足、临时采购或结算，不得用于购置固定资产、弥补亏损等。

(5) 审查短期借款的减少

对年度内减少的短期借款，审计人员可根据短期借款有关明细账记录的还款时间与借款计划和银行规定的还款时间进行核对，核实被审计单位能否在规定的偿还期限及时偿还短期借款，偿还的本金和利息计算是否真实正确。

为证实管理当局对其在资产负债表中短期借款存在、完整、义务与计价的认定，注册会计师在实施短期借款实质性程序中，通过对借款合同、借款计划等原始凭证及相关会计记录的审计审查短期借款的减少业务，以便发现管理当局是否按期偿还借款，还款本金、利息是否正确，见表 12-6。

(6) 检查有无到期未偿还的短期借款

审计人员应审查相关记录和原始凭证，检查被审计单位年末有无到期未偿还的短期借款，如果有，应查明原因，同时了解逾期借款是否已向银行提出申请并经同意后办理了延期手续，并作适当记录。

为证实管理当局对其在资产负债表中短期借款存在、完整、义务与计价的认定，注册会计师在实施短期借款实质性程序中，通过对借款合同等原始凭证及相关会计记录的审计审查短期借款的还款业务，以便发现管理当局是否有到期未偿还短期借款的情况，是否存在影响被审计单位借款信用的现象，见表 12-6。

(7) 复核短期借款利息

资产负债表日，审计人员应根据短期借款的利率和期限，验算被审计单位短期借款的利息，检查会计处理是否正确，有无多计或少计，从而调节当期利润的情况，如有，应作出记录，必要时提请被审计单位进行调整。

为证实管理当局对其在资产负债表中短期借款计价的认定，注册会计师在实施短期借款实质性程序中，通过复核短期借款的利息，以便发现管理当局是否存在舞弊行为。注册会计师利息分配检查见表 12-5。

(8) 确定短期借款在资产负债表上的披露是否恰当

企业的短期借款在资产负债表上通常设“短期借款”项目单独列示。因抵押而取得的短期借款，应在财务报表附注中披露，审计人员应关注被审计单位对“短期借款”项目的反映是否充分。

根据本章“12.6 投资与筹资循环审计实例”风险评估确定的范围，注册会计师在对短期借款进行实质性程序后，确定了短期借款的审计后金额。依据所展开的短期借款实质性程序的实施情况，注册会计师编制了短期借款审定表工作底稿，见表 12-3。

案例窗 12-4

短期借款审计案例

注册会计师丁颖在审查希尔有限公司“短期借款——生产周转借款”使用情况时发现，该公司 2013 年 6 月至 12 月平均贷款金额为 82 万元，存货合计为 25 万元，其他应收款为 42 万元。丁颖分析认为：希尔有限公司其他应收款占用比重过大，可能有非法使用或占用短期借款的行为。

【解答】

首先，丁颖调阅了 6 月 1 日借入“短期借款”的 12#凭证，其记录为：

借：银行存款　　390 000

　贷：短期借款——生产周转借款　　390 000

12#凭证附“入账通知”和“借款契约”两张凭证，借款期限为 6 个月。丁颖追踪调查存款的去向，在审阅银行存款日记账时，发现 6 月 25 日银付字 101#凭证，减少银行存款 38 万元。调阅该凭证时，其记账凭证分录为：

借：其他应收款——李鹤　　380 000

　贷：银行存款　　380 000

其摘要为“汇给×公司货款”。经核实，以上凭证所记汇出款项，是希尔有限公司为职工垫付的购买 60 台热水器的款项，李鹤是负责向职工收回垫付款的负责人，全部货款于本年 7 月至 12 月陆续收回。

丁颖认为，希尔有限公司为职工垫付的热水器款，实际上是占用短期借款，未按借款用途使用借款，同时增加了公司的财务费用。丁颖向希尔有限公司提出上述问题，希尔有限公司相关人员承认确有此事。

上述问题查实后，丁颖提出处理意见：希尔有限公司收回的垫付款应归还借款，已入账的借款利息费用由职工承担。按借款占用时间计算，应负担利息 2.3 万元，希尔有限公司应调整有关账簿记录，会计分录如下：

（1）按规定记录应向职工收回的利息时：

借：其他应收款　　23 000

　贷：财务费用　　23 000

（2）归还借款时：

借：短期借款——生产周转借款　　380 000

　　财务费用　　23 000

　贷：银行存款　　403 000

12.4.3　长期借款的实质性程序

（1）获取或编制长期借款明细表，复核其加计数是否正确，并与明细账和总账核对相符。

（2）长期借款条件的审查。

借款企业必须符合以下条件才可申请贷款：①借款企业必须实行独立核算，自负盈亏，具有法人资格，有健全的管理机构和相应的企业管理和技术人才；②借款企业的经营方向和业务范围符合国家政策，借款用途属于银行贷款管理规定的范围，并能够提供有关借款的可行性报告和相关文件；③借款企业具有一定的物资保证，担保单位具有相应的经济实力；④借款企业具有偿还贷款本息的能力；⑤借款企业具有良好的财务管理和经济核算制度，资金使用效益好；⑥借款企业在贷款单位开立账户，办理结算。同时，审计人员还应了解金融机构对被审计单位的授信情况和对被审计单位的信用等级评估情况，以及被审计单位获得长期借款的抵押和担保情况，评估被审计单位的信誉和融资能力。

（3）审查长期借款的抵押和担保。

审计人员应查明抵押资产的所有权是否属于被审计单位，其价值和现实状况是否与抵押契约中的规定相一致。如果企业的长期借款是由其他单位进行担保，担保单位是否具备担保条件，担保契约是否完善，内容是否合规合理。

（4）审查年度内增加的长期借款。

审计人员应检查借款合同和授权批准，了解借款数额、借款条件、借款日期、还款期限、借款利率，并与相关会计记录相核对。

（5）审查长期借款的使用。

审计人员应查明被审计单位长期借款的使用是否符合借款合同的规定，是否为扩大生产经营规模所必需，是否真正用于购建固定资产或无形资产等，有无用长期借款发放工资、奖金和福利等。

（6）函证重大的长期借款。审计人员应向银行或其他债权人函证重大的长期借款。

（7）对年度内减少的长期借款，审计人员应检查相关记录和原始凭证，核实还款数额。存在利息调整余额的，是否已作调整，相关账务处理是否正确。

（8）检查年末有无到期未偿还的借款，逾期借款是否办理了延期手续，分析计算逾期贷款的金额、比率和期限，判断被审计单位的资信程度和偿债能力。

（9）检查一年内到期的长期借款是否已转列为流动负债。

（10）计算短期借款、长期借款在各个月份的平均余额，选取适用的利率匡算利息支出总额，并与财务费用的相关记录核对，判断被审计单位是否高估或低估利息支出，必要时进行适当调整。

(11) 检查借款费用的会计处理是否正确。

借款费用，指企业因借款而发生的利息及其他相关成本，包括：借款利息、折价或溢价的摊销和辅助费用，以及因外币借款而发生的汇兑差额等。

按照《企业会计准则第17号——借款费用》的规定，企业发生的借款费用，可直接归属于符合资本化条件的资产的购建或者生产，应当予以资本化，计入相关资产成本；其他借款费用，应当在发生时根据其发生额确认费用，计入当期损益。

借款费用应予以资本化的借款范围既包括专门借款，也包括一般借款。其中，对于一般借款，只有在购建或者生产符合资本化条件的资产占用了一般借款时，才应将与该部分一般借款相关的借款费用资本化；否则，所发生的借款费用应当计入当期损益。借款费用的具体确认如下：

①对购建或生产符合资本化条件的资产而借入的款项（专门借款和一般借款），所发生的利息、溢价或折价的摊销和汇兑差额，在所购建或生产的资产达到预定可使用状态或可销售状态前发生的，应当予以资本化，计入该项资产的成本；在所购建或生产的资产达到预定可使用状态或可销售状态后发生的，于发生当期直接计入财务费用。

②对专门借款而发生的辅助费用，在所购建或生产的符合资本化条件的资产达到预定可使用状态或者可销售状态前发生的，应当在发生时根据其发生额予以资本化，直接计入所购建或生产的资产成本；在所购建或生产的符合资本化条件的资产达到预定可使用状态或者可销售状态后发生的，应当在发生时根据其发生额确认为费用，计入当期损益。

一般借款发生的辅助费用，也应当按照上述原则确定其发生额并进行处理。

借款费用同时满足下列条件时，才能开始资本化：①资产支出已经发生；②借款费用已经发生；③为使资产达到预定可使用状态所必要的购建活动已经开始。审计人员应关注以上资本化的条件的同时，还应关注利息的资本化金额的计算是否正确，资本化的暂停和停止是否正确，借款费用的披露是否包括以下与借款费用有关的信息：①当期资本化的借款费用金额；②当期用于计算确定借款费用资本化金额的资本化率。

(12) 检查企业在资产负债表日，是否按摊余成本和实际利率计算确定长期借款的利息费用，相关账务处理是否正确。

(13) 检查企业重大的资产租赁合同，判断被审计单位是否存在资产负债表外融资的现象。

(14) 检查长期借款是否已在资产负债表上充分披露。

长期借款在资产负债表上列示于非流动负债类下。该项目应根据“长期借款”科目的期末余额扣减将于一年内到期的长期借款后的数额填列，该项扣除数应当填列在流动负债类下的“一年内到期的非流动负债”项目内单独反映。审计人员应根据审计结果，确定被审计单位长期借款在资产负债表上的列示是否充分，并注意长期借款的抵押和担保是否已在财务报表附注中作了充分的说明。

案例窗 12-5

长期借款审计案例

注册会计师审计希尔有限公司2013年度的财务报表时，注意到“长期借款”项目的附注披露如下：长期借款2013年年末余额为14 780万元，具体如下：

贷款单位	金额（万元）	借款期限	年利率（%）	借款条件
A 银行第二营业部	1 200	2011 年 7 月—2015 年 6 月	8.45	担保借款
B 银行第一营业部	12 800	2010 年 8 月—2014 年 7 月	8.65	抵押借款
C 银行第二营业部	780	2013 年 7 月—2015 年 1 月	5.85	担保借款
合计	14 780			

【解答】

注册会计师实施的主要审计程序和审计处理为：

(1) 索取所有借款合同的复印件，并对合同所载明的借款单位、借款金额、借款利率、借款期限、借入日期以及借款条件，分别进行审阅后，计入审计工作底稿。

(2) 对“长期借款”项目所计入的利息按照合同规定的利率和实际借入的日期、天数，计算确认其正确性。

(3) 检查一年内到期的长期借款是否已转列为流动负债，确认希尔有限公司向 B 银行第一营业部的借款 12 800 万元是否已转列到“一年内到期的非流动负债”项目。

(4) 审查长期借款的抵押资产所有权是否属于希尔有限公司，其价值和现实状况是否与抵押契约中的规定一致，确认希尔有限公司向 B 银行第一营业部的借款 12 800 万元的抵押物品——厂房超过希尔有限公司厂房的 30%，希尔有限公司应履行公开披露的义务。

12.5 实收资本（股本）审计

企业对外筹资，有多种分类，其中按出资者所拥有的权益的不同可分为两种，即权益性筹资和债务性筹资。权益性筹资是企业通过发行股票、直接吸收投资等方式从企业所有者中筹集生产经营所需资金。权益性筹资一般不用还本。企业采用吸收自有资金的方式筹集资金，财务风险小，但付出的资金成本相对较高。实收资本（股本）具有增减变动的业务较少、金额较大的特点，重点针对遵守国家法律、法规的规定进行审计。

12.5.1 实收资本（股本）的审计目标

(1) 资产负债表中记录的实收资本（股本）是存在的。

(2) 所有应当记录的实收资本（股本）均已记录，实收资本（股本）的增减变动符合法律、法规和合同章程的规定。

(3) 实收资本（股本）以恰当的金额包括在财务报表中。

(4) 实收资本（股本）已按照企业会计准则的规定在财务报表上作出了恰当列报。

实收资本（股本）的审计目标是指注册会计师实施实收资本（股本）审计时应达到的最终结果。实收资本（股本）认定是指被审计单位管理层在财务报表中对实收资本（股本）作出的明确或隐含的表达。实施实收资本（股本）审计应编制实收资本（股本）审计目标与认定对应关系表，以便实收资本（股本）审计任务的完成。实收资本（股本）审计目标与认定对应关系表见表 12-7。

12.5.2 实收资本（股本）的实质性程序

1) 实收资本实质性程序

(1) 索取被审计单位合同、章程、营业执照及有关董事会会议记录。

审计人员应向被审计单位索取合同、章程、营业执照及有关董事会会议记录。在企业合同、章程中，对投资各方的出资方式、出资期限及其他要求作了详细规定，并经过国家审批部门批准，具有法律效力。投资各方不得随意更改合同、章程所规定的出资义务。国家授权有关部门的批准证书是批准企业成立的法律性文件，投资各方应遵照执行。营业执照是由国家工商行政管理机关批准发给企业的合法经营的许可证，它规定企业成立和终止的日期。

(2) 索取或编制实收资本明细表。

审计人员应向被审计单位索取或自行编制实收资本明细表。实收资本明细表包括投入资本变动的详细记载及有关的分析评价。编制时需将每次变动情况逐一记载并与有关的原始凭证和会计记录进行核对。

实施实收资本实质性程序应以获取或编制实收资本明细表为起点，进行一系列实收资本账账、账表核对和分析，这对查明实收资本有无记录错误有重要意义。实收资本（股本）明细表见表12-9。

(3) 检查出资期限和出资方式、出资额。

审计人员应检查投资者是否已按合同、协议、章程约定的时间缴付出资额，其出资额是否经中国注册会计师验证，已验资者，还应查阅验资报告。

出资期限是投资者缴足其认缴资本的时间界限。出资期限包括合同期限和法律期限。前者是投资者根据企业筹建、开业的需要，在企业合同、章程中规定的出资期限；后者是国家有关法律、规定中要求的出资期限。合同期限要符合法律期限的要求。

出资方式是指各投资者认缴资本所采用的方式。出资方式包括货币资金方式、实物方式和无形资产方式。投入资本的出资方式除国家规定者外，应在企业成立时经批准的企业合同、章程中有详细规定。投资者的出资方式必须严格遵守国家规定和企业合同、章程，不得擅自改变出资方式，否则将构成违反合同、章程的行为（已经董事会补充修改并报原审批机关批准的除外）。

我国《企业法人登记管理条例》及施行细则明确规定，企业申请开业须有符合规定数额并与其生产经营相适应的注册资金。

(4) 检查投入资本的真实存在。

审计人员应通过对有关原始凭证、会计记录的审阅和核对，向投资者函证实缴资本额，对有关财产和实物的价值进行鉴定，确定投入资本的真实存在。检查时，审计人员应注意投入的现金是否已确实存入企业的开户银行，收到银行的收款通知；投入的实物资产是否已办理了验收手续并列具登记清单，对房地产类固定资产应检查其所有权或使用权证明文件，对设备类固定资产应检查采购发票，对融资租入固定资产应检查其租赁合同；投入的无形资产应检查是否已办理了法律手续，接收了有关技术资料。

(5) 检查实收资本的增减变动。

对于实收资本的增减变动，审计人员应查明原因，查阅其是否与董事会纪要、补充合同、协议及有关法律文件的规定一致。一般而言，企业的实收资本，如有必要增减变动，必须具备一定条件。例如，企业减资，需要满足三个条件：第一，应事先通知所有债权人，债权人无异议；第二，经股东大会决议同意，并修改公司章程；第三，减资后的注册资本不得低于法定注册资本的最低限额。

(6) 检查实收资本是否已在资产负债表上恰当披露。

注册会计师在对实收资本进行实质性程序后，确定了实收资本审计后的金额。依据所展开的实收资本实质性程序实施情况，注册会计师编制了实收资本审定表工作底稿，见表12-8。

2) 股本实质性程序

(1) 审阅公司章程、实施细则和股东大会、董事会会议记录。

审计人员应向被审计单位索取公司章程、实施细则和股东大会、董事会会议记录的副本，认真审阅其中有关股本的条款。被审计单位每次发行股票、收回股票或从事其他类型的股票交易，均须经过股东大会或董事会的授权批准。审计人员应了解的内容包括：核定股份和已发行股份的份数、股票面值、股票收回及认股权证等。通过这些资料，审计人员进一步确定被审计单位股本的交易是否符合有关的法规规定及股东大会或董事会的决议。

(2) 检查股东是否按照公司章程、合同、协议规定的出资方式出资，各种出资方式的比例是否符合规定。

我国法律规定股份有限公司的出资可以采取货币资金、实物、无形资产方式，但以无形资产出资的金额不得超过股份有限公司注册资本的20%。同时，规定采用募集式设立的股份有限公司，发起人认购的股份不得少于公司股份的35%。审计人员审计时，应当先了解企业章程、合同、协议中出资方式、出资比例，确定其内容的合法性，再具体分析企业实际募股时，是否存在与公司章程、合同、协议内容存在差异的情况，并了解形成差异的原因。

(3) 索取或自己编制股本明细表。

审计人员应向被审计单位索取或自己编制股本明细表。股本明细表的内容应包括各类股本变动的详细记录及有关的分析评价。审计人员编制时应将每次变动的情况一一记录并与有关原始凭证和会计账目进行核对。

(4) 检查股票的发行、收回等交易活动。

检查与股票的发行、收回有关的原始凭证和会计记录。应检查的原始凭证包括：已发行股票的登记簿、向外界收回的股票、募股清单、银行对账单等。会计记录包括：银行存款日记账和总账、股本明细账和总账等。

(5) 函证发行在外的股票。

审计人员应检查已发行的股票数量是否真实，是否已收到股款或资产。对于企业委托证券交易所和金融机构发行和转让的股票，因这些机构了解公司发行股票的总数，掌握公司股东的个人记录以及股票转让情况，审计人员审计时可采取与证券交易所和金融机构函证及查阅的方法来验证发行股份的数量，并与股本账面数额进行核对，确定是否相符。对个别自己发行股票和自己对有关股票发行数量、金额及股东情况登记的企业，审计人员审计时，可在检查企业股票登记簿和股东名单记录的基础上，抽查其记录是否真实有据，核对发行的股票存根，看其数额是否与股本账上数额相符。

(6) 检查股票发行费用的会计处理。

如果是平价发行股票，股份有限公司发行股票时发生的股票印刷费和委托其他单位发行股票时的手续费、佣金等发行费用，减去发行股票冻结期间产生的利息收入后的余额，依次冲减盈余公积和未分配利润；如果是溢价发行股票，减去发行股票冻结期间产生的利息收入后的余额，首先从溢价中抵销；溢价不足抵扣的部分，冲减盈余公积和未分配利润。审计人员应检查相关会计记录和原始凭证，确定被审计单位对股票发行费用的会计处理是否正确。

（7）检查股本是否已在资产负债表上恰当披露。

股本应在资产负债表中单项列示，审计人员还应检查是否在财务报表附注中披露与股本有关的重要事项，如股本的种类、各类股本金额及股票发行的数额、每股股票的面值、本会计期间发行的股票等。

案例窗 12-6

实收资本审计案例

希尔有限公司因生产经营所需，需要增资扩股吸纳新的股东。友联公司投资部在经过对项目投资的可行性研究后，与希尔有限公司签订了投资协议；财务部根据董事会决议和投资协议于2011年6月对希尔有限公司投资6 000万元。2011年12月由于希尔有限公司增资扩股的相关法律手续尚未办理完毕，友联公司的投资交易尚未完成。友联公司投资部与希尔有限公司签订了至2011年12月底的资金占用费的补充协议，根据该补充协议的相关条款，友联公司收取了至2011年12月底资金占用费的262万元。至2012年4月根据希尔有限公司提供的会计师事务所出具的验资报告，验证友联公司实际出资3 000万元，占15%的股权比例，2012年9月收回多投的投资款3 000万元，2013年收到分回的当年5~12月的投资收益240万元。友联公司没有能够收到2012年的1~4月原投出资金6 000万元和5~8月多投出资金3 000万元的资金占用费，因此友联公司的利益没有得到保证。

【解答】

注册会计师对此投资案例作出的分析为：

（1）友联公司投资部对该投资项目事前做了可行性研究并作出需投资6 000万元的结论，但实际投资只需要3 000万元，存在失误或串通舞弊的可能性。

（2）友联公司应在希尔有限公司增资手续基本办完尚缺验资报告时投出资金，并在协议中规定在资金到账后何时办理工商变更登记。

（3）所签订的补充协议中的资金占用期间的确定存在疏漏，未能考虑到投资交易不能如期完成的情况下仍应收取的资金占用费。友联公司内部审计部门未能将投资部工作的疏漏及时反馈给管理层。

（4）希尔有限公司当年投资交易未能完成时，友联公司应有保障资金的安全意识，立即查明希尔有限公司未能办理相关手续的原因并应限期办理或立即收回资金；并且，追究希尔有限公司对出资额发生变化的原因、希尔有限公司履行相关手续是否得到友联公司同意，责其解释多投款项未及时退还的原因。

建议友联公司建立对外投资内部控制的监督检查制度，设立相应的监督部门定期跟踪检查各部门的职责履行情况。

12.6 投资与筹资循环审计实例

2014年1月10日，信达会计师事务所接受科思特有限公司委托，对该公司2013年度的财务报表进行了审计。通过了解该单位及其环境，实施风险评估，将投资与筹资循环业务确定为重点审计对象。在对投资与筹资循环交易进行控制测试后，根据测试情况，将科思特有限公司短期借款、实收资本列为审计重点，进行了短期借款和实收资本的实质性程序。

投资与筹资循环控制测试、短期借款实质性程序、实收资本实质性程序的工作底稿见表 12-1 至表 12-9。

12.6.1　投资与筹资循环控制测试

投资与筹资循环控制测试见表 12-1。

表 12-1　　投资与筹资循环控制测试

被审计单位：	科思特有限公司	索引号：	CZC
项目：	投资与筹资循环控制测试	财务报表截止日/期间：	2013 年 12 月 31 日
编制：	Wang	复核：	Li
日期：	2013 年 11 月 22 日	日期：	2013 年 11 月 23 日

1）控制测试——筹资

（1）询问程序

通过实施询问程序，科斯特有限公司已确定下列事项：

①本年度未发现任何特殊情况、错报和异常项目；

②财务部门的人员在未得到授权的情况下无法访问或修改系统内数据；

③本年度未发现下列控制活动未得到执行；

④本年度未发现下列控制活动发生变化。

（2）其他测试程序

控制目标	科思特有限公司的控制活动	控制测试程序	执行控制的频率	所测试的项目数量	索引号
已记录的借款均确为公司的负债	①公司建立了筹资预算管理制度。每年年初，预算经理编制年度筹资预算，经财务部部长复核并签署意见后上报公司总经理和董事会审批。财务部在批准的预算限额内开展筹资活动。 ②预计流动资金可能不足时，信贷管理将填写借款申请表，其中：金额在人民币 20 万元以下的申请应经财务部部长和总经理审批；金额超过人民币 20 万元的申请应经董事会审批。董事会授权总经理签订借款合同。 ③财务部部长依据审批后的借款申请表，与银行洽谈综合授信协议或借款合同主要条款，报总经理审核并签订协议或合同。 ④如签订综合授信协议，信贷管理员根据月度用款计划，在综合授信额度内申请使用款项，并填写综合授信申请，经财务部部长审批后办理借款手续	选取借款申请表或综合授信申请，检查其是否得到适当审批	1 次/季度	2	略
借款均已准确记录	信贷记账员编制记账凭证，后附综合授信使用申请或借款合同、银行回单等单证交企业会计处主任复核，依据复核无误的记账凭证登记短期借款明细账	选取借款合同，并检查其是否与账务记录一致	1 次/季度	2	略

续表

控制目标	科思特有限公司的控制活动	控制测试程序	执行控制的频率	所测试的项目数量	索引号
借款均已记录	①信贷管理员根据综合授信协议或借款合同，逐笔登记借款备查账。 ②信贷管理员保管综合授信协议或借款合同，逐笔登记借款备查账。 ③每月末，信贷管理员与信贷记账员核对借款备查账与借款明细账，编制核对表报企业会计处主任复核。如有任何差异，立即调查原因	选取借款合同，并检查其是否与账务记录一致	1次/月度	3	略
借款均已于适当期间进行记录	信贷管理员按月汇总编制信贷情况表，内容包括授信额度总额、已使用额度、累计贷款金额、本月新增贷款总额以及预计下月到期贷款总额等，交财务部长审核后上报总经理和董事会	选取信贷情况表，并检查其是否得到复核	1次/月度	2	略
财务费用均已准确计算并于适当期间进行记录	①每季末，信贷记账员根据银行借款利息回单编制付款凭证，并附相关单证，提交企业会计处主任审批。在完成对付款凭证及相关单证的复核后，企业会计处主任在付款凭证上签字，以作为复核证据，并在所有单证上加盖“核销”印戳。 ②如未能及时取得银行借款利息回单，信贷管理员根据借款利率估算应付利息，经企业会计处主任复核后，由信贷记账员进行账务处理。同时，该金额还将与当月编制的银行存款余额调节表中体现的银行已划转的利息金额相核对	选取银行借款利息回单，并检查其是否已准确、及时记录	1次/季度	2	略
已记录的偿还借款均为真实发生的	信贷管理员按月汇总编制信贷情况表，内容包括授信额度总额、已使用额度、累计贷款金额、本月新增贷款总额以及预计下月到期贷款总额等，交财务部长审核后上报总经理和董事会	选取信贷情况表，并检查其是否得到复核	1次/月	3	略
偿还借款均已准确记录	①信贷管理员根据综合授信协议或借款合同，逐笔登记借款备查账。 ②信贷管理员保管综合授信协议或借款合同，逐笔登记借款备查账。 ③每月末，信贷管理员与信贷记账员核对借款备查账与借款明细账，编制核对表，报企业会计处主任复核。如有任何差异，立即调查原因	选取借款备查账记录，检查其是否与财务记录一致	1次/月	3	略
偿还借款均已记录	①信贷记账员编制记账凭证，后附银行还款本息回单等单证，交企业会计处主任复核，经复核无误后登记短期借款明细账。 ②信贷管理员在借款备查账中记录借款归还情况。 ③每月末，信贷管理员与信贷记账员核对借款备查账与借款明细账，编制核对表，报企业会计处主任复核。如有任何差异，立即调查原因	选取借款备查账记录，检查其是否与财务记录一致	1次/月	3	略

续表

控制目标	科思特有限公司的控制活动	控制测试程序	执行控制的频率	所测试的项目数量	索引号
偿还借款均已于适当期间进行记录	每月末，信贷管理员与信贷记账员核对借款备查账与借款明细账，编制核对表，报企业会计处主任复核。如有任何差异，立即调查原因。若出现需要进行调整的情况，企业会计处主任将编写调整建议，连同有关支持文件一并提交给财务部长，经复核和审批后进行账务处理	选取借款备查账记录，检查其是否与财务记录一致	1 次/月	3	略

2）结论

科斯特有限公司自成立以来没有长期投资业务，所以我们不进行投资业务循环内部控制的了解和评价，也不进行投资业务循环控制测试。

12.6.2　短期借款实质性程序

1）短期借款审计目标与认定对应关系表（见表 12-2）

表 12-2　**审计目标与认定对应关系表**

审计目标	财务报表认定				
	存在	完整性	权利和义务	计价和分摊	列报
A. 资产负债表中记录的短期借款是存在的	√				
B. 所有应当记录的短期借款均已记录		√			
C. 记录的短期借款是被审计单位应当履行的现时义务			√		
D. 短期借款以恰当的金额包括在财务报表中，与之相关的计价调整已恰当记录				√	
E. 短期借款已按照企业会计准则的规定在财务报表中作出了恰当列报					√

2）短期借款审定表（见表 12-3）

表 12-3　**短期借款审定表**

被审计单位：科思特有限公司	索引号：FAI
项目：短期借款审定表	财务报表截止日/期间：2013 年 12 月 31 日
编制：Jia	复核：Hu
日期：2014 年 1 月 24 日	日期：2014 年 1 月 23 日

项目名称	期末未审数	账项调整		本期审定数	上期审定数
		借方	贷方		
信用借款	780 000 000. 00			780 000 000. 00	616 520 000. 00
抵押借款					
质押借款					
保证借款					
合计	780 000 000. 00			780 000 000. 00	616 520 000. 00

续表

审计结论：

报表数经审计后无调整事项，可以确认。

3）短期借款明细表（见表 12-4）

表 12-4 **短期借款明细表**

被审计单位：科思特有限公司　　索引号：FA2

项目：短期借款明细表　　财务报表截止日/期间：2013 年 12 月 31 日

编制：Jia　　复核：Hu

日期：2014 年 1 月 22 日　　日期：2014 年 1 月 23 日

贷款银行	借款期限		期初余额		本期增加		本期归还		期末余额	本期应计利息	本期实计利息	差异	借款条件	借款用途
	借款日	约定还款日	利率	本金	利率	本金	提前归还日期	本金	本金					
华夏银行河西支行	2012-02-16	2013-02-16	4.74300%	40 000 000.00				40 000 000.00		15 810.00	15 810.00		信用借款	流动资金使用
	2012-04-20	2013-04-20	4.74300%	20 000 000.00				20 000 000.00		355 725.00	355 725.00			
	2013-01-04	2014-01-04			5.20200%	40 000 000.00			40 000 000.00	2 086 580.00	2 086 580.00			
	2013-01-11	2014-01-11			5.50800%	40 000 000.00	2013-02-27	40 000 000.00		287 640.00	287 640.00			
	2013-06-27	2013-12-27			5.26500%	100 000 000.00	2013-10-15	100 000 000.00		1 608 750.00	1 608 750.00			
	⋮	⋮		⋮		⋮		⋮	⋮	⋮	⋮			
	小计			140 000 000.00		320 000 000.00		320 000 000	140 000 000.00	10614 691.25	10614691.25			
建设银行柳巷支行	2012-05-15	2013-02-16	5.26500%	30 000 000.00				30 000 000.00		500 175.00	500 175.00		信用借款	流动资金使用与固定资金使用
	2013-02-01	2013-07-31			5.02200%	30 000 000.00	2013-07-30	30 000 000.00		736 762.5	736 762.5			
	2013-06-27	2013-12-26			5.26500%	100 000 000.00	2013-10-15	100 000 000.00		1 608 750.00	1 608 750.00			
	2013-06-28	2013-09-28			5.26500%	20 000 000.00	2013-08-04	20 000 000.00		108 225.00	108 225.00			
	2013-12-12	2014-06-11			5.83200%	20 000 000.00			20 000 000.00	77 760.00	1 608 750.00			
	⋮	⋮		⋮		⋮		⋮	⋮	⋮	⋮			
	小计			80 000 000.00		400 000 000.00		360 000 000	120 000 000.00	7646152.50	7646152.50			
晋商银行并州支行	2012-09-15	2013-03-15	5.02200%	20 000 000.00			2013-03-11	20 000 000.00		186 930.00	186 930.00		信用借款	流动资金使用
	2013-06-16	2013-12-16			5.10300%	35 020 000.00	2013-09-08	35 020 000.00		416 983.14	416 983.14			
	2013-12-13	2014-11-27			6.56100%	20 000 000.00			20 000 000.00	65 610.00	65 610.00			
	⋮	⋮		⋮		⋮		⋮	⋮	⋮	⋮			
	小计			20 000 000.00		95 020 000.00		55 020 000.00	60 000 000.00	1 706 413.14	1 706 413.14			
	⋮	⋮	⋮	⋮	⋮	⋮	⋮	⋮	⋮	⋮	⋮			
	合计			616 520 000.00		157 088 066.84		1 407 208 066.84	780 000 000.00	38 937 623.04	38 937 623.04			

审计说明：

科斯特有限公司没有已到期未偿还的短期借款。

审计证据：1. 借款合同。

2. 利率调整通知。

3. 对银行进行函证结果：信息无误。

经测算，应计利息与实计利息无差异。

4）利息分配检查表（见表 12-5）

表 12-5　**利息分配检查表**

被审计单位：科思特有限公司	索引号：FA3
项目：利息分配检查表	财务报表截止日/期间：2013 年 12 月 31 日
编制：Jia	复核：Hu
日期：2014 年 1 月 23 日	日期：2014 年 1 月 24 日

项目名称	实际利息	利息（实际利息）分配数					核对是否正确	差异原因
		财务费用	在建工程	制造费用	研发支出	合计		
光大银行河西支行	10 614 691.25	10 614 691.25				10 614 691.25	是	
建设银行柳巷支行	7 646 152.50	5 968 491.90	1 677 660.60			7 646 152.50	是	
晋商银行并州支行	1 706 413.14	1 706 413.14				1 706 413.14	是	
⋮	⋮	⋮	⋮	⋮	⋮	⋮		
合计	38 937 623.04	34 775 737.44	4 161 885.60			38 937 623.04	是	

审计说明：

为建造符合资本化条件的资产而占用了一半借款，科斯特有限公司根据累计资产支出超过专门借款部分的资产支出加权平均数乘以所占用的一半借款的资本化率，计算确定一般借款应予资本化的利息金额。

经检查，短期借款利息分配正确。

5）短期借款检查情况表（见表 12-6）

表 12-6　**短期借款检查情况表**

被审计单位：科思特有限公司	索引号：FA4
项目：短期借款检查情况表	财务报表截止日/期间：2013 年 12 月 31 日
编制：Jia	复核：Hu
日期：2014 年 1 月 23 日	日期：2014 年 1 月 24 日

记账日期	凭证编号	业务内容	对应科目	金额	核对内容（用“√”、“×”表示）					备注
					①	②	③	④	⑤	
1 月 12 日	0077#	收光大河西支行短期借款	银行存款	40 000 000.00	√	√	√	√	√	借据、进账单、放款通知单
2 月 5 日	0047#	还建行柳巷支行短期借款	银行存款	30 000 000.00	√	√	√	√	√	建行（贷款）借款凭证
2 月 27 日	1078#	还光大河西支行借款	银行存款	40 000 000.00	√	√	√	√	√	委托付款凭证、放款收回凭证
5 月 8 日	0001#	收中行广场透支借款	银行存款	53 352 513.57	√	√	√	√	√	中行法人账户透支业务回单
9 月 8 日	0968#	还晋行并州支行法人账户透支款	银行存款	35 020 000.00	√	√	√	√	√	晋行转账支票存根、晋行客户回单、付款申请单
10 月 15 日	0331#	还建行柳巷支行短期借款	银行存款	100 000 000.00	√	√	√	√	√	光大（贷款）借款凭证
⋮	⋮	⋮	⋮	⋮						⋮

核对内容说明：①原始凭证是否齐全；②记账凭证与原始凭证是否相符；③账务处理是否正确；④是否记录于恰当的会计期间；⑤是否经过授权审批。

续表

审计说明：

我们在银行函证回函、短期借款相关信息正确无误的基础上，对科斯特有限公司短期借款明细账随机抽样，检查2013年度新增银行借款以及还款情况相关的原始凭证，并与相关会计记录进行核对。 经检查，短期借款可以确认。

12.6.3 实收资本（股本）实质性程序

1）实收资本（股本）审计目标与认定对应关系表（见表12-7）

表12-7 **审计目标与认定对应关系表**

审计目标	财务报表认定				
	存在	完整性	权利和义务	计价和分摊	列报
A. 资产负债表中记录的实收资本（股本）是存在的	√				
B. 所有应当记录的实收资本（股本）均已记录，实收资本（股本）的增减变动符合法律、法规和合同章程的规定		√			
C. 实收资本（股本）以恰当的金额包括在财务报表中				√	
D. 实收资本（股本）已按照企业会计准则的规定在财务报表上作出了恰当列报					√

2）实收资本（股本）审定表（见表12-8）

表12-8 **实收资本（股本）审定表**

被审计单位：科思特有限公司	索引号：QA1
项目：实收资本（股本）审定表	财务报表截止日/期间：2013年12月31日
编制：Jia	复核：Hu
日期：2014年1月25日	日期：2014年1月26日

股东名称	期末未审数	账项调整		重分类调整		期末审定数	上期审定数
		借方	贷方	借方	贷方		
南方公司	43 010 640.00					43 010 640.00	43 010 640.00
乙公司	29 799 990.00					29 799 990.00	29 799 990.00
丙公司	16 170 505.20					16 170 505.20	16 170 505.20
丁公司	54 583 887.36					54 583 887.36	54 583 887.36
戊公司	48 386 977.44					48 386 977.44	48 386 977.44
合计	191 952 000.00					191 952 000.00	191 952 000.00

审计结论：

报表数经审计后无调整事项，可以确认。

3）实收资本（股本）明细表（见表 12-9）

表 12-9　　**实收资本（股本）明细表**

被审计单位：	科思特有限公司	索引号：	FA1
项目：	实收资本（股本）审定表	财务报表截止日/期间：	2013 年 12 月 31 日
编制：	Jia	复核：	Hu
日期：	2014 年 1 月 25 日	日期：	2014 年 1 月 26 日

股东名称	期初余额	本期增加额	本期减少额	期末余额	备注
南方公司	43 010 640.00			43 010 640.00	
乙公司	29 799 990.00			29 799 990.00	
丙公司	16 170 505.20			16 170 505.20	
丁公司	54 583 887.36			54 583 887.36	
戊公司	48 386 977.44			48 386 977.44	
合计	191 952 000.00			191 952 000.00	

审计说明：

审计标识：B——与上年结转数核对一致；　G——与总分类账核对一致； S——与明细账核对一致；　T/B——与试算平衡表核对一致。

第 13 章

货币资金审计

学习目标

在货币资金审计中，注册会计师的工作主要有：了解货币资金的内部控制；对货币资金进行控制测试；确定库存现金和银行存款的审计目标；对库存现金和银行存款实施实质性程序；编制货币资金审计工作底稿。

本章的学习目标是：

1. 了解货币资金的内部控制。
2. 掌握货币资金控制测试的方法。
3. 明确库存现金和银行存款的审计目标。
4. 掌握库存现金和银行存款的实质性程序。
5. 掌握货币资金审计工作底稿的编制方法。

基本知识点、基本能力点及能力拓展点

1. 基本知识点：货币资金内部控制的内容、货币资金的审计目标。
2. 基本能力点：库存现金、银行存款的控制测试和实质性程序。
3. 能力拓展点：其他货币资金的实质性程序。

导读案例

2004 年，国家审计署沈阳特派办按照国家审计署的统一部署，对北京天职孜信会计师事务所 2003 年度审计业务质量进行检查。经对该所出具审计报告的 14 家上市公司的调查分析和工作底稿等资料审查，发现该所连续 5 年出具无保留意见审计报告的湖南天一科技股份有限公司疑点较多。特派办经过对湖南天一科技股份有限公司重点延伸检查，发现了重大问题的线索：该公司与当地的开户银行相互串通，通过伪造银行对账单等方式，多计存款 1.31 亿元，少计贷款 7 100 万元，并给会计师事务所出具虚假的询证回函，欺骗会计师事务所。2005 年 11 月 11 日，证监会公布了证监罚字［2005］27 号行政处罚书，指控北京天职孜信会计师事务所在审计湖南天一科技股份有限公司 2003 年财务报告的过程中，未对银行存款、借款询证函的发出和收回保持有效的控制，违反了《独立审计具体准则第 27 号——函证》第 17、18 条的规定，致使出具的审计报告含有虚假内容。

资料来源　中国审计报，2005-11-09.

13.1　货币资金控制测试

货币资金是企业流动性最强的一种资产，持有一定数额的货币资金是企业生产经营活

动的基本条件；货币资金按存放的地点和用途不同，可分为库存现金、银行存款和其他货币资金。本节主要介绍货币资金与交易循环的关系、货币资金内部控制概述、库存现金的控制测试和银行存款的控制测试等内容。

13.1.1　货币资金与交易循环

货币资金与各交易循环中的业务活动存在着密切的关系。

（1）在销售与收款循环中，企业产品的销售、劳务的提供会导致货币资金的增加。

（2）在采购与付款循环中，企业购买固定资产、无形资产和存货等会导致货币资金的减少。

（3）在生产与存货循环中，企业支付各种费用会导致货币资金的减少。

（4）在人力资源与工薪循环中，企业支付各种人工费用会导致货币资金的减少。

（5）在筹资循环中，企业发行股票、债券、向银行或其他金融机构借款时会导致货币资金的增加；而还本付息、支付股利时则会导致货币资金的减少。

（6）在投资循环中，企业购买股票、债券时，会导致货币资金的减少；而收回投资、收取股利、利息时，则会导致货币资金的增加。

13.1.2　货币资金内部控制概述

为了确保货币资金的安全完整，保证货币资金的收付符合国家的有关规定，保证货币资金的会计记录正确可靠，被审计单位应当根据国家有关法律法规的规定，结合本部门或系统有关货币资金内部控制的规定，建立适合本单位业务特点和管理要求的货币资金内部控制，并组织实施。

货币资金的内部控制一般包括以下内容：

1）岗位分工及授权批准

（1）企业应当建立货币资金业务的岗位责任制，明确相关部门和岗位的职责权限，确保办理货币资金业务的不相容岗位相互分离、制约和监督。出纳人员不得兼任稽核、会计档案保管和收入、支出、费用、债权债务账目的登记工作。企业不得由一人办理货币资金业务的全过程。

（2）企业应当对货币资金业务建立严格的授权批准制度，明确审批人对货币资金业务的授权批准方式、权限、程序、责任和相关控制措施，规定经办人办理货币资金业务的职责范围和工作要求。审批人应当根据货币资金授权批准制度的规定，在授权范围内进行审批，不得超越审批权限。经办人应当在职责范围内，按照审批人的批准意见办理货币资金业务。对于审批人超越授权范围审批的货币资金业务，经办人员有权拒绝办理，并及时向审批人的上级授权部门报告。

（3）企业应当按照规定的程序办理货币资金支付业务：①支付申请。企业有关部门或个人用款时，应当提前向审批人提交货币资金支付申请，注明款项的用途、金额、预算、支付方式等内容，并附有效经济合同或相关证明。②支付审批。审批人根据其职责、权限和相应程序对支付申请进行审批。对不符合规定的货币资金支付申请，审批人应当拒绝批准。③支付复核。复核人应当对批准后的货币资金支付申请进行复核，复核货币资金支付申请的批准范围、权限、程序是否正确，手续及相关单证是否齐备，金额计算是否准确，支付方式、支付企业是否妥当等。复核无误后，交由出纳人员办理支付手续。④办理支付。出纳人员应当根据复核无误的支付申请，按规定办理货币资金支付手续，及时登记库存现金和银行存款日记账。

(4) 企业对于重要货币资金支付业务，应当实行集体决策和审批，并建立责任追究制度，防范贪污、侵占、挪用货币资金等行为。

(5) 严禁未经授权的机构或人员办理货币资金业务或直接接触货币资金。

2) 现金和银行存款的管理

(1) 企业应当加强现金库存限额的管理，超过库存限额的现金应及时存入银行。

(2) 企业必须根据《中华人民共和国现金管理暂行条例》的规定，结合本企业的实际情况，确定本企业现金的开支范围。不属于现金开支范围的业务应当通过银行办理转账结算。

(3) 企业现金收入应当及时存入银行，不得用于直接支付企业自身的支出。因特殊情况需坐支现金的，应事先报经开户银行审查批准。

企业借出款项必须执行严格的授权批准程序，严禁擅自挪用、借出货币资金。

(4) 企业取得的货币资金收入必须及时入账，不得私设“小金库”，不得账外设账，严禁收款不入账。

(5) 企业应当严格按照《支付结算办法》等国家有关规定，加强银行账户的管理，严格按照规定开立账户，办理存款、取款和结算。

企业应当定期检查、清理银行账户的开立及使用情况，发现问题，及时处理。企业应当加强对银行结算凭证的填制、传递及保管等环节的管理与控制。

(6) 企业应当严格遵守银行结算纪律，不准签发没有资金保证的票据或远期支票，套取银行信用；不准签发、取得和转让没有真实交易和债权债务的票据，套取银行和他人资金；不准无理拒绝付款，任意占用他人资金；不准违反规定开立和使用银行账户。

(7) 企业应当指定专人定期核对银行账户，每月至少核对一次，编制银行存款余额调节表，使银行存款账面余额与银行对账单调节相符。如调节不符，应查明原因，及时处理。

(8) 企业应当定期和不定期地进行现金盘点，确保现金账面余额与实际库存相符。发现不符，应及时查明原因，作出处理。

3) 票据及有关印章的管理

(1) 企业应当加强与货币资金相关的票据的管理，明确各种票据的购买、保管、领用、背书转让、注销等环节的职责权限和程序，并专设登记簿进行记录，防止空白票据的遗失和被盗用。

(2) 企业应当加强银行预留印鉴的管理。财务专用章应由专人保管，个人名章必须由本人或其授权人员保管。严禁一人保管支付款项所需的全部印章。

按规定需要有关负责人签字或盖章的经济业务，必须严格履行签字或盖章手续。

4) 监督检查

(1) 企业应当建立对货币资金业务的监督检查制度，明确监督检查机构或人员的职责权限，定期和不定期地进行检查。

(2) 货币资金监督检查的内容主要包括：

①货币资金业务相关岗位及人员的设置情况。重点检查是否存在货币资金业务不相容

职务混岗的现象。

②货币资金授权批准制度的执行情况。重点检查货币资金支出的授权批准手续是否健全，是否存在越权审批行为。

③支付款项印章的保管情况。重点检查是否存在办理付款业务所需的全部印章交由一人保管的现象。

④票据的保管情况。重点检查票据的购买、领用、保管手续是否健全，票据保管是否存在漏洞。

(3) 对监督检查过程中发现的货币资金内部控制中的薄弱环节，应当及时采取措施，加以纠正和完善。

13.1.3 库存现金的控制测试

1) 了解库存现金内部控制

注册会计师在进行库存现金的控制测试时，首先要通过查阅、现场观察、询问等方法以获取被审计单位库存现金内部控制的资料（如为连续审计，还可以查阅以前年度有关的审计工作底稿)，以掌握被审计单位有关库存现金内部控制的情况，并对所掌握的情况进行适当的记录。通常，对于大中型企业，由于其库存现金收支的业务量较多，人员分工较细，故可采用编制库存现金内部控制流程图的方法来记录被审计库存现金内部控制的情况；对于小型企业，由于其业务流程较为简单，则可以文字叙述的方法对其内部控制情况予以记载。

一般地，了解库存现金内部控制时，注册会计师应当注意检查库存现金内部控制的建立和执行情况，重点包括：

(1) 库存现金的收支是否按规定的程序和权限办理。

(2) 是否存在与被审计单位无关的款项收支情况。

(3) 出纳与会计的职责是否严格分离。

(4) 库存现金是否妥善保管，是否定期盘点、核对等。

2) 抽取并检查库存现金收款凭证

为测试库存现金收款的内部控制，注册会计师应选取适当样本的库存现金收款凭证，进行如下检查：

(1) 核对库存现金日记账的收入金额是否正确。

(2) 核对库存现金收款凭证与应收账款明细账的有关记录是否相符。

(3) 核对实收金额与销售发票是否一致等。

3) 抽取并检查库存现金付款凭证

为测试库存现金付款的内部控制，注册会计师应选取适当样本的库存现金付款凭证，进行如下检查：

(1) 检查付款的授权批准手续是否符合规定。

(2) 核对库存现金日记账的付出金额是否正确。

(3) 核对库存现金付款凭证与应付账款明细账的记录是否一致。

(4) 核对实付金额与购货发票是否相符等。

4) 抽取一定期间的库存现金日记账与总账核对

注册会计师应抽取一定期间的库存现金日记账，检查其加总是否正确无误；是否与总账核对相符。

5）检查外币库存现金的折算方法是否符合有关规定，是否与上年度一致

对于有外币库存现金的被审计单位，注册会计师应检查外币库存现金日记账及“财务费用”、“在建工程”等账户的记录，确定企业有关外币库存现金的增减变动是否采用交易发生日的即期汇率将外币金额折算为记账本位币金额，或者采用按照系统的方法确定的、与交易发生日即期汇率近似的汇率折算为记账本位币，选用汇率的方法前后各期是否保持一致；检查企业的外币库存现金的期末余额是否采用期末即期汇率折算为记账本位币金额；折算差额的会计处理是否正确。

6）评价库存现金的内部控制

注册会计师在完成了上述程序之后，即可对库存现金的内部控制进行评价。评价时，注册会计师应首先确定库存现金内部控制可信赖的程序以及存在的薄弱环节和缺点，然后据以确定在库存现金实质性程序中对哪些环节可以适当减少审计程序，哪些环节应增加审计程序，做重点检查，以减少审计风险。

13.1.4　银行存款的控制测试

1）了解银行存款内部控制

注册会计师对银行存款内部控制的了解一般与了解库存现金内部控制同时进行。注册会计师应当注意的内容包括：

（1）银行存款的收支是否按规定的程序和权限办理。

（2）银行账户是否存在与本单位经营无关的款项收支情况。

（3）是否存在出租、出借银行账户的情况。

（4）出纳与会计的职责是否严格分离。

（5）是否定期取得银行对账单并编制银行存款余额调节表。

2）抽取并检查银行存款收款凭证

为测试银行存款收款的内部控制，注册会计师应选取适当样本的银行存款收款凭证，进行如下检查：

（1）核对银行存款收款凭证与存入银行账户的日期和金额是否相符。

（2）核对银行存款日记账的收入金额是否正确。

（3）核对银行存款收款凭证与银行对账单是否相符。

（4）核对银行存款收款凭证与应收账款明细账的记录是否一致。

（5）核对实收金额与销售发票是否一致等。

3）抽取并检查银行存款付款凭证

为测试银行存款付款的内部控制，注册会计师应选取适当样本的银行存款付款凭证，进行如下检查：

（1）检查付款的授权批准手续是否符合规定。

（2）核对银行存款日记账的付出金额是否正确。

（3）核对银行存款付款凭证与银行对账单是否相符。

（4）核对银行存款付款凭证与应付账款明细账的记录是否一致。

（5）核对实付金额与购货发票是否相符等。

4）抽取一定期间的银行存款日记账与总账核对

注册会计师应抽取一定期间的银行存款日记账，检查其加总是否正确无误、是否与总账核对相符。

5）抽取一定期间的银行存款余额调节表，查验其是否按月正确编制并经复核

为证实银行存款记录的正确性，注册会计师必须抽取一定期间的银行存款余额调节表，将其同银行对账单、银行存款日记账及总账进行核对，确定被审计单位是否按月正确编制并复核银行存款余额调节表。

6）检查外币银行存款的折算方法是否符合有关规定，是否与上年度一致

对于有外币银行存款的被审计单位，注册会计师应检查外币银行存款日记账及“财务费用”、“在建工程”等账户的记录，确定企业有关外币银行存款的增减变动是否采用交易发生日的即期汇率将外币金额折算为记账本位币金额，或者采用按照系统的方法确定的、与交易发生日即期汇率近似的汇率折算为记账本位币，选用汇率的方法前后各期是否保持一致；检查企业的外币银行存款的期末余额是否采用期末即期汇率折算为记账本位币金额；折算差额的会计处理是否正确。

7）评价银行存款的内部控制

注册会计师在完成了上述程序之后，即可对银行存款的内部控制进行评价。评价时，注册会计师应首先确定银行存款内部控制可信赖的程度以及存在的薄弱环节和缺点，然后据以确定在银行存款实质性程序中对哪些环节可以适当减少审计程序，哪些环节应增加审计程序、做重点检查，以减少审计风险。

案例窗 13-1

希尔有限公司货币资金内部控制存在缺陷

奥特会计师事务所的注册会计师李军对希尔有限公司 2013 年度财务报表实施审计。审计中对希尔有限公司的货币资金内部控制进行了解，发现以下情况：

（1）公司设立出纳员。出纳员负责办理现金、银行存款收支业务，登记库存现金日记账和银行存款日记账，并兼任会计档案保管职务。月底，出纳员取得银行对账单并编制银行存款余额调节表。

（2）公司对货币资金支付建立了授权批准制度。审批人根据货币资金授权批准制度的规定，一般情况下在授权范围内进行审批，同时也可以超越审批权限审批，事后再按审批程序补办手续。

（3）公司采取分散收款方式。各部门收款员所收现金每隔 3 天向财务部门出纳员汇总解交一次。

要求：指出希尔有限公司货币资金内部控制中存在的缺陷并简要说明理由，同时提出改进建议。

【解答】

（1）出纳员兼任会计档案保管职务不符合内部控制的要求，因其是不相容职务，应由出纳员以外的人员担任会计档案保管职务；出纳员取得银行对账单并编制银行存款余额调节表不符合内部控制的要求，因其是不相容职务，应指定专人定期核对银行账户并编制银行存款余额调节表。

(2) 审批人超越授权范围审批不符合内部控制的要求，属于无效审批。应严格按照审批权限审批，对越权审批的货币资金支付业务，经办人员应拒绝办理，并及时向审批人的上级授权部门报告。

(3) 现金收入每隔3天解交一次不符合规定，因为收入的现金应及时存入银行并入账，应于每天营业结束后及时把收入的现金解交财务部门。

13.2 库存现金审计

库存现金包括企业的人民币现金和外币现金。库存现金是企业流动性最强的资产，尽管其在企业资产总额中的比重不大，但企业发生的舞弊大都与库存现金有关。因此，注册会计师应重视库存现金的审计。

13.2.1 库存现金审计目标

(1) 确定被审计单位资产负债表的“货币资金”项目中的库存现金在资产负债表日是否确实存在。

(2) 确定被审计单位所有应当记录的现金收支业务是否均已记录完毕，有无遗漏。

(3) 确定记录的库存现金是否为被审计单位所拥有或控制。

(4) 确定库存现金以恰当的金额包括在财务报表的“货币资金”项目中，与之相关的计价调整已恰当记录。

(5) 确定库存现金是否已按照企业会计准则的规定在财务报表中作出恰当列报。

库存现金的审计目标是指注册会计师实施库存现金审计时应达到的最终结果。库存现金认定是指被审计单位管理层在财务报表中对库存现金作出的明确或隐含的表达。注册会计师应根据被审计单位对库存现金的认定来确定库存现金的审计目标。库存现金审计目标与认定对应关系表见表13-2。

13.2.2 库存现金实质性程序

1) 核对库存现金日记账与总账的余额是否相符

注册会计师应核对库存现金日记账与总账的余额是否相符，检查非记账本位币库存现金的折算汇率及折算金额是否正确。

注册会计师测试库存现金余额的起点，是核对库存现金日记账与总账的余额是否相符；如果不相符，应查明原因，必要时应建议作出适当调整。

2) 监盘库存现金

监盘库存现金是证实资产负债表中“货币资金”项目下所列库存现金是否存在的一项重要审计程序。

企业盘点库存现金，通常包括对已收到但未存入银行的现金、零用金、找换金等的盘点。盘点库存现金的时间和人员应视被审计单位的具体情况而定，但必须有出纳员和被审计单位会计主管人员参加，并由注册会计师进行监盘。盘点和监盘库存现金的步骤和方法如下：

(1) 制订监盘计划，确定盘点时间。对库存现金的监盘最好实施突击性的检查，时间最好选择在上午上班前或下午下班时，盘点的范围一般包括企业各部门存放的现金。在进行库存现金盘点前，应由出纳员将现金集中起来存入保险柜。必要时，可加封条，然后由出纳员把已办妥现金收付手续的收付款凭证登入库存现金日记账。如企业库存现金存放部门有两处或两处以上者，应同时进行盘点。

（2）审阅库存现金日记账并与现金收付凭证相核对。一方面检查日记账的记录与凭证的内容和金额是否相符；另一方面了解凭证日期与日记账日期是否相符或接近。

（3）由出纳员根据库存现金日记账进行加计累计数额，结出库存现金结余额。

（4）盘点保险柜的现金实存数，同时编制“库存现金盘点表”，分币种、面值列示盘点金额。

（5）在非资产负债表日进行盘点和监盘时，应调整至资产负债表日的金额。

（6）将盘点金额与库存现金日记账余额进行核对，如有差异，应查明原因，并作出记录或适当调整。

（7）若有冲抵库存现金的借条、未提现支票、未作报销的原始凭证，应在“库存现金盘点表”中注明或作出必要的调整。

监盘库存现金，是库存现金实质性程序中的重要程序。通过监盘，可以证实被审计单位资产负债表中所列的库存现金是否存在。注册会计师编制的库存现金监盘表见表 13-4。

3）分析被审计单位日常库存现金余额是否合理

关注是否存在大额未缴存的现金。

4）抽查大额库存现金收支

注册会计师应检查大额现金收支的原始凭证是否齐全、原始凭证内容是否完整、有无授权批准、记账凭证与原始凭证是否相符、账务处理是否正确、是否记录于恰当的会计期间等项内容。

5）检查现金收支的正确截止

抽查资产负债表日前后若干天、一定金额以上的现金收支凭证实施截止测试。被审计单位资产负债表的货币资金中的库存现金数额，应以结账日实有数额为准。因此，注册会计师必须验证现金收支的截止日期，以确定是否存在跨期事项、是否应考虑提出调整建议。

6）检查库存现金是否在资产负债表中作出恰当列报

根据有关规定，企业的库存现金在资产负债表的“货币资金”项目中反映，所以，注册会计师应在实施上述审计程序后，确定“库存现金”账户的期末余额是否恰当，进而确定库存现金是否在资产负债表中恰当披露。

根据库存现金实施实质性程序的情况，注册会计师编制了库存现金审定表工作底稿，见表 13-3。

案例窗 13-2

对希尔有限公司库存现金的核实

2014 年 1 月 16 日，奥特会计师事务所的注册会计师张梅对希尔有限公司 2013 年 12 月 31 日资产负债表审计中，查得“货币资金”项目中的库存现金为 1 440 元。1 月 17 日上午 8 时，注册会计师对该公司出纳员所经管的现金进行了清点。该公司 1 月 16 日库存现金日记账余额为 1 240 元，清点结果如下：

（1）现金实有数 1 240 元。

(2) 银行核定该公司现金限额为1 600元。

(3) 经核对1月1日—16日的收付款凭证和库存现金日记账，核实1月1日—16日收入现金数为5 000元、支出现金数为5 200元正确无误。

要求：根据以上资料，核实2013年12月31日资产负债表上的“货币资金”项目中所列现金数是否正确。

【解答】

希尔有限公司2013年12月31日现金的实存数为1 440元（1 240+5 200-5 000），与“货币资金”项目中的库存现金数相符。注册会计师张梅确认“货币资金”项目中的库存现金数基本正确。

13.3 银行存款审计

银行存款是指企业存放在银行或其他金融机构的各种款项。按照国家有关规定，凡是独立核算的企业都必须在当地银行开设账户。企业在银行开设账户以后，除按核定的限额保留库存现金外，超过限额的现金必须存入银行；除了在规定的范围内可以用现金支付款项外，在经营过程中所发生的一切货币收支业务，都必须通过“银行存款”账户进行结算。

本节主要介绍银行存款的审计目标和银行存款的实质性程序。

13.3.1 银行存款的审计目标

(1) 确定被审计单位资产负债表的“货币资金”项目中的银行存款在资产负债表日是否确实存在。

(2) 确定被审计单位所有应当记录的银行存款收支业务是否均已记录完毕，有无遗漏。

(3) 确定记录的银行存款是否为被审计单位所拥有或控制。

(4) 确定银行存款以恰当的金额包括在财务报表的“货币资金”项目中，与之相关的计价调整已恰当记录。

(5) 确定银行存款是否已按照企业会计准则的规定在财务报表中作出恰当列报。

银行存款的审计目标是指注册会计师实施银行存款审计时应达到的最终结果，银行存款认定是指被审计单位管理层在财务报表中对银行存款作出的明确或隐含的表达。注册会计师应根据被审计单位对银行存款的认定来确定银行存款的审计目标。银行存款审计目标与认定对应关系表见表13-2。

13.3.2 银行存款实质性程序

1）获取或编制银行存款明细表

注册会计师应获取或编制银行存款明细表，复核加计是否正确，并与总账数和日记账合计数核对是否相符；检查非记账本位币银行存款的折算汇率及折算金额是否正确。

银行存款（其他货币资金）明细表工作底稿见表13-5。

注册会计师测试银行存款余额的起点，是核对银行存款日记账余额与总账余额是否相符。如果不相符，应查明原因，并考虑是否应建议作出适当调整。

2）实施实质性分析程序

计算银行存款累计余额应收利息收入，分析比较被审计单位银行存款应收利息收入与实际利息收入的差异是否恰当，评估利息收入的合理性，检查是否存在高息资金拆借，确认银行存款余额是否存在，利息收入是否已经完整记录。

3）检查银行存单

编制银行存单检查表，检查是否与账面记录金额一致，是否被质押或限制使用，存单是否为被审计单位所拥有。

（1）对已质押的定期存款，应检查定期存单，并与相应的质押合同核对，同时关注定期存单对应的质押借款有无入账。

（2）对未质押的定期存款，应检查开户证实书原件。

（3）对审计外勤工作结束日前已提取的定期存款，应核对相应的兑付凭证、银行对账单和定期存款复印件。

4）取得并检查银行对账单和银行存款余额调节表

检查银行对账单和银行存款余额调节表是证实资产负债表中所列银行存款是否存在的重要程序。具体测试程序通常包括：

（1）将被审计单位资产负债表日的银行对账单与银行询证函回函核对，确认是否一致，抽样核对账面记录的已付票据金额及存款金额是否与对账单记录一致。

（2）获取资产负债表日的银行存款余额调节表，检查调节表中加计数是否正确，调节后银行存款日记账余额与银行对账单余额是否一致。

（3）检查调节事项的性质和范围是否合理。

①检查是否存在跨期收支和跨期转账的调节事项。编制跨期转账业务明细表，检查跨期转账业务是否同时对应转入和转出，未在同一期间完成的转账业务是否反映在银行存款余额调节表的调整事项中。

②检查大额在途存款和未付票据。检查在途存款的日期，查明发生在途存款的具体原因，追查期后银行对账单存款记录日期，确定被审计单位与银行记账时间差异是否合理，确定在资产负债表日是否需提请被审计单位进行适当调整。

检查被审计单位的未付票据明细清单，查明被审计单位未及时入账的原因，确定账簿记录时间晚于银行对账单的日期是否合理。

检查被审计单位未付票据明细清单中有记录，但截至资产负债表日银行对账单无记录且金额较大的未付票据，获取票据领取人的书面说明，确认资产负债表日是否需要调整。

检查资产负债表日后银行对账单是否完整地记录了调节事项中银行未付票据金额。

（4）检查是否存在未入账的利息收入和利息支出。

（5）检查是否存在其他跨期收支事项，检查相应的原始交易单据或者银行收付款单据。

（6）当未经授权或授权不清支付货币资金的现象比较突出时，检查银行存款余额调节表中支付异常的领款（包括没有载明收款人）、签字不全、收款地址不清、金额较大的票据的调整事项，确认是否存在舞弊。

检查银行存款余额调节表是证实资产负债表中所列银行存款是否存在的重要程序。注册会计师编制的对银行存款余额调节表的检查的工作底稿见表13-6。

5）函证银行存款余额

函证银行存款余额是证实银行存款是否存在的重要程序。《中国注册会计师审计准则第1312号——函证》第12条规定："注册会计师应当对银行存款（包括零余额账户和在本期内注销的账户）、及与金融机构往来的其他重要信息实施函证程序，除非有充分证据表明某一银行存款、借款及与金融机构往来的其他重要信息对财务报表不重要且与之相关的重大错报风险很低。"

通过向往来银行函证，注册会计师不仅可以了解被审计单位资产的存在情况，而且还可以了解被审计单位所欠银行的债务，发现被审计单位未登记的银行负债，以及被审计单位应披露的或有负债等。

虽然注册会计师可以从被审计单位内部获取银行对账单，了解其银行存款的实有数额，但一般而言，要确定某一特定日期银行存款的金额，注册会计师仍需向被审计单位的开户银行进行函证。对于零余额账户和在本期内注销的账户，注册会计师也应当实施函证，以防止被审计单位隐瞒银行存款或借款。

按照国际惯例，财政部、中国人民银行于1999年1月6日联合印发了《关于做好企业的银行存款、借款及往来款项函证工作的通知》。通知中要求各商业银行、政策性银行、非银行金融机构要在收到询证函之日起10个工作日内，根据函证的具体要求，及时回函，并可按国家有关规定收取询证费用。

银行询证函的格式见表13-7。银行存款函证结果汇总表的格式见表13-8。

6）检查银行存款账户存款人是否为被审计单位

若存款人为非被审计单位，应获取该账户户主和被审计单位的书面声明，确认资产负债表日是否需要提请被审计单位进行调整。

7）关注是否存在质押、冻结等对变现有限制或存放在境外的款项

如果存在，是否已提请被审计单位作必要的调整和披露。

8）列明不符合现金及现金等价物条件的银行存款

对不符合现金及现金等价物条件的银行存款在审计工作底稿中予以列明，以考虑对现金流量表的影响。

9）抽查大额银行存款收支的原始凭证

检查原始凭证是否齐全、记账凭证与原始凭证是否相符、账务处理是否正确、是否记录于恰当的会计期间等项内容。检查是否存在非营业目的的大额货币资金转移，并核对相关账户的进账情况；如有与被审计单位生产经营无关的收支事项，应查明原因并作相应的记录。

注册会计师编制的货币资金收支检查情况表，见表13-9。

10）检查银行存款收支的截止是否正确

选取资产负债表日前后若干张、一定金额以上的凭证实施截止测试，关注业务内容及对应项目，如有跨期收支事项，应考虑是否提请被审计单位进行调整。

对银行存款收支实施截止测试，其目的主要在于确定被审计单位银行存款收支的会计记录归属期是否正确，应记入本期或下期的银行存款收支是否被推延至下期或提前至本期。注册会计师编制的银行存款收支截止测试工作底稿见表13-10。

11）检查银行存款是否在资产负债表中作出恰当列报

根据有关规定，企业的银行存款在资产负债表的“货币资金”项目中反映，所以，注册会计师应在实施上述审计程序后，确定银行存款账户的期末余额是否恰当，进而确定银行存款是否在资产负债表中恰当披露。此外，如果企业的银行存款存在抵押、冻结等使用限制情况或者潜在回收风险，注册会计师应关注企业是否已经恰当披露有关情况。

根据银行存款实施实质性程序的情况，注册会计师编制了银行存款审定表工作底稿，见表13-3。

案例窗13-3

希尔有限公司银行存款的核对

奥特会计师事务所的注册会计师李明对希尔有限公司2013年12月31日的资产负债表进行审计。在审查资产负债表“货币资金”项目时，李明发现该公司2013年12月31日的银行存款账面余额为32 000元，派助理向开户银行取得对账单一张，2013年12月31日的银行对账单余额为41 000元。另外，查有下列未达账款和记账差错：

（1）12月23日公司送存转账支票6 000元，银行尚未入账。

（2）12月24日公司开出转账支票7 200元，持票人尚未到银行办理转账手续。

（3）12月25日委托银行收款10 500元，银行已收妥入账，但收款通知尚未到达该公司。

（4）12月30日银行代付水费3 200元，但银行付款通知单尚未到达该公司。

（5）12月15日收到银行收款通知单金额为4 000元，公司入账时将银行存款增加错记成3 500元。

要求：根据上述资料，编制银行存款余额调节表，核实2013年12月31日资产负债表上“货币资金”项目中银行存款数额的正确性。

【解答】

注册会计师根据收集的资料，编制了银行存款余额调节表，见表13-1。

表13-1 银行存款余额调节表

编制单位：希尔有限公司　　2013年12月31日　　单位：元

项　目	金　额	项　目	金　额
企业银行存款日记账余额	32 000	开户银行对账单余额	41 000
加：银行已收，企业尚未入账的款项	10 500	加：企业已收，银行尚未入账的款项	6 000
公司记账差错数	500		
减：银行已付，企业尚未入账的款项	3 200	减：企业已付，银行尚未入账的款项	7 200
调节后的银行存款余额	39 800	调节后的银行存款余额	39 800

注册会计师：李明　　主管：张冬英　　会计员：王平

从银行存款余额调节表可以看出，希尔有限公司2013年12月31日银行存款的数额经调整后应为39 800元，从而证明公司银行存款账面余额32 000元基本属实。

13.4 货币资金审计实例

2014 年 1 月份，信达会计师事务所接受科思特公司委托对该公司 2013 年度的财务报表进行了审计。在对货币资金进行审计时，注册会计师认为，被审计单位的货币资金虽然数额不大，但由于其流动性强，最容易被不法分子贪污、盗窃和挪用，因此，应确定为重点审计对象。

在对货币资金进行控制测试后，注册会计师分别实施了库存现金和银行存款的实质性程序，并编制了相关的工作底稿，见表 13-2 至表 13-10。

13.4.1 审计目标与认定对应关系表

审计目标与认定对应关系表见表 13-2。

表 13-2 **审计目标与认定对应关系表**

审计目标	财务报表认定				
	存在	完整性	权利和义务	计价和分摊	列报
A. 资产负债表中记录的货币资金是存在的	√				
B. 所有应当记录的货币资金均已记录		√			
C. 记录的货币资金由被审计单位拥有或控制			√		
D. 货币资金以恰当的金额包括在财务报表中，与之相关的计价调整已恰当记录				√	
E. 货币资金已按照企业会计准则的规定在财务报表中作出恰当列报					√

13.4.2 货币资金审定表

货币资金审定表见表 13-3。

表 13-3 **货币资金审定表**

被审计单位：	科思特有限公司	索引号：	ZA1
项目：	货币资金审定表	财务报表截止日/期间：	2013 年 12 月 31 日
编制：	Wang	复核：	Li
日期：	2014 年 1 月 17 日	日期：	2014 年 1 月 18 日

项目名称	期末未审数	账项调整		重分类调整		期末审定数	上期末审定数
		借方	贷方	借方	贷方		
库存现金	181.57					181.57	196.40
银行存款	8 582 200.80					8 582 200.80	8 360 435.60
其他货币资金							
合计	8 582 382.37					8 582 382.37	8 360 632.00

审计结论：

报表数经审计后无调整事项，可以确认。

13.4.3 库存现金监盘表

库存现金监盘表见表 13-4。

表 13-4　　　　**库存现金监盘表**

被审计单位：	科思特有限公司	索引号：	ZA2
项目：	库存现金监盘表	财务报表截止日/期间：	2013 年 12 月 31 日
编制：	Wang	复核：	Li
日期：	2014 年 1 月 13 日	日期：	2014 年 1 月 14 日

检查盘点记录				实有库存现金盘点记录		
项目		项次	人民币	面额	人民币	
					张	金额
上一日账面库存余额		①	460.20			
盘点日未记账传票收入金额		②		100 元	2	200.00
盘点日未记账传票支出金额		③		50 元	4	200.00
盘点日账面应有金额		④=①+②-③	460.20	10 元	5	50.00
盘点实有库存现金数额		⑤	460.20	5 元	2	10.00
盘点日应有与实有差异		⑥=④-⑤		2 元		
差异原因分析	白条抵库（张）			1 元		
				0.5 元		
				0.2 元		
				0.1 元	2	0.20
				合计		460.20
追溯调整	报表日至审计日库存现金付出总额		2 307.87			
	报表日至审计日库存现金收入总额		2 586.50			
	报表日库存现金应有余额		181.57			
	报表日账面汇率					
	报表日余额折合本位币金额		181.57			
本位币合计			460.20			

出纳员：略　　会计主管人员：略　　监盘人：Wang　　检查日期：2014 年 1 月 13 日

审计说明：

（1）针对库存现金监盘审计程序的时间，我们使其超出科思特有限公司的预期；

（2）经检查没有发现：账外资金、充抵库存现金的借条、未提现支票、未作报销的原始凭证；

（3）截至 2013 年 12 月 31 日库存现金账实相符。

13.4.4　银行存款（其他货币资金）明细表

银行存款（其他货币资金）明细表见表 13-5。

表 13-5 **银行存款（其他货币资金）明细表**

被审计单位：科思特有限公司	索引号：ZA3
项目：银行存款（其他货币资金）明细表	财务报表截止日/期间：2013 年 12 月 31 日
编制：Wang	复核：Li
日期：2014 年 1 月 10 日	日期：2014 年 1 月 11 日

开户行	账号	是否系质押、冻结等对变现有限制或存在境外的款项	银行日记账余额	银行已收，企业尚未入账金额	银行已付，企业尚未入账金额	调整后银行日记账余额	银行对账单余额（原币）	企业已收，银行尚未入账金额	企业已付，银行尚未入账金额	调整后银行对账单余额	调整后是否相符
			①	②	③	④=①+②-③	⑤	⑥	⑦	⑧=⑤+⑥-⑦	
工行和平路支行	2120600×	否	2 405 950.13			2 405 950.13	2 405 950.13			2 405 950.13	是
建行解放路支行	3400203×	否	1 372 370.25			1 372 370.25	1 372 370.25			1 372 370.25	是
中行江北路支行	6101818×	否	1 967 540.32			1 967 540.32	1 967 540.32			1 967 540.32	是
招行五一路支行	7586019×	否	2 836 340.10			2 836 340.10	2 836 340.10			2 836 340.10	是
⋮											
合计			8 582 200.80			8 582 200.80	8 582 200.80			8 582 200.80	

编制说明：若账面余额（原币数）与银行对账单余额不一致，应另行检查银行存款余额调节表。

13.4.5 对银行存款余额调节表的检查

对银行存款余额调节表的检查见表 13-6。

表 13-6 **对银行存款余额调节表的检查**

被审计单位：科思特有限公司	索引号：ZA4
项目：对银行存款余额调节表的检查	财务报表截止日/期间：2013 年 12 月 31 日
编制：Wang	复核：Li
日期：2014 年 1 月 11 日	日期：2014 年 1 月 12 日

开户银行：工行和平路支行　　　银行账号：2120600×　　　币种：人民币

项　目	金　额	调节项目说明	是否需要审计调整
银行对账单余额	2 405 950.13		
加：企业已收，银行尚未入账合计金额			
其中：1.			
2.			
减：企业已付，银行尚未入账合计金额			
其中：1.			
2.			
调整后银行对账单余额	2 405 950.13		
企业银行存款日记账余额	2 405 950.13		
加：银行已收，企业尚未入账合计金额			

续表

项　目	金　额	调节项目说明	是否需要审计调整
其中：1.			
2.			
减：银行已付，企业尚未入账合计金额			
其中：1.			
2.			
调整后企业银行存款日记账余额	2 405 950.13		

经办会计人员（签字）：略　　　　　会计主管（签字）：略

审计说明：

科思特有限公司拥有 4 个银行账户，截至 2013 年 12 月 31 日，各银行账户的银行存款日记账余额与银行对账单余额一致。

13.4.6　银行询证函

银行询证函见表 13-7。

表 13-7　　**银行询证函**　　索引号：ZA6

编号：001

工行和平路支行：

本公司聘请的信达会计师事务所正在对本公司 2013 年度财务报表进行审计，按照中国注册会计师审计准则的要求，应当询证本公司与贵行相关的信息。下列信息出自本公司记录，如与贵行记录相符，请在本函下端"信息证明无误"处签章证明；如有不符，请在"信息不符"处列明不符项目及具体内容；如存在与本公司有关的未列入本函的其他重要信息，也请在"信息不符"处列出其详细资料。回函请直接寄至信达会计师事务所。

回函地址：　　　　　　　　　　　　邮编：

电话：　　　　　　传真：　　　　　　联系人：

截至 2013 年 12 月 31 日止，本公司与贵行相关的信息列示如下：

1. 银行存款　　　　　　　　　　　　单位：元

账户名称	银行账号	币种	利率	余额	起止日期	是否被抵押、用于担保或存在其他使用限制	备注
科思特有限公司	2120600×	人民币		2 405 950.13		否	

除上述列示的银行存款外，本公司并无在贵行的其他存款。

2. 银行借款

……

（科思特有限公司盖章）

2014 年 1 月 10 日

--------------------以下仅供被询证银行使用--------------------

结论：

续表

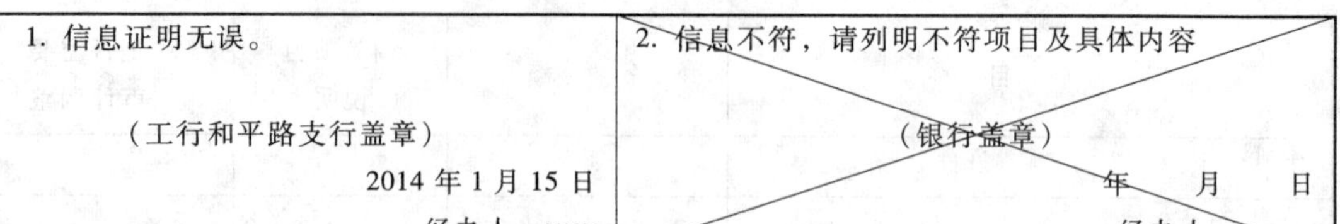

1. 信息证明无误。 （工行和平路支行盖章） 2014 年 1 月 15 日 经办人：×××	2. 信息不符，请列明不符项目及具体内容 （银行盖章） 年 月 日 经办人：

13.4.7 银行存款函证结果汇总表

银行存款函证结果汇总表见表 13-8。

表 13-8 **银行存款函证结果汇总表**

被审计单位：科思特有限公司	索引号：ZA5
项目：银行存款函证结果汇总表	财务报表截止日/期间：2013 年 12 月 31 日
编制：Wang	复核：Li
日期：2014 年 1 月 17 日	日期：2014 年 1 月 18 日

开户银行	账号	币种	函证情况					冻结、质押等事项说明	备注
			对账单余额	函证日期	回函日期	回函金额	金额差异		
工行和平路支行	2120600x	人民币	2 405 950.13	2014-01-10	2014-01-16	2 405 950.13		无	
建行解放路支行	3400203x	人民币	1 372 370.25	2014-01-10	2014-01-14	1 372 370.25		无	
中行江北路支行	6101818x	人民币	1 967 540.32	2014-01-10	2014-01-16	1 967 540.32		无	
招行五一路支行	7586019x	人民币	2 836 340.10	2014-01-10	2014-01-15	2 836 340.10		无	

审计说明：

略

13.4.8 货币资金收支检查情况表

货币资金收支检查情况表见表 13-9。

表 13-9 **货币资金收支检查情况表**

被审计单位：科思特有限公司	索引号：ZA7
项目：货币资金收支情况检查表	财务报表截止日/期间：2013 年 12 月 31 日
编制：Wang	复核：Li
日期：2014 年 1 月 14 日	日期：2014 年 1 月 15 日

记账日期	凭证编号	业务内容	对应科目	金额	核对内容（用“√”、“×”表示）				备注
					①	②	③	④	
01	0050#	收货款	应收账款	82 258.56	√	√	√	√	
03	0106#	付 2013 年 3 月份电费	应付账款	12 907.45	√	√	√	√	
06	1266#	收工行利息	财务费用	6 278.32	√	√	√	√	
07	1352#	付投资人股利	应付股利	97 506.00	√	√	√	√	
10	1339#	付到期承兑汇票款	应付票据	62 462.90	√	√	√	√	
11	1347#	提备用金	银行存款	13 000.00	√	√	√	√	
核对内容说明：①原始凭证是否齐全；②记账凭证与原始凭证是否相符；③账务处理是否正确；④是否记录于恰当的会计期间。									
对不符事项的处理：无。									

续表

审计说明：

我们自库存现金日记账、银行存款日记账中随机选取样本，进行检查。

13.4.9　银行存款收支截止测试

银行存款收支截止测试见表 13-10。

表 13-10　**银行存款收支截止测试**

被审计单位：科思特有限公司	索引号：ZA8
项目：银行存款收支截止测试	财务报表截止日/期间：2013 年 12 月 31 日
编制：Wang	复核：Li
日期：2014 年 1 月 15 日	日期：2014 年 1 月 16 日

项目	序号	日期	凭证号	摘要	借方科目	贷方科目	金额	核对内容			
								①	②	③	④
报表日前	1	12 月 27 日	1359#	收货款	银行存款	应收账款	246 380.69	√	√	√	√
	2	12 月 31 日	2503#	研发费	管理费用	银行存款	308 364.00	√	√	√	√
截止日：2013 年 12 月 31 日											
报表日后	1	1 月 2 日	0013#	广告费	销售费用	银行存款	16 000.00	√	√	√	√
	2	1 月 5 日	0018#	办公费	管理费用	银行存款	12 365.00	√	√	√	√
核对内容说明：①原始凭证是否齐全；②记账凭证与原始凭证是否相符；③账务处理是否正确；④是否记录于恰当的会计期间。											

审计说明及结论：

（1）样本选取方法：在资产负债表日 2013 年 12 月 31 日前 3 个工作日，以及后至现场审计日，发生银行存款收支金额在 10 万元以上的交易业务。 （2）实施该审计程序得出结论：关注业务内容及对应科目，没有发现跨期收支事项。